启真馆 出品

bibliophile
书之爱

Reading Matters

Five Centuries of Discovering Books

读书为上

五百年图书发现史

[英] 玛格丽特·威尔斯 著　康慨 译

ZHEJIANG UNIVERSITY PRESS
浙江大学出版社

读书为上
五百年图书发现史

[英] 玛格丽特·威尔斯 著　康慨 译

献给维克多，并以此纪念简·布莱克斯多克和卡罗尔·米尔斯

插页一：安妮·克利福德夫人《大像》局部，时为一六〇五年，画中人十五岁。她的手搭在一本音乐书上，诗琴倚桌而立。顶部画有她的男家庭教师、诗人塞缪尔·丹尼尔（Samuel Daniel）和女家庭教师安妮·泰勒夫人（Mrs Anne Taylor）的肖像，下面是书，还有一些堆放在地板上。插在前切口内的小纸片上写着书名，其中有宗教作品，菲利普·西德尼爵士的《阿卡迪亚》、奥维德的《变形记》（*Metamorphoses*）、杰弗里·乔叟和埃德蒙·斯宾塞的作品、约翰·杰勒德的《草药志》，以及威廉·卡姆登的《不列颠志》。

插页二：邓纳姆梅西的藏书室。第二代伯爵的科学仪器装在玻璃罩里，壁炉上方有格林林·吉本斯根据丁托列托作品雕成的基督受难像。藏书室内的梯凳制成于十九世纪早期。

插页三：温波尔府书房，由索恩在一八〇六年为第三代哈德威克伯爵菲利普·约克设计。此屋与邓纳姆梅西那种密不透风的绅士藏书室风格迥异，但索恩所用的朴素线条，也使它不同于卡尔克修道院（第 157 页※）内温馨的家庭娱乐室。

※　指原书页码，即本书边码，下同。——编者注

插页四：《现代教育的益处》，查尔斯·威廉斯（Charles Williams）绘，一八二五年发表。画中的厨娘应该知道自己的身份，其读物亦与这一身份相合。她沉浸在一册司各特的小说《中洛锡安之心》（*The Heart of Midlothian*）中，架子上的宗教书，如艾萨克·沃茨的《赞美诗》、《人所当尽的本分》和班扬的《天路历程》，都蒙上了一层蛛网，灶子上无人照料的锅已经沸溢，家里的宠物们也开始胡作非为了。

Glasse's Cookery
Cook, Cook, thieves sure.
Heart of MidLothian
Heart

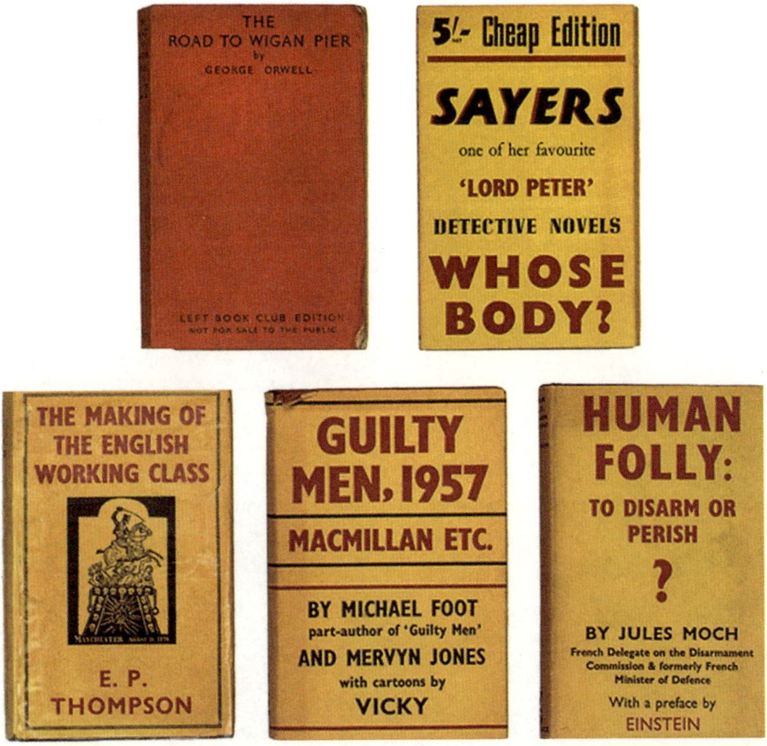

插页五：维克多·戈兰茨所出图书：乔治·奥威尔的《通向威根码头之路》一九三七年三月作为左翼书友会特选图书上市后成为畅销书。《谁的身体？》（*Whose Body?*）是多萝西·塞耶斯的处女作，一九二三年由费希尔·昂温（Fisher Unwin）出版，昂温后为贝恩（Benn）收购，而戈兰茨当时正为贝恩工作。他后来继续为她出书，一直感觉塞耶斯是“他的”作家。以版本观之，这是该书第十五次印刷，一九六二年发行。

插页六：企鹅早期的部分图书，从中可见艾伦·莱恩选题之广。其《企鹅现代画家》（*Penguin Modern Painters*）系列尤具先锋意义。肯尼斯·克拉克（日后加冠勋爵）出任该系列主编，第一部于一九四四年问世，乃杰弗里·格里格森（Geoffrey Grigson）所著《亨利·摩尔》，紧随其后的有雷蒙德·莫蒂默的《邓肯·格兰特》（*Duncan Grant*）和约翰·贝奇曼（John Betjeman）的《约翰·派珀》（*John Piper*）。《林中花》（*Flowers of the Woods*）是一本“帝企鹅”，一九四六年出版，系一部十九世纪作品的重印。

插页七：拉尔夫·斯特德曼（Ralph Steadman）为切尔滕纳姆文学节创作的海报，一九九四年。

目录

插图目录

彩　图

西·塞耶斯的处女作，一九二三年由费希尔·昂温（Fisher Unwin）出版，昂温后为贝恩（Benn）收购，而戈兰茨当时正为贝恩工作。他后来继续为她出书，一直感觉塞耶斯是“他的”作家。以版本观之，这是该书第十五次印刷，一九六二年发行。

插页六：企鹅早期的部分图书，从中可见艾伦·莱恩选题之广。其《企鹅现代画家》（*Penguin Modern Painters*）系列尤具先锋意义。肯尼斯·克拉克（日后加冠勋爵）出任该系列主编，第一部于一九四四年问世，乃杰弗里·格里格森（Geoffrey Grigson）所著《亨利·摩尔》，紧随其后的有雷蒙德·莫蒂默的《邓肯·格兰特》（*Duncan Grant*）和约翰·贝奇曼（John Betjeman）的《约翰·派珀》（*John Piper*）。《林中花》（*Flowers of the Woods*）是一本“帝企鹅”，一九四六年出版，系一部十九世纪作品的重印。

插页七：拉尔夫·斯特德曼（Ralph Steadman）为切尔滕纳姆文学节创作的海报，一九九四年。

黑白插图

9 图一：哈德威克的贝丝像，画师不详，绘于十六世纪五十年代，或为她嫁给威廉·卡文迪什爵士之时。此画曾被误标为“玛丽女王”（Maria Regina）或玛丽·都铎。

18 图二：这幅绣帷表现了奥德修斯受尽折磨的妻子珀涅罗珀，以及两侧的坚定天使和忍耐天使。它属于十六世纪七十年代制作的一套绣帷，或源自乔叟的《贞女传》。建筑上的细节则来自约翰·舒特的《建筑学要义》，一五六三年在伦敦出版。贝丝对珀涅罗珀尤其认同，据信画中人的形象便以她本人为原型。

19 图三与图四：上图：一幅雪花石雕制的壁炉饰画，描绘了阿波罗与九位缪斯。它制作于十六世纪七十年代，最早装设于查茨沃思的缪斯厅，十九世纪移至哈德威克新府的休息室。下图：弗朗斯·休斯对弗朗斯·弗洛里的版画仿作，一五六五年印行于安特卫普。

20 图五与图六：上图：花草主题的八角形布艺，带有（下图所示的）铃兰图案，取自皮耶尔·安德烈亚·马蒂奥利对希腊医生佩达尼乌斯·迪奥斯科里德斯写于公元一世纪之草药志的评注。此版本一五七二年出版于里昂。绣品中环绕花草的格言“per publicam viam ne ambules”（离开大路），则出自伊拉斯谟的道德格言集。

28 图七：约斯特·阿曼（Jost Amman）一五八五年所作木版画

《商业寓言》(*Allegory of Commerce*)，将安特卫普举为国际贸易中心。画面上方描绘了代表欧洲一众商业重镇的盾形徽章，围绕着商业之神墨丘利，他手提一具天平，称量两本账册，一为借，一为贷。下方是城中各行各业，印刷业和出版业亦在其中。

30 图八：约翰·凯德米斯特爵士的藏书室，现位于伯克郡兰利马里什村的圣马利亚教堂。书架就在带有饰画的镶板后面，书大概总是前切口朝外的。

34 图九：阿拉贝拉·斯图亚特像，罗兰·洛基（Rowland Lockey）绘于一五八九年，她时年十三岁。她所受的良好教育远近闻名，画中也有一摞书与她相伴。

48 图十：塞缪尔·皮普斯像，戈弗雷·内勒（Godfrey Kneller）绘，约一六八五年，现藏剑桥抹大拉学院的皮普斯图书馆。

52 图十一：温塞斯劳斯·霍拉尔笔下大火前的伦敦全景图（局部），一六四七年绘制，印行于安特卫普。画家采用了日后萨瑟克大教堂（Southwark Cathedral）所在建筑屋顶的视角，俯瞰伦敦桥（London Bridge），塞缪尔·皮普斯在桥上买了许多廉价书。凌驾于左侧天际线的是圣保罗大教堂，周边区域乃印刷业、出版业和图书销售业的核心地带。

59 图十二：一六八二年，约翰·奥格尔比向查理二世和王后布拉干萨的凯瑟琳呈书，书中列有大火灾后伦敦地图测绘工程的捐资人名单。图中后排左侧为皮普斯的上司约克公爵詹姆斯、国王的私生子蒙茅斯公爵，以及国王的表哥莱茵的鲁珀特亲王（Rupert of the Rhine）。右侧是摩德纳的玛丽(Mary of Modena)和她的两个继女,玛丽公主和安妮公主。

63 图十三：安东尼·安东尼图绘亨利八世海军之卷轴细部，皮普斯得自查理二世所赐，为其最珍贵财产之一。安东尼于一五四六年编纂此份都铎海军纪录，玛丽玫瑰号亦在其中,不过该舰已于前年七月迎战法军时,沉没于朴次茅斯港。

69 图十四：皮普斯所藏威廉·卡克斯顿《列那狐》之扉页。此乃卡克斯顿译本的第二版，译自荷兰文，一四八九年出版于威斯敏斯特。手写本则没有类似的扉页，但通常附有导言（incipit），用做简介。印好的书在装订和销售前，需妥为存储，书页亦需某种标识和保护，遂有扉页出现。此为扉页的早期形式，卡克斯顿的标志巨大，置于书名上方。

70 图十五：“来买我的贺岁书。”这幅木刻表现了一个廉本书商正在向一位农村青年推销。此图见于皮普斯的“便士乐”，大约出版于一六八〇年，书名是《喜迎圣诞》(*Make Room for Christmas*)。此类图书以廉价纸张印刷,因此可以“看透”前一页。

前言

本书意在考察过去五百年间民众如何购买与获取图书，它们构成 xiii
了我所喜爱的两种活动：买书与读书。切不可忘记，直到近世，图书一直是奢侈品——有些书至今如此。因此，有文化却买不起书的男男女女，便只能借阅、分享、寻访二手书，或者继承。而那些不识字的，除了听人口传，便干脆与书绝缘。

书毕竟不同于其他消费产品。它承载着额外的功用，提供知识，并且如哲学家弗朗西斯·培根（Francis Bacon）所指出的那样，“知识即权力”（Knowledge itself is power）。[1] 这一点在一五四三年亨利八世颁布的一部法令中昭示无疑，该令禁止从妇女到仆从的一众阶层阅读英文版圣经。甚至到了近世，它亦有重演，当年在审判 D. H. 劳伦斯（D. H. Lawrence）所著《查太莱夫人的情人》（*Lady Chatterley's Lover*）时，高级公诉人默文·格里菲斯 – 琼斯（Mervyn Griffith-Jones）曾向陪审团成员发问，他们是否允许自己的妻子或仆人阅读此书。数百年来，从最初的英格兰到日后大不列颠的历届政府，加上教会和其他机构，皆曾通过审查制度，通过图书文具商公会（Stationers' Company），[1] 通过金融和立法限制，如十八世纪末小威廉·皮特（William Pitt the

[1] 图书文具商公会，一四〇三年成立于伦敦，一五五七年获王室特许状，代表官方，对与印刷、出版和发行相关的一切事宜，尤其是版权事务进行垄断化管理。——译者注，下同

Younger）的“恐怖时期”，[1] 以求控制知识的力量。凡此种种，加上那些为知识自由而进行的斗争，始终在影响着图书和报刊的所有权。

亨利八世用法律甄别出两种主要的读者群体，即妇女和下等阶层，这也是书中两章“小闲书”和“普通读者”的主题。有些发现相当令人震惊，比如过去对妇女读书的态度，以及十八世纪所见小说和明显
xiv 无害的租借式图书馆所激起的恶意。经济的和社会的种种限制曾经影响了所谓的下等阶层，但也有利于严谨的阅读，而我只能带着钦敬，来看待那些为了受到良好的教育，为了获得图书和报刊的使用权而奋斗的男男女女。许多这样的障碍业已消失，但势利之风极难根除。在乔纳森·罗斯（Jonathan Rose）所著《英国工人阶级的知识生活》（*The Intellectual Life of the British Working Classes*）一书中，有一章题为“伦纳德·巴斯特到底喜欢什么？”，从 E. M. 福斯特（E. M. Forster）小说《霍华德庄园》（*Howards End*）中被书砸死的小职员入手，就二十世纪的观念道出了许多生动的事例。[2]

回首人生，我发现自己始终书呆子气十足。像莎士比亚《皆大欢喜》（*As You Like It*）里的杰奎斯（Jaques）一样，我的经历可以分成七个时期：[2] 读者，学生，图书馆员（短期），编辑，书商（亦为短期），出版商，如今则是作家。自从我在二十世纪六十年代完成学业，已见两大变化出现，即信息获取的巨大进步，以及人们对图书研究的兴趣激增。前者已经表明是无价的工具，后者则堪称挑战。一九九〇年，罗伯特·达恩顿（Robert Darnton）在《拉穆雷特之吻》（*The Kiss of*

---

[1] 小威廉·皮特（一七五九—一八〇六），两任英国首相，第一次就职时年仅二十四岁，至今保持最年轻英相的纪录，一七八九年法国大革命后三次组织反法联盟，对国内改革派亦严厉镇压，一度中止人身保护令赋予的公民权利，对出版煽动性物品之个人加以惩罚。

[2] 杰奎斯自述的七个时期是：婴孩，学童，情人，军人，法官，老叟，最后是孩提时代的再现。

Lamourette)[1]中写道："图书史已经因各种副科而变得拥塞，以至于无法看到它的基本轮廓。图书史学者怎能无视图书馆史，出版史，纸张、字体和阅读史？……这足以使人退回珍本书室去搜索水印了。"[3]

我确实退入了大英图书馆的珍本书室，但不曾沦落到搜索水印。我专注于个案研究，由此解决庞大的和多学科的课题，通过遴选的这些案例，演示人们所拥有的不同类别的书籍，从廉本书和实用工具书，到珍稀的古籍与善本，亦求展示不同类别的书籍所有者，从乡居的贵族到自耕农，从摄政时期悠闲的贵妇到辛勤的专业人士。我尽可能发现存留至今的藏书实例，辅以藏书者留下的记录、获得图书的过程，以及作为读者对这些书的看法。我也描述了他们怎样安置藏书。我的着眼点非独顾客，亦留意供书者，以至出版商、书商、拍卖商、书评人和营销人员。

本书所述时间范围始于十六世纪，此时印本书已普遍可得。而之所以在首份案例研究中选择哈德威克的贝丝，不仅因为她是个了不起的爱书人，还因为随着家财的积聚，并通过不断与有教养的男子结婚，她所拥有的图书也超出了圣经、赞美诗和虔修书的范畴，而宗教类作品实乃都铎时代大部分识字妇女的精神食粮。此外，作为一个大家族的女掌门，贝丝要为儿女、继子继女和孙辈们的早期教育负责。几代 xv
后辈在朝政和文化上取得的成就，要归功于她让儿孙们出人头地的决心。本书的最后一章，则将图书及其相关信息获取方式的叙述一直推进到了当代。我在这一章选择了希利勋爵和夫人，他们的人生涵盖了二十世纪的大部分时间，反映出这一时期出现的许多重大变化。我非常感激他们接受我的采访，并允许我使用他们规模可观的藏书。

面对图书出版和零售的千姿百态，只要有可能，我便努力追溯其

---

[1] 罗伯特·达恩顿（一九三九～），美国文化史学者和十八世纪法国史专家。安托万－阿德里安·拉穆雷特（Antoine-Adrien Lamourette，一七四二～一七九四）是法国大革命期间的政治家。

历史根源。因此，我考察了最早的一批图书评论，它们出现于十八世纪中期。虽然脚注，或者更确切地说是旁注，历来是书籍的特色之一，但我一直无法找出参考书目出现的时间。道格拉斯·马修斯（Douglas Matthews）友好地为我提供了一个真实的例证。查尔斯·狄更斯在写《双城记》（*Tale of Two Cities*）时，曾向著有法国革命史巨著的托马斯·卡莱尔求赐相关课题的书单。卡莱尔的答复是，从伦敦图书馆给狄更斯发运了满满一推车的书。这种颇为笨重的方法表明，十九世纪五十年代是没有参考书目可用的。

只要有可能，我便列明书价，书末另附一份几百年来的英镑等值换算表。鉴于英镑购买力变化极大，这种估算确实有失粗率，所以我也尽量对社会各阶层的收入情况作出说明。

*　*　*　*

在研究这一纷繁浩大的课题时，我的认知曲线几乎是垂直的，而我也非常仰赖许多专家的宽厚与慷慨。虽然单列个人容易招致不满，但我必须向大英图书馆的贾尔斯·曼德尔布罗特（Giles Mandelbrote）特别致谢，他的知识犹如百科全书，时常任我叩问。我希望他不要
xvi 担心受到羁绊，大胆投入“珍稀书籍与音乐图书馆”。全国托管协会（National Trust）[1]的图书馆顾问们给予的帮助也是无价的，特别是就监管范围内哪些藏书最合适提供的指导。马克·珀塞尔将这些藏书放进当时的社会环境，从而彻底改变了相关信息的读取。爱德华·波滕在全国托管协会期间，慷慨地允许我使用他对柴郡邓纳姆梅西的布思家族，以及约克郡诺斯特尔小修道院的查尔斯·温的研究成果。参观上述地点

[1] 全国托管协会，全称为全国历史文物与自然名胜托管协会（National Trust for Places of Historic Interest or Natural Beauty），始创于一八九五年，一九〇七年根据《国家托管法案》正式成立。

及其他图书馆受益颇丰，所以我要特别感谢书志学会（Bibliographical Society）授予我的皇家橡树奖（Royal Oak Award），加上全国托管协会的捐款，使我得以在全英各地旅行。

许多图书馆和档案馆的员工为我的研究提供了帮助：查茨沃思庄园的安德鲁·佩皮特（Andrew Peppit）和斯图亚特·布兰德（Stuart Brand）；凯德米斯特藏书室的缪丽尔·肯普（Muriel Kemp）；剑桥大学抹大拉学院皮普斯图书馆的理查德·拉克特博士（Dr Richard Luckett）；曼彻斯特约翰·赖兰兹图书馆的约翰·霍奇森（John Hodgson）；爱丁堡苏格兰国立图书馆约翰·穆雷档案室的大卫·麦克莱（David McClay）；约翰·索恩爵士博物馆的苏珊·帕尔默（Susan Palmer）和斯蒂芬·阿斯特利（Stephen Astley）；贝尔法斯特利嫩霍尔图书馆（Linenhall Library）的格里·希利（Gerry Healey）；埃泽尔图书馆的约翰·多尔蒂（John Doherty）；利德希尔斯读书会的哈里·萧（Harry Shaw）和玛丽·汉密尔顿（Mary Hamilton）；以及因纳佩弗雷图书馆的安妮·埃德加（Anne Edgar）和科林·迈尔斯（Colin Miles）。各地的全国托管协会员工总是热情好客，又助人为乐，其中有哈德威克府的奈杰尔·赖特（Nigel Wright）、邓纳姆梅西的玛格丽特·斯通（Margaret Stone）、斯普林希尔的帕特里夏·劳和阿利斯泰尔·劳（Patricia and Alistair Law）及罗伯塔·雷（Roberta Rea），卡尔克修道院的凯蒂·洛德（Katie Lord），以及费利西蒂·斯廷森（Felicity Stimson）、休·狄克逊和吉尔·狄克逊（Hugh and Gill Dixon）。在研究图片时，为我提供帮助的有市政厅图书馆的杰里米·史密斯（Jeremy Smith），大英博物馆版画与素描部的希拉·奥康奈尔（Sheila O'Connell）、博德利图书馆约翰·约翰逊藏书室的朱莉·安妮·兰伯特（Julie Anne Lambert），以及伦敦图书馆的盖伊·彭曼（Guy Penman）。

多年以前，我编辑过安东尼·霍布森（Anthony Hobson）的《伟大的图书馆》（*Great Libraries*），他的知识和才智此后不断重现，在许多困难的领域帮助了我。我也要感谢老校友克里斯蒂娜·麦克韦尔（Christina Mackwell）对威廉·卡文迪什爵士账册中所录图书的辨识和鉴定工作——她是名副其实的埃居尔·波洛（Hercule Poirot）。还要感谢大卫·麦基特里克（David McKitterick）、理查德·巴林（Richard Barling）、斯蒂芬妮·皮克福德（Stephanie Pickford）、瑟扎·莫里森（Thirza Morrison）、杰里米·德夫林·索普（Jeremy Devlin Thorp）和克里斯廷·皮尤（Christine Pugh）、艾伦·沃纳和休·沃纳（Alan and Sue Warner）、菲比·菲利普斯（Phoebe Phillips）、马克·卢埃林（Mark Llewellyn）、奥立弗·加尼特（Oliver Garnett）、蒂姆·诺克斯（Tim Knox）、约翰·索马里兹·史密斯（John Saumaurez Smith）、迈克尔·戈夫（Michael Goff）、吉尔·科尔里奇（Gill Coleridge）、利兹·西奇（Liz Sich）、凯特·波科克（Kate Pocock）和雷切尔·朗斯代尔（Rachael Lonsdale）。最后，我要感谢罗伯特·鲍多克（Robert Baldock）对我的信任，感谢莫里森一家在本书写作期间付出的耐心。

第一章　有书自有黄金屋：哈德威克的贝丝与卡文迪什家族的藏书

有位二十世纪的工党政治家说过，斯大林纵横天下，却只是匹夫 1
得志。[1] 照此而论，哈德威克的贝丝（Bess of Hardwick）也不过是个都铎时代[1]用心持家的主妇而已。贝丝生于一五二七年末，府上本为德比郡世家，此时中落而虚有其表。她尚在襁褓，父亲约翰·哈德威克就死了，留下不算丰厚的二十六英镑十三先令四便士，由四个女儿均分；另有几百英亩地产，一幢破败的中世纪庄园老宅，名叫哈德威克府（Hardwick Hall），由独子詹姆斯承继。[2] 贝丝起步于寒微，通过四次婚姻，加上为人精明，持家有术，终于建立起家业。到一六〇八年二月，她以八十一岁高龄去世时，已是英格兰最富有的女人。

尽管早年生活困窘，又屡因都铎时代英格兰的兴讼之风而雪上加霜，贝丝却裙带擅舞。她与多塞特侯爵、爱德华四世的王后伊丽莎白·伍德威尔之曾孙亨利·格雷（Henry Grey）[2]有表亲关系，其家族也朝中有人。她的早期教育或许一直由母亲伊丽莎白承担——其笔迹可资为证，相形之下，伊丽莎白·都铎（Elizabeth Tudor）[3]或简·格雷郡

---

[1] 都铎王朝始自一四八五年登基的亨利七世，结束于一六〇三年驾崩的伊丽莎白一世。

[2] 亨利·格雷（一五一五～一五五四），第三代多塞特侯爵，后晋为第一代萨福克公爵，简·格雷郡主的父亲，一五五四年被处死。

[3] 伊丽莎白·都铎（一五三三～一六〇三），即“童贞女王”伊丽莎白一世，一五五八～一六〇三年在位，亨利八世与安妮·博林的女儿，六岁时已如四十岁女王般肃穆凝重，自幼接受卓越导师——如剑桥大学的人文主义者罗杰·阿谢姆——的严格教育，在语言方面尤其展露天赋，妙龄时已通晓希腊语、拉丁语、法语和意大利语。

主（Lady Jane Grey）[1] 这样的女子，拥有导师，故而写得一手文艺复兴式娟秀小楷（Renaissance italic hand）。贝丝十二岁时，才被送到德比郡的科德诺尔城堡（Codnor Castle），在朱什府上接受大家闺秀的标准培训，并继续受教，其监护人朱什夫人（Lady Zouche）婚前曾是亨利八世第二个王后安妮·博林的侍女。

朱什夫妇南下前往其伦敦府邸时，贝丝亦随行，并与罗伯特·巴洛（Robert Barlow）结缘。她的第一次婚姻为期短暂，巴洛死在一五四四年的圣诞前夜。这小寡妇随后成了国王外甥女弗朗西丝·布兰登（Frances Brandon）的侍女，后者嫁给了贝丝的远亲亨利·格雷。
2 对一个渴望美好生活的年轻女士而言，这是个理想的环境。她与格雷家的女儿们都很亲密，但简郡主和她著名的导师罗杰·阿谢姆（Roger Ascham）对知识的热爱，给她的影响似乎格外强烈。经格雷夫妇介绍，贝丝结识了第二个丈夫、王室财政大臣威廉·卡文迪什爵士（Sir William Cavendish），并在一五四七年与之成婚。卡文迪什乃都铎“新贵”之一，虽非贵族出身，但受过良好教育，很有才干。他与哥哥乔治的事业，均起步于托马斯·沃尔西（Thomas Wolsey）[2] 府上。贝丝与威廉·卡文迪什生了八个孩子：两个女儿卢克蕾蒂娅和坦珀兰丝年幼夭折，但其他六个孩子（三子三女）均长大成人，并实现了贝丝创立豪门望族的宏愿。一五五七年卡文迪什死后，贝丝嫁给了威廉·圣洛爵士（Sir William St Loe），这是个知识分子，用其导师约翰·帕斯格雷夫（John Palsgrave）[3] 的话说，他是“同龄孩子中最聪明的一个”。[3] 像其

[1] 简·格雷郡主（一五三七～一五五四），萨福克公爵亨利·格雷之女，一五五三年爱德华六世驾崩后，被拥为有名无实的“九日女王”，终遭爱德华的姐姐玛丽一世（“血腥玛丽”）以叛国罪斩首。郡主幼年受教于良师，通晓希腊语、拉丁语、法语、希伯来语和意大利语。阿谢姆有次来访，发现她以阅读柏拉图打发时间。

[2] 托马斯·沃尔西（一四七五～一五三〇），天主教英格兰枢机主教，协理国政，并大量聚敛财富，数额仅次于国王，家如王宫，仆从以千人计，终以叛国罪被捕后死去。

[3] 约翰·帕斯格雷夫（约一四八〇～一五五四），英格兰学者，一五一三年成为亨利八世妹妹玛丽·都铎公主的导师，直至她一年后嫁给法王路易十二，成为法国王后。

图一：哈德威克的贝丝像，画师不详，绘于十六世纪五十年代，或为她嫁给威廉·卡文迪什爵士之时。此画曾被误标为“玛丽女王”（Maria Regina）或玛丽·都铎。

挚友罗伯特·达德利（Robert Dudley）[1]一样，他深得伊丽莎白女王宠爱，在她登基时做了她的近卫队长。贝丝又一次进入了宫廷和文化生活的中心。

[1] 罗伯特·达德利（一五七四～一六四九），英国水手和工程师，所著三卷本《论海洋的奥秘》（*Dell'Arcano del mare*）乃当时航海知识的集大成之作。

像许多成功女性一样，贝丝未能在历史上得到好评。她的财富和野心招致了怨恨，常被人描述为悍妇。然而她的第二、第三和第四个丈夫，全都因为爱她才娶她，她必定是位非常美丽、非常迷人的女士。虽然圣洛与她没有孩子，但他将继子继女视同己出。查茨沃思庄园(Chatsworth)[1]的账本上，记载着一五六〇年他给他们买的书：他以前的导师帕斯格雷夫所写的几本法语文法，两本黎凡特宇宙志[2]，一本年历和一本读音指南。两个大儿子亨利和威廉上伊顿公学时，他还给他们买了古典作品和伊索寓言。4

幸福的家庭场景落幕了，一五六五年，圣洛暴毙，可能是被他弟弟毒死的。[3]两年后，贝丝嫁了第四个丈夫，施鲁斯伯里伯爵（Earl of Shrewsbury）乔治·塔尔博特（George Talbot），王国内最显赫的贵族之一。他们的结合堪比两家公司的合并，与此同时，贝丝的长子亨利娶了伯爵的女儿格蕾斯，她的女儿玛丽则嫁给了伯爵的继承人吉尔伯特。[4]一开始，贝丝和施鲁斯伯里的婚姻十分美满，可是后来，迷人的囚徒苏格兰女王玛丽[5]进入了他们的生活，施鲁斯伯里被任命为其看管人。女王乏味的囚徒生活累月经年，贝丝不免怀疑丈夫迷恋上了玛

[1] 查茨沃思庄园位于德比郡，一五五三年始建，乃卡文迪什－哈德威克家族的产业，也是历代德文希尔公爵的主要府邸。

[2] 黎凡特（Levant），历史上指地中海东岸诸国。

[3] 贝丝也中了毒，幸而痊愈。多部她的传记认为，贝丝怀疑威廉的弟弟爱德华，这不是没有理由的，爱德华一直忧惧兄嫂生子，使其继承权不保。

[4] 举行婚礼时，新郎亨利·卡文迪什爵士十八岁，新娘格蕾斯·塔尔博特只有八岁；另一位新郎吉尔伯特·塔尔博特十六岁，其新娘玛丽·卡文迪什十二岁。

[5] 苏格兰女王玛丽（Mary Queen of Scots，一五四二～一五八七），本名玛丽·斯图亚特，生来美貌至极，但一生充满悲剧。出生后六天，父亲詹姆斯五世驾崩，玛丽随即成为苏格兰女王，正式加冕于九个月后。十五岁时，她嫁给法王亨利二世之子弗朗索瓦。次年亨利二世崩，弗朗索瓦即位为弗朗索瓦二世，玛丽成为法国王后。第二年，弗朗索瓦亦崩，刚满十八岁的玛丽成为寡妇。她以天主教徒之身回到新教居主流的苏格兰，不受欢迎，与俊美堂弟达恩利伯爵亨利·斯图亚特的婚姻也以悲剧告终，一五六七年，虚弱而歹毒的丈夫被人掐死。三个月后，玛丽被博思韦尔伯爵诱奸，事后虽以身相许，却不为贵族所容。博思韦尔被关押至死，玛丽同年被废黜，后逃往英格兰。然而，由于身为英格兰王位的第二继承人，玛丽遭伊丽莎白囚禁十八年后处死。

丽，他得了一种偏执的病症，与所有人争吵，和妻子吵得最凶。对贝丝，伊丽莎白女王显然是有感情的，她曾与现已晋为莱斯特伯爵（Earl of Leicester）的罗伯特·达德利、伯利勋爵（Lord Burghley）威廉·塞西尔（William Cecil）等朝中重臣一起，试图调解夫妇两人的不和。但到头来，除了一五九〇年施鲁斯伯里的去世，一切都于事无补。

贝丝是个不知疲倦的筑巢者，施鲁斯伯里爵爷死后，她便投身于 3
崭新大计。她曾和威廉·卡文迪什爵士一起，建起德比郡查茨沃思的大宅，此屋至今犹存，为现在这幢巴洛克府邸的中心所在。一五八三年，她那败家的弟弟詹姆斯正式破产，她便买下了自己的出生地哈德威克府，开始扩建，翻新。一五九〇年，工程停止，由于现已能够自主支配钱款，她立刻开始建造一座全新且非常宏伟的大宅，名叫“新 4
府”，与旧房近在咫尺。哈德威克新府现存于世，为伊丽莎白时代英格兰建筑的最佳范例之一，雕梁画栋，还有贝丝配的许多家具陈设。贝丝和施鲁斯伯里经常为了财物争执，因此给我们留下了许多信息。此外，她还在一六〇四年草拟了一份查茨沃思和哈德威克新旧二府的财产目录。令人沮丧的是，她个人的珠宝、餐具，以及藏书总目却付之阙如。众所周知，这一期间的财产清单往往缺少书目，但她有过哪些藏书，仍然有迹可循。

只有五本书作为贝丝睡房的物品记录在案。对现代的任何读者而言，床头读物都可能是个让人如坐针毡的问题。但其所有已知书籍皆为宗教主题：一本关于沉思的《所罗门箴言》；一本《加尔文论约伯》（以赤褐色绒面覆皮）；还有一本名叫《决心》的书；另外两本书名不详。这些描述相当模糊，但学者们已经考证出，“所罗门箴言”指的是贝尔纳·所罗门（Bernard Salomon）为里昂出版商让·德图尔纳（Jean de Tournes）所绘多种图书中的一本——这套书以《圣经史画》（*Quadrins Historiques de la Bible*）之名流行于世，其英译本《全圣经真实生动之画像谱》（*The true and lyvely historyke purtreatures of the vvoll*

Bible)[1]可追溯到一五五三年。“加尔文论约伯”乃《导师约翰·加尔文论〈约伯书〉之布道辞》(*Sermons of Master John Calvin, upon the Booke of Job*)，阿瑟·戈尔丁英译，哈里森和毕晓普书局（Harrison and Byshop）一五七四年首版于伦敦。这还是一本流行读物，当年就投入重印，后来又出了好几个版本。

第三本书《决心》的背后，有一段复杂的出版史，不过也折射出了当时英格兰的宗教状况。原书作者是一个不遵奉国教的天主教神父罗伯特·帕森斯（Robert Parsons），有时也称珀森斯（Persons），[2]他在意大利耶稣会士加斯帕尔·洛阿尔特（Gaspar Loarte）所著《基督徒的人生修习》(*The Exercise of a Christian Life*）之基础上写出此书。帕森斯书名全称为《基督徒修习第一书，下定决心》(*The First Booke of the Christian Exercise, appertaining to resolution*)。他身为不遵奉国教者，于一五八二年在鲁昂[3]出版此书。洛阿尔特曾努力超脱天主教徒和新教徒之间的论战，专注于启迪个人的精神复生。此书极为流行，可资为证者，乃约克郡有位新教牧师埃德蒙·巴尼（Edmund Bunny），也出了本书名几乎一样的书，虽然删掉了关于炼狱和自由意志的文句，但原作中有九成内容皆予保留。[4]其第一版一五八四年出版于伦敦，而后又出了许多个版本：到一六〇〇年，巴尼与帕森斯之比为二十四比

---

[1] 现代英文拼写应为“The true and lively historic portraiture of the whole Bible”。

[2] 罗伯特·帕森斯（一五四六～一六一〇），牛津大学教师，耶稣会士，曾领导英格兰天主教徒抵抗新教政权，希望外国武力干涉，据信多次密谋暗杀伊丽莎白一世，终老于罗马，著有《基督教义指南》(*Christian Directorie*，一五八五)，被天主教徒和新教徒同奉为经典。

[3] 鲁昂，法国西北部城市，一四三一年，圣女贞德便被烧死在该城马尔什广场的火刑柱上。宗教战争期间，该城受创甚重。这里也是法国大作家福楼拜的出生地。

[4] 炼狱乃天主教教义，指人死后升入天堂前净化罪孽的必经场所，一四七六年教皇西克斯图斯四世将免罪的权力护展至炼狱中的灵魂，等于为赎罪券的发售和泛滥打开了理论大门，但自一五一七年路德的《九十五条论纲》之后，炼狱说及与之有关的一切赎罪圣礼已完全不被新教承认。而自由意志是路德与伊拉斯谟这样的人文主义者之间最重大的分歧之一，两人的辩论是一场伟大的思想交锋。总的来说，路德不承认意志的自由，因为如果承认了，就等于否定了基督的意义和上帝的荣耀。

一。贝丝手中的这一本，大概是托马斯·怀特（Thomas Wight）印行的一五九九年版，一九五八年前藏于查茨沃思图书馆。[5]

贝丝睡房内所列图书均与信仰有关这一事实，凸显出宗教在都铎时代男男女女的日常生活中，扮演着非常重要的角色。的确，世风只许女人们专注于宗教图书，而不该在传奇（romance）这样的低俗读物上浪费时间。玛格丽特·霍比夫人（Lady Margaret Hoby）为约克郡的贵妇，一五九九到一六〇五年间，她坚持写日记。[1]一五九九年一月八日星期二的日记所载如下：

> 做完祷告，略加收拾，四下查看，打理诸事，然后我祷告，吃了点东西后，我去教堂，听了布道。到家后，我祷告，用餐，从霍比先生那里告退，又在家中忙到五点，然后去参加公共祷告，并温习布道辞……然后，听罗德斯先生读完祷告辞，上床就寝。[6]

这则日记既不是写于主日，也不是个别现象——她反反复复的祷告和阅读圣经，确令其日记相当乏味。玛格丽特·霍比虽然在一个近似清教徒的家庭长大，但她对宗教的投入亦为那一时期的大多数女性所共有。

在一六〇四年的财产清单上，有两幅圣母像的记载，这加大了贝丝倾向天主教的可能。凭后见之明，我们往往将伊丽莎白时代的英格兰人断然分成新教徒和天主教徒，然而现实情况要复杂得多。尽管贝丝生于宗教改革之前的英格兰，自小采行罗马的圣礼，但在人生后半段，她的大多数朋友都是新教徒。贝丝和卡文迪什为孩子们选择的教父教母，也大多信仰新教，如格雷夫妇、西摩夫妇、达德利夫妇和伊

---

[1] 玛格丽特·霍比夫人（一五七一～一六三三），娘家姓戴金斯，第三任丈夫托马斯·霍比爵士，乃外交官、驻巴黎大使和卡斯蒂利奥内《侍臣传》（*Il libro del cortegiano*）英译者托马斯·霍比爵士的儿子。霍比夫人是已知最早英文日记的作者。

丽莎白公主，可他们也两头下注，请了玛丽·都铎女王及其天主教的温切斯特主教斯蒂芬·加德纳（Stephen Gardiner），[1] 做其三子查理的教父教母。贝丝最可能采取的立场是伊丽莎白女王的“中间路线”，[2] 她那些宗教书籍或可为证。她当然不曾为剪碎中世纪的教袍，用于其嵌花刺绣而感到内疚，那是她的丈夫们在解散修道院运动[3] 中弄来的。

有句广泛流传的格言：“有书自有黄金屋”（books do furnish a room），贝丝对此可谓身体力行。[4] 她于十六世纪六十和七十年代在查茨沃思、八十年代在哈德威克老府、九十年代在新府定的装修方案，皆以书为本。有一套带画的镶板，本为查茨沃思庄园所制，现装于哈德威克府，便出自画家约斯特·阿曼（Jost Amman）[5] 根据一五六四年法兰克福印刷的一本图画本圣经所作的木版画。在其中一块镶板上，阿曼刻画了所罗门王在耶路撒冷的宫殿，安东尼·威尔斯－科尔（Anthony Wells-Cole）提出了一种理论，即贝丝在哈德威克新府的宏大
6 蓝图中，有意采用方形轮廓，配以六“塔”，意在复现所罗门的王宫，表明贝丝暗比于《旧约》中的这位智慧王。[7]

至今挂在哈德威克府的一幅画，也以约斯特·阿曼的画作为母本，描绘了奥德修斯返乡，与妻子珀涅罗珀重逢的情景。该画乃一五七〇年为贝丝绘制，作者是一个长期为她工作的匠人约翰·巴克勒豪斯

---

[1] 斯蒂芬·加德纳（一四八二～一五五五），英格兰主教和政治家，曾为亨利八世公开反对教皇，但最终转而支持玛丽一世（玛丽·都铎）在英格兰恢复天主教，获任相当于首席大臣的大法官。

[2] 伊丽莎白从少时便被置于险恶危境，学会了处变不惊，也极少暴露内心的生存之道。尽管她登基后立刻恢复了新教的地位，却拒绝迫害天主教徒，对两方面的宗教狂热都深感厌恶。这种明显的妥协虽不能做到人人满意，却使英格兰免于欧洲大陆严重的宗教冲突。

[3] 解散修道院运动（Dissolution of the Monasteries），亨利八世在一五三六年到一五四一年间通过一系列行政和法律手段，强行关闭修道院、女修道院和隐修院，抄没其财产，剥夺其政治权利。该运动兼具政治与经济动机。

[4] 此话或典出英国作家安东尼·鲍威尔（Anthony Powell）一九七一年的小说，书名就叫“Books Do Furnish a Room”。

[5] 约斯特·阿曼（一五三九～一五九一），瑞士和德国画家、版画匠人，也是十六世纪最多产和技艺最出众的图书插画家之一。

(John Baclehouse，因其佛兰芒姓氏拗口，故人称“画匠约翰”)。忠贞的珀涅罗珀的故事颇受青睐，因为哪怕受尽折磨，贝丝也一心要做忠侣贤妻。哈德威克府正厅有一幅挂毯，述及奥斯修斯的生平，另一组富丽堂皇的绣帷中，也有贝丝所选的珀涅罗珀，据信女主人公的形象以贝丝本人为原型，通过对现存多幅肖像的研究，上述观点已获佐证。

贝丝拥有数套绣帷，不过，当中最引人注目的一套，或非古代世界五女杰莫属，即珀涅罗珀、克娄巴特拉、卢克蕾蒂娅、芝诺比阿和阿尔特米西娅。[1] 其想法很可能来自杰弗里·乔叟（Geoffrey Chaucer）的《贞女传》(*The Legend of Good Women*)[2]，因一五四七年编制的一份财产清单，记载有一本乔叟，存于威廉·卡文迪什爵士诺骚(Northaw）宅中的会客室。桑蒂娜·利维（Santina Levey）认为，这可能是一部威廉·锡恩（William Thynne）编纂的乔叟全集，一五三二年由托马斯·戈弗雷（Thomas Godfray）首次出版。[8] 在《贞女传》的前言中，爱神丘比特托梦给乔叟，命他写十九个女人的故事，她们皆因对丈夫忠贞不渝，或受苦，或死掉。结果，乔叟只完成了八篇，写了克娄巴特拉和卢克蕾蒂娅，但不曾落笔于珀涅罗珀。贝丝的奇女子们，个个都有对应的美德天使相伴左右，所以珀涅罗珀的两边是坚定和忍耐，克娄巴特拉是勇敢和公正（这幅绣帷仅余残片)，卢克蕾蒂娅

---

[1] 克娄巴特拉（Cleopatra，公元前六十九～前三〇)，即有名的“埃及艳后”克娄巴特拉七世，埃及女王，恺撒的情妇和安东尼的妻子。卢克蕾蒂娅（Lucretia，传统上认为卒于公元前五〇九年)，古罗马烈女，科拉提努斯之妻，被伊特鲁里亚暴君塔奎之子塞克斯图斯（骄傲的塔奎）奸污后以刀自戕，人民被激怒，揭竿而起，驱塔奎家族出罗马，是为罗马共和国的诞生。芝诺比阿（Zenobia，卒于二七四年之后)，罗马殖民地帕尔米拉的女王，曾起兵造反，宣布独立，被俘后嫁入罗马而终老。阿尔特米西娅（Arthemesia，通行拼作 Artemisia)，有两位阿尔特米西娅：阿尔特米西娅一世为卡里亚之希腊城市哈利卡纳苏斯的女王，活跃于公元前五世纪，擅征伐，曾帮助波斯国王薛西斯入侵希腊；卒于公元前三五〇年的阿尔特米西娅二世是卡里亚国王摩索拉斯的妹妹兼王后，建摩索拉斯陵于都城哈利卡纳苏斯，为世界七大奇观之一。从下文看，应为阿尔特米西娅二世。

[2] 杰弗里·乔叟（约一三四二/四三～一四〇〇)，伟大的英国诗人，《贞女传》写于十四世纪八十年代，现存两卷九故事。

是贞洁和慷慨，芝诺比阿是豁达和谨慎，阿尔特米西娅则是忠诚和虔敬。罗马贵族之妻卢克蕾蒂娅被骄傲的塔奎强奸后自杀，是另一个深为贝丝喜爱的故事，她也曾用卢克蕾蒂娅为最小的女儿命名。十六世纪七十年代这些绣帷制成时，将张挂于查茨沃思一间大厅的四墙，因而具有一种强烈的建筑元素。每一组，贝丝都用古典风格的壁柱围绕，这些细节设计得自约翰·舒特（John Shute）一五六三年在伦敦出版的《建筑学要义》（*First and Chief Grounds of Architecture*）。

十六世纪七十年代的一幅壁炉饰画以雪花石为查茨沃思的缪斯厅特制，现位于哈德威克府休息室内，描绘了被缪斯们簇拥着的阿波罗。画面取自弗朗斯·休斯（Frans Huys）对弗朗斯·弗洛里（Frans Floris）[1]作品的一幅版画仿作，此画于一五六五年由希罗尼穆斯·科克（Hieronymus Cock）[2]印行于安特卫普。佛兰德斯画家，如弗洛里
7 及其兄弟雅各布、马滕·德弗斯（Maarten de Vos）和马滕·范海姆斯凯尔克（Maarten van Heemskerck）[3]等人的作品，一而再，再而三地出现，它们不仅用于壁炉饰画，亦用于十六世纪九十年代建成的哈德威克府大堂的墙画，以及持续数十年的绣品和织物设计。带有木刻插图的图书，成套的铜版画，莫不价格高昂，而且几乎全赖进口。大部分对开本图书的价格约在十到十二先令之间，而安特卫普的印刷商兼书商克里斯托弗·普兰丁（Christophe Plantin）[4]所售卖的最贵的版画，也不过十六个斯泰佛（stiver）。[9]母本也许属于为贝丝工作的画匠，但这

---

[1] 弗朗兹·弗洛里（约一五一九/二〇～一五七〇），杰出的佛兰德斯画家，姓德弗里昂特，建筑师和雕塑家科内利·弗洛里·德弗里昂特第二的弟弟。

[2] 希罗尼穆斯·科克（约一五一〇～一五七〇），佛兰德斯画家、蚀刻师和出版商。

[3] 马滕·德弗斯（一五三二～一六〇三），佛兰德斯画家。马滕·范海姆斯凯尔克（一四九八～一五七四），尼德兰画家。和弗洛里兄弟一样，德弗斯和范海姆斯凯尔克也受到意大利式风格的强烈影响。

[4] 克里斯托弗·普兰丁（约一五二〇～一五八九），法国印刷商，一五四九年在安特卫普从事装订业，后因臂伤，于一五五五年开设印刷所，以质量优异闻名，一五八三年赴莱顿，为尼德兰各州新建的大学印书。

又不太可能，因为约翰·巴克勒豪斯虽然是她手下薪水最高的匠人，年薪也只有两英镑。贝丝自己可能就是主人，因为她肯定有钱来买下它们。第三种可能性是，它们是伊丽莎白宫廷中的其他成员借给她的。

然而绣品和织物的图案来源，不仅包括前文提到的佛兰德斯画家
们，还有他人。贝丝擅长刺绣，曾和另一位巧于女红的妇人——苏格 8
兰女王玛丽共度许多时光，那正是后者快乐的早期囚禁岁月。她们的 9
作品与贝丝雇用的专业绣工之作一起保存至今，构成了哈德威克府等地精美的布艺收藏。其中许多花草主题，取材于皮耶尔·安德烈亚·马蒂奥利（Pier Andrea Mattioli）的木刻插图。这位意大利植物学家和医生曾为布拉格的哈布斯堡王室效力二十年，所著对迪奥斯科里德斯（Dioscorides）作品的《评注》（*Commentarii*），一五六五年以华丽的插图版出版于威尼斯，书中新增的众多植物，来自他本人旅行期间的鉴识，以及与大量植物学家的通信，也包括土耳其的新物种。[1] 如今在哈德威克府展出的八角形花图“绣片”，外缘饰以拉丁文题签，想必是贝丝取自人文主义哲学家伊拉斯谟（Erasmus）的《格言集》（*Adages*）。其他的鸟绣和鱼绣，则基于法国的原图，或许来自苏格兰女王玛丽而非贝丝自己的书。当贝丝寻找花鸟虫鱼的图案，拼缀成精美的集合，以装饰哈德威克府大堂的宏伟中楣时，她使用了菲利普·加勒（Philips Galle）根据佛兰德斯画家约翰·斯特拉达努斯（Johannes Stradanus）[2] 原作而制作的印版画，首版于一五七八年。

贝丝是怎样得到这些图书和印画的呢？从十六世纪四十年代她还

[1] 皮耶尔·安德烈亚·马蒂奥利（即 Pietro Andrea Gregorio Mattioli，一五〇〇～一五七七），意大利医生和植物学家，著有对佩达尼乌斯·迪奥斯科里德斯（Pedanius Dioscorides）公元一世纪希腊语《药物论》的评注译本，通称《评注》，收入了他对其本人已知所有植物的描述，很快以数种语言，逾四十种版本流行于欧洲，乃现代植物学的奠基著述之一。

[2] 约翰·斯特拉达努斯（一五二三～一六〇五），又称扬·范德斯特拉特，意大利语里写作乔万尼·斯特拉达诺，布鲁日出生的佛兰德斯画家，后经安特卫普于一五五〇年赴佛罗伦萨，主要创作均在意大利完成。

图二：这幅绣帷表现了奥德修斯受尽折磨的妻子珀涅罗珀，以及两侧的坚定天使和忍耐天使。它属于十六世纪七十年代制作的一套绣帷，或源自乔叟的《贞女传》。建筑上的细节则来自约翰·舒特的《建筑学要义》，一五六三年在伦敦出版。贝丝对珀涅罗珀尤其认同，据信画中人的形象便以她本人为原型。

在朱什家做事时起，便定期从德比郡前往伦敦，她的后三任丈夫皆在首都拥有或租用了一系列的房产。威廉·卡文迪什爵士位于奥尔德斯门街（Aldersgate Street）的府邸不远处，便是圣保罗教堂园（Saint Paul's Churchyard），构成英格兰出版业之核心的各行各业，皆曾集中于这一地区，有印刷商、书商、雕版匠、装订工、图片商和制图师。

十六世纪时，印刷商和书商双双成为出版业的主力，他们统称图书文具商（stationers），据信这一术语指的是从业者的固定经营状态，以区别于行商。一五五七年五月四日，在玛丽·都铎统治期间，图书文具商公会获得王室特许，设会馆于万福马利亚巷（Ave Maria Lane），紧邻圣保罗教堂园，距吾等天父道（Paternoster Row）不远。更早的时候，则有图书文具商在一四〇三年以同业之谊成立的行会或公会，彼

图三与图四：上图：一幅雪花石雕制的壁炉饰画，描绘了阿波罗与九位缪斯。它制作于十六世纪七十年代，最早装设于查茨沃思的缪斯厅，十九世纪移至哈德威克新府的休息室。下图：弗朗斯·休斯对弗朗斯·弗洛里的版画仿作，一五六五年印行于安特卫普。

图五与图六：上图：花草主题的八角形布艺，带有（下图所示的）铃兰图案，取自皮耶尔·安德烈亚·马蒂奥利对希腊医生佩达尼乌斯·迪奥斯科里德斯写于公元一世纪之草药志的评注。此版本一五七二年出版于里昂。绣品中环绕花草的格言“per publicam viam ne ambules”（离开大路），则出自伊拉斯谟的道德格言集。[1]

---

[1] per publicam viam ne ambules 又可译为“不要行走在人人都走的大路上”。伊拉斯谟说，圣哲罗姆（St Jerome）对此的解释是：不要步别人的后尘，犯那些常见的错误。因为人行世间，最好的喜悦莫过于取悦庸众。对此的另一种表述是：“宁取小径，不走王道”(Refuse the King’s highway and take the byroads)。这一建议亦与《福音书》中的教导相吻合，后者告诉我们，要避免走大多数人都走的宽广大路，而要走狭窄小道，小径虽然少有人行，却是通往永生的路——见《马太福音》7:14：“引到永生，那门是窄的，路是小的，找着的人也少。”

时尚在印刷术发明之前。即便在此之后，对手稿制作的需求也仍然存
在，专业的抄写坊至少持续到了十七世纪末。不过，王室特许使图书
文具商能够通过持有版权来改善和促进其业务，也可通过会员限量来
控制产能。例如，一五八三年有二十三家印刷所，配有五十三台印刷
机。其中有许多就设在圣保罗教堂园，或开有店铺，环绕园区形成一
个不规则的矩形，或背靠教堂外墙，于扶壁之间搭建棚屋。曾有一个 10
时期，他们挤占了一个小礼拜堂和布道室，还有一个公共厕所，让当 11
地居民和圣保罗学校（Saint Paul’s School）的学者大感不悦。[10] 书店往
往从正面加伸出一块槛板，配上第二块板，搭成披屋。两块板不用时
可以收起，靠到墙上。

约翰·戴（John Day）是最有名的印刷商兼书商之一，他大概生于邓尼奇（Dunwich），当时乃繁荣的东安格利亚港口，如今成了神秘“消失的城镇”，淹没于北海的波涛之下。他于十六世纪四十年代来到伦敦，为医生兼印刷商托马斯·雷纳尔德（Thomas Raynalde）工作，却加入了斯特林格公司（Stringers’ Company），该公司生产弓箭手所用的弓弦，并非图书文具商公会的会员。到一五四九年，他才在奥尔德斯门的门房内成立了自己的印刷所。对出版商和印刷商们来说，这是个令人振奋的时代。一五四七年爱德华六世的加冕，大大提升了新教的地位，印行约翰·加尔文等宗教改革者著作的时机已经成熟。戴抓住了这些机遇，在爱德华六世时代，他的印刷所至少推出了一百三十种书。他雇了许多外国工匠，一五五〇年在奇普赛德街（Cheapside）开了书店。由于垄断了约翰·庞内特（John Ponet）[1]《简明教义问答》（*Brief Catechism*）的出版而大赚其钱，他获得了巨大成功，结果招致其他书商的嫉恨。他有心拿下圣保罗教堂园一处组合型商铺，却被人阻止。一五七三年，他和家人险遭“某位阿斯普林”杀害，此人不是

[1] 约翰·庞内特（一五一四～一五五六），温切斯特主教和罗切斯特主教，新教神学家。

怀恨的学徒，便是某个与他竞争的印刷商，因此他不得不向莱斯特伯爵寻求保护。

从出版新教教义书和圣诗集中赚取的利润，让戴可以放手一搏，开始十六世纪的一大出版冒险。此乃约翰·福克斯（John Foxe）的《伟绩与丰碑》（*Actes and Monuments*），以《殉教者书》（*The Book of Martyrs*）广为人知，记载了“血腥玛丽”·都铎对新教徒的迫害。[1] 她在位时，戴获利微薄，福克斯亦流亡国外。但随着伊丽莎白即位，福克斯返回英格兰，并与戴就此项目展开合作。此乃浩大工程，厚逾一千八百页，涉及不同的字体和分栏，以及作者根据所获最新信息而不断添加的旁注。另有五十幅木刻插图，或许在尼德兰制作，有文献表明，它们送达时出现了延误，酿成噩梦，现代的绘本出版商对此理应不觉陌生。首版于一五六三年三月推出，第二版立刻便投入工作，需三台印刷机同时运转。据估计，戴这时已经为此次冒险投入了惊人的一千英镑。[11]

到头来，这一切都是值得的：该书迅猛走俏，约翰·戴大发横财。
12 所有的主教堂皆有订购，许多教区亦上行下效。每户新教家庭，但凡负担得起，也必购书一册，有时将它摆放在客厅，以此宣示信仰。[12] 福克斯声称印刷技术来自上帝的旨意：“主的神圣智慧与全能力量开始造福于教会；不用剑与盾来征服其狂妄敌手，而是通过印刷、写作和阅读：以光明战胜黑暗，以真理战胜谬误，以学识战胜无知。”[13] 其扉页画有一男一女，膝上放着圣经，正在聆听圣言。《殉教者书》尤其受到女性喜爱，她们常在遗言中给后人遗赠此书。一套一五九七年的对开两卷本福克斯作品，现藏于查茨沃思图书馆。

---

[1] 约翰·福克斯（一五一六～一五八七），英国新教牧师，所著《晚近危险时日的伟绩与丰碑》（*Actes and Monuments of these Latter and Perillous Dayes*）于一五六三年出版，立刻以《殉教者书》之名风行于世，成为除圣经外最受欢迎的读物，在此后一个世纪内左右了英国人对天主教的恶感。

不过，英格兰本地的出版业不足以涵盖全部。依英王或王后之命，“奉旨”进口的图书构成了拉丁语贸易的一部分。拉丁语是当时的通用语言，但其所指囊括了所有外国图书和印画。亨利八世在位期间，一项颁布于一五三四年的法令规定，凡海外进口图书抵岸时，皆不得覆以纸板、牛皮或羊皮，以保护英格兰装订业的利益。外国书商受到限制，他们不得从海外批发商处购买图书并运入伦敦口岸。此举也是为了保护国民利益，同时也表明在需要内行人，如向欧洲大陆的出版商购书，为图书合理定价时，外国书商仍有用武之地。事实上，许多外国书商获得了居民权，从而能够继续经营，而图书文具商公会组成后，他们便加入其中，成为会员。外国图书和印画业务主要集中在史密斯菲尔德（Smithfield）南部的鸭巷（Duck Lane）和小不列颠（Little Britain）。[1]

书商和购书者通过书目招贴或目录册获知最新的出版物。瑞士医生和博物学家康拉德·格斯纳（Conrad Gesner）[2] 在一五四八年写道：“大多数印刷商和书商，尤其是那些提供更具学术性图书的商家，均备有书目招贴，列出已经印好或在售的图书，有些书目甚至印成了小册子。”14 他接下来开列了如此行事的形形色色的欧洲印刷商和出版商。书目招贴并非用以像书那样阅读或保存，而是拿来固定到书店墙上或柜台后，以供店员参考。有些出版商雇用旅行推销员，他们每到一城，便投宿于旅店，并贴出书目，特别要向当地的神职人员兜售。他们也

---

[1] 史密斯菲尔德位于伦敦城西北部，历史上曾为伦敦肉市所在地，现在仍有牛十字街和公鸡巷等地名，但鸡肉巷、鸭巷、牛巷、野鸡场和母鹅胡同等，已因维多利亚时代的重新规划而消失。小不列颠历史上为邻近街区。

[2] 康拉德·格斯纳（一五一六～一五六五），也是目录学的奠基人之一。他博览群书，一五四五年出版了开创性的《通用目录学》（*Bibliotheca universalis*），收入文艺复兴及此前约一千八百位作者，以姓氏字母为序，并附评传。他把人类知识分为二十一种，意图将历代著述各归其类，遂于一五四八年出版具有里程碑意义的《格氏图书总览》（*Pandectarum sive Partitionum universalium Conradi Gesneri* ... libri xxi）共十九卷，次年再出第二十一卷，考察神学著作，但关于医学的第二十卷未能完成。

会参加当地的集市，以优惠价为文品店备货。八开本的目录册在十六世纪兴起于巴黎，首创者乃罗贝尔·埃蒂安纳（Robert Estienne），[1] 格斯纳称他为杰出的印刷商。他将目录册分成希伯来语、希腊语和拉丁
13 语，各分类的开头是识字书，然后是语法书、字典和课文。通过这种目录册，埃蒂安纳在自己的各家书店内推销图书，与巴黎以外的顾客保持通信联络，并向其他书商批发，但因为很难确定标准价格，因此目录中并不包含定价。

欧洲图书贸易的重要展会在法兰克福举办——今日仍然如此。如今它在十月份举行，而在十六世纪，它一年举办两次，春季在大斋节，秋季在米迦勒节。[2] 法兰克福之所以成为“独一无二的销售地点”，盖因作为帝国自由城市，它没有复杂的通行税和困扰德意志众多公国的繁文缛节，并且对天主教和新教一视同仁，给予宗教宽容。欧洲全境皆可通达此地；书商、出版商、装订匠和纸商，学者和有潜力的作家们可从意大利、西班牙、法国、德意志、低地国家和英格兰前来，经陆路最近可抵科隆，而后走水路到达。第一周用于买书，卖书，交换新闻，第二周则用于核定和结清账目，使用莱茵金弗罗林[3] 为通用货币，或用信用状和期票，以及一届又一届书展累积的信誉。在出版商之间，作为一种特殊交易，甚至专门形成了一种“法兰克福费率”——在现代的法兰克福书展上，出版商们仍可见到这种现象。书商会将剩余货物留存于代理商的仓库，后来便发展成其业务的异地分店，全年皆可营业。

---

[1] 罗贝尔·埃蒂安纳（一五〇三～一五五九），法国学者和出版商，一五三一年出版《拉丁语词典》（*Dictionarium seu linguae latinae thesaurus*），乃辞书史上的划时代之作。

[2] 大斋节始自复活节前六周半的圣灰星期三，节期禁食四十天（星期天除外）。米迦勒节为九月二十九日。

[3] 弗罗林在十四和十五世纪从佛罗伦萨传入德意志，成为主要的货币单位，称作莱茵金弗罗林（Rhenish gold florin，或 Rheinischer Goldgulden），大量铸造和发行于美因茨和科隆主教区及法兰克福和纽伦堡自由市。

一五六四年，奥格斯堡（Augsburg）的乔治·维勒（George Willer）为法兰克福书展印制了第一份图书目录，“以使外地书商和所有文学学生方便使用”[15]。印刷商们把自己的书目寄给维勒，以供合并编目，并按学科妥善整理。一五六四年的这本目录共收入二百五十六本书，它们印刷于十九个城市，包括葡萄牙的科英布拉（Coimbra）和匈牙利的布达佩斯。由于目录不断扩充，仿印者也开始出现，市议会终于介入，于一五九八年印制了第一份法兰克福官方目录。根据记载，神秘主义者和大藏书家约翰·迪博士（Dr John Dee）[1]是英格兰第一个拥有法兰克福图书目录的人。在书展期间推出新书可能获益巨大。例如，在一五八七年书展上引起轰动的《浮士德博士传》（*Historia von D. Johann Fausten*），一五九二年便被译成英文，克里斯托弗·马洛（Christopher Marlowe）的剧本便由此改编而来。[2]

在输入英格兰的拉丁语贸易中，执牛耳者当属比克曼家族，此乃
科隆的名门世家。他们既从事进口批发，也在圣保罗教堂园开店卖书。
图书以货桶和提筐分装，运抵伦敦港，并在入港簿册上登记，以备海
关课以小额关税。入港簿册实乃绝佳资料，录有船名、始发港、货品 14
和商号。未装订的对开本图书以防水物料卷覆，分装于芒特（筐）或
干莪（桶）[3]：一芒特的通常货值为四英镑，需缴纳关税十二便士，而
一干莪的估值为芒特的一半，税额六便士。港口的海关税检员和检验

---

[1] 约翰·迪（一五二七～一六〇八），英国炼金术士、占星家和数学家，曾任玛丽一世的占星官，亦曾以魔法师罪名短暂下狱。据信莎士比亚名剧《暴风雨》中的普洛斯彼罗便以迪博士为原型。

[2]《浮士德博士传》由佚名德语作者所写，一五八七年由约翰·施皮斯（Johann Spies）出版于美因河畔法兰克福，马洛的剧本《浮士德博士的悲剧》（*The Tragical History of Doctor Faustus*）和歌德万古流芳的巨作《浮士德》皆可溯源至此。

[3] 这两个容器名系我的硬译。经查，芒特（maund，或 maunde）为带有提手的柳编筐，干莪（dryfatt，或 dry fat, dry vat）则为货桶，用于非液体货物。见沃尔特·塞西尔·理查森（Walter Cecil Richardson）编《一五五二年皇家委员会报告》（*The Report of the Royal Commission of 1552*）第三卷，西弗吉尼亚大学图书馆，一九七四年，第 175 页注释。

员不仅负责征收关税，还要关注有无煽动性作品。一五六四年颁令，禁止与低地国家进行贸易。此后不久，威廉·塞西尔爵士便代表阿诺德·比克曼（Arnold Birckmann）及其代理人康拉德·莫利亚（Conrad Molyar），就后者将从法兰克福书展，经安特卫普向英格兰发运五莜两芒特图书一事提请特许。他请求让他们将图书秘密卸货——还有四五箱仔姜，系他本人自用。具有讽刺意味的是，作为伯利男爵，塞西尔后来受命控制图书进口。十六世纪九十年代，海关督查理查德·卡马登（Richard Carmarden）曾奉伯利男爵之命，训令其税检员“对所有从外国运抵本港的图书严密监控”。16 不服国教的天主教出版商们知道如何规避这一系统，遂将其图书转往肯特郡的无人监管之地登岸，如马盖特（Margate）和谢佩岛（Isle of Sheppey）。

英格兰的另一大图书输入商乃克里斯托弗·普兰丁，一五五五年，他在安特卫普开设印刷所，厂址位于金罗盘招牌处。[1] 其屋舍与厂房今日犹存，而他和历代继承人保留下的记录堪称无价之宝。来自伦敦书商尼古拉斯·英格兰（Nicholas England）的一份订单可谓典型，内含数量众多的小开本古典著作，如五十本西塞罗书信选，以及少量的大开本图书。17 克里斯托弗·普兰丁的书店，或称“铺子”（bouticle），与其印刷所不在一处。虽仅有十七世纪中期留下的一份详细记录，却不失为当时书店工作环境的良好佐证。店员们就住在店内，清晨五点半起床，先上教堂，而后在七点钟开始工作。午餐时间应用于“正当娱乐”，即学习写作，研读拉丁文、西班牙文、法文或算术。晚八点下工，然后他们应与主管在同一时间上床就寝。普兰丁不仅在店内销售自印的图书，也卖其他出版商的产品，同时对机构和个人提供送货服务。招待外国客商的桶装莱茵葡萄酒和啤酒随时供应。

---

[1] 金罗盘（De gulden Passer）是普兰丁印刷所的标志和名称，也是该所在安特卫普的地址。普兰丁去世后，女婿扬·莫雷图斯（Jan Moretus）继续经营，厂房与设备由安特卫普市于一八七六年购得，改建为普兰丁－莫雷图斯博物馆，开放至今。

贝丝及其家族购书的店铺，集中于圣保罗教堂园和吾等天父道一带。不过，其画匠用以参考的大陆画师们的成套版画，可通过安特卫普或科隆的代理商特订。威廉·圣洛和施鲁斯伯里伯爵与大陆地区均有密切的商业来往：后者有条大船，取名塔尔博特号，定期装运重型货物，由赫尔（Hull）前往伦敦和北欧，返程则载运香料、葡萄酒等奢侈 16
品。贝丝在德比郡长居，远离宫廷和伦敦时，或许便通过代理，购置所需的一切。

关于购书，晚一代的托马斯·尼维特爵士（Sir Thomas Knyvett）可供深入考察。尼维特乃诺福克郡阿什维尔索普（Ashwellthorpe）人氏，比贝丝小十二岁，但像她一样长寿，活到了一六一八年。同样与贝丝相似的是，托马斯爵士的家族人脉深厚，但他淡泊名利，而醉心于书海，宁愿深居诺福克，以积书为乐，死前所藏，共得手稿七十卷，图书一千四百部。[18] 他的兄弟亨利，身为廷臣和律师，帮他在伦敦充任代购，不只替他买书，也为他置办服装。一五八三年时，亨利致信兄弟："烦请寄来紧身男上装之尺码，并布料颜色及斗篷款式，我当速办，一并寄你，唯苦寻赫西俄德（ερμα και ημεραι）[1] 而不获。"[19] 尼维特对其书价做过详细记录。最贵的为十先令，不过大多数以四先令左右购得，便宜的也有，或许是二手书，为一先令八便士。他还整理过藏书室的目录。此事值得留意，因为在伊丽莎白一世晚期的英格兰，将房间辟为藏书室之举相当罕见。托马斯·尼维特还在藏书室内存有古董，这是他的另一大收藏喜好，此外还有制图大师热拉尔·墨卡托（Gerard Mercator）[2] 制作的一对地球仪，以及许多绘画和肖像。

尼维特的藏书室很可能设在一间小书房或储藏室内，供他静读与冥想。这些十七世纪初年的房间，现在几乎已经消失殆尽或面目

---

[1] 即赫西俄德所著《工作与时日》。

[2] 热拉尔·墨卡托（通常拼作 Gerardus Mercator，一五一二～一五九四），佛兰德斯地图学家，以地图绘制中的墨卡托投影法名垂史册。

图七：约斯特·阿曼（Jost Amman）一五八五年所作木版画《商业寓言》（*Allegory of Commerce*），将安特卫普举为国际贸易中心。画面上方描绘了代表欧洲一众商业重镇的盾形徽章，围绕着商业之神墨丘利，他手提一具天平，称量两本账册，一为借，一为贷。下方是城中各行各业，印刷业和出版业亦在其中。

全非，仅有一间得以原貌留存，它不在乡村老宅，而是位于教堂之内。一六三一年，约翰·凯德米斯特爵士（Sir John Kedermister）立下遗嘱，将三百卷藏书，几乎全为神学著作，赠予伯克郡兰利马里什村（Langley Marish）的圣马利亚教堂，由他妻子玛丽夫人做遗产管理人。要前往这间藏书室，需穿过教堂的家庭包厢，但一跨入书房，来访者便会置身于十七世纪的家庭内景，壁炉上方有华丽的壁饰，装饰着凯德米斯特的纹章、风格奇异的图案和圣母像。书放在装有搁板的书橱内，橱门上亦有图画装饰，包括约翰爵爷和玛丽夫人的画像，以及当地风景，如温莎城堡（Windsor Castle）和泰晤士河。藏书室内的全部家当都存留至今，包括一张小桌，几只板凳，几把长椅，以及一个梯凳。看起来就好像约翰爵爷把他的藏书室上锁、打包、装车，从兰利庄园（Langley Park）的家宅运到了这间小屋，而那些镶板在必要时是可以取下来的。

在哈德威克的贝丝留下的财产清单中，不曾有过藏书室的记载， 17
不过今人已知，哈德威克老府在十七世纪确曾有过一间藏书室。记录也显示，贝丝睡房内有成套的书桌和大可用来存放图书的柜子。一六三二年，为第九代诺森伯兰伯爵（Earl of Northumberland）亨利·珀西（Henry Percy）[1] 在萨塞克斯郡的佩特沃思府（Petworth House）编制的一份家产清单，便曾提及超过六十柜子的书。罗伯特·史密森（Robert Smythson）[2] 与贝丝合作建造哈德威克新府，约在一六〇〇年画过一幅储藏室或书房的设计图。其中画出了四个角度的正视图，配有搁板，中间分格，另有固定书桌。有些分格已经标明用

[1] 第九代诺森伯兰伯爵亨利·珀西（一五六四～一六三二），天主教徒，一六〇五年受到意在炸毁议会、炸死詹姆斯一世全家的火药阴谋（Gunpowder Plot）牵连，而被囚禁于伦敦塔十七年。

[2] 罗伯特·史密森（一五三四/三五～一六一四），英国建筑师，石匠出身，伊丽莎白一世时代许多著名建筑的设计者。

图八：约翰·凯德米斯特爵士的藏书室，现位于伯克郡兰利马里什村的圣马利亚教堂。书架就在带有饰画的镶板后面，书大概总是前切口朝外的。

于地图、活页纸和笔墨，其余的也可以假定是用来放图书和信函的。

这一时期的书不将书脊朝外摆放，也没有书标。约翰·凯德米斯特爵士的所有图书都是空白书脊，只在封面盖印他的纹章。托马斯·尼维特爵士则在前切口[1]夹入了手写的书名标签，面朝着在架前找书的人。书籍购入时未经装订，仅有廉价的保护性纸板或犊皮包装纸，以便顾客按各自喜好加以装订。诺森伯兰伯爵亨利·珀西和莱斯特伯爵罗伯
18 特·达德利均在其图书封面上盖有自己的图章。尼维特的图书装饰要朴素一些，书脊上有两条水平线和几朵小花，前切口则用两副绿绳绑合。

关于藏书室存书的图像化记录，可见于《安妮·克利福德夫人大像》（*The Great Picture of Lady Anne Clifford*）。安妮生于一五九〇年，乃第三代坎伯兰伯爵（Earl of Cumberland）乔治·克利福德（George

[1] 前切口（fore-edge）是与书脊相对的书页外缘。

Clifford）和玛格利特·拉塞尔夫人（Lady Margaret Russell）之女。双亲在威斯特摩兰（Westmorland）和约克郡拥有大量地产，安妮是这份潜在遗产的唯一继承人，不过为了保卫自己的土地，她耗去了人生许多光阴。一六四六年，为纪念家人，她请人画了《大像》。此画现藏于肯德尔（Kendal）的修道院院长府美术馆（Abbot Hall Gallery）。[1] 它采用三联画的形式，中间一幅是安妮、安妮的父母和她两个早死的哥哥，墙上还挂着她几个姑妈和姨妈的小像。在左侧的画面上，她以十五岁的形象出现，画中有她的诗琴，以及一男一女两位家庭教师的小像（见插页一）。右侧画面上，她已是五十岁的样貌，画中还有两幅小像，画的是她的两任丈夫，第三代多塞特伯爵（Earl of Dorset）理查德·萨克维尔（Richard Sackville）和第四代彭布罗克伯爵（Earl of Pembroke）菲利普·赫伯特（Philip Herbert）。书在三幅画面上均有出现，但最显眼的也许要数那幅少女肖像。画中图书共二十六册，有些放在书架上，有些放在地板上，其中包括"乔叟和斯宾塞[2] 的全部作品"、菲利普·西德尼爵士（Sir Philip Sidney）的《阿卡迪亚》（*Arcadia*）[3]、杰勒德（Gerard）的《草药志》（*Herball*）[4] 和卡姆登（Camden）的《不列颠志》（*Britannia*）[5]。有些书露出了书脊，它们以皮面装订，用纸标写出书名。其他书则是前切口朝外，夹有书名标签，一如托马斯·尼维特爵士的记载。

---

[1] 修道院院长府美术馆（全称 Abbot Hall Art Gallery），原建筑在十六世纪的解散修道院运动之前，为约克圣马利亚修道院院长的驻停地，一七五九年由乔治·威尔逊（George Wilson）上校在老修道院院长府的基础上改建，进入二十世纪后逐渐荒废，一九六二年改造为美术馆。

[2] 埃德蒙·斯宾塞（Edmund Spenser，一五五二 / 五三～一五九九），伊丽莎白一世时代最伟大的英国诗人之一，以长篇寓言诗《仙后》（*The Faerie Queene*）传世，死后进入威斯敏斯特教堂，葬于乔叟身边。

[3] 菲利普·西德尼（一五五四～一五八六），伊丽莎白一世时代的廷臣、名诗人、文艺赞助人和模范绅士，《阿卡迪亚》是他所写的散文体长篇传奇。

[4] 约翰·杰勒德（John Gerard，一五四五～一六一二），英国植物学家，一五九七年出版《草药志》，收入一千余种植物，乃英格兰第一部植物名录。

[5] 威廉·卡姆登（William Camden，一五五一～一六二三），英国古物收藏家和历史研究法的先驱，一五八六年写成第一部综合性的英格兰地志《不列颠志》。

*　　*　　*　　*

在都铎时代，教幼童读书写字的任务由母亲承担，想必贝丝也会负责儿女们的初级教育，其中包括威廉·卡文迪什爵士和她结婚后带过来的几个年幼继女。教育从娃娃抓起——正如伊拉斯谟所说：“封蜡要在最软的时候盖章，泥土要趁还湿的时候塑模，琼浆玉液只可装入从未用过的新罐，染色时也只应选用刚刚漂洗过的、一尘不染的毛线。”[20] 儿童用的是角帖书（hornbook），乃一片带柄木板，上贴一页纸，外覆兽皮或角质物，以防磨损。顶端是字母表，分大小写排列。下面是主祷文，或许还有十戒。作为老师，贝丝或需自备识字课本，每个字母都有各种不同的写法，标出元音和辅音，还有音节表。这一切物事往往带有明显的宗教内容，诚如教师理查德·马尔卡斯特（Richard Mulcaster）[1] 所指出的那样：“过去读书只是读书，今日其目的多种多样，但读书实在应该为了信仰。”[21] 学完主祷文，孩子们会继续读其他
19 祷辞、有韵的赞美诗和《箴言》摘录，甚至福克斯《殉教者书》的缩写本，不过书中有些插图，恐怕会让生性敏感的儿童大做噩梦。

一五八二年，贝丝开始照料父母双亡的外孙女阿拉贝拉·斯图亚特（Arbella Stuart），又承担起了另一个孩子的教育。八年前，贝丝的女儿伊丽莎白与伦诺克斯伯爵（Earl of Lennox）查理·斯图亚特相识成婚。这桩婚事必让野心勃勃的贝丝大喜过望，因为查理有权继承英格兰王位，无奈伊丽莎白女王对此次联姻备感警觉，最终给贝丝及其家族带来了无尽愁苦。二〇〇三年，在哈德威克府一个房间的护壁板后面，全国托管协会的文物保护队发现了一本教义问答书。这间屋过去一直用做贝丝家中的小餐厅。由于环境干燥，此书保存奇好，经修复后重

---

[1] 理查德·马尔卡斯特（一五三〇？～一六一一），英国教育理论家，但许多观点直到他去世二百五十年后才被普遍接受。

现亮丽，仿佛刚刚掉落在木壁板之后。此乃《基督徒入门，附青年镜鉴》（*The Christian's ABC, with the mirror of youth*），印行于一五八三年，出版者托马斯·沃特罗利耶（Thomas Vautrollier）身为法国新教徒，此前曾在伦敦布莱克弗赖尔（Blackfriars）[1] 住了二十年。此人尤以字体优美、插图精细而闻名，其商标为椭圆形花框，内有一只手从云中伸下，握提船锚，并饰以两枝桂叶，题字曰："Anchora Spei"（希望之锚）。所有这些特点，在哈德威克府的教义问答书上皆有呈现，此书配有精致的棕色小牛皮封面，装饰着金百合与绿丝带。从时间上看，它很可能是买给阿拉贝拉·斯图亚特的，后来在十六世纪九十年代，被她，或是她的某个小表亲在某次无趣的用餐时掉落了。

贝丝的两个大儿子威廉和亨利最先被送入了伊顿公学，两人曾受益于继父圣洛买给他们的书，后来又请了家庭教师，其中一位老师还因散布关于孩子母亲的谣言，而被赶出了家门。在此期间，贝丝想必继续承担着对女儿们的教育，不仅包括她自己的女儿弗朗西丝、玛丽和伊丽莎白，也有她的几个继女。其内容或许既有进一步的学习，也兼顾她们将来料理家务时所需的实用性训练。在女性教育方面影响最大的指导性读本是《女基督徒培养手册》（*The Instruction of a Christian Woman*），英文版首次出版于一五二九年，其作者胡安·路易斯·比维斯（Juan Luis Vives）是亨利八世第一位王后阿拉贡的凯瑟琳（Catherine Aragon）的顾问。[2] 那个时代的大多数男性是不敢鼓励妇女求知的，比维斯却采取了一种自由主义的态度，他的译者理查德·海德（Richard Hyrde）同样如此。在《女基督徒培养手册》的前言中，海德向凯瑟琳

[1] 布莱克弗赖尔，伦敦市内小区，位于圣保罗大教堂西南。

[2] 胡安·路易斯·比维斯（一四九二～一五四〇），西班牙人文主义者，伊拉斯谟的弟子，生于阿拉贡巴伦西亚，为免遭宗教裁判所迫害，而在十七岁逃离西班牙，一五二三年赴英，著《女基督徒培养手册》（*De institutione feminae christianae*）献给阿拉贡的凯瑟琳，一五二七年因反对亨利与凯瑟琳离婚，遭短暂囚禁，后赴尼德兰。

图九：阿拉贝拉·斯图亚特像，罗兰·洛基（Rowland Lockey）绘于一五八九年，她时年十三岁。她所受的良好教育远近闻名，画中也有一摞书与她相伴。

王后陈情，表达他对现状的愤怒，因为“在每一个国家”，妇女们既无缘受教去阅读拉丁文，也无人代为翻译，如此一来，她们便不能得享良好的教育，也无从摆脱男人就她们的无知愚昧而作出的指责。一个多世纪后，贝丝的孙媳玛格丽特发出了更为强烈的呼吁，身为纽卡斯尔公爵（Duke of Newcastle）威廉·卡文迪什之妻[1]，她对牛津和剑桥
的大学深为不满：“我们就像蠕虫，只能生活在无知阴暗的泥土中，只 21
有借着良好教育的新雨，才能抖擞精神，间或钻出地面，可这种教育我们是极难获得的。”[22]

贝丝本人的观点是否与此一致，已不得而知，但她的长女玛丽不仅自己才智出众，而且也培养出了三个颇有文化的女儿，这一事实表明，贝丝可能一向赞同这些非常开明的思想。阿拉贝拉的身份也使外婆格外上心，要给她提供一种与未来女王相称的教育，因此她拥有一整套教师班子，其中有位莫利先生（Mr Morley），一直有人认为就是克里斯托弗·马洛。[23]无论有没有这位伟大的戏剧家做老师，她都表现出了极佳的才智，她的密友约翰·哈林顿爵士（Sir John Harington）[2]曾说她十三岁时，便能“看着意大利语读出法语，看着法语和意大利语读出英语”，此种授业方式，正如罗杰·阿谢姆当年在伊丽莎白·都铎和她的表妹简·格雷郡主身上之所行。[24]像女王一样，阿拉贝拉的拉丁语也能出口成章，哈林顿翻译了阿里奥斯托（Ariosto）的《疯狂的罗兰》（*Orlando Furioso*）[3]，读给她听，她当场便给出了详尽评析。

贝丝不仅教育儿女，还要操持家务。从二十岁左右起，她便要料

[1] 玛格丽特·卡文迪什（Margaret Cavendish，一六二三～一六七三），纽卡斯尔公爵夫人，作家和科学家，娘家姓卢卡斯，一六四五年嫁做威廉·卡文迪什的第二任夫人，是一位个性张扬、极为多产的女作家。

[2] 约翰·哈林顿（一五六一～一六一二），伊丽莎白一世时代的廷臣、翻译家、作家和才子，抽水马桶的发明人，并在里士满的王宫中给女王也安了一个，因翻译意大利色情文学并在贵妇圈中流传，以及用拉伯雷而非工程师的方式描述厕所原理，两次被逐出宫廷。

[3] 卢多维科·阿里奥斯托（Ludovico Ariosto，一四七四～一五三三），意大利诗人，以史诗《疯狂的罗兰》传世，约翰·哈林顿曾将此诗全部译出，一五九一年出版，极获赞誉。

理一系列的家政，有时还得同时管理多个家庭，实乃复杂的协调之术，但所有证明都表明，她非常精于此道。诚然，她有众多仆佣帮忙。厨房内有男大厨一人——在十六世纪九十年代的哈德威克府，此人名唤亨利·库克（Henry Cook），真是名如其人。[1] 此类男工只有粗浅的读写能力，通过训练学到厨艺，因而家中不必另备烹饪图书。至于切肉杀鱼的活儿，虽无须大厨动手，却是绅士必备的技艺，一如剑术或舞场上优雅的脚步。威廉爵士就有这样一本书，内含相关信息，用于家中诸子教习，名叫《游刃经》(*The Boke of Kervynge*)，由文金·德·沃德(Wynkyn de Worde) [2] 首次出版于一五〇八年。沃德曾为首次将印刷术带入英国的威廉·卡克斯顿（William Caxton）[3] 工作，后者死后，他将其印刷所由威斯敏斯特迁入舰队街，选址于圣布丽德教堂（St Bride's Church）边的太阳徽处。此次搬迁意义重大，从此之后，印刷工业和出版产业摆脱了王室，扎根于伦敦市区（the City）。沃德的《游刃经》讲解了怎样对五花八门的鸡鸭鱼兽行庖丁之术，每种都有自己专用的诺曼法语动词，所以你可以“卸鹬”，“驯蟹”，再来“削鲑”。[4] 此书历久长销，十六世纪便再版多次。

若说厨师主宰厨房，那么统驭贮藏室的便是家中主妇，女儿和女仆则从旁协助。药在这里配制，餐具和饮品被称为“宴品”
22 (banquetting stuffe)，也在这里供应，“宴”(banquet) 作为最后一道特食，由饭后吃甜点、喝酒的中世纪进餐风俗发展而来。糖是宴中最

[1] 亨利·库克，即“厨子亨利”，命名方式如“庖丁”。

[2] 文金·德·沃德（卒于一五三四/三五），生于阿尔萨斯沃尔特的伦敦印刷商和出版商，早期受雇于威廉·卡克斯顿（卒于一四九一年），经过数年诉讼后，于一四九五年接手卡克斯顿的印刷所，一五〇〇/〇一年将该所由威斯敏斯特旧址迁入舰队街，并于一五二四年首次在英格兰采用了斜体活字。

[3] 威廉·卡克斯顿（约一四二二～一四九一），英国第一个印刷商。先在科隆学习印刷术，后在布鲁日开业，一四七六年返英，在威斯敏斯特开办印刷所。他也是翻译家和出版商，对英国文学产生过重大影响。

[4] 原文为“untached” a curlew，“taymed a crab” and “traunched a salmom”。

重要的配料，酱、果冻、蛋糕和蒸馏酒中都会加糖。糖产于北非，由香料船从威尼斯和热那亚运到英国，因此属于贵重物品，与香料一样上锁保存，用起来也是格外珍惜。关于如何在贮藏室内制作蜜饯、夹心糖果、蒸馏酒和糖品，第一部内容丰富的主妇指南是《秘方集》（*Secretes*），作者是皮德蒙特的亚历克西斯（Alexis of Piedmont），由W. 渥德（W. Warde）译自拉丁文，一五六二年以英文出版。书名意味深长，因秘方有医学上的含意，故不可与无知者分享，相反，它们只能由主妇掌握，正是她在照看着家人与仆佣。一五四七年，当贝丝开始操持自己的家务时，很可能已经有了一本拉丁文版的《秘方集》。她无疑也细心传授过这些技巧，因为她的女儿玛丽·塔尔博特便以精通蒸馏、酿造和腌制之术闻名。玛丽的女儿伊丽莎白，即后来的肯特伯爵夫人（Countess of Kent），亦曾身体力行，一六五一年去世后，她用过的疗法和处方以《精选医方或医药与外科珍稀秘方集》（*A Choice Manual or Rare Secrets in Physick and Chirugery*）之名出版，而她的妹妹阿莱西娅，日后的阿伦德尔伯爵夫人（Countess of Arundel），也出版过《探幽自然》（*Natura Exenterata*），书中既有传统的药方和医嘱，也有化学实验。

贝丝筹建哈德威克新府时，曾计划把一个宴客厅建在花园，另一个设在屋顶上的南角楼。承建者大概是罗伯特·史密森，他曾在威尔特郡的长渠府（Longleat）和德比郡的沃克索普庄园（Worksop Manor），分别为约翰·锡恩爵士（Sir John Thynne）和贝丝的丈夫施鲁斯伯里伯爵建造过相似的"观景塔"。哈德威克府的这一个，今日犹可前往观之。由北角楼拾级而上，经步道穿过铅板屋顶，便可进入一个用大量石膏板装饰的小房间。贝丝的嘉宾们可以在此品尝蜜饯（用糖腌制的橘片或柠檬片）、用茴香籽和葫芦巴调味的夹心糖果，以及各种甜点，佐以希波克拉斯（hippocras，加香料的甜酒），同时可以欣赏楼下花园中的景致。

贝丝显然热衷于园艺，因为在哈德威克府的房舍完工之前，她便已在此建起了花园。她想必是通过植物志，来获取花草方面的知识。如前所述，她曾将马蒂奥利的《评注》用做绣品的素材。第一部用英文出版的植物志，乃亨利·莱特（Henry Lyte）所译佛兰德斯人伦勃特·多东斯（Rembert Dodoens）的《草药志》（*Cruydeboek*）[1]，一五七八年以《新草药志或植物源流》（*Niewe Herball or Historie of Plantes*）之名面世。今人心目中那一时代最著名的草药志书，当为理发匠兼外科医生约翰·杰勒德于一五九七年出版，书中所配的花草插
23 图，他声称出于自家花园的栽种。他曾在赫特福德郡的西奥巴兹府（Theobalds House）为伯利男爵威廉·塞西尔工作，故将此书题献给他。

塞西尔身属位高权重的廷臣集团，圈中人还包括莱斯特伯爵罗伯特·达德利、克里斯托弗·哈顿爵士（Sir Christopher Hatton）[2] 和贝丝本人，俱为伊丽莎白女王的近臣贵戚。为求增强政治实力，他们力争获得君主垂青，说服她赐以莫大的（也是花费高昂的）荣耀，在每年夏天王室出巡时驾临府上。为取悦女王，他们建起豪宅，精心打理花园。塞西尔不仅建有西奥巴兹，还在北安普敦郡建造了伯利府（Burghley House）；哈顿则在附近建造规模宏大的霍尔登比府（Holdenby）和科比庄园（Kirby Hall），最终因此而破产；在沃里克郡，莱斯特伯爵也为其中世纪的肯纳尔沃思城堡（Kenilworth Castle）扩建新屋。其他廷臣亦不乏大兴土木者，如约翰·锡恩爵士建造长渠府，又如弗朗西斯·威洛比爵士（Sir Francis Willoughby）在诺丁汉郡建造沃拉敦庄园（Wollaton）。上述业主常在构思与工匠方面互通有无，因此

[1] 伦勃特·多东斯（一五一六 / 一七～一五八五），佛兰德斯医生和植物学家，一五五四年出版《草药志》，内容广泛，以植物特性和亲缘关系而非字母顺序分类排列，该书的莱特译本在英格兰影响深远。多东斯一五八三年出版的《植物六志》（*Stirpium historiae pemptades sex*）据信也是英人杰勒德所著《草药志》一书的基础。

[2] 克里斯托弗·哈顿（一五四〇～一五九一），伊丽莎白一世的宠臣，仪表不凡且舞技出众，官拜大法官。

我们看到，罗伯特·史密森先在一五六八年作为领班石匠，为锡恩的长渠府工作，又在十六世纪八十年代作为“建筑师”（architector）——此乃英格兰首次使用这一称呼——或监工，为威洛比修造沃拉敦庄园，现存图纸表明，在为施鲁斯伯里修建沃克索普庄园，以及为贝丝修建哈德威克府时，他还承担了设计工作。图纸显示他了解并使用了塞里奥（Serlio）的《建筑全书》（*Architettura*）[1]，或许还有帕拉第奥（Palladio）的《建筑四书》（*I quattro libri*）[2]，以及佛兰德斯设计师弗雷德曼·德弗里斯（Vriedman de Vries）[3]的作品。贝丝也许有塞里奥和帕拉第奥的著作，但更可能的是，这些书为史密森本人所有，或在其雇主圈子中流传。同样，在花园的设计上，哈顿、塞西尔、莱斯特和贝丝互相提供建议，并交换植物和图书。一五九一年，贝丝最后一次造访伦敦，盘桓甚久，并入宫觐见。她对格林尼治王宫的花园印象深刻，园丁投其所好，以草莓相赠。在北归途中，她还参观了霍尔登比府和沃拉敦庄园的花园与屋宅。

贝丝的行迹局限于英格兰，从未斗胆迈出国门——不过她多次由德比郡前往伦敦，一路上要在笨重的、没有弹簧的马车里颠簸七天，若将这样的旅行称为冒险，实在也不为过。如果她曾有意于海外旅行，亦属情理之中。哈德威克府的财产清单中，列有一幅画作，内容是当时已知的四大洲，她还拥有来自土耳其、波斯和中国的物品。一五六〇年，威廉·圣洛在账本中记录，买了两本“法语的黎凡特宇宙志”，给两个继子威廉和亨利·卡文迪什。经考证，此书乃安德

---

[1] 塞巴斯蒂亚诺·塞里奥（Sebastiano Serlio，一四七五～一五五四），意大利风格主义建筑师，著有《建筑全书》（书名全称为 *Tutte l'opere d'architettura, et prospetiva*），内含大量插图，极具实用性。

[2] 安德烈亚·帕拉第奥（Andrea Palladio，一五〇八～一五八〇），十六世纪意大利北部最卓越的建筑师，一五七〇年出版的《建筑四书》（书名全称为 *I quattro libri dell' architettura*）产生了无与伦比的影响，也使他跻身于西方建筑史上最重要的人物之列。

[3] 汉斯·弗雷德曼·德弗里斯（通常拼写为 Hans Vredeman de Vries，一五二七～约一六〇七），尼德兰文艺复兴时期的建筑师和画家。

烈·德裕（André Thevet）所著的《黎凡特宇宙志》（*La Cosmographie du Levant*）[1]，有一本仍然藏于查茨沃思图书馆[25]。此书由让·里夏尔（Jean Richart）一五五六年出版于安特卫普，是一本没有插图的游记，
24 但它那丰富厚重的文句必令两少年心驰神往。威廉后来成了弗吉尼亚的首批投资者和百慕大群岛的联合受让人之一，在俄国和东印度公司也有投资。亨利不仅在一五七一年进行了一次美妙的大陆之旅，而且在二十年后前往君士坦丁堡，行程如同探险，途经德国、奥地利、威尼斯和巴尔干诸国。他的仆人福克斯（Fox）对此行有详细记载，为同类旅行中已知最早的记录之一。福克斯所受教育有限，几乎可以肯定是个新教徒，对其历险充满好奇又不乏幽默。他述及某夜他们下榻于鸡舍，第二夜在导游家的板凳上成眠，到第三夜，“我们弄到了一个大草垛，睡得像国王”。事实上，他的记述中最失望的部分，恰恰是关于君士坦丁堡的：他形容该城居民“粗鲁、傲慢且非常恶毒地对待基督徒”，结果他们只停留了十四天便抽身而去。[26]

*　*　*　*

贝丝的最后一次伦敦之行跨越一五九一和一五九二年的那个冬天，之后她便在德比郡安度晚年。她已年过花甲，尽管身子硬朗，在当时却已属高寿，有些操持家业的工作，便交给了她甚爱的次子威廉，一五九七到一六〇一年他所做的家账存留至今。[27] 威廉是个雅士，曾请哲学家托马斯·霍布斯（Thomas Hobbes）给也叫威廉的儿子做导师，其购书记录记在账册内的“外账”名下，意指在德比郡外的开销。

---

[1] 安德烈·德裕（一五一六～一五九〇），法国方济各会修士、探险家和宇宙志学者，一五四九年前往亚洲、希腊、巴勒斯坦和埃及旅行，一五五四年回到法国后出版了《黎凡特宇宙志》，随后再往巴西，一五五七年出版《南极法兰西奇异志》（*Les Singularitez de la France antarctique*）。

威廉一直保持着少时对旅行和广阔天地的兴趣。他买书花费最多的一次，是用相当可观的二十二先令，购买理查德·哈克卢特（Richard Hakluyt）的《英格兰民族的主要航海、游历和发现》（*Principal Navigations*）。[1] 此著出版于一五九八至一六〇〇年间，分三卷，对开本，附有许多地图，故而价格高昂。从价目表的另一端看，他也买过一本四开本的小册子，只花了不到三便士，此乃爱德华·韦伯（Edward Webbe）所著、一五九〇年出版的《爱·韦伯在犹太地、埃及、希腊、俄国和祭司王约翰地所见至稀至奇之事》（*The Rare and most Wonderfull things which E. Webbe hath seene in the landes of Jewrie, Egypt, Grecia, Russia, and Prester John*）。[2] 其他游记还包括安东尼·谢利爵士（Sir Anthony Sherley）的波斯游记，一六〇〇年出版；"阿姆斯特丹八舰"前往东印度群岛的纪行，一六〇一年出版；法文版的耶路撒冷圣约翰骑士塞涅尔·德维亚蒙（Seigneur de Villamont）之航海记，一五九六年出版于图尔奈（Tournai）；以及一部拉丁文版的耶稣会传教士之印度纪事，一六〇一年出版于美因茨。

卡文迪什也关注自己的国家及其历史。他买过威廉·卡姆登的巨著《不列颠志》，一本关于威斯敏斯特名胜古迹的小书，以及理查德·卡鲁（Richard Carew）的《康沃尔郡考》（*Survey of Cornwall*）。与同在牛津受教的同代人卡姆登一样，卡鲁也是一位学者和古物收藏家，其著 25
述涉猎极广，甚至曾对菲利普·西德尼爵士的《阿卡迪亚》作过一番妙趣横生的演绎，但他最卓越的成就，当属对康沃尔郡的考察，"着手甚

---

[1] 理查德·哈克卢特（约一五五二～一六一六），英格兰地理学家，其巨著《英格兰民族的主要航海、游历和发现》（*The principall Navigations, Voiages and Discoveries of the English Nation*）先于一五八九年出版一卷本，学术性强，且内容无所不包，乃前无古人之作，一五九八至一六〇〇年间扩充为三卷本。

[2] 祭司王约翰（Prester John），传说中信奉基督教的东方统治者，领有"波斯与亚美尼亚以东的远东"，或"三印度"。据信此人是中亚西辽国（哈喇契丹）的创建者耶律大石，约翰之名可能来自发音相近的可汗称号。十三和十四世纪有多位欧洲探险家寻找过祭司王约翰的国度。

早，弃忽也长，迟迟重拾，草草完稿”，遂于一六〇二年出版，并成为日后各郡地志的范本。在这些与历史相关的作品之外，卡文迪什还购买了威廉·吉伯（William Gilbert）的《论磁石》（*De Magnete*），[1] 这是磁引力方面的先驱之作，出版于一五九九年。

由于身为绅士，他也买了不少礼仪方面的书。账目提及“文雅交谈”的装订费，这可能是斯特凡诺·瓜佐（Stefano Guazzo）所著《文雅交谈》（*La Civil Conversazione*）的英译本，一五八六年出版，译者是乔治·佩蒂（George Pettie），主题是宫廷时尚。而英格兰最著名，也是最早出版的一本礼仪指南，乃巴尔达萨雷·卡斯蒂利奥内（Baldassare Castiglione）的《侍臣论》（*Cortegiano*）[2]，由托马斯·霍比爵士（Sir Thomas Hoby）译成英文后，于一五六一年出版。卡文迪什买的是巴塞洛缪·克勒克（Bartholomew Clerke）[3] 一五九三年的拉丁文译本。还有一本《嘉言懿行录》（*Memorable Conceits*）可归入此类，记载的是“基督教世界名人显贵”的事迹，由吉勒斯·克罗泽（Gilles Corrozet）出版于一六〇二年。

这些书俱为非虚构作品，而之所以有此种数量上的优势，实因时代风气使然，激起“幻想之愉悦”的书总是令人满腹狐疑，太太小姐们尤其如此。在这一点上，以及许多领域之内，要靠社会地位来减弱此类怀疑。菲利普·西德尼爵士的《阿卡迪亚》原本为妹妹玛丽所写，供她私下消遣，到一五九〇年才予以付梓，被认为是女士适宜的读物，埃德蒙·斯宾塞的《仙后》（*Faerie Queene*）由于题献给了伊丽莎白女

---

[1] 威廉·吉伯（一五四四～一六〇三），英国物理学家和磁学先驱。《论磁石》的全名是《论磁石、磁体和地球大磁石》（*De Magnete, Magneticisque Corporibus, et de Magno Magnete Tellure*）。

[2] 巴尔达萨雷·卡斯蒂利奥内（一四七八～一五二九），意大利外交官和侍臣，《侍臣论》（*Il cortegiano*）出版于一五二八年，通过四个夜晚的对话，描写侍臣以及贵妇人的理想品质，亦述及侍臣与主子的关系，不乏幽默，极受欢迎。

[3] 巴塞洛缪·克勒克（一五三七？～一五九〇），英格兰耶稣会士、政治家和外交官。

王和宫中女眷，也获同样待遇。这两部作品不仅出现在了安妮·克利福德夫人的《大像》上，也见于她一六一六年开始的日记，当时她已嫁给多塞特伯爵，住在肯特郡的诺尔府（Knole）。她在这部分日记中清楚表明，她喜欢让人给她读书，包括她的女仆："里弗斯常给我读蒙田的剧作（Montaigne's Plays），莫尔·内维尔则给我读《仙后》。"[28] 卡文迪什的账本记录，一六〇一年十月以五便士购得"第六本英文小癞子"，所指乃《托美思河的小癞子》（*La Vida de Lazarillo de Tormes*），一五五四年首次出版于西班牙，有人认为其作者是迭戈·乌尔塔多·门多萨（Diego Hurtado de Mendoza）。这本流浪汉小说通过一个穷跟班的历险，描绘了卡斯蒂利亚的生活画卷，很快席卷世界，一五八六年由安格尔西的大卫·罗兰（David Rowland of Anglesey）译成英文。其形式广受模仿，例如塞万提斯的作品《堂吉诃德》（一六〇五）和《惩恶扬善故事集》（*Novelas Ejemplares*，一六一三）。也许在哈德威克府，也有人把小癞子的故事读给贝丝听。

少量出版物是小册子，如一本伦敦市长庆典的报道，标价一便士，还有五本"播谷术"（the arte of setting of corne），每册三便士。此书为
农学家和杰出的发明家休·普拉特爵士（Sir Hugh Platt）所著，也许是 26
为了发给卡文迪什家的农夫们。还有些别的东西，是买给其他家庭成员的，给外甥女阿拉贝拉·斯图亚特买的白纸"本子"便记录在案。歌本花了相当可观的十一先令，可能也是为她买的，因为她在音乐方面颇有造诣：她的表弟、作曲家迈克尔·卡文迪什曾把一本歌曲集题献给她。卡文迪什后来回忆，圣诞节的哈德威克府充满了音乐和狂欢，有借自拉特兰伯爵（Earl of Rutland）和埃塞克斯伯爵（Earl of Essex）府上的音乐家，以及诺丁汉的歌手前来助兴。

在纯属实用的层面上，需将图书送往装订匠处，根据账目记录，由此产生了一笔不菲的花销。将图书从伦敦运往德比郡时所用的货筐亦有记录。只有一位书商的名字得到记载，即诺顿先生，但有些时候，

他可能为威廉·卡文迪什从其他书商处购书充当了中间人。诺顿家族乃出版世家，曾经创办有诺顿印刷所（Officina Nortonia）。此人也许是在布莱克弗赖尔开店的博纳姆·诺顿（Bonham Norton），但更可能是他在圣保罗教堂园营业的堂兄弟约翰，因为在跟诺顿有关的一条记录之后，紧接着便记载了给路德门（Ludgate）[1] 穷人的六便士。约翰·诺顿生意兴隆，其店铺是藏书家和文人骚客们的社交中心，威廉·卡文迪什很可能也被招引至此。

一六〇二年的一笔记录颇为引人注目，记载着以六便士购入一部图书目录。这也许是一五九五年洛斯伯里街（Lothbury）书商安德鲁·莫塞尔（Andrew Maunsell）编纂的一部英语图书目录，“实因世人对此类图书需求强烈，作品若从未闻知，则读者无法求问，书商亦难以营销。”不过更有可能的是，此书乃一本法兰克福书展的目录，卡文迪什家可以借此获知欧洲最新的出版动态。约翰·诺顿定期参加法兰克福书展，在这本目录中，他为自己的将近四十种图书做了广告，他与欧洲大陆之间亦有大宗的生意往来，与安特卫普的普兰丁印刷所（Officina Plantina）往来尤其频密。29 在卡文迪什的账目上，有些书是由安德鲁·韦谢尔（Andrew Wechel）[2] 的继承人、法兰克福的克洛德·马尔尼（Claude Marni）和约翰·奥布里（John Aubri）的出版社出版的，而且肯定是通过诺顿运抵德比郡。

从威廉·卡文迪什的账目来看，他热心于购书，圣诞节前的几个月尤甚，而且很多书都是新近出版的作品。及至他继承遗产，这些书也便进入了查茨沃思的图书馆，成为它可观收藏的一部分。托马斯·霍布

---

[1] 路德门已于一七八〇年拆除，邻近的路德门山（Ludgate Hill）即圣保罗大教堂所在地。

[2] 安德鲁·韦谢尔（？～一五八一），著名的巴黎出版商克里斯蒂安·韦谢尔（Christian Wechel）之子，出版了大量珍贵的希腊和罗马经典著作。作为新教徒，他在圣巴托罗缪日大屠杀（一五七二年八月二十四／二十五日）之际出逃，落脚于法兰克福。

斯曾身兼两职，既为卡文迪什的儿子做家庭教师，也兼管图书馆，他在十七世纪二十年代整理并手写的藏书目录，当时数量逾两千种，仍
然保存在查茨沃思。以上提到的几乎所有图书，加上三本一六〇八年 27
经鉴定属于贝丝的书，均列于这份目录之中。[30]

一六〇八年，也就是伊丽莎白女王驾崩五年后，哈德威克的贝丝厚葬于德比大教堂。她一生多次经历艰困时期，却成就非凡。由家谱观之，她是四个公爵世家的奠基人。她建造了富丽堂皇的大宅，其中数座仍与我们同在。此后，她博览多识、富于创造力的孙儿们，将跻身于斯图亚特宫廷的重要角色之列。

第二章　搜奇索隐，怡然自乐：塞缪尔·皮普斯的藏书

28 一六六八年四月十日，塞缪尔·皮普斯（Samuel Pepys）[1]的日记中有如下记载：“去笛人处。复往鸭巷，吻书商妻，购《传》（*Legend*）——十四先令。”[1] 笛人为六孔竖笛制造商德拉布莱比（Drumbleby）；家有娇妻的书商是威廉·施鲁斯伯里（William Shrewsbury），执业于鸭巷，此地乃伦敦拉丁文或外语图书交易的中心之一；所购图书为《金传》，乃中世纪圣徒生平的辑录，作者是十三世纪的多明我会修士沃拉吉纳的雅各（Jacques de Voragine）。[2] 这些简短的记录囊括了皮普斯的多种挚爱：音乐、性、购物、伦敦，还有书。

一六三三年二月二十三日，塞缪尔·皮普斯生于索尔兹伯里路（Salisbury Court），处舰队街正南，圣布丽德教堂辖区内。他家靠近伦敦的出版、印刷业核心，家中却无好书之人。他父亲经营裁缝店，为律师服务，斗大的字识不了一筐，母亲从前做洗衣女仆，或许完全不会读写。但塞缪尔有些亲戚很有出息。堂哥约翰是个非常成功的律师，姑姥姥波琳娜则得了一门好亲事，嫁给了西德尼·蒙塔古爵士（Sir Sidney Montagu），生子爱德华，日后成为皮普斯有权有势的朋友和保护人。在家族的提携和资助下，皮普斯获得了极佳的教育。首先，他

[1] 皮普斯旧译“佩皮斯”，与正确发音相去甚远。

[2] 沃拉吉纳的雅各（又称 Jacobus de Voragine，一二二八/三〇～一二九八），热那亚大主教，一二四四年加入多明我会，所著《金传》（*Legenda aurea*）逐日编排，供每日阅读之用。

上了亨廷登的文法学校，奥利弗·克伦威尔（Oliver Cromwell）[1] 也曾在此受教。尽管他也学了一些希腊文和希伯来文，但拉丁文才是重中之重，它仍然是欧洲学术界的通用语言，直到十八世纪初，较之于英文书，拉丁文图书出版更多。皮普斯善用拉丁语，不仅借此博览群书，而且曾与某位荷兰海军将领交谈，有时也用于在日记中记录性遇。

内战之初，或为一六四四年，他上了伦敦的圣保罗学校。学校与圣保罗大教堂和英国出版业的心脏地带相邻。校长是塞缪尔·克罗勒
霍姆（Samuel Cromleholme），一个孜孜不倦的藏书家，及至皮普斯升 29
入剑桥大学抹大拉学院（Magdalene College）[2] 后，其爱书之心愈发强烈。他在大学期间的正业是研究逻辑学、哲学和修辞学，私下里却喜欢玩回文游戏，[3] 学习托马斯·谢尔顿（Thomas Shelton）的速记法，和朋友们“用小提琴和低音提琴”搞音乐，还写了一部言情小说《爱情骗局》（*Love a Cheate*），此书从未付梓，十年后就被他毁了。

一六五四年回到伦敦后，他成为远亲爱德华·蒙塔古[4] 的文书。蒙塔古乃政坛新星，在动荡的时局中审时度势，巧妙周旋，查理二世复辟后，获封桑威奇伯爵（Earl of Sandwich）[5]，成了斯图亚特王朝的重臣。皮普斯对表亲忠心耿耿，即使在蒙塔古一六七二年殉职于索莱湾（Sole Bay）海战[6] 后，他依然为其家族效力。

---

[1] 奥利弗·克伦威尔（一五九九～一六五八），参与领导了推翻查理一世的军事行动，后担任共和政体的护国公。在人生的最后几年，他的权力相当于立宪君主。

[2] 抹大拉学院，一译玛格达伦学院，一五四二年由白金汉学院改称圣抹大拉的马利亚学院并沿用至今，一七〇〇年前后建皮普斯图书馆。

[3] 回文（anagrams），颠倒字母构成新词的游戏，如将 lived 倒过来变成 devil。

[4] 蒙塔古年长八岁，论辈分是皮普斯的表叔。

[5] 爱德华·蒙塔古乃第一代桑威奇伯爵，他的后人第四代桑威奇伯爵约翰·蒙塔古曾坚守赌桌一天一夜，期间仅以夹肉面包充饥，后来这种食物便以他命名为桑威奇，即三明治。

[6] 索莱湾战役是第三次英荷战争中的首场海战。

图十：塞缪尔·皮普斯像，戈弗雷·内勒（Godfrey Kneller）绘，约一六八五年，现藏剑桥抹大拉学院的皮普斯图书馆。

在做文书的早期阶段，皮普斯没有私宅，而是“栖居”于威斯敏斯特怀特霍尔街（Whitehall）的阴暗老宅，爱德华·蒙塔古提供的宿舍
30 内。此时他每周能挣大约一英镑，还要花钱和文书同事们到附近的小酒馆和咖啡店消闲。喝咖啡乃十七世纪二十年代由黎凡特商人从土耳其引进，伦敦市（实际上也是基督教世界）的第一家公共咖啡馆刚开

张时，只是个大排档，位于谷山圣米迦勒教堂（St Michael's Cornhill）后的一条胡同内。日记家约翰·伊夫林（John Evelyn）[1]对这种新风尚嗤之以鼻，在《英格兰风貌》（*A Character of England*）一书中，他指责了“喝泥浆般的饮料”实乃“令人发指的”的恶习，尽管如此，它还是作为一种消遣流行开来。2 塞缪尔·皮普斯常去威斯敏斯特新宫场的土耳其人头咖啡馆，一六五九年在此加入了罗塔俱乐部（Rota Club）。该团体由《大洋国》（*The Common-wealth of Oceana*）的作者詹姆斯·哈林顿（James Harrington）[2]创建，他主张采行共和政体，在上议院实行轮换制，扩大公民权利，限制财产数额。为此特制了一张椭圆形的桌子，成员们在桌边或立或坐，咖啡馆老板迈尔斯则穿过当中一条走道，供应咖啡和烟草。这种政论场所成了未来伦敦咖啡馆的样板，在此可以阅读新闻书（newsbook）[3]和报纸，讨论当日话题，不过随着君主制的复辟，罗塔俱乐部危险陡增，殊难延续。

任何人光临咖啡馆时，皆应单身前往，因为良家妇女不该在这种场所抛头露面。一六五五年十二月一日，在威斯敏斯特圣玛格丽特教堂（St Margaret's Westminster），塞缪尔·皮普斯与伊丽莎白·马钱特·德·圣米歇尔（Elizabeth Marchant de St Michel）成婚：这是爱的结合，对一向谨慎的皮普斯而言，却是个颇为鲁莽的决定。他们结婚时，新娘只有十五岁，是个穷困潦倒的法国新教徒的女儿。她无疑是个美人，虽未受过太好的教育，人却聪明伶俐，喜欢读书。皮普斯的传记作者克莱尔·托马林（Claire Tomalin）很想知道他们是不是邂逅于书

[1] 约翰·伊夫林（一六二〇～一七〇六），英国乡绅和作家，终生坚持所写的《日记》（*Diary*）乃十七世纪英国社会各方面的珍贵史料。

[2] 詹姆斯·哈林顿（一六一一～一六七七），英国政治哲学家，以《大洋国》（*The Common-wealth of Oceana*）一书讽谏克伦威尔，几经波折，才获准于一六五六年出版。三年后成立的罗塔俱乐部因《大洋国》中政治轮替（rotation）的主张而得名，他的思想后来部分应用于美国，参议院每两年改选三分之一席位的制度即源于此人。

[3] 新闻书乃一种小型报纸，常见于十七世纪下半叶，主要刊载对单一新闻事件的长篇报道。

店。在怀特霍尔街塞缪尔的栖身之所将就了三年之后，小两口搬进了威斯敏斯特斧头场（Axe Yard）的寓所。

对塞缪尔·皮普斯，我们自然了如指掌，这全因他写于一六六〇年至一六六九年的日记。幸运的是，他选择了这样一个风雷激荡的时代下笔。通过他，我们能够近距离地见证共和政体的最后时日、查理二世王政复辟的肇始和加冕。我们可与皮普斯一同置身于伦敦，经历一六六五年大瘟疫的造访，一六六六年大火的浩劫。我们可以结识当时的名流，其中有国王本人，国王的弟弟、约克公爵（Duke of York）詹姆斯[1]——皮普斯在海军的最后一个上司，王后布拉干萨的凯瑟琳（Catherine of Braganza），还有国王的众多情妇。然而这部日记远不止此。它也记录了生活琐事、皮普斯本人的内心思想、他买的东西、他喜爱的事物、酒肆、咖啡馆、剧院、餐会，以及河上旅行。对图书研究而言，它足以使人欣悦——他告诉我们他买了什么书，读了什么书，
31 他从哪儿买到的，花了多少钱，以及怎样保存图书，又在何处保存。他曾经凌晨四点起床，读一五八二年威尼斯版的西塞罗，亦曾深夜不眠，秉烛长读。他逛书店，吃饭时也不肯放下书，在泰晤士河上乘船旅行和坐马车时都要读书，甚至走过黑暗的街巷时，也要让男仆举着火把，努力集中精神读书。

最后，也是相当重要的，他的日记是一份婚姻纪事。对塞缪尔和伊丽莎白的家庭生活，或者至少是塞缪尔眼中的家庭生活，我们了解的也许多过对历史上任何一对夫妻之所知。伊丽莎白是个无声的女人，尽管有许多人一直试图让她发声。这是一桩充满了争吵与感情的婚姻，塞缪尔拧她鼻子，拿巴掌掴她，伊丽莎白要么生着气上床睡觉，要么

---

[1] 即日后的英王詹姆斯二世，一六三四年获封约克公爵，查理二世复辟后任海军大臣，纽约（新约克）因他而得名。因改信天主教而被迫辞职后，由皮普斯继任。詹姆斯于一六八五年登基，成为英国历史上最后一个信奉天主教的国王，但三年后便被议会联合奥兰治的威廉驱逐。

迁怒于佣人。写于一六六〇年一月一日的头一篇日记，开篇便是蒙克将军（General Monck）[1] 引兵抵达伦敦，拉开王政复辟的序幕，又兼及对伊丽莎白月经期的细节描述[2]：皮普斯一直盼望她能怀孕，可悲的是这一愿望破灭了，他最终无后。尽管争吵不断，沮丧接连，他们的婚姻仍得以顺利延续。

若非了解如下情况，便没有人知道日记从何而来，事出于皮普斯乘船，由威斯敏斯特沿泰晤士河而下，前往伦敦市，于谷山地球招牌处的图书文具商约翰·凯德（John Cade）那里，购得纸皮本一个。他先用红墨水在每页纸上从左侧的页边向下，再于页首边缘横向画出整齐的直线，然后便开始用羽管笔蘸着黑色和棕色墨水书写，人名、地名和某些词使用普通写法，但日记主体采用的是他多年前在剑桥学来的托马斯·谢尔顿速记法。清教徒的牧师们鼓励人们记日记，但大多数人的日记都是干巴巴的，难以卒读。写得不错的要数皮普斯的两个朋友，学者和廷臣约翰·伊夫林，以及科学家和建筑师罗伯特·胡克（Robert Hooke）。但他们的日记也缺乏生动、魅力和私密的细节，正是这些特质，让皮普斯的日记成了独一无二的作品。

上大学时，塞缪尔·皮普斯已开始从剑桥书商威廉·莫登（William Morden）处购书。但伦敦才是前所未有的汪洋书海。他住在威斯敏斯特时，迈尔斯·米切尔和安·米切尔（Miles and Ann Mitchell）是他在当地的书商。他们在威斯敏斯特大庭（Westminster Hall）营业，这座诺曼王朝时代巨大的厅堂，亦曾在一六四九年用于审判查理一世并宣判他的死刑。大法官法院和王座法院等法庭坐落在大庭一端，而“移动店铺”或摊档位于另一端。从十七世纪六十年代开始，大庭内的众商

[1] 蒙克将军，即乔治·蒙克（George Monck，一六〇八～一六七〇），初为共和派将领，后来成为一六六〇年斯图亚特王朝复辟的主将，获封阿尔伯马尔公爵（Duke of Albemarle）。
[2] 在惠特利（Henry B. Wheatley）于十九世纪末编订的皮普斯日记权威版本中，相关记录因语言粗俗被删除，由省略号入替。惠氏版本的大量清洁工作由此开始。

图十一：温塞斯劳斯·霍拉尔笔下大火前的伦敦全景图（局部），一六四七年绘制，印行于安特卫普。画家采用了日后萨瑟克大教堂（Southwark Cathedral）所在建筑屋顶的视角，俯瞰伦敦桥（London Bridge），塞缪尔·皮普斯在桥上买了许多廉价书。凌驾于左侧天际线的是圣保罗大教堂，周边区域乃印刷业、出版业和图书销售业的核心地带。

家不得不面对令人心悸的展示，奥利弗·克伦威尔及其手下将军艾尔顿（Ireton）和布拉德肖（Bradshaw）遭到掘墓，曝尸于此：直到二十年后，尸骸彻底腐败，才被移出。皮普斯显然是用特殊材料制成的，因为他对此只字未提，反而记下了一六六一年他参加查理二世的加冕礼期间，如何在米切尔的摊挡吃面包果腹。从米切尔处，他买的是新闻 32
书和政治小册子。

一六六〇年，爱德华·蒙塔古为皮普斯谋得了一份海军修造局（Navy Board）[1] 书记员[2] 的工作，年俸三百五十英镑。随之而来的还有谷壳胡同（Seething Lane）的房子，位于伦敦市内，塔山（Tower Hill）西侧。现在，皮普斯离聚集在圣保罗教堂园和舰队街一带的书商和文具商们更近了。十七世纪六十年代初，他购书时主最常光顾的店家是约书亚·柯顿（Joshua Kirton），其店址就在圣保罗教堂园。一六六一年十二月二十三日，他记述曾前往柯顿的书店，并意外遇见了从前的校长和藏书家塞缪尔·克罗勒霍姆。三年后，又是十二月，他写道："去我书商处，"订了"几本书，以备新年，我决心花个七八镑，上帝让我近来获利颇丰"。[3]

一六六六年九月，大火灾造成伦敦市严重毁损，许多人遭到灭顶之灾，约书亚·柯顿亦在其列。九月二日火起时，柯顿与众书商已将存货转移到路德门山下的图书文具商公会会堂（Stationers' Hall）、圣信教堂（St Faith）和纽盖特街（Newgate Street）上的基督教堂（Christchurch）。圣信教堂被亲切地比作"母亲子宫里的婴儿"，位于圣保罗老教堂唱诗班席位下方的地下空间，石墙厚重，拒火龙于屋外理应不在话下。可悲的是，石墙竟不能挡，所有建筑，连同存货，皆遭焚毁。皮普斯在九月二十六日的日记中估算，有十五万英镑的书商存

---

[1] 海军修造局负责为海军建造舰船，培训人员，以及提供后勤给养等服务，一八三二年并入海军部。

[2] 书记员（Clerk of the Acts）负责记录所有合同、订单及往来凭证等。

33 货被付之一炬——约翰·伊夫林给出的数字还要更高，达二十万英镑。“我可怜的柯顿，”皮普斯写道，第二年他就死了，“我相信他死于火灾带来的悲伤。”[4]

活下来的人要为明天而战。大火过后，皮普斯转而以约翰·斯塔基（John Starkey）为其主要书商，此人在舰队街的主教冠招牌处卖书。皮普斯此时已经修炼成了眼光锐利的藏书家，如其一六六七年四月八日的日记所述：“去圣殿（Temple）[1]我的新书商处，同意为里考特（Rycaut）的土耳其政策近史［保罗·里考特[2]著《奥斯曼帝国现况》(*The Present State of the Ottoman Empire*)，一六六七］支付五十五先令；最近这场火灾之前，此书售价低廉，仅八先令，装订好的彩色版亦不过二十——我买的这一本装帧精良，所有插图皆精心上色；此书仅有六部如此，国王、约克公爵、蒙茅斯公爵（Duke of Monmouth）[3]和阿林顿勋爵（Lord Arlington）[4]得其四，第五本已经卖出，我买了第六本。”[5]

皮普斯也光顾其他店家，其中有鸭巷的威廉·施鲁斯伯里的书店，不过他到这儿来，与其说是为了搜寻合意的图书，不如说是为了施太太。一六六八年四月十日，他首次到访，买了《金传》，还吻了女店主。两周后他检视了一部分图书，这些书原属身败名裂的法国财政大臣富凯（Fouquet）。[5]富凯藏书达三万册，可谓汗牛充栋，遭路易十四充公，今藏于法国国家图书馆（Bibliothèque Nationale）。部分图书被卖

[1] 圣殿为伦敦一区，北邻舰队街。

[2] 保罗·里考特（Paul Rycaut，一六二九～一七〇〇），英国外交官和历史学家，研究奥斯曼帝国的权威。

[3] 蒙茅斯公爵詹姆斯·斯科特（一六四九～一六八五），查理二世和露西·沃尔特的私生子。一六八五年约克公爵即位，称詹姆斯二世，蒙茅斯由荷兰回国，要求王位，但叛乱不成，遭斩首。

[4] 即阿林顿伯爵（一六六三～一六七二年为阿林顿男爵，后加封伯爵）亨利·贝内特，任国务大臣。

[5] 尼古拉·富凯（Nicolas Fouquet，一六一五～一六八〇），法王路易十四的财政大臣，受腐败指控被判刑。

掉，皮普斯因此购得一本西班牙语著作《名人传》（*Summa de varones illustres*），作者为胡安·塞德尼奥（Juan Sedeno），一五九〇年出版于托莱多。同时，他还以做登徒子时惯用的语言写道，如何“发现［施太太］sola in the boutique（在铺子里孤身独处），却 had not la confidence para hablar a ella（没信心和伊搭话儿）。徒然心痛——且待下回再计”。[6]他显然是痴心妄想——毫无疑问那妇人一见他靠近，便避之唯恐不及。他最后一次看见她时，她已身怀六甲，于是他爱意尽失，指出“伊（ella）成了个大肚婆，伊真是惨不忍睹”。[7]

一旦图书贸易复苏，圣保罗教堂园便回复其伦敦书业的中心地位，鸭巷及北邻的小不列颠亦然。重要的书商群体回到了重建的皇家交易所（Royal Exchange），继续以舰队街和圣殿关（Temple Bar）为基地展开经营。有些商家向西迁往新交易所（New Exchange），一处“购物中心”，位于斯特兰德（The Strand），后来改建为科文特加登（Covent Garden），同时在芜田（Moorfields）建起了露天商铺，经常售卖二手书。营业时间始于夏季早六点，冬天早八点，止于夏季的晚八点或九点，到冬季则天一黑便收摊。大多数商铺有卷帘铁门，铰合在地基上，营业时间折放下来，便可用做柜台。皮普斯注意到，大火灾后在皇家交易所重建的商铺安装了窗户，以便展示商品。

通过书商去世后留下的财产清单，可以一窥书店内部的样貌。当 34
时有个大书商詹姆斯·阿莱斯特里（James Allestree），他在圣保罗教堂园的书店毁于大火灾后，临时在鸭巷营业，皮普斯曾于一六六七年十一月光顾此店。像皮普斯一样，阿莱斯特里也受益于亲戚，他的堂兄弟理查德·阿莱斯特里（Richard Allestree）乃牛津大学的神学钦定讲座教授（Regius Professor of Divinity），也是十七世纪的畅销作家之一。他最著名的作品《人所当尽的本分》（*The Whole Duty of Man*）[1]

---

[1]《人所当尽的本分》书名出自《旧约·传道书》，12：13：“这些事都已听见了。总意就是敬畏神，谨守他的诫命，这是人所当尽的本分。”

于一六五八年因政治原因而匿名出版。[8] 在十七世纪，估计有超过一成的家庭拥有此书，而在整个十八世纪，此书仍在印行。堂兄弟詹姆斯从未有机会印发《人所当尽的本分》，不过靠着理查德所写的布道书，他得以在大火灾后恢复经营，并于一六七〇年回迁，搬进了圣保罗教堂园的新店。他死后不久的财产清单显示，二楼为居住区，相当豪华，底楼用于营业，后面是账房，前面是书店，配有书柜和书架。另隔一区，加以装饰，为双拱型，配两扇门，用做内室，阿莱斯特里在此招待有前途的作者和重要顾客，包括皇家学会的会员，他是他们的出版商。

詹姆斯·阿莱斯特里无疑是个富商，从其他人的财产清单来看，他们可没这么发达，因为那时的出版业就像现在一样，是一门风险很大的生意。相对而言，伦敦的出版商几乎不出拉丁文图书，因而与欧洲同行们相比，他们的营业额不大。那时他们宁愿出英文书而非拉丁文作品——到十七世纪末这一数字才有增长——其市场便受到了限制，不过全国性的图书贸易正在不断扩大，而且随着英国在北美和西印度群岛殖民地的发展，也有了一小块海外市场。为了尽量降低风险，各种各样的营销理念都有人尝试。

最具雄心的出版冒险，当属十七世纪五十年代《多语种圣经合参》(*Polyglot Bible*) 的出版。这一工程有牛津大学最博学的学者们参与，以九种语言文本和六卷大对开本印刷。为使工程顺利起步，预订读者受邀为工程献礼，或预付书款，回报是以每套十英镑的价格获得成书。预订者发现自己的投资果有所值，因为皮普斯在日记中提及，许多套书在出版商的库房内毁于大火灾，据估计，留存下来的书价值可达四十英镑。

另一种促销手段是抽彩。这是约翰·奥格尔比 (John Ogilby) 的专长，此人系十七世纪图书业最多彩的人物之一。据约翰·奥布里 (John

Aubrey）的《小传集》（*Brief Lives*）[1] 所述，一六一二年，奥格尔比通过弗吉尼亚公司（Virginia Company）[2] 经营的彩票所得，偿清了父 35
亲的债务，并由此开始其职业生涯，不过这种说法令人将信将疑，因为那一年他只有十二岁。此君身怀多技——舞池里的大师、剧院老板，还是诗人和翻译家——十七世纪六十年代，他成了御用印刷商（King's Printer）以及地理志和地图集的编纂人。皮普斯在一六六六年二月十九日的日记中写道，他参加了一次图书抽彩，得到了两本奥格尔比的著译之作——一本伊索《寓言集》的译本，一本他对查理二世加冕礼的记述。两本书皆配有精美插图，前一本的插画作者是大卫·洛根（David Loggan），后一本由温塞斯劳斯·霍拉尔（Wenceslaus Hollar）绘画，因此每张彩券需花四十先令，只有一张空券。用这种方法，奥格尔比推出了五百本伊索，二百二十五本加冕实录。皮普斯没摸到空券，因而高高兴兴地把犊皮精装的书抱回了家。

皮普斯想必是通过报纸《公报》（*The Gazette*）得知此次抽彩的。一六六八年有一则抽彩广告，宣称“奥格尔比先生之图书抽彩，将于星期一，即本月二十五日，在林肯律师学院广场（Lincoln's Inn Fields）和维尔街（Vere Street）之间的老戏院（Old Theatre）开奖，若诸君有意于此，可在星期一，即五月十八日前往此地观书投钱”。抽彩销售亦为约瑟夫·莫克森（Joseph Moxon）所用，此人乃科学仪器制造商，在 36
沃里克巷（Warwick Lane）的大力神招牌处开业，一六六三年九月，皮普斯曾从他那儿买过一对地球仪。莫克森投资出版业，推出了第一部印刷技术指南《机械实践》（*Mechanick Exercises*），自一六七七至

---

[1] 约翰·奥布里（一六二六～一六九七），英国文物学家和作家，以为同代人撰写的生动、亲切且不乏刻薄的传记小品闻名。两卷本的《小传集》由安德鲁·克拉克（Andrew Clark）编订，出版于一八九八年，深受喜爱。

[2] 弗吉尼亚公司，全称伦敦弗吉尼亚公司（Virginia Company of London），又称伦敦公司（London Company），一六〇六年由詹姆斯一世特许成立，以开发北美东海岸北纬三十四度至四十一度间的殖民地，后因股东争吵和烟草问题由王座法庭判决解散。

一六八四年间每月出版。地图的印制成本高昂，于是莫克森不仅采行分期出版，还与其他地图集出版商结成特殊的伙伴关系，共享资源。

这种风险共担、资本集中的方式普遍为书商采用，某些书扉页上所列的名录，犹如伦敦图书市场的分布图。一六九一年出版的一本插图本《圣经史》（*History of the Old and New Testaments*）便在其扉页底部如此宣示："印刷及发售：帕尔马尔街诺茨先生店的理查德·布洛姆，新交易所的桑德斯先生，舰队街的威金森先生和弗里曼先生，圣保罗西端的克拉维尔先生和布罗姆先生，皇家交易所的霍恩先生和索思比先生，克莱尔市场（Clare Market）所邻斯坦霍普街的装订商理查兹先生，以及伦敦和威斯敏斯特的其他书商。"

*　　　*　　　*　　　*

如果可将一六六六年称为图书业分水岭的话，那么一六六九年对于塞缪尔·皮普斯同样如此。五月的最后一日，他突然表示日记到此为止。由于视力不济，他感到速记工作已难以为继，满腹辛酸地写下结语："我如此专心于此务，几同亲眼看见自己走进坟墓——这一切，以及与我即将到来的失明相伴而生的种种痛苦，全然是仁慈上帝的旨意。"[9]

实际上，皮普斯并没有失明。当年六月，他与伊丽莎白前往欧洲大陆度假。这原本是一次出差，因为他本来计划前往荷兰参观造船厂，却去巴黎好好玩了一趟，他的朋友约翰·伊夫林为他详细推荐了许多图书馆和画廊，以及售卖版画和印画的书店。回家途中，伊丽莎白得了一场大病，十一月十日便去世了。塞缪尔为之大恸，他以后再未认认真真地重拾笔墨、续写日记，此事必为原因之一。

更大的麻烦随之而来。一六六〇年迎接斯图亚特家族复辟的兴奋，现已变成对查理二世及其宫廷挥霍无度的怨愤。国王虽然与情妇们生

图十二：一六八二年，约翰·奥格尔比向查理二世和王后布拉干萨的凯瑟琳呈书，书中列有大火灾后伦敦地图测绘工程的捐资人名单。图中后排左侧为皮普斯的上司约克公爵詹姆斯、国王的私生子蒙茅斯公爵，以及国王的表哥莱茵的鲁珀特亲王（Rupert of the Rhine）。右侧是摩德纳的玛丽（Mary of Modena）和她的两个继女，玛丽公主和安妮公主。

养众多，却一直没能和王后产下合法子嗣，于是皮普斯的上司，约克
公爵詹姆斯便成了法定的继承人，然而詹姆斯于一六六八年改宗罗马
天主教，国家因此陷入了政治动荡。皮普斯本人被选入国会时，曾因 37
家藏天主教图书之事，在下议院受到质询——对这一指控他矢口否认，
可无须怀疑那会儿他正在暗自祷告，因为他确实藏有违禁作品。谷壳
胡同曾免遭大火灾破坏，但一六七三年一月二十九日，皮普斯一个女
邻居家中内室突发大火，殃及他的房子惨遭焚毁。老校长塞缪尔·克罗
勒霍姆曾经痛失伦敦最好的私人图书馆之一，皮普斯断不能忘，于是
先行抢救其藏书与文档，但其余全部家当付之一炬。

皮普斯和他的忠仆威廉·休尔（William Hewer）找到了新居，安家于白金汉街（Buckingham Street）的约克楼（York Buildings），邻

近泰晤士河，在查令十字（Charing Cross）之南。他还找到了新伴侣玛丽·斯金纳（Mary Skinner），两人相识于一六七〇年。大概在皮普斯于白金汉街购屋，有了自己的房子后，她便搬去与他同住，陪他度过余生。皮普斯有些朋友将她视同他的妻子，但他们从未结婚，这种关系能够得到尊重，实不寻常。一六七三年，皮普斯被任命为海军大臣，这份要职给他带来了地位与丰厚的俸禄。然而，笼罩着他的政治阴云从未消散。因为被怀疑与法国通信谋反，他一度被关入了伦敦塔——但他最终时来运转，成为国王的海军事务大臣，先为查理二世短暂效力，自一六八五年起，又效命于他的老上司詹姆斯二世。后者在一六八八年的光荣革命中被赶下了王座，皮普斯也就此告老还家。

尽管不再有日记的记录，我们仍可从皮普斯的通信中，对其藏书多有所知。多年以来，他光顾的书店范围不断扩大，他也托友人，偶尔求助于代理商，为他在国内外买书。他也许很好地利用了图书目录，伦敦书商从一六八八年起印制书目，人称“期目”（term catalogue），因为其发行时段要与当年的法定学期——米迦勒、希拉里和三位一体学期[1]相吻合。例如，书商罗伯特·克拉维尔（Robert Clavell）会将约翰·普莱福德（John Playford）[2]印刷的大幅书单集合成册，皮普斯因此便有机会及时获知其音乐出版商的最新作品。

出版商们也乐于在自己的书中加入书单，将其置于目录表后或书末。塞缪尔·佩克（Samuel Pecke）在一六五〇年五月出版的《日报通

---

[1] 牛津大学所采用的三个学期，大体对应着秋季、春季和夏季学期。具体划分是以普瓦捷的圣希拉里日（一月十四日）为基准：米迦勒学期（Michaelmas term）为圣希拉里日之前第十三个星期日至第五个星期日，希拉里学期（Hilary term）为圣希拉里日之后第一个星期日至第九个星期日，三位一体学期（Trinity term）为圣希拉里日之前第十五个星期日至第二十一个星期日。

[2] 约翰·普莱福德（一六二三～一六八六？），英国音乐出版商和书商，所收集出版的音乐及舞步资料深受大众喜爱，影响深远。

览》（*Perfect Diurnal*）最后一页上，为其他出版商的四本书做了广告。此举遭到了新闻小报《月中人》（*The Man in the Moon*）的讽刺，约翰·克劳奇（John Crouch）在该报刊文，嘲笑佩克出租给了“文具商，将其书名内置，每条收六便士，最有名的《大拇指汤姆传》（*History of Tom Thumb*）、《威斯敏斯特的大个子梅格》（*Long Meg of Westminster*）或《库克先生之梦》（*Mr Cooks Dream*），将由包子胡同樵夫头招牌处 38
的橡树约翰（John an Oakes）售卖。”[10] 可嘲笑归嘲笑，出版商们很快就发现，这是让自己的书为人所知的一条捷径，更可利用自家出版物免费刊登广告。蒂莫西·加斯韦特（Timnthy Garthwaite）一六六〇年为理查德·阿莱斯特里出版《君子的天命》（*Gentleman's Calling*）时，便在此书前页列出书目，详细介绍四本“新印”（newly printed）图书，这是已知对这一术语的最早使用。他用了多种字体排印其“广告”，以吸引读者注意，到了二十世纪，维克多·戈兰茨（Victor Gollancz）[1] 曾在图书营销中对其做法多有借鉴。

随着收入增长，皮普斯的藏书亦日渐丰富，到一六六八年已逾五百册。退休之后，他更乐得全力以赴，其藏书中有至少半数，得自他生命中最后十三年的收藏。藏书种类繁多，从中可见皮普斯的个人趣味。他在海军的事业堪称杰出，因此拥有与海事相关的上品藏书，便毫不令人吃惊，许多书的封面都加盖了金色盾徽，上有拉丁文，标明其海军大臣之职。后来他做了藏书票，上有其姓名字首，交叉的双锚和他的座右铭。

一六九四年，皮普斯告诉友人、牛津大学之大学学院（University College, Oxford）的夏勒特博士（Dr Charlett），他已无暇“好奇外望”，而唯以海事为重。他拥有多部关于大航海纪事的手稿，包括爱德华·芬

---

[1] 维克多·戈兰茨（一八九三～一九六七），英国出版家、作家和人道主义者。

顿（Edward Fenton）[1] 所写随马丁·弗罗比舍（Martin Frobisher）[2] 旅行的记录，该手稿得自约翰·伊夫林。其珍藏之一，为《安东尼卷轴》(*Anthony Roll*) [3] 的一部分，系查理二世所赐。此乃一五四六年，安东尼·安东尼（Anthony Anthony）对亨利八世海军的四十六艘舰船所做的记录。此前一年，背运的玛丽玫瑰号（Mary Rose）在朴次茅斯港沉没，[4] 卷轴中对该舰的描述为世间仅存。皮普斯一度藏有亨利·都铎（Henry Tudor）的袖珍日历，却在弄到弗朗西斯·德雷克爵士（Sir Francis Drake）[5] 的日历后，弃前者如敝屣。他对西班牙无敌舰队着迷甚深，曾收藏了战役走势图，及英舰此战所使用的航海图册——瓦亨内尔（Waghenaer）[6]《海员鉴》(*Speculum Nauticum*）的英文、拉丁文和荷兰文版。海员乃至皮普斯本人对这些图册给以爱称“车把式”(waggoners)，伦敦大火期间，图册的命运让他痛心不已。

然而，他不只对海军历史兴趣盎然，还持有不下十七册当时海军部的信函簿，此乃他退休时携带回家，并对继任者的索还要求置若罔闻，继续私藏。他收集航海与造船方面的图书，另有约一千一百份地图、海图和大比例尺的详图，今人视之为当时最有条理的重要收藏。编目大概始于一六九五年，他的一丝不苟尽现其中。目录分三大类——陆、海、杂部，每图均有手绘网格，用字母表顺序编列索引，

[1] 爱德华·芬顿（一六〇三年卒），英国航海家，出版有日记和航海志。

[2] 马丁·弗罗比舍（约一五三五～一五九四），英国航海家，加拿大东北海岸的早期探险家，北大西洋的弗罗比舍湾以他命名。

[3]《安东尼卷轴》系对都铎时代海军舰船的记录，为三份犊皮纸卷轴，以其记录者安东尼·安东尼得名。一六八〇年，查理二世将其中两卷赐予皮普斯，后者将其切开，合为一卷，现藏剑桥抹大拉学院的皮普斯图书馆，第三卷现存大英图书馆。

[4] 玛丽玫瑰为英国帆船战舰，战功累累。一五四五年七月十九日，在向入侵的法国舰队发起进攻时，意外沉没于朴次茅斯与怀特岛之间的索伦特海峡。残骸于一九七一年发现，一九八二年打捞出水，玛丽玫瑰博物馆两年后在朴次茅斯开馆。

[5] 弗朗西斯·德雷克（约一五四〇—四三年间～一五九六），英国航海家和海军将领，为打败西班牙无敌舰队立下大功。

[6] 卢卡斯·扬松·瓦亨内尔（Lucas Janszoon Waghenaer，一五三三／三四～一六〇六），荷兰制图师。

以便于快速确定地点。由于对编制标准存有异议，一六九三年，他自 39
掏腰包，委托制图师约翰·桑顿（John Thornton）审看现有图册，指正谬误。其结果之一，便是负责灯位与灯塔规划的领港公会（Trinity House）对不列颠海岸进行了重新测绘。该领域出版工作的困难在于所需经费。皮普斯曾对一位船长明确谈及此事："若以私人之力，这一工作将永无完善之日，因所费过巨，且全然无法与其付出和操劳相适。"[11]

十八世纪初，伦敦约有十五家"地图店"。仪器制造商约瑟夫·莫克森在大力神招牌处执业，皮普斯不断光顾，在此购得《圣地志或圣经地图集》（*Sacred geographie or scriptural mapps*），出版时间约为一六七一年。莫克森不属文具商，而是纺织公会（Weavers' Company）的会员。不管他干哪一行，学徒们都会紧紧跟随。因此在地图这个行

图十三：安东尼·安东尼图绘亨利八世海军之卷轴细部，皮普斯得自查理二世所赐，为其最珍贵财产之一。安东尼于一五四六年编纂此份都铎海军纪录，玛丽玫瑰号亦在其中，不过该舰已于前年七月迎战法军时，沉没于朴次茅斯港。

当里，不仅有车把式，还有织布郎。理查德·芒特（Richard Mount）是皮普斯尤为敬重的书商和地图商，在伦敦塔附近的后门街（Postern
40 Row）开店，为泰晤士河船的船长与大副们提供“车把式”和年历。一六九五年五月十四日，皮普斯记录了与芒特的一番交谈。芒特对他说：“荷兰人的远洋和近海图书都很畅销。此外还有他们所谓的灯柱（Lighting-Column）书……通常运到此地售卖：他们已经印刷了其他几种航海书，甚至有英文版，开始卖给我们的同胞了。”[12]

一六六五年，皮普斯被选入伦敦皇家自然知识促进学会（Royal Society of London for Improving of Natural Knowledge）。皇家学会始自一六四五年起在牛津和伦敦举行的一系列非正式会议，并于一六六二年获得了查理二世颁发的特许状。与注重通过应用实验、推动知识进步的思潮相符，学会的历史学家托马斯·斯普拉特（Thomas Sprat）甚至提议不设图书馆。结果还是配备了一座图书馆，斯普拉特形容同僚们“读万卷书”，“行万里路，”“见多识广，意志刚强。”[13]于是皮普斯和其他会员前往格雷欣学院（Gresham College），出席皇家学会的每周例会时，也要参加实验，再去针线街（Threadneedle Street）的希腊咖啡馆小憩。

会员们也拿出时间，用于文字材料的接收、阅读和分发，因为他们认识到，以一种可靠的方式，在全欧洲范围内传播这些实验结果非常重要。如有著作准备发表，则必须预先呈递，并将在会员开会时，“正式提交”给皇家学会。文稿交由一两个会员带走，一周或两周后交回报告，与此同时，手稿及时登记入册，以保护作者的研究成果免遭他人窃夺。皇家学会会员的头衔是块金字招牌，足以让出版商将英文的科学著作销往欧陆——拉丁文图书的贸易路线正好相反。最成功的出版物是一份期刊——《哲学会刊》（*Philosophical Transactions*），由皇家学会秘书亨利·奥尔登堡（Henry Oldenburg）创办于一六六五年，学会的研究成果因此通达全欧，而该刊今日仍在发行。

不过，图书项目时常牵涉插图，故而成本高昂。皇家学会往往以预订为饵，劝服不情愿的出版商接手印务。例如，马丁·利斯特（Martin Lister）[1] 要出版其昆虫学专著时，学会便为资深会员预购五十本书，给其他人又买了一百本，以此支付雕版印刷的费用。学会经常使用其出版许可，加上订购承诺这种方式，让出版商承担投资风险，然而有一次，它试图全额赞助一整个出版计划——弗朗西斯·威洛比（Francis Willoughby）[2] 的《鱼类史》（*Historia Piscium*）。结果糟透了：该书历来被视作“印制昂贵，装帧平庸，销售缓慢，而且几乎没有什么学术上的影响”。[14] 一六八四年，皮普斯出任皇家学会主席，这
无疑是由于他的管理技巧，因为他从来没有作出过实验或论文上的贡 41
献。因此，一六八七年，艾萨克·牛顿为皇家学会出版其划时代的《数学原理》（*Principia Mathematica*）[3] 时，扉页上出现了皮普斯的大名。

皮普斯还有一大业余爱好——看戏。据估计，一六六八年，从一月一日到八月三十一日，他看戏的次数不下七十三次。他经常与妻子伊丽莎白同往，不携妻时，便带上朋友黛博·威利特（Deb Willett），[4] 以此对抗只有贵妇或妓女才出门看戏的成见。皮普斯也经年累月，专注于购买剧作集，上剧院前，则以钻研剧本为预习。在日记中，他对读戏和看戏的不同功效做出了清晰的界定。看过本·琼生（Ben Jonson）《喀提林阴谋》（*Catiline*）[5] 的演出后，他指出：“一出在阅读时有许多美感与佳句的剧作，舞台表现却颇为糟糕。”[15] 他读过高乃依

[1] 马丁·利斯特（一六三九～一七一二），英格兰博物学家和医师，一六七一年成为皇家学会会员。

[2] 弗朗西斯·威洛比（一六三五～一六七二），英格兰鸟类学家和鱼类学家。

[3] 全名为《自然哲学中的数学原理》（*Philosophiae Naturalis Principia Mathematica*），述及其三大运动定律和万有引力定律，为近代科学史上最重要的论著。

[4] 黛博·威利特是伊丽莎白·皮普斯的女佣，正值妙龄。

[5] 本·琼生（一五七二～一六三七），英国剧作家和抒情诗人，被公认为詹姆斯一世时期仅次于莎士比亚的最重要的剧作家。取材于古罗马历史的悲剧《喀提林阴谋》（*Catiline His Conspiracy*）首演和发表于一六一一年。

(Corneille) 剧作《熙德》(*Le Cid*) [1] 的译本，大喜过望，但一六六二年十二月一日，他到怀特霍尔街的斗鸡场戏院（The Cockpit)，观看了以《勇士熙德》(*The Valiant Cidd*) 之名上演的此剧之后，认为这是“最无趣的演出”——国王和王后认同此见，自始至终未展笑颜。16

十七世纪六十年代，在诗歌、戏剧、白话传奇和古典文学翻译领域，首屈一指的出版商和书商当为亨利·赫林曼（Henry Herringman)：他所出版的图书实际上定义了当时的文学面貌。伦敦大火之后，他在新交易所低道的蓝锚处开店，不久即成为文坛一处胜地。他是剧作家约翰·德莱顿（John Dryden) [2] 的出版商，后者乃皮普斯在剑桥的老同学。一六六八年六月，皮普斯记载，他造访赫林曼的书店，得知德莱顿本人已将其新剧《晚间的爱》(*An Evening's Love*) 视作五流作品。如果皮普斯想面见德莱顿，自可前往科文特加登的威尔咖啡馆。德莱顿或正在此啸聚“全城文人骚客”，17 桌上摆满手稿和印稿，有兴趣者，自可从中获知最新的文学动态。

伊丽莎白喜欢读法国小说，皮普斯述及自己上床后，她仍然独坐灯下，手不释卷地捧读《波历山大》(*Polexandre*)。书中讲述某个僻远海岛上的女王，派骑士去惩罚一众热烈求婚者的故事，可它很难读，因作者马兰·勒鲁瓦·德·贡贝维尔（Marin le Roy de Gomberville）处心积虑，要将故事拉长到五卷。伊丽莎白一定是由特殊材料制成的，因为皮普斯还给她买了《易卜拉欣或声名显赫的帕夏》(*Ibrahim or L'illustre Bassa*)，这是玛德莱娜·德·斯屈代里（Madeleine de Scuderi）所写的一部上流社会的传奇，有四大卷，而在同一年，即一六六八

[1] 皮埃尔·高乃依（Pierre Corneille，一六〇六～一六八四），法国诗人和剧作家，法国古典悲剧创始人。《熙德》取材于西班牙的英雄故事，一六三七年首演，未曾遵从戏剧创作中的三一律原则，因而饱受批评，但现在已被普遍视为法国戏剧史上最重要的作品。

[2] 约翰·德莱顿（一六三一～一七〇〇），英国剧作家、诗人和文学评论家，十七世纪后期最伟大的英语诗人，文学史上有“德莱顿时代”之称。

年，他又为她买了拉卡尔普雷奈德（La Calprenède）写的《卡桑德拉》（*Cassandra*）[1]，这一次有十大卷。皮普斯本人对法国文学的品味则见于拉辛、高乃依和莫里哀（Molière），以及哲学家帕斯卡尔和笛卡儿。这是一份非常体面的精神食粮，可他也在日记中承认买过色情图书《少女学堂》（*L'Escholle des Filles*），写的是一个经验丰富的女人和
一个处女之间的交谈。此书一六五五年在巴黎问世，公众义愤填膺， 42
其作者米歇尔·米约（Michel Millot）被判有罪，书被焚烧。本来皮普斯是去书商、在斯特兰德开店的约翰·马丁（John Martin）处，想买此书让妻子翻译，然而在看到其内容后，他买了一本不带封面的，因为“我决心一读完就把它烧掉，它既不会出现在书目里，也不会跟别的书放在一起，要是让人发现了，岂不是让别的书为之蒙羞。”[18]

对十六世纪九十年代以降的“现代”文学，他总是喜新厌旧，因此，虽有一六六三年和一六六四年的莎士比亚第三对开本，他却以二十年后出版的第四对开本入替。不过对“古董货”，他还是偏爱旧版，如有必要，便以旧换新，因为皮普斯对抄本向印刷本的过渡阶段深为迷恋，总览其不同类别的藏书，这是一个极为重要的因素。他对乔叟作品的喜爱持续终生。一六六六年十一月，他在日记中写道，晚餐后，他“怀着极大的喜悦”，为妻子和兄弟朗读这位诗人的作品。多年以后，他建议剧作家德莱顿翻译《牧师的故事》（*The Parson's Tale*），[2]之后又请他进餐，一边吃冷油鸡色拉，一边讨论乔叟。日记中提到的乔叟作品，或许是一六〇二年托马斯·斯佩特（Thomas Speght）出版的印刷本，但皮普斯还拥有乔叟诗作的手写本，“有些从未印行”。如果他能获得一部印刷版作品的手写本，那么他两种版本都会保留——在

[1] 戈捷·德·科斯特·拉卡尔普雷奈德（Gaultier de Coste, Seigneur de la Calprenède，约一六一〇～一六六三），法国作家，所著虚构的历史传奇在十七世纪的法国极受欢迎，十卷《卡桑德拉》描绘了波斯帝国的没落。

[2]《牧师的故事》是乔叟《坎特伯雷故事集》的最后一篇。

他的藏书中，只有在这种情况下，重复的作品可以并存。

皮普斯藏有极佳的摇篮书（incunabula）——该名词出自拉丁语，本意为襁褓，引申为印刷业初期，即一五〇一年前。他的鉴书标准可见于一份名为《英格兰印刷业的起源与发展》（*Of the Origine & Growth of Printing in England*）的表格，订在一本莫克森的《机械实践》内。它基于他本人的品鉴心得，以及来自莫克森和约翰·巴格福（John Bagford）的建议。在十七世纪的图书界，巴格福是另一个传奇人物。他于一六五〇或一六五一年生于伦敦的镣子巷（Fetter Lane），学做鞋，后来成了鞋匠。虽然缺乏正规教育，但到一六八六年，他已进入了霍尔本（Holborn）[1] 一带的图书业。他计划写一部史著，开始为此收集早期的印刷版图书。与此同时，他也在为当时的一些大收藏家搜罗摇篮书，其中包括大英博物馆图书馆（British Museum Library）的创始人罗伯特·哈利（Robert Harley）、爱德华·哈利（Edward Harley）和汉斯·斯隆爵士（Sir Hans Sloane）。塞缪尔·皮普斯上了年纪，行动不便时，巴格福也为他寻书。皮普斯的藏书中，有威廉·卡克斯顿出版的六本书，包括极为罕见的第二版《列那狐》（*Reynard the Fox*），还有出自卡克斯顿副手文金·德·沃德之手的十七本书，包括一六六八年购自威廉·施鲁斯伯里处的《沃拉吉纳金传》（*The Golden Legend of Voragine*），以及其他一些早期印刷商兼出版商，如平森（Pynson）、马克利尼亚（Machlinia）和圣奥尔本斯（St Albans）所出的图书。

43 皮普斯对印刷品和印刷工艺的兴趣，可见于他对歌谣纸和廉本书（chapbook）的收藏。到去世时，皮普斯已经收藏了一千七百余份歌谣纸，实为同类藏品中最大的个人收藏。歌谣纸为单页，印有歌词，通

[1] 霍尔本，伦敦内城的一个地区，一九六五年之前为都会自治市，现为伦敦卡姆登自治市的一部分。

图十四：皮普斯所藏威廉·卡克斯顿《列那狐》之扉页。此乃卡克斯顿译本的第二版，译自荷兰文，一四八九年出版于威斯敏斯特。手写本则没有类似的扉页，但通常附有导言（incipit），用作简介。印好的书在装订和销售前，需妥为存储，书页亦需某种标识和保护，遂有扉页出现。此为扉页的早期形式，卡克斯顿的标志巨大，置于书名上方。

常附有图画，在街头巷尾以一两个便士的价格出售。通过皮普斯在日记中的随兴所记，我们了解到他买这些歌谣纸，有时是为了演唱，但也有可能随后便将其丢弃，或将歌词抄到札记簿上。无论如何，他开始此类收藏之时，正值配有图案的黑体铅字（哥特体）让位于无图案的白体字（罗马体）。此举颇有先见之明，因为歌谣纸的薄命和脆弱，意味着它们往往朝生暮死，尸骨无存，而皮普斯的收藏中，逾半数为目前已知的孤本。彼时纸张不敷日用，常被拿来包奶酪，点烟斗，糕点师傅用纸垫盘子，上面放馅饼，皮箱师傅也用纸做箱子衬里。威廉·康华里爵士（Sir William Cornwallis）曾写道，他把“一些小册子、骗人的故事书和两便士诗歌”放在茅房，解手时读一读——然后用它们做手纸。[19]

44 除了这些歌谣纸，皮普斯还收藏了二百一十五本廉本书。所谓廉本书，大约只有四到二十四页，印刷粗糙，用纸低劣，售价不到六便士。皮普斯有些藏品是四开本，但绝大部分是更小的八开本或十二开本。他有分门别类的热情，将它们分成了“粗俗演义”(Vulgaria)、“便士乐”(Penny Merriments)和“便士信经”(Penny Godlinesses)，他收藏的廉本书五花八门，包括年历、我们今天所谓的“廉价惊险故

图十五：“来买我的贺岁书。”这幅木刻表现了一个廉本书商正在向一位农村青年推销。此图见于皮普斯的“便士乐”，大约出版于一六八〇年，书名是《喜迎圣诞》(*Make Room for Christmas*)。此类图书以廉价纸张印刷，因此可以“看透”前一页

事”、历史书，还有各种工具书，其中一些是烹饪指南，也有几本教人敬神的小册子。

这些面向“低端市场”的出版物，由一个特殊的书商群体印制和贩售，他们集中在西史密斯菲尔德（West Smithfield）和伦敦桥，人称“歌谣纸合伙人”。这一称谓颇易误导，因为他们的歌谣业务正在缩减，而之所以得名，或许由于他们将货品存在一处旧称“歌谣货栈”（Ballad Warehouse）的建筑内。彼时之伦敦桥，已成人流熙攘的干道，乃横跨泰晤士河的唯一桥梁，也是向南通往坎特伯雷和英吉利海峡各 45
个港口的要津。桥墩之间极为狭窄，高水位时，船夫与船客须“射向大桥”，简直是命悬一线：平均每年有五十个水手死于这一危险的职业。水上的陆地殊为珍贵，商店和住宅不得不层层相叠，令人头晕目眩。塞缪尔·皮普斯造访镜子（Looking Glass）招牌处的乔赛亚·布莱尔（Josiah Blare），或黑小子（Black Boy）招牌处的约翰·巴克（John Back），买他那些“便士乐”和“便士宗教书”时，想必已对此地的喧闹和市井百态见怪不惊了。

他们的货品也许一直面向低端市场，但生意也能做得红红火火。有份立于一六六四年的验讫遗嘱，附有一份财产清单，显示伦敦桥三本圣经（Three Bibles）招牌处的查尔斯·蒂亚斯（Charles Tias）拥有可观的存货。书，大量的书和歌谣纸存在店内，更多的书堆放在临街的下房、走道和阁楼里，甚至楼梯上。共有近一万本书在售，大多数不超过六便士，但也有标价十先令和四先令的圣经，相当于三万七千五百份歌谣纸。一七〇七年，乔赛亚·布莱尔为存货造册时，有“大书和小书”逾三万一千本。年历是获利最丰的品种之一。据估计，十七世纪六十年代时，每年年历的印量超过三十万份，相当于每三个英国家庭便有一份，而每四十四个家庭中便拥有一本布莱尔书店的廉本书。

一六八六年，约翰·巴克在其所出《悲观之危险》（*Danger of*

Despair）一书的封底附印书目，开列了他手头即将出版的图书——此举将为平装书出版商广泛袭用。他还宣布："但有乡村货郎，皆予配货，含全类别图书与歌谣，并其他各种文具，价钱公道。"歌谣纸合伙人以伦敦桥和西史密斯菲尔德为大本营，不仅靠近其发行商的住地，亦可守住进出伦敦的通衢。图书与歌谣纸常常已经预先打包装箱，以利货郎、行商和游贩来此载运，而后上山下乡，运往全国。事实上，在商贩的货品中，图书只占一小部分：他们还带着布匹、膏药、别针、缎带和镜子。莎士比亚在《冬天的故事》（*The Winter's Tale*）里创造的奥托里古斯（Autolycus），便是这样一个人物。[1] 皮普斯的藏品内有一本"喜乐书"，其中一幅画，画的是一个乡下后生从货郎手中购物。这些东西可不全是便宜货——一本十先令的圣经应属相当可观的花销。游贩们还给缙绅阶层准备了"高档"货，如香水和襞襟所用的烙棍。[2] 交易是双向的，货郎也会购买乡下姑娘的头发，带回伦敦，以供假发匠之用。

十七世纪伟大经典《天路历程》（*The Pilgrim's Progress*）的作者约翰·班扬（John Bunyan），便曾深受廉本出版物的影响。他生于一六二八年，乃贝德福德郡埃尔斯托（Elstow）的农家子弟。他爹只
46 有九亩薄地，几难糊口，不得不以串乡补锅维持生计。尽管家境贫寒，父母还是把班扬送进了乡村学校，学习读写。一六六六年，班扬在《罪人受恩记》（*A Few Sighs from Hell*）中回首童年，忏悔自己迷恋廉本书甚于圣经的罪错。那些书购于农舍门口或集市，他特别提及有歌谣、新闻书、《马背上的圣乔治》（*St George on Horseback*）和《南安普顿的贝维斯》（*Bevis of Southampton*），并称后两本书是"又便宜又好

---

[1]《冬天的故事》第四幕，流氓奥托里古斯的道白："被单是我的专门生意"。

[2] 襞襟（ruff）为轮状的丝质衣领装饰物，十六世纪中叶到十七世纪中叶，在西欧的男装、女装和童装中是一大时尚。襞襟通过上浆保持硬度，但需趁浆未干时在其外缘捅出一圈花蕊的形状。可以加热的铁头"烙棍"（poking stick）就是干这个的。

看”的历史故事——中世纪的骑士传奇，血流成河。杀声震天。班扬本人投身创作时，也认识到廉本书里的东西——巨人啊，狮子啊，龙啊，还有圣经风格的语言——会让读者感到亲切。

读这些书，班扬或视同罪孽，广大群众却以之为乐。冬夜漫长，无论城市还是乡村，都有人在家中，在工场，在酒馆大声朗读，共享其趣。缙绅阶层读廉本书，意在休闲，学童也觉得乐在其中。书商弗朗西斯·柯克曼（Francis Kirkman）出身伦敦一个商人家庭，曾于一六七三年回忆，自己如何挤出六便士，去买流行故事书的经历：“读《狮山圣侠》（*Montelion Knight of the Oracle*）、《奥那图与阿特霞》（*Ornatus and Artesia*）和《帕里斯穆斯》（*Parismus*），大喜过望，（信以为真之下）真希望自己也能鞍前马后，追随大侠。”他还与小同学们交换读物，以物易书，来拓展阅读。[20] 皮普斯的童年读物已不可考，但在其“通俗本”藏书中，肯定有他少时阅读的记忆，此后他才转向更为严肃的历史著作。

廉本出版物的另外两种形式是报纸和新闻书。十七世纪初的三十年战争[1]割裂了欧洲，令信息需求大增，快览特（corantos）[2]亦应运而生。它们采用黑体字，对裁印刷，一六一八年印行于阿姆斯特丹，译本两年后在伦敦出现。对裁版演进为四开本，新闻书开始行销于街头和酒肆。英格兰撤出欧洲战事后，新闻需求随之下降，但内战的爆发[3]使公众的欲求再次高涨。政府过去将新闻视为国家财产，对非官方信息的发布给予严厉惩处，此时已无力加以阻拦。一六四一年十一

---

[1] 三十年战争（Thirty Years War）从一六一八年打到一六四八年，将欧洲大部分地区卷入其中，并永久改变了欧洲的版图。

[2] 快览特（Corantos）为现代报纸的前身，从荷兰传入英国后，一度以英语化的快览（Courant）传世，英国至今存在以 Courant 为名的报纸。

[3] 英国内战（[English] Civil Wars）为王党和议会派之间爆发的战争，始自一六四二年，结束于一六五一年，战火遍及不列颠岛和爱尔兰，最终王党失败，查理一世被处决（一六四九），查理二世出逃国外（一六五一）。共和国和摄政政体由此建立。

月二十九日，英国第一份本土新闻书问世，刊名题为《当前国会议事纪要》(The heads of several proceedings in this present Parliament)。到一六四九年，已有五十四种不同的定期出版物发行。

查理二世复辟[1]后，政府便意图恢复国家控制。国王的发言人原为亨利·马迪曼（Henry Muddiman），但他在一六六三年让位于罗杰·莱
47 斯特兰奇爵士（Sir Roger L'Estrange）。此人贵族出身，乃守旧的保王党，仇视不信奉国教者和辉格党，以及他所谓的骑墙派，放在二十世纪，莱斯特兰奇大可以得到一份美差，为《星期日快报》(*Sunday Express*）撰写社论。他怎么想就怎么说，喜欢用黑体字加重论辩的力量。他的书商亨利·布罗姆（Henry Brome）在圣保罗教堂园开店，莱斯特兰奇则在楼上坐堂，对出版物保持着全面控制。一六八三年五月十七日，他在自己旗下的《观察家报》撰文，为使用布罗姆的印厂辩解："首先他离我近，万一调整或修改起来都方便。其次，对我的工作，他一丝不苟。再次，我不会要求那些二流子下岗，我雇的是印刷商。"他的文章对排字工必是一场噩梦。

一六六三年八月底，莱斯特兰奇开始出版《通讯者报》(*Intelligencer*）和《新闻报》(*News*)。前者每周一上市，后者周四发行，售价均为半个便士。一六六三年九月四日，塞缪尔·皮普斯在日记中记载："乘船到怀特霍尔街和威斯敏斯特大庭，在此购得莱斯特兰奇主笔、本周创刊的首批新闻书；余以为这只是一个平淡无奇的开始。"[21]

两年后，《牛津公报》(*Oxford Gazette*）问世，随后更名为《伦敦公报》(*London Gazette*)。该报从形式上仿用十七世纪二十年代的快览特，以及当时欧洲大陆的期刊，一举改变了新闻出版业的面貌。皮普斯一向很有眼光，对其一六六五年十一月二十二日在伦敦发刊的首日亦有记录，并将它与莱斯特兰奇的工作相比，认为它青出于蓝：

[1] 查理二世于一六六〇年五月回国，复登王位。

图十六：威尔牌咖啡粉广告中的伦敦咖啡馆，约一七〇〇年。两位顾客正在读报纸，或为《伦敦公报》和专供咖啡馆的《邮人报》(*Post-Man*)。

"今天，《牛津公报》创刊，极佳，满纸新闻，且无虚言——威廉森（Williamson）主笔。"22 威廉森乃国务大臣阿林顿勋爵的秘书，他或许是新闻的提供者，而当时的主笔实为亨利·马迪曼。皮普斯图书馆藏有一系列的《公报》，始自一六六五年十一月，迄于一七〇四年一月，统一装订。它们连同莱斯特兰奇的出版物一起，通过多克拉（Dockwra）的便士邮政（Penny Post）系统[1]，在伦敦中心地区发行，但也由"流动书商"（flying stationers）和"信使"（mercuries）沿街叫卖，这些人通常都是妇女。再往远去，便交给货郎了。咖啡馆和酒馆遍及全国，也向顾客提供报纸和新闻书。

一六六六年，莱斯特兰奇停办了自己的新闻书，但一六八一年，借天主教阴谋案在社会上掀起的歇斯底里，他重拾旧业，创办了《观察家报》（*Observator*）。天主教阴谋案由极富想象力的提图斯·奥茨（Titus Oates）一手捏造，他指控多位耶稣会士在教皇和路易十四的资助下，密谋暗杀查理二世，并拥立其弟詹姆斯登基。这一时期的期刊出版业已呈现出多样化的态势，既有专业杂志，如皇家学会的《哲学会刊》，也有面向大众市场的定期出版物，如专注于老城廓（Old Bailey）[2] 刑事审判、一六七〇年创刊的《血案审查报》（*Inquest after*
48 *Blood*）：可见罪案一向都有很好的销路。天主教阴谋案激发了一连串的报纸纷纷面世。辉格党人推出了《新教徒新闻》（*Protestant News*），托利党人则创办了《效忠报》（*Loyal*），而《鼻涕报》（*Snotty-Nose Gazette*）则讽刺莱斯特兰奇是条托泽狗（Towzer the dog），尾巴上绑着一把扫帚（指他的书商亨利·布罗姆）。[3] 虽然詹姆斯二世处心积虑镇压报纸，无奈大势已成，覆水难收。

---

[1] 便士邮政由伦敦商人威廉·多克拉（William Dockwra）创办于一六八〇年，所有一磅以下的信函，均可以一便士邮资送达伦敦大部分地区。

[2] 老城廓，指位于伦敦老城廓街的中央刑事法院。

[3] 扫帚（broom）与布罗姆（Brome）发音相近。

皮普斯还有一部分随性而为的收藏，但它们并非制作粗糙的廉价 49
货，之所以进入藏品之列，理由不外乎他对印工与设计的喜好。他既买印刷书，也买手抄本，并在其藏品说明中写道，他藏有过去一千年来的手写范本，“举凡书法名家之作，无论英人或外人，手书或雕版，旧日与今时，皆有所得（含现存原本及摹本）。”[23] 在皮普斯所购当代作品中，有一本格雷先生的习字帖，由威廉·费尔索恩（William Fairthorne）一六六五年刻版，约翰·加雷特（John Garrett）印售“于其店内，至谷山皇家交易所，拾级而上，可达此店，内售各类地图与习字帖”。皮普斯年老体衰时，便遣外甥约翰·杰克逊（John Jackson）前往，搜罗外国的习字帖，而后由其书记员保尔·洛兰（Paul Lorrain），一位很有天分的书法家，进行编目和校勘。

约翰·加雷特的地址表明，在街道编列门牌号码乃至邮政编码出现之前的年代，准确描述某店或某商号的位置何其艰难。如皮普斯收集的伦敦商号名片所示，其中仅有一家，即书商罗杰·塔克（Roger Tucker），“位于斯特兰德与索尔兹伯里街角的金腿招牌处”。皮普斯是否曾向塔克购书，现在不得而知，不过，他有可能是因为这张名片的设计和印刷工艺才予以收纳。书商极少像其他商人那样，把名片做得派头十足，因为他们所从事的是一种“高尚的职业”，无须大加装饰。他们通常选用圣经或文学人物的头像作为标识。例如十八世纪初的书商大卫·莫尔捷（David Mortier），专营法文和拉丁文图书，其店铺位于斯特兰德，便采用伊拉斯谟的头为其标识。

十六世纪九十年代，一批法国新教徒逃离宗教迫害，来到伦敦。塞缪尔·皮普斯有位挚友，名叫詹姆斯·乌布隆（James Houblon），即其中一大支派的成员。十七世纪时，乌布隆家族的贸易和航运业务得以发展，遍及当时的已知世界，并通过海军修造局与皮普斯结识。詹姆斯曾在靠近伦敦老城墙（London Wall）的家中盛情款待皮普斯。一六九〇年十一月，某晚享用大餐之后，皮普斯致信约翰·伊夫林，称席间所食酒菜，除面包和啤酒外，其产地无不远至波斯、中国和好望角。也许在皮普斯看来，这是人家对他投其所好，因为他喜欢异国情调。他不仅常喝咖啡，还开始喝茶，日记中记载，某个工作日午间，他“要了一杯茶（一种中国饮品），这东西我以前从未喝过。”[24]一六六六年，他请约翰·黑尔斯（John Hales）为他画像，便挑了一条印度长袍来穿，这是件家常绸衣，裁剪如同和服，他还用印度棉布装
50 饰家居。因此，在其藏书中发现异国物事，也便不足为奇，例如一本斯拉夫语的祈祷书，一本中国木版印刷图样，以及一本空白的土耳其笔记本。

在黑尔斯所作的画像中，皮普斯穿着他的“印度长袍”，手里拿着他自己写的曲谱，一首名叫《香消美人》（*Beauty Retire*）的赞歌。皮普斯对音乐的爱好持续终生。一七〇〇年十一月，他在一封信中写道，音乐是一种“科学，尤其能产生愉悦，其中的生命状态，无关公共或个人，宗教或世俗，亦无分时代或季节，心情……或素养，驱散那些不得体、不合时宜或令人不快的状态”。[25]他在音乐方面的藏书约有七十卷，或许还有过许多未成书、后来被他丢弃的所谓“实用音乐”的乐谱。这些藏品中的大多数是十七世纪的印刷品，但也有一些十五和十六世纪的手稿，再次反映出他对出版业在工艺演进方面的兴趣。

他的许多当代音乐图书购自友人约翰·普莱福德处。普莱福德在圣殿教堂（Temple Church）西廊营业，一六六〇年二月首次在皮普斯的日记中亮相，彼时皮普斯从他那儿买了一本好书，也许是前一年出版的《埃尔与对唱选》（*Select Ayres and Dialogues*）。[1]奥利弗·克伦威尔不赞成跳舞，因为它带有法国格调，普莱福德却置之不顾，编写了获得极大成功的《舞蹈教师》（*Dancing Master*），一六五二年推出

[1] 埃尔（ayre）是十六世纪末至十七世纪初流行于英国的一种独唱曲；对唱（dialogue）是十七世纪的一种声乐形式，歌词中通常包括问答部分，并由两名歌手演唱。

首版。该书循序渐进，教习舞步。一六六二年十一月，皮普斯也买了一本，拿来取悦妻子，他去舰队街上跳舞课的事，已经惹得她大为光火。可反过来，他又因为妻子的舞蹈老师而炉火攻心，此人名叫彭波顿（Pembleton），是个“漂亮、优雅的黑男”，而关于跳舞的争吵，遍及此后数月的日记。[26] 为了摆脱跳舞一事的纠缠，皮普斯买了拉丁文赞歌，分两声部和三声部，由一架风琴伴奏。后来，他请了自己的家庭乐师塞萨尔·莫雷利（Cesare Morelli），替他按男低音改写了歌曲。皮普斯还有一套圣歌藏书，意在家庭娱乐，约翰·伊夫林也曾写过举办家庭音乐会的事，期间还会表演歌剧风格的歌曲，包括路易斯·格拉布（Luis Grabu）的《阿尔比恩与阿尔班尼乌斯》（*Albion and Albanius*）选段，词作者是约翰·德莱顿。[1]

* * * *

塞缪尔·皮普斯的藏书之好始自青年时代。早在剑桥抹大拉学院上学时，他便在一本书里写了题词。此事颇不寻常，盖因皮普斯极少在自己的书上做标记。但它也标示出，此书属于塞缪尔·皮普斯的“musaeo”，亦即有趣之物的收藏，通常是一个橱柜，里面装着奇珍异宝。[27] 受过良好教育的绅士常以收藏家自居，搜罗钱币、宝石、图书、
地球仪、画作和雕刻，有时也包括自然历史或古代世界的种种标本， 51
将它们保存在自家的书房或橱柜之内。年轻的皮普斯可曾想过，有朝一日也能拥有自己的珍宝柜呢？结果证明他另辟蹊径，建起了一座非凡的图书馆，并一丝不苟地照管与记录，诚如一位好馆长，尽心管理着自己的馆藏。

---

[1]《阿尔比恩与阿尔班尼乌斯》是现存最早的全本英语歌剧，德莱顿作词于一六八〇年，加泰罗尼亚作曲家路易斯·格拉布五年后完成谱曲。

图十七：皮普斯在约克宅中的图书馆，绘于一六九九年。这些装有玻璃的书柜由海军工匠托马斯·辛普森为他打造，它们靠着墙，并排而立，大尺寸的对开本也许放在蒙布的桌下。墙上挂着一张地图，以及友人和庇护者詹姆斯二世的画像。

一六六六年夏，他发现自己的书“数量大增，连椅子上也层层堆叠”，[28]遂委派泰晤士河畔船厂的工匠托马斯·辛普森（Thomas Simpson），照他的设计，为他打造两组橡木书柜。它们可拆卸组合，以便搬运，且正面装有玻璃，此乃现存最早的同类家具。每组书柜可装二百五十本书，对开本放在底层，八开本和四开本则考虑周详地置于别层，以最大限度地利用空间。书柜既已制备妥当，皮普斯便着手排序，数月之后，又编成目录，或称架目表。随着图书罗致的速度不断加快，打造更多的书柜便势在必行，终以十二组制成。其中七组可见于一六九九年绘制的约克宅图书馆素描。这是一个长长的、饰有镶板的房间，窗外便是泰晤士河，书柜抵墙而立。书柜上方挂着画像，
52 其中有他的朋友约翰·伊夫林和罗伯特·博伊尔（Robert Boyle），詹姆斯二世的画像位于壁炉上方。房间中央有一张蒙布的矮桌，或许用于

图十八：皮普斯在对其图书馆做大“调整”时，为较小的书特制了木制底座，以使同一书架上的所有图书保持相同高度。

收纳尺寸过大而无法上架的对开本图书。

一六九二年，皮普斯退居乡间，用三个月时间整理个人文档[29]，并决定清查、重整其藏书。第二年，他已准备就绪，动手“调整”。图书严格按照尺寸大小排列，有不合者，便不予上架，若实在难以割舍，可取一木制底座，外覆镀金书皮，填塞其下，使书身等高。书目有三套，一依作者，二依书名，三依科目，统称“Suppellex Literaria”（文藏）。皮普斯对拉丁文名称的偏爱可见一斑：“Consutilia”指小册子，“Repertorium Chiro-Typicum”则是有名人签名的副本。

十七世纪九十年代，皮普斯在全力投入图书编目之余，亦不舍沉思。一六九五年，他写下一纸备忘录，概述了他收藏图书的指导原则。他明确指出其藏书的本意，与“王公、大学、学院及其他公共机构”的图书馆大异其趣。他意在“自得其乐，只图一隅独处，无拘无束，求索于书中”，而其所藏，只需“最少的书，最小的屋，却有最广泛的

科目、风格和语言，只要这些书的拥有者能够消受得起。”他在管理方
53 面很有一套，自言其书目应呈现“清晰、易读和有序”，装帧则要“庄重和统一”。[30]

皮普斯待人以诚，人亦还之以诚，于是友朋聚拢，多有襄佐。玛丽·斯金纳曾代为抄录，不过，鉴于她拼写水平不济，常被形容为照猫画虎，故而作用有限。一六九八年，皮普斯的书记员保尔·洛兰赴任纽盖特监狱（Newgate Gaol）牧师，其有利可图之处，便是记下人犯在赴泰伯恩（Tyburn）刑场受死前的遗言，并印成歌谣纸发售，所以他也能从中渔利。洛兰虽在狱中任职，但继续为皮普斯兼差，做书房襄理（有时亦称男仆）。与皮普斯关系最密切的人，可能非其外甥约翰·杰克逊莫属，皮普斯对他视同子嗣，一六九九年出资，送他前往欧陆游历。杰克逊甫抵罗马，正值喜迎新世纪的种种庆典，他寄回图书与手稿，外加科莱利（Corelli）[1]的奏鸣曲，以及有关古罗马遗迹的旅行指南和版画。随着皮普斯日渐衰弱，便愈发仰仗朋友和代购人，替他购买图书及其他出版物。他的教子约翰·沙德韦尔（John Shadwell）担任过英国驻法大使的医生，曾从巴黎寄来多种卷首插图。他的朋友约翰·蒙塔古博士（Dr John Montagu）乃达勒姆主教，居然对天主教图书馆的两份手稿动了剪刀，好让皮普斯能够对着断简残篇，发“思古”之幽情。当教会欲行索还时，皮普斯反唇相诘，质问他们何以不能完全理解“我对此类所嗜之物的好奇”。[31] 詹姆斯·乌布隆也借助其经销商，在欧洲各地搜罗珍本。每个星期六，皇家学会的会员们都会聚餐，他们带来的不仅有新闻和流言，最新的出版物肯定也不可或缺。

皮普斯既借书，也肯把书借给别人。他和约翰·伊夫林皆为日记家，通信频密，交往日深。一六九二年，皮普斯向伊夫林递还书报一包，自陈弄坏了其中一本，因他眼力不济，须请人将书页略微涂暗，

[1] 科莱利（Arcangelo Corelli，一六五三～一七一三），意大利作曲家和小提琴演奏家。

以减弱纸张的反光，不想招来的却是个“生手”。像所有负责任的借书人一样，他也曾想方设法，另寻一册，可惜在拍卖场一无所获，书商罗伯特·斯科特（Robert Scott）虽能拿出一册入替，但品相实在太差，最后他只好哀告：“现在奉还，总好过让你如坐针毡，翘首七年，而不知它投胎何处。”[32]

多种病痛缠身，年复一年，皮普斯深为所苦，能撑如此之久，实为奇迹。家中兄弟姊妹虽多，活到老年的，却只有他一人。此外，他还饱受肾结石和膀胱结石的折磨，并于一六五八年，在没有麻醉的情况下，经受了一次可怕的结石手术。能挺过这场磨难，堪比九死一 54
生，故而此后多年，每逢三月二十六日，他都要做一番纪念，然而一七〇〇年，结石问题重现，肾开始溃坏，再添其苦。他的医生是汉斯·斯隆，皮普斯与他分享自己的图书，以及对图书的热情。

皮普斯的助手威廉·休尔忠心耿耿，数十年效命左右，现已西出伦敦，迁居当时尚为乡野的克拉彭（Clapham）。长期以来，休尔不时陪护在侧，但一七〇二年，皮普斯的健康状况明显恶化，遂有要他也从此迁居克拉彭的决定，其图书馆也一并搬家。托马斯·辛普森制作的书柜得以轻松拆解，运入新居一个又大又漂亮的房间。墙面镶板装有双面画，两个地球仪安在滑车上，皮普斯收藏的船模则放在展示柜中。此后不久，有位客人登门拜访，并对图书馆留有如下描述：“图书排列极为得当，其男仆［保尔·洛兰］（看过书目后）即使闭着眼睛，也能准确找到其中任何一本。”[33]

不幸的是，皮普斯病况加重，无法在新家安度晚年了。他自感死期将至，便在遗嘱中增列两条，言及其收藏。他的外甥约翰·杰克逊可终生享有这些藏书，对佚失的卷册或品类，最好加以“补足”。若杰克逊亡故，依皮普斯之遗愿，藏书应归其母校——剑桥的抹大拉学院。他还规定，应单辟一室，即 Bibliotheca Pepysiana（皮普斯图书馆），来存放这些藏书，且永不更动，既不添加，也不减少。若这一规定遭到破坏，图书馆即转归三一学院（Trinity College）所有。

抹大拉学院果然奉约行事，及至杰克逊一七二三年去世，约三千册藏书便归入该院，连同十二组书柜，一并安置在一座十七世纪楼房的二层。一七二八年，有位德国访客见到这批藏书后，做出了灰暗的预言："一段时间之后，这些破烂儿就会统统过期，小金字将黯然失色，馆藏的用途亦将消失殆尽。"[34] 何其谬也！平心而论，他没有认识到皮普斯图书馆内藏着一颗定时炸弹：以谢尔顿速记法写成的六大卷《日记》。其第一部分由一位穷困潦倒的青年学者约翰·史密斯（John Smith）牧师译写，布雷布鲁克勋爵（Lord Braybrooke）出版于一八二五年。尽管它删节严重，却令塞缪尔·皮普斯再次扬名天下，其图书馆亦因此熠熠生辉。尤其令人惊讶的是，直到二十世纪七十年代，经罗伯特·莱瑟姆（Robert Latham）和威廉·马修斯（William Matthews）教授之手，皮普斯的日记才以完整和美妙的形式，呈现于世人之前。

塞缪尔·皮普斯于一七〇四年五月二十四日去世。皇家学会的两
55 位同事汉斯·斯隆和约翰·沙德韦尔，以及外科医生查尔斯·伯纳德（Charles Bernard）解剖了他的遗体。他们遵从的是约翰·杰克逊的愿望，以"尽吾辈之责，谋公众之利"，不过，就皮普斯对科学研究的尊敬而论，他本人也大有可能赞成此举。解剖显示出他在晚年是何等的坚忍克己。他的挚友约翰·伊夫林曾即时写有挽辞，但最贴切的语言，或许出自他一六九二年写给皮普斯的信："幸甚至哉，皮君普斯！谁人能识得、能拥有，并且能享受所有这一切值得追求的妙物。我愿喜君之所喜，好君之所好，并从中得享欢欣。"[35]

第三章　无远弗届：三座乡野图书馆

塞缪尔·约翰逊（Samuel Johnson）有句名言，世人耳熟能详："如 56
果一个人厌倦了伦敦，他也就厌倦了生活，因为伦敦有生活能够给予的一切。"[1]十七世纪晚期，伦敦既是英格兰知识生活的中心，也是奢侈品获取的中心，因此也就是出版和图书销售的中心。

那么，生活在京城之外的图书爱好者，又是怎样发现并获得新书的呢？威廉·布思比爵士（Sir William Boothby）提供了栩栩如生的描写。他住在德比郡的阿什伯恩庄园（Ashbourne Hall），距伦敦大约二百四十公里，骑马要走四五天。[2]布思比属于德比郡的上流社会，中等富裕，一六七一年从诗人阿斯顿·科凯恩爵士（Sir Aston Cokayne）手中买下了阿什伯恩庄园。他是当地文学圈子的成员，另一位诗人查尔斯·科顿（Charles Cotton）是他的密友。在日记中，他记录了对查茨沃思庄园的拜访，时为一六七六年十一月，为期一周，款待他的是威廉·卡文迪什，第三代德文希尔伯爵（Earl of Devonshire）。伯爵年幼时，哲学家霍布斯是其家庭教师，并掌管家中的图书馆。尽管布思比在日记中仅仅提及他与卡文迪什外出狩猎，但他笃定欣赏过伯爵的上品藏书。威廉爵士曾于一六八五年致信科顿，形容书籍是"我人生中最大的快乐"。他的藏书现已流失，不过，一本日记和多封外寄书信得以传世，其中记录了他与书商之间的联络。[3]

布思比购买了许多神学著作，但其藏书范围远不止此，还包括地图册、字典、书刊和地图。他必定是喜欢图画书的——"带有刻［版］画的书必须予以考虑”——他买过尼赫迈亚·格鲁博士（Dr Nehemiah Grew）所著、一六八二年出版的《植物解剖学》（*Anatomy of Plants*）。[1] 格鲁是考文垂的医师和植物学家，在这部重要的作品中，首次确立了植物的性别理论，而布思比很快便购入此书，它是对开本，
57 用上品纸张印制。他对图书自身的兴趣，从其收藏中可见一斑，其中有加布里埃尔·诺代（Gabriel Naudé）[2] 一部非常有影响的专著，论及如何建立图书馆，由约翰·伊夫林译成英文，名为《图书馆建馆指南》（*Instructions Concerning Erecting of a Library*），还有约瑟夫·莫克森的印刷手册《机械实践》。

布思比的文学品味十分有趣。他不仅买过约翰·弥尔顿（John Milton）的论文和诗歌、约翰·德莱顿的剧本，还不落世风，购入女作家的最新作品，如艾芙拉·贝恩（Aphra Benn）[3] 的诗集，简·巴克（Jane Barker）[4] 的《诗意的休憩》（*Poetical Recreations*）。行事古怪、风头甚健的纽卡斯尔公爵夫人玛格丽特·卡文迪什推出新作时，他虽然拒绝购买，其理由却并非出于偏见。他已经拥有三卷她的作品了，但是“因为她的著述非常昂贵”，所以把《哲学书简》（*Philosophical Letters*）退还给了书商，此书标价高达十一便士。

伦敦有几位书商向布思比供书。一部分商家位于伦敦市区，其余来自西向扩展的图书业，包括斯特兰德的一位法国书商。不过，他最主要的书商当属圣保罗教堂园的理查德·奇斯韦尔（Richard Chiswell）。他曾指望奇斯韦尔在卖书之外，也能提供多种服务，一六八四年五月二十一日，布思比写给他的信清楚地表明了这一点：

---

[1] 尼赫迈亚·格鲁（一六四一～一七一二），英国植物学家、医生和显微镜学家，植物解剖学的奠基人之一。

[2] 加布里埃尔·诺代（一六〇〇～一六五三），法国图书馆学专家。

[3] 艾芙拉·贝恩（通常写作 Behn，一六四〇～一六八九），英国戏剧家、小说家和诗人，因债务缠身，而成为第一位以写作为生的英国妇女。

[4] 简·巴克（一六五二～一七三二），英国诗人和小说家，詹姆斯二世的死党。

> 我们（目前）无法按原计划前往伦敦。有些钱款我已通过[名字无法辨认]返还给您，您收到钱后，即刻通知我。我上一[笔款]已由承运人随书递送，希望您已经收到。请寄给我最新一期书目，并请费心，继续寄给我小册子（我从中得到许多快乐）。拜托给我买四分之一磅的上品茶叶，虽然很贵，可我不能喝坏茶。尽快在下星期寄给我，因为我无法在一个星期后采办（我本来计划自己去买的），要是没有茶，恐怕我就活不下去了。

署名是的“您的朋友”。

信中提及的定期目录主要由罗伯特·克拉维尔印制，像奇斯韦尔一样，他也在教堂园开业，是布思比的另一个书商。克拉维尔不仅发行定期书目，还是积极拓展外地图书市场的早期书商之一。他曾在邮政部（Post Office）担任职员，一六六六年伦敦大火之后，该部由阿林顿勋爵掌管。克拉维尔因此得以从全国各地的邮政所长手中，收集地方书商的姓名和地址，从而把即将出版图书的书名页打包派寄给他们，这些书名页由他从伦敦各个出版商处收集而来，还一并收取了服务费。他辩称，对此类包裹应免费邮寄，理由是它们最终会增加邮政部的收入。这种做法受到了其竞争对手、另一位书商约翰·斯塔基的质疑：
“因为乡下书商通常由其承运人代笔，而邮政所长本身对图书并不特别 58
在意。”一六六八年的米迦勒节，斯塔基推出了一份报纸，名叫《书目报》（*Mercurius Librarius*），每份六便士，刊有出版商的广告，却不收广告费。克拉维尔对此大为光火，因为他看得出来，比起成包的书名页，一份单页的报纸要更便于邮寄，于是，通过阿林顿向出版许可核准人罗杰·莱斯特兰奇提出，他，克拉维尔，才应该拥有印刷新书书目的唯一许可。莱斯特兰奇圆滑地提出，斯塔基应与克拉维尔合作经营《书目报》，所以一六六九年复活节出刊的第三期报纸，便印上了两个人的名字。不过，鉴于市场有利可图，这两位书商间的不和持续了许多年。[4]

布思比对其书商要求甚多。他尤其关心花销，因此于一六八三年八月十五日写道：“我想要的八开书，不管是否装订过，都太贵了，您其他的书更贵，寒舍实难笑纳。”第二年十月十日，他致信奇斯韦尔，语气夸张地说，他应该让账目明确避免“在你死后引发最大的不测，我自己身后也是如此（因为我们都终有一死）”。从外地订购图书难免令人失望。布思比有时发现，图书送到时有装订错误，没有裁边，或裁得太窄，还有错页。有一次，承运人把一包书弄破了，书遭到了损坏，需要重新装订。

一六八八年底，詹姆斯二世逃离英国，君权交给了他的长女玛丽及其配偶奥兰治的威廉（William of Orange）。在这动荡不安的几个星期里，布思比在德比郡的孤陋寡闻变得更为明显。此时，圣保罗教堂园的另一位书商约瑟夫·沃茨（Joseph Watts）已经成了他在伦敦的首要供货人。他于一六八八十二月二日修书一封，先对沃茨的怠慢大加抱怨，继而写道：“我相信您正处于伦敦极大的骚动和混乱之中，我们在乡下同样如此，许多大人物和其他人都要完了。但是我对英格兰教会之原则的忠诚和信仰，让我对他们充满了同情。”两个月后，在一封动笔于一月二十六日的信中，他对新闻的渴求，对当前各种简报、公告和小册子的热望，通过对沃茨的又一轮抱怨而表露无遗：“您忘了给我寄每周的报道……很早以前，这些报纸就出现在大部分绅士手中和咖啡馆里了，”他开了一份清单，列出了多种缺期的报纸。

他将咖啡馆引为各种新闻和小道消息的集散中心，所言不虚，这正是伦敦生活中一个充满活力的部分。有位作家将这一时期的咖啡馆文化与漫步互联网相提并论，有开放的文化和信息，不像学校、教会
59 和俱乐部这些天生排外的机构。[5]皇家学会的科学家们来到谷山街，进交易所胡同（Exchange Alley），聚首于加拉韦（Garraway's）咖啡馆，有时还在这里做实验。舰队街的圣殿（Temple）咖啡馆是植物学俱乐

部的聚会场所，其发起者乃皇家学会的一批核心成员，如汉斯·斯隆和尼赫迈亚·格鲁，他们与业余的植物学者、从业的苗木工和园丁们在此晤面，并展开讨论。

书商和印刷商们经常光顾吾等天父道的牧师会（Chapter）咖啡馆和沃里克巷的柴德（Child's）咖啡馆，不过出版界的一大创新，却是在证券市场（Stocksmarket）的史密斯（Smith's）咖啡馆得以确立的，该地区后来遭到拆迁，为市长大人的官邸（The Mansion House）腾出空间。一六九一年，就是在这儿，书商约翰·邓顿（John Dunton）创办了《雅典人报》（*The Athenian Gazette*），后来更名为《雅典人信使报》（*The Athenian Mercury*），以“树立权威”。读者受邀，可就任何题目提出质询，将问题寄到一个由自封自授的学者组成的俱乐部，其实就是邓顿和他的两个连襟，塞缪尔·韦斯利（Samuel Wesley，约翰和查尔斯的父亲）与理查德·索尔特（Richard Sault）。他们回答各种各样的问题，从圣经时代的“诺亚大洪水之后的水去了哪里”，到基本的“马的肛门是圆的，为什么拉出的粪便是方的”。该报还刊登文学作品，如乔纳森·斯威夫特（Jonathan Swift）[1] 早期的诗歌，事实证明，它在男读者和女读者当中都非常成功，为《旁观者》（*The Spectator*）和《闲谈者》（*The Tatler*）的出现铺就了道路。

在皮普斯的时代，要想听到最新的文坛闲话，一定要光顾科文特加登的威尔（Will's）咖啡馆，它位于拉塞尔街（Russell Street）和弓街（Bow Street）的拐角，此乃剧作家约翰·德莱顿的大本营。一七〇〇年，他过世之后，文学火炬首先传到了拉塞尔街的汤姆（Tom's）咖啡馆，它由托马斯·韦斯特船长（Captain Thomas West）[2]

---

[1] 乔纳森·斯威夫特（一六六七～一七四五），英裔爱尔兰作家，以小说《格列佛游记》最为知名。

[2] 一七二二年十一月二十六日，韦斯特船长因痛风而发狂，跃出二楼后窗，当场就摔死了。

创办，继而在一七一二年由街对面的巴顿咖啡馆接手。后者由过去做佣人的丹尼尔·巴顿（Daniel Button）打理，东家则是成功创办了《旁观者》杂志的约瑟夫·艾迪生（Joseph Addison）。诗人亚历山大·蒲柏（Alexander Pope）曾经写过，艾迪生每天都去巴顿咖啡馆，一连待上好几个钟头，呼朋引伴，其中亦有理查德·斯蒂尔（Richard Steele）。

十七世纪八十年代，在克拉肯韦尔（Clerkenwell）的查特豪斯学校（Charterhouse），艾迪生和斯蒂尔还是学童时便已结识，日后双双进了牛津大学。斯蒂尔成了作家，为官办的政府报纸《伦敦公报》效力，一七〇九年，他创办了自己的报纸《闲谈者》，一页对开纸，双面印刷，对折成四个版面，每周出版三期，售价一便士。斯蒂尔化名艾萨克·比克斯塔夫先生（Isaac Bickerstaff , Esq），宣称自己志在“揭穿虚伪的处世哲学，撕下狡猾、虚荣和矫揉造作的伪装，举荐一种总括我们的着装、谈吐和举止的朴素”。[6]他放言说，要写形形色色的咖啡馆，如舰队街的迪克（Dick’s）咖啡馆，圣詹姆斯（St James’s）的怀特巧克力屋（White’s Chocolate House），以及科文特加登的威尔咖啡馆。这是
60 个精明的选择，因为这些地方莫不代表着一种相对精英的文化；没有一处像伦敦市内的劳埃德（Lloyd’s）咖啡馆那样，与商业利益纠缠不清，它们也无涉激进政治。

《闲谈者》持续了两年，销路很好，不仅风行英格兰各地，还外销欧陆和北美。一七一一年，《旁观者》取而代之，斯蒂尔和艾迪生联合主编，销量甚至更高。比克斯塔夫的笔名弃而不用，出现在“旁观者先生”（Mr Spectator）笔下的是绅士俱乐部，意在将哲学推向社会。一七一一年三月十二日，他写道：“据说苏格拉底从天庭取回了哲学，投诸人间，本人亦怀有青史留名的雄心，要从私室和书斋、学校和经院内将哲学取出，置于俱乐部、会所、茶桌和咖啡馆。”[7]巴顿咖啡馆内装有一个狮子形状的大信箱，以便顾客为该刊投稿，报料。

在威廉·布思比爵士对其伦敦书商的种种要求当中，有一项涉及

即将举办的拍卖会目录。咖啡馆和酒馆经常举办此类拍卖。自十六世 61
纪以来，拍卖活动一直存在，主要用于遗产纠纷或租金欠付所导致的强制拍卖，但大部分拍品是家用器物和农产品，图书难得一见。在英格兰，第一次有据可查的、专门的图书拍卖出现在一六七六年，当时，伦敦书商威廉·库珀（William Cooper）印刷了一份拍品目录，卖掉了拉扎勒斯·西曼博士（Dr Lazarus Seaman）的藏书，此人乃剑桥大学彼得豪斯学院（Peterhouse, Cambridge）的院长。这次拍卖显然极为成功，因为库珀在为下一次拍卖准备的目录前言中写道：“丰富的内容，成为

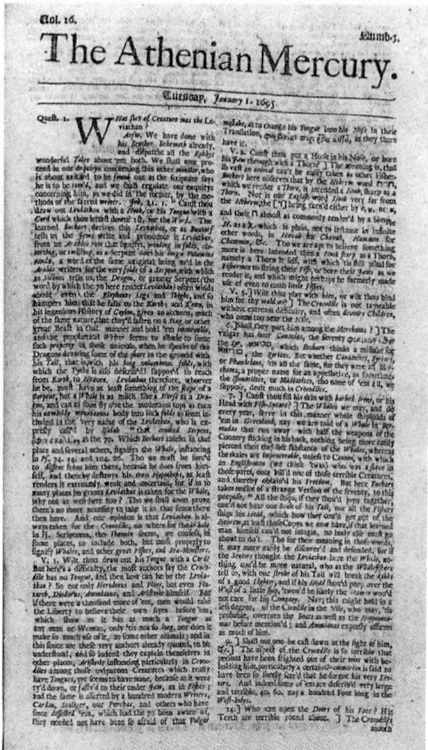
Vol. 16.

Numb. 5.

The Athenian Mercury.

Tuesday, January 1. 1695

Quest. 1. What sort of Creature was the Leviathan?

Answ. We have done with his Brother Behemoth already, and dispatcht all the Rabbys wonderful Tales about 'em both.

图十九：一六九五年元月一日的《雅典人信使报》头版，出自第一代布里斯托尔伯爵（Earl of Bristol）约翰·赫维（John Hervey）的早期期刊收藏。像邓顿一样，赫维也是新教徒王位继承权的热情支持者。

买家的绅士们心满意足。”[8]他在《伦敦公报》刊登了广告，并且特别指出，销售将以荷兰传入的竞价方式进行。这为将来的图书拍卖提供了一个范本。报纸广告会印出清单，列明可以取得拍品目录的全部书店和咖啡馆，以确保拍卖消息充分为人所知。目录通常使用大幅面的纸张专门印刷，并留出空白，以供填写价格和买家姓名。如果不够大，就沿着前切口贴一张纸条。如果要拍卖的书中有色情内容，便以现金当场支付，买家姓名则不予记录。

一六八二年，理查德·奇斯韦尔安排了对理查德·“讣告”·史密斯（Richard' Obituary' Smith）藏书的拍卖。活动延续数月，始自三月二十三日，六月十五日才结束，而且经历了多个场所，各有不同类别的图书发拍。例如最后一次拍卖，卖的就是小册子。图书买家往往不亲自到场，而是派出代理人替他们竞价。比方说，约翰·德莱顿请了奥姆先生（Mr Orme），在五月十五日的史密斯藏书拍卖会上，替他买下了五十四种图书。布思比则委托奇斯韦尔代为竞买。

到十八世纪，私人藏书的拍卖频率如滚雪球般增加了，鉴定家、学者和藏书家因此能够以公道的价钱，获得稀有的图书。本书第七章将探讨这一市场的发展，但是还有其他类型的图书拍卖。为了维持对市场，尤其是对热门图书发行的控制，十七世纪九十年代，伦敦书商中的精英团体定期在牧师会咖啡馆聚会，举办内部拍卖，批发图书。此类书商被人称作“大鳗”（可想而知，这一称呼源自吞吃小鱼的海鳗）。另一种形式的内部拍卖乃版权转售。任何作者，如果想让自己的书有成功的希望，都不得不把版权卖给这个团体中的成员，它是非请勿入的，往往将外省书商拒之门外。直到一七一〇年颁布《版权法案》（*Copyright Act*），才让这种束缚在原则上松绑。法案规定了现有出版物
62 的版权期限，在售图书为二十一年，新书则为十四年。不过，在此后的实际操作中，情况仍然非常混乱，多年争议不断。[9]

自十六世纪以来，图书的出版和销售一直集中于伦敦，亦有部分

图书出自牛津和剑桥的大学出版社。一五五七年，玛丽·都铎授予图书文具商公会的特许经营权，不仅使书商控制了图书的出版，而且通过公会的登记准入体系，牢牢掌握了版权。这种垄断状况瓦解于十七世纪中叶的政治风暴，印刷商得以越过书商，开设印书馆。尽管斯图亚特王朝复辟之后，曾力图逆转大势，但终究木已成舟，随着一六九五年《许可证法》(*Licensing Act*) 的失效，印刷品不再必须向公会登记。在英格兰各地的城镇，过去始终都有一些书商，不仅从伦敦进货，也越过图书文具商公会的限制，从都柏林和爱丁堡进货。此时，这些外地书商得以大大地扩展其业务。因此，威廉·布思比爵士也能从考文垂、牛津和利奇菲尔德（Litchfield）的书店买书了。最后一家书店位于阿什伯恩庄园以南，仅有四十公里之遥，为塞缪尔·约翰逊的父亲迈克尔开办的三家书店之一。老约翰逊生于一六五六年，曾给伦敦书商理查德·辛普森（Richard Simpson）当学徒。他自行开业的确切时间不明，但他一六八三年与布思比通信时，已经为后者建立每季度结算的账册。

第二年八月，浏览过迈克尔·约翰逊（Michael Johnson）的书目之后，布思比下了一笔非常大的订单，超过四十种图书记录在案。在他订购的作品中，有两本自由思想家查尔斯·布朗特（Charles Blount）[1]的书：《世界灵魂》(*Anima Mundi*) 和《大哉以弗所人的亚底米阿》(*Great is Diana of the Ephesians*)，布思比要求把它们装订在一起。这是布朗特主要的两部自然神论著作：前者于一六七八年出版时，引发了一场巨大的喧嚣，并使得伦敦主教仓促下令，焚毁此书。布思比乃身份公开的英格兰圣公会教友，要这种煽动性的材料派何用场？答案也许就藏在他致约翰逊信函的第一部分，他提到，他曾在作者的书房内见过其中一卷，盖因布朗特在斯塔福德郡有一处产业，即布朗特庄园

[1] 查尔斯·布朗特（一六五四～一六九三），英国自然神论者。

(Blount's Hall)，离阿什伯恩庄园不远。订购图书之余，布思比还要求得到一套"莫塞尔目录"。此乃安德鲁·莫塞尔于一五九五年编纂的英语图书目录（见第26页），将近一百年之后，对藏书家而言，它仍然是一份有价值的手册。

一如和伦敦书商的来往，布思比也让约翰逊提供全方位的服务，将他用做邮递服务的中转站，请他为自己的家庭找教士，聘家教，在
63 利奇菲尔德寻觅临时寓所。他后来抱怨说，临时寓所过于靠近唱诗学校，因此非常吵闹。约翰逊还负责图书装订，并让他的儿子也学会了这门手艺。布思比对他的装订百般挑剔，连怎样使用家族纹章和盾徽也有具体规定。有一个阶段，他曾设想，让约翰逊雇一个装订匠，来阿什伯恩全面承揽他藏书的装订工作，到了家里，布思比便可对装订质量牢牢加以掌控。由于充满了潜在的麻烦，这一野心勃勃的想法从未付诸实施。

此外，约翰逊还做起了初出茅庐的出版商。他的第一次投资，是约翰·弗洛耶爵士（Sir John Floyer）的《ΦΑΡΜΑΚΟΒΑΣΑΝΟΣ：或题医药试金石……两卷本》（*ΦΑΡΜΑΚΟΒΑΣΑΝΟΣ or, The Touch-stone of Medicines ... in Two Volumes*）。他在扉页上注明："书商迈克尔·约翰逊印刷，并在其斯塔福德郡利奇菲尔德（Lichfield）与尤托克西特（Uttoxeter），以及莱斯特郡阿什比德拉祖什（Ashby-de-la-Zouch）之书店内销售。"现存的多种版本标记说明，圣保罗教堂园孔雀招牌处的罗伯特·克拉维尔也卖此书，而且他与约翰逊在几本书上有过合作，所以，布思比可能由此开始，才与其伦敦诸位书商结识。与约翰逊联名出书的其他人，还包括伦敦桥的约翰·巴克，塞缪尔·皮普斯有些宗教类的廉本书就是他提供的。迈克尔·约翰逊的"作者"中，有四位是斯塔福德郡的教士，这些人和当地乡绅一样，肯定也是他的买主。从经济上来说，书商与其顾客兼作者之间的交往是互利的，因为作者能用折扣价购买不少的书，还可以得到更多的书，抵作稿酬。他把这些书

免费派送，以确保他出版的作品在会众当中流通。

迈克尔·约翰逊享有好学之名，但这也让他身处困境。一七〇六年，他买下了第九代德比伯爵（Earl of Derby）的全部藏书，将近三千册，耗资巨大，有教父著作和法国历史，许多书必定是非卖品。塞缪尔对父亲的经营之道和商业才能不屑一顾，不过，他对自己在装订术方面的鉴赏力还是感到自豪的。一七七九年，他致信书商托马斯·卡德尔（Thomas Cadell），抱怨对方提供了一本用绵羊皮装订的书："我以前从未见过这样的东西。我本来也是书商，至今没忘自己的行当。"[10]

一七〇七年，威廉·布思比爵士去世时，藏书已积至大约六千册。令人痛心的是，它们现已散失了。不过，他所藏图书的风格和面貌，可经由一批存留至今、原封未动的藏书予以重现。它们属于柴郡邓纳姆梅西（Dunham Massey）的布思家族，虽然后辈屡有加添，但其核心部分仍在。这些书属于第一代沃林顿伯爵（Earl of Warrington）亨利·布思（Henry Booth，一六五二～一六九四），其子、第二代伯爵乔治（一六七五～一七五八），以及乔治唯一的孩子玛丽（一七〇四～一七七二），她后来做了斯坦福德伯爵夫人（Countess of Stamford）。 64

亨利·布思乃长老会信徒，支持《排除法案》。该法案旨在阻止约克公爵詹姆斯作为罗马天主教徒，在其兄长查理二世死后继承王位。布思立场坚定，为此被控以叛国罪，关进了伦敦塔，但在此案无法证实后获释。毫无疑问，他明白此番已是九死一生之后，便退隐柴郡。排除派分子惧怕的噩梦在一六八八年成为了现实，此时已身为国王的詹姆斯与王后摩德纳的玛丽迎来了一个健康儿子的降生，天主教王朝后继有人。不同于选择旁观的布思比，亨利·布思投身于行动，招募军队，支持奥兰治的威廉，一俟威廉携夫人玛丽登基，便任命他为财政大臣。布思行事耿直，很快便与同僚龃龉不断，一六九〇年便被解除了职务，不再为皇室效命。作为补偿，他得到了沃林顿伯爵的封号，外加退休金两千英镑，空前微薄。亨利·布思再度退返邓纳姆，并于一六九四年去世，留给年轻的儿子乔治一份债务缠身的产业。

爱德华·波滕（Edward Potten）近来所做的探查工作证实，邓纳姆有很多书属于亨利·布思。据估算，他本人的藏书在四百到五百册之间。[11] 一六八八年九月，从伦敦塔获释之后，他认为自己很可能"毁于乱世"，遂修书一封，给儿子们留下忠告，也提及他的一些藏书。他就人前人后怎样才能举止得当提出了常见的告诫，同时指出："若尔等不自求上进，上述指诲及其他劝饬之辞，必无显效。而求上进之途，惟阅读与观听者也。"

布思特地向孩子们推荐的书目，与他本人的固有信念是一致的："上帝不曾为世界指定任何一种政府形式，而是让每个国家和人民去选择最为适合的形式。"他用"价值堪比黄金"来形容纳撒尼尔·培根（Nathaniel Bacon）的《英格兰政府一致性的历史论述》（*An Historical Discourse of the Uniformity of the Government of England*），此书最早出版于一六四七年，公认为议会派支持者中最有影响的著作之一。政府视之为洪水猛兽，以至于激进书商约翰·斯塔基在一六八九年印行新版时，即遭起诉，被迫亡命阿姆斯特丹。布思还推荐了《总论》（*Institutes*），其作者乃十七世纪杰出的律师爱德华·柯克爵士（Sir Edward Coke），[1] 他将法律渊源归于民俗与民智，而非诰命，并追根溯源，指出议会的传统起于盎格鲁撒克逊时代，以及王国的大会议。[2] 至于更进一步的阅读，布思推荐了《英格兰法律颂》（*De laudibus legum Angliae*），作者乃十五世纪的政治理论家约翰·福蒂斯丘爵士（Sir John

[1] 爱德华·柯克（一五五二～一六四四），英国法学家，律师出身，一六〇六年获任民事法院首席法官，但不惧詹姆斯一世，坚持普通法是最高法律，高于王室特权和宗教司法权。《总论》，即柯克爵士所著的《英国法总论》（*Institutes of the Lawes of England*），共四卷，出版于一六二八年至一六四四年间。

[2] 大会议（Great Council），系威廉时代由贤人会议改造而来，形成于十一世纪七十年代，每年开会三次。

Fortescue)，同样是不列颠古代法律延续论的拥护者。在法律之外，布思也感到有必要让孩子们读一读英国的历史和国王的生平，还有名人传记，以及其他国家的历史。普鲁塔克的《希腊罗马名人传》受到力荐，还有荷兰人文主义者格劳秀斯（Grotius）的《战争与和平法》（*De Jure Belli et Pacis*），[1] 布思称之为“普世公认的史上最佳图书之一”，马基雅弗利的著作“虽然哗众”，但仍可一读。 65

亨利·布思固然在政治上冒进，理财也欠妥，但他在读书方面的建议无疑是睿智而温和的。他说，他推荐的这些书，即使不是全部，也有大部分能在他的书房内找到。他对儿子们保证，法律方面的书至多数月便可消化，此后他们便可另读他著。但是，他建议不要操之过急，“切记有的放矢”，阅读不可持续过长，以免失掉兴趣，无法准确记忆。不过，他允许“偶尔读一读戏剧或传奇，作为消遣，料也无害”。[12]

我们知道亨利·布思有过哪些书，缘由何在，却不清楚这些书购自何处，只知道有少数来自牛津和剑桥，出版商均在伦敦或欧洲大陆。他在伦敦必有上佳人脉，因为他定期赴议院开会，先在下院，后入上院，当然，他偶尔也身陷伦敦塔，等候陛下发落。作为柴郡的郡守（Custos Rotulorum）和首席治安官，他在切斯特（Chester）有一座官邸，而该城的图书销售和印刷业务尤其活跃。

也许正是布思的长老派信条，让他与抱持类似观点的书商发生了业务往来，比如舰队街的激进派书商约翰·斯塔基。当约书亚·柯顿在伦敦大火中生意尽毁之后，塞缪尔·皮普斯也成了斯塔基的顾客，尽管他们的政见未必相同。斯塔基显然是罗伯特·克拉维尔强悍的挑战者。他与舰队街的两位同行合作，出版了布思提到过的马基雅弗利作品，这些书仍然保存在邓纳姆梅西的书架上。

---

[1] 胡戈·格劳秀斯（Hugo Grotius，一五八三～一六四五），荷兰法学家，一六二五年出版的《战争与和平法》（通拼 *De Jure Belli ac Pacis*）奠定了现代国际法的基础。

书商约翰·邓顿也持有长老派的观点，他曾将亨利·布思给孩子们的忠告付诸印刷。一六九四年，他与约翰·劳伦斯（John Lawrence）在鸡鸭街监狱（Poultry Counter）对面的黑鸦招牌处谈妥，合作出版《已故德拉莫勋爵与沃林顿伯爵亨利阁下集》（*The Works of the Rt. Hon. Henry, late L. Delamer and Earl of Warrington*）。此事或许是受了布思孩子们的家庭教师、法国胡格诺派[1]信徒约翰·德拉厄兹（John de la Heuze）的怂恿。邓顿是个非同一般的人物，一七〇五年出版的《约翰·邓顿的生平与过错》（*The Life and Errors of John Dunton*）是英国书商的首部自传。他生于一六五九年，乃亨廷登郡格拉弗教区长之子，曾给伦敦一位长老派书商托马斯·帕克赫斯特（Thomas Parkhurst）做学徒。一六八五年秋，詹姆斯二世在塞奇莫尔战役（Battle of Sedgemoor）
66 中大败蒙茅斯军队[2]后不久，邓顿便启程前往新英格兰[3]。西渡大洋的航行更加危险，堪比游历地府，四个月的海上行程之后，邓顿差一点便死于饥饿。他的描述却仍然保持着非凡的幽默：“我和另外四位旅客可与船长共食，然而很多次，当我们庄严落座，准备用餐时，一阵疾风便将我们共有的食物统统掀翻。”在波士顿，他开了一家书店和一间货栈，顾客当中有哈佛学院（Harvard College）的一位研究员和一些学生。

在自传中，邓顿记录了回到伦敦之后与他有过生意往来的人。对十七世纪末出版业和图书零售业而言，这些记载实乃无价的原始资料。关于威廉·施鲁斯伯里——他妻子是皮普斯的欲望对象——邓顿写道：“他配得上万能书商的大名，精熟现存一切语言的所有图书——

---

[1] 胡格诺派是十六和十七世纪法国的新教信徒。

[2] 信仰新教的蒙茅斯公爵为从天主教徒詹姆斯二世手中夺取王位，率领主要有乡勇组成的军队进攻布里斯托尔未果，退至布里奇沃特，于一六八五年七月十六日在附近的塞奇莫尔遭到第二代费弗沙姆伯爵和约翰·丘吉尔（后封马尔伯勒伯爵）麾下王军的屠杀。蒙茅斯被俘，不久即遭斩首。

[3] 英属北美殖民地。

他将存货整理得井井有条，任何一本书都能随时找到，就像我在《字典》中找出一个词一样。”述及培根《历史论述》充满危险的出版过程时，他将约翰·斯塔基形容为“英格兰之自由的勇敢维护者，直至最后一息”。不过，邓顿并不总是吹捧。有个名叫约翰·索尔兹伯里（John Salusbury）的书商肯定和他有过节，因为邓顿说他是个“令人绝望的、超级丑八怪一样的（Hypergorgonick）威尔士人——他穿戴起来一丝不苟，就是为了让女士们说：‘瞧那位绅士，身材多苗条，脚儿多秀气啊’——他是个愚蠢、无知、孤僻的家伙——他怪念虽多，理智却少，一如我认识的随便哪个凡夫俗子”。这种憎恶的原因或许是索尔兹伯里创办了一份期刊《飞报》（*The Flying Post*），与《雅典人信使报》展开竞争，邓顿还怀疑他试图盗用自己的文章。

对印刷商、装订匠，甚至自己的作者，邓顿也写有传略。他形容亨利·布思是个“非常伟大的人，有功于国家；他怀着高贵的热忱，主张英格兰的自由，在阐述自己的观点时，他从不吵闹呼号，而是谨慎精明，以理服人。”[13] 亨利的儿子乔治，亦即第二代沃林顿伯爵，对“谨慎精明”这样的字眼儿很可能不会苟同。据记载，当他在一六九四年继承邓纳姆时，此地已经“朽烂，勉勉强强有几件破烂不堪的家什”，整个庄园已经被债务压垮了。从此以后，他便决定不再为官，而是要为子孙着想，将精力用于邓纳姆家产的复兴。

一七〇二年，乔治·布思娶了伦敦富商的女继承人玛丽·奥尔德伯里（Mary Oldbury），这为他带来了四万英镑的家财。相对而言，城市富户与地主家庭之间的联姻在此时期还并不常见，这次社会融合的特殊实验显然是灾难性的。有位这桩婚姻的见证者记录道：“他们住同一 67
座房子，在饮食起居上却是绝对的陌生人。”尽管如此，他们还是生了一个孩子，取名玛丽，她成了父亲的掌上明珠，以及他梦寐以求的世家奠基者。据沃林顿所言，他妻子用下等人的言行奚落他，以心惊肉跳的速度驾车穿过奥尔特灵厄姆市场（Altrincham Fair），一路将货摊

图二十：第二代沃林顿伯爵乔治·布思与他唯一的孩子玛丽·布思小姐。双人肖像，迈克尔·达尔（Michael Dahl）作。玛丽·布思小姐手持一卷珀塞尔（Purcell）的音乐。

撞翻，她还参加运动会，和“年轻的男人们开着粗俗的玩笑”。他对文坛的贡献是一七三九年匿名出版了一本书，书名起得掷地有声：《婚姻制度之思考：兼议婚姻契约的强制力与义务，以及可以或应该允许离婚的程度。作者是一位绅士……》（*Considerations Upon the Institution of Marriage, With some Thoughts Concerning the Force and Obligation of the Matrimonial Contract. Wherein is Considered, how far Divorces may, or Ought to be Allowed. By a Gentleman...*）。

乔治·布思利用妻子的嫁妆，以朴素的乔治王朝时期风格，重建邓纳姆梅西都铎样式的老宅，并且在周围开辟了绿地，所用方圆有致的几何样式，系路易十四的园艺师勒诺特尔（Le Nôtre）在凡尔赛所开创，在此期间，布思种植了三万余棵树。在宅中二楼的西南角，他辟出一个私用套间，收纳藏书，其前厅称为文书室，阅读室又名橡木屋（见插页二）。这是一间私密的、内进式的藏书室，让人回想起十七世纪的时候，人们退回到私家领地，读书，写信，打理生意，与之截然相反的是那种堂皇的、更为公共的房间，罗伯特·亚当（Robert 68
Adam）[1] 在德比郡凯德斯顿庄园（Kedleston Hall）所设计的房间正是如此。

进入邓纳姆的藏书室，就像一下子回到了十八世纪上半叶。第一代和第二代伯爵以及玛丽·布思的藏书摆放在橡木书架上，以皮革和烫金装订，书脊上压印着花押字母与伯爵的冠饰。间或有些书仍然套着纸封皮，如同一直放在书店里展示的样子，等着遇到某位顾客的时候再做装订。屋中还陈列着三件天文仪器：一台太阳系仪，一台浑天仪，还有一架反射望远镜，由乔治二世的仪器师托马斯·赖特（Thomas Wright）为沃林顿爵爷制造。对一位热爱科学的绅士来说，在他的藏书室内发现这些物事并不稀奇，但壁炉上方挂着的东西却是绝无仅有的。那是一幅基督受难的木雕，由杰出的木雕师格林林·吉本斯（Grinling Gibbons）摹照丁托列托（Tintoretto）的作品雕成。这是他已知最早的作品，一六七一年，日记家约翰·伊夫林发现他时，他正在德特福德（Deptford）的农舍里刻制此作，从此时来运转。乔治·布思肯定是在十八世纪三十年代的某个时候得到了这件木雕，而且考虑到他的新教信仰，他把它放在了藏书室，而不是小礼拜堂。

在为乔治·布思父亲的文集所写的献辞中，约翰·德拉厄兹如此称道自己的学生：

> 您只用很短时间，便已熟练掌握了数门语言，以及大部分的哲学课业，我可以绝不恭维地说，阁下有天赋、学识和虔敬，足

[1] 罗伯特·亚当（一七二八～一七九二），苏格兰建筑师，新古典主义“亚当式”风格的创始人，遗下九千份设计图纸，为建筑师约翰·索恩购得，现藏伦敦索恩博物馆。另见本书第五章。

> 以成为全英格兰最杰出和最多才的绅士。但是百尺竿头，尚需更进一步，因为对一位像阁下这样的高人来说，仅仅成为一个古典文学家和地理学家，以及（请允许我加上）一位贤人，毕竟是不够的；他必须同时成为一位国务活动家和政治家。[14]

撇开阿谀奉承不论，第二代沃林顿伯爵乔治·布思显然博览群书，从他的藏书便可见一斑。一七五八年他去世时，起草财产清单的人记录了藏书室内的情况："大量有用的书。""有用"一词的选择耐人寻味；在实用性图书和善本书之间划定了界限。一七六六年，诺森伯兰公爵夫人（Duchess of Northumberland）造访凯德斯顿庄园的藏书室也做出了同样的区分。她在日记中称那里的书选择得当，而不是精奇。善本或稀见图书乃图书收藏家的领地，比如汉斯·斯隆爵士，以及布思的近邻、塔通庄园（Tatton Park）的塞缪尔·埃格顿（Samuel Egerton），他曾前往欧洲大陆，搜罗上好古书。

像这一时期的许多藏书室一样，在邓纳姆所藏图书中，宗教和祈
69 祷用书占据了很高的比例，如杰里米·泰勒（Jeremy Taylor）的《合格的领受圣餐者》（*The Worthy Communicant*），一六八六年版；托马斯·库默（Thomas Comber）的《公祷文短练习》（*Short Exercises on the Common Prayer*），一七〇一年版；以及约翰·凯特维尔（John Kettlewell）的《死亡变得舒适》（*Death made Comfortable*），一七二二年版。最后一本书里面有玛丽·布思的藏书票。她在阅读中似乎总是心怀虔敬，其信仰类图书中，有一本一七〇〇年版的、理查德·阿莱斯特里非常流行的《知足之道》（*Art of Contentment*），还有一本威廉·贝弗里奇（William Beveridge）的《关于信仰与基督徒生活的个人想法》（*Private Thoughts upon Religion and a Christian Life*），一七一五年版，书前附记表明，此书是她母亲赠与，这与布思对妻子性格的刻薄描述形成了有趣的对比。在藏书室和宅中其他地方，有多本圣经，包括布

赖恩·沃尔顿（Brian Walton）极为厚重的一六五七年版《多语种圣经合参》。

布思家族在当地立足已久，十五世纪便获得了邓纳姆，因而非常注意他们在柴郡的社会地位。第一代沃林顿伯爵拥有一部威廉·达格代尔爵士（Sir William Dugdale）[1] 出版于一六七五年至一六七六年的《英格兰贵族》(*Baronage of England*)，书中列出了布思的家谱，这也许是达格代尔担任诺鲁瓦纹章官（Norroy King of Arms）时，某次偶然造访邓纳姆期间编录所得。彼得·莱斯特爵士（Sir Peter Leycester）家住附近，藏书甚丰，曾花费大量时间研究柴郡的历史，所著《古代史》(*Historical Antiquities*）于一六七三年出版，邓纳姆现有收藏，丹尼尔·金（Daniel King）一六五六年的《英格兰皇家谷或切斯特之伯爵领地》(*The Vale Royal of England or County Palatinate of Chester*）亦在其中。有些纹章学方面的书，如约翰·吉利姆（John Guillim）一六三三年版的《纹章谱》(*A Display of Heraldry*)。法律书也有不少，不仅因为这一时期的地主需要通晓产权，还由于乔治·布思极为好辩，就父亲的遗嘱吹毛求疵之余，为了写他那本书，还沉陷于婚姻契约的细枝末节。 70
大卷大卷的法规，以及民法和习惯法方面的图书装满了两个书橱，因此对他而言，这些书想必曾经大有用武之地。

第二代伯爵藏书室内的科学仪器，显示出了他在地理学上的兴趣。在他的藏书中，有约翰·哈里斯（John Harris）的《地球仪与太阳系仪的说明与使用》(*The Description and Use of the Globes, and the Orrery*)，一七三一年版，书中写有注释，大概出自布思亲笔。其中最为华丽的书，也许是一套厚重的布劳（Blaeu）[2]《地图集》(*Geographica*)，

---

[1] 威廉·达格代尔（William Dugdale，一六〇五～一六八六），英国文物学家，还著有《英国国教修道院》(*Monasticon Anglicanum*）和《沃里克郡的古迹》(*Antiquities of Warwickshire*）等。

[2] 威廉·布劳（Willem Blaeu，一五七一～一六三八），荷兰制图师和出版商。

一六六二年出版于阿姆斯特丹，附有手工上色的地图，以及伟大的丹麦天文学家第谷·布拉厄（Tycho Brahe）天文台的星图。另一部来自阿姆斯特丹的精美插画书，乃安德烈亚斯·塞拉里乌斯（Andreas Cellarius）的《大宇宙之和谐》(*Harmonia Macrocosmica*)，一六六一年版。布思家族是兰开夏郡沃林顿庄园的主人，十八世纪在此设立了沃林顿学院（Warrington Academy)，它享有欧洲学术重镇的美誉，教授科学，不同于牛津和剑桥的古典教育，实际上成了英格兰的第三大学。该学院还是一座不遵从国教的机构，有约瑟夫·普里斯特利（Joseph Priestley）[1]这样从海外学习归来的教师。在威廉·艾尔斯（William Eyres）的经营下，沃林顿或许还是十八世纪伦敦、牛津和剑桥之外最重要的学术出版社。然而，由于信仰上的分歧，邓纳姆的布思家族几乎对此无动于衷。

藏书室内某些“有用的书”也许与第二代伯爵在邓纳姆的房屋、花园和绿地的休闲活动有关。建筑方面，他有科伦·坎贝尔（Colen Campbell）的《不列颠维特鲁威》(*Vitruvius Britannicus*)[2]，一七一七至一七二五年出版，还有贾科莫·莱昂尼（Giacomo Leoni）一七一五年版的帕拉第奥[3]，以及约瑟夫·史密斯（Joseph Smith）一七二四年版的《大不列颠新剧场》(*Nouveau Théâtre de la Grande Bretagne*)，书中附有其他绅士家宅的鸟瞰图。园艺方面，他有T. 兰福德（T. Langford）的《各类果树栽培通俗详解》(*Plain and Full Instructions to Raise all Sorts of Fruit-Trees*)，一六九六年版。土地方面，他有一本耐

[1] 约瑟夫·普里斯特利（一七三三～一八〇四），英国教士、政治理论家和自然科学家，以自由主义的政治和宗教观以及氧元素的发现者之一而名扬后世，还编了以实用英语为基础的《英语语法入门》(*The Rudiments of English Grammar*)，作为教材广泛采用长达五十年。一七六一年，他获任沃林顿学院的语言文学导师，使该校成为英国同类学校中最著名的学府。

[2] 即《不列颠维特鲁威，又题英国建筑师……》(*Vitruvius Britannicus, or the British Architect...*)。

[3] 指安德烈亚·帕拉第奥的《建筑四书》。

久的工具书，休·普拉特爵士（Sir Hugh Platt）一五九四年的《尚未投入公开使用的多种新肥料，均可兼用于牧场与耕地的施肥》（*Diverse New Sorts of Soyle not yet Brought into any Publique use, for Manuring both of Pasture and Arable Land*），也有稍微晚近一些的，理查德·韦斯顿爵士（Sir Richard Weston）一六五二年的《布拉班特和佛兰德斯农耕论》（*Discourse of Husbandrie used in Brabant and Flanders*）。

玛丽·布思似乎对烹饪很有兴趣，藏书室内有一本查尔斯·卡特（Charles Carter）的《实用烹饪全书》（*The Complete Practical Cook*），一七三〇年出版，用当时最精致的雕版图表，表现出怎样按法国方式布置整套餐食——一道菜的所有餐具同时上桌。尽管卡特称之为“实用”，此书却胜在令人愉悦的风格，重点在于家中的主妇，而不是厨房里的烹饪工作。玛丽亦曾亲力亲为，保有自己的食谱书，它们同样可回溯到十八世纪三十年代。这些食谱复杂精致，表现出对新潮厨艺的兴趣。例如，其中有印度菜谱：“腌芒果的准确成分一如东印度腌黄瓜，”还如“一种模仿印度竹的泡菜”，用接骨木的茎来代替竹笋。乔治时期的人们非常喜欢布丁，有一种食谱把绿茶用做奶冻香料，另一种述及冰奶冻，调味品用的是新鲜水果。作为一种平淡无奇的对照，还有一本《家鼠活捉与扑杀万用手册》（*The Universal Directory for Taking Alive and Destroying Rats*），由“阿米莉亚公主（Princess Amelia）[1]的捕鼠师”罗伯特·史密斯（Robert Smith）出版于一七六八年。

邓纳姆藏书室的遗存如此非凡，故而对书商的身份，对他们来自何处的一无所知，便愈发令人恼怒。作为沃林顿伯爵，乔治·布思定期到上议院开会，常年在索霍（Soho）与皮卡迪利（Piccadilly）一带的不同地点租屋落脚，因此得以光顾首都的书店。他的账簿记录了在伦敦的开销——给上议院门房的小费数目，购茶、买糖的支出，雇轿子的

[1] 应为乔治二世的二女儿阿米莉亚公主（一七一一～一七八六）。

花费，对购书却无一字着墨。

布思可以很容易地通过在伦敦的代理人，或是离家更近的书商来
71 购书，因为时代在变。首都的出版商要依赖于外省书商，来为其投资赢得商业利益，随着识字率的上升，英语图书的市场在不断扩大，对出版商的生存也变得非常重要。刚入行的文具商们前往伦敦学艺，回到本城后，也以书商立业，遇有顾客订书，或自己需要备货时，便将从前的师傅当作联系人。这些书或以熟人价格（trade rates）供货。一七七六年，塞缪尔·约翰逊致信牛津大学的副校长，谈到牛津大学出版社的一位伦敦代理人时，曾经记录过这种给乡村书商的折扣。对一本在伦敦出版的书而言，货栈老板可以赚得定价的百分之五，批发商拿百分之七点五，而乡村书商可得百分之十七点五，同时承担运输费用，而不能把这笔开销转嫁给顾客。卖书历来都不是一种稳定的营生，因此，许多乡村书店的老板通过经营保险、彩票、文具和药品来分散风险。例如，《惠氏曼彻斯特杂志》（*Whitworth's Manchester Magazine*）的出版商罗伯特·惠特沃思（Robert Whitworth），便曾于一七四〇年六月二十日插入了如下一条广告：

> 只此一家，正牌达菲**万灵药**，此前从未卖过十五便士一瓶的最佳万灵药；此地亦售正牌**斯托顿**万灵药、**贝特曼**止咳露、辣根无香烧酒、圣经、公祷文、地图、画片、印花税票纸、羊皮纸、纸张、用于祈祷和圣礼的袖珍书，以及书商和文具商经销的各类商品；兼营图书装订；现金购买整批藏书或小宗图书，上品西班牙和苏格兰鼻烟，香味极佳。

到十八世纪初，伦敦的出版商已经同时在为两类群体编印图书目录，一类是需要新书信息的乡村书商，另一类是私人图书买家。约翰·沃勒尔（John Worrall）在其一七三八年的《年度书目》（*Annual*

Catalogue）中对此已有明确说明。他在前言中写道，这本目录“主要是为了那些远居伦敦之外的先生们、女士们，或难以看到报纸所刊图书广告的人士”。一七六三年，托马斯·莫蒂默（Thomas Mortimer）编纂了第一本伦敦的行业名录，考虑到版权体系的复杂程度，他放弃了将出版商所出主要图书按其姓名和地址列举的最初想法。就这样，到一七六八年十月，出版业显赫世家的奠基人约翰·穆雷（John Murray）并购威廉·桑比（William Sandby）的买卖，并在舰队街三十二号开业时，在首都和全国其他地区之间已经有了一个固定的贸易网络。

穆雷来自爱丁堡，最早在海军服役，由此获得了广大的关系
网。立业售书之初，他自告奋勇，既做代理人，为乡村顾客供书，72
又做“代理行”，替外省书商搜罗顾客订购的图书。他在十八世纪七十年代和八十年代的书信簿存留至今，从中可以窥见这些人际往来。一七七九年，他曾致信曼彻斯特书商约翰·哈斯林顿（John Haslington），请他通过克拉克先生开立账户，并通知他，根据书目订购的图书已经“用马车从花儿客栈”发出。[15] 他与苏格兰书商的业务往来甚多，不仅为他们在伦敦寻书，还彼此交换已出图书。例如一七八二年，他给爱丁堡的威廉·克里奇（William Creech）写信说：“如果您希望交换，我很乐于给您以下图书，以求对等换货。”[16] 随信附有书单，包括詹姆斯·汤姆逊（James Thomson）的《四季》（*Seasons*），[1] 三先令；托马斯·格雷（Thomas Gray）[2] 的诗集，二先令二便士，以及威廉·布彻（William Boutcher）的《林木论》（*Treatise on Forest-Trees*），十先令。两年前，克里奇出版了法国启蒙时代作家布丰伯爵（Comte de Buffon）在博物学领域开创性著作的译本，未与穆雷合伙，令他大

---

[1] 詹姆斯·汤姆逊（一七〇〇～一七四八），苏格兰诗人，《四季》出版于一七二六年至一七三〇年，是有史以来以英语创作的第一部歌咏自然的连续诗。

[2] 托马斯·格雷（一七一六～一七七一），英国诗人，一七五一年发表的长诗《墓园挽歌》（*An Elegy Written in a Country Church Yard*）属于英国最著名的抒情诗之列。

为失望。在给此书译者威廉·斯梅利（William Smellie）的信中，穆雷写道："令人吃惊的是，我的朋友克里奇先生未在伦敦确定布丰的出版商。而若有任何困难就此定夺，当属怪上加怪。"[17]

咖啡馆的普及对外省图书贸易的发展至关重要。根据记载，伦敦以外的第一家咖啡馆于十七世纪五十年代在牛津开张——甚至一向有人声称，它早于首都任何一家咖啡馆。早期有许多咖啡馆开在港口，这里是交换新闻的理想地点，十七世纪的埃克塞特、普利茅斯、雅茅斯（Yarmouth）、哈里奇（Harwich）和布里斯托尔均有了咖啡馆。依书商约翰·邓顿之见，都柏林在其中尤为富庶，切斯特亦然。利物浦的首次记录见于斯奎尔·布伦德尔（Squire Blundell）的日记，一七〇七年，他在交易所咖啡馆买了一顶假发。北美洲最早的咖啡馆由波士顿的商人们创办于一六七〇年，其他店随即跟进，包括一六九〇年由清教徒本杰明·哈里斯（Benjamin Harris）开办的伦敦咖啡馆。他曾在伦敦开过一家书店，紧邻着皇家交易所，此时便将卖咖啡和销售进口图书的生意合二为一，同时出版年历。他还创办了一份月报，名叫《国内外要闻》(*Public Occurrences*)，很快就因没有执照而遭总督查封。纽约的第一家咖啡馆出现于一六九六年，由约翰·哈钦（John Hutchin）开办于百老汇的国王盾徽招牌处，就在三一教堂南侧。他采用了伦敦的模式，一个大开间，成排的火车座，俯瞰着河流与港口。

随着咖啡馆在不列颠和北美殖民地大量涌现，加之一六九五年《许可证法》失效，以及伦敦印刷商移民的推动，地区性的报纸和期刊也出现了。《利物浦快览》(*Leverpole Courant*）于一七一二年创刊
73 于利物浦，此前七年，曼彻斯特已经出版了该城的首份报纸《海外新闻，即曼彻斯特每周时事通讯，内含最新消息，国外国内兼得》(*News from Abroad, or the Manchester Weekly Newsletter, Containing the Freshest Advices; both Foreign and Domestick*)。到一七三〇年，英格兰已有大约二十份地区报纸，及至十八世纪末，这一数字已升至四十九份。几乎

图二十一：十八世纪早期萨顿·尼科尔斯（Sutton Nicholls）的讽刺画，表现一位图书拍卖师打着幌子，吆喝着卖书。拍卖地点所在的芜田乃伦敦城东北角的一块开阔地。所售图书当中，有一本《奥格尔比和威廉·摩根之袖珍路书》，汤恩的小本·布朗曾在伦敦购得一册（见第 78 页）。

所有新闻都采自伦敦的报章，出版日期则视邮政马车的到达时间而定。伦敦的出版商认识到，这些报刊为他们的商品提供了绝佳的广告载体。

咖啡馆也是公开的拍卖地点，书商借机清空旧货，同时抛售新书。

例如，约翰·邓顿便通过在迪克咖啡馆三场不同的拍卖，在一六九八年七月将“十桶”（ten tuns）书发到了都柏林，惹得同为书商的爱尔兰竞争者们怨声载道。在十八世纪早期的伦敦，这些拍卖通常在上午八点开始，一直进行到下午六点，除非所有图书销售一空。奢侈品交易活动有其时间特点，往往集中在冬季进行。到仲夏时分，拍卖常常移至首都以外。最著名的地点，或许是剑桥附近的斯特布里奇（Sturbridge），其传统可回溯到中世纪，约翰·班扬曾在《天路历程》中称之为“浮华市集”（Vanity Fair）。交易品包括农作物、羊毛和纺织品，但也有奢侈物品，如香水、女帽和图书。书商爱德华·米林顿（Edward Millington）尤其擅长主持拍卖活动，并以喋喋不休而闻名。一七〇四年的斯特布里奇市集上，在庖街（Cook’s Row）举行了一场拍卖，“伦敦探子”（London Spy）[1] 惟妙惟肖地模仿了米利顿的腔调，从而让他在几百年后仍然余音绕梁：

> 下面要给您奉上一位老作家，先生们，通过他这件皮衣的款式[2]，大伙就能瞧出他的高寿；里面的内容对诸位学者大有裨益，包含著名作家所写的关于一切事物的知识，他用尽渊博的学识，才非常幸运地发现自己一无所知。蒙诸位赏脸，先生们，我要两先令起拍，每次加价三便士。两先令一次：怎么？没人加价吗？……成交，现在您把他买下了，先生，我必须告诉您，您一定会发现，从他身上学到的东西足以让两所大学双双叹为观止。还有啊先生，我要向您保证，等您读上七年，要是还不喜欢，那您就再把他给我送回来，在小不列颠，我一定会帮您找个人，付您一先令，拿他去糊帽盒。[18]

---

[1] 奈德·沃德（Ned Ward，一六六七～一七三一）自十七世纪末开始连续出版《伦敦探子》系列，以第一人称和讽刺性的白描手法记录下层社会的丑行与轶事。

[2] 指书的封面。

斯特布里奇的图书拍卖之所以兴盛一时，无疑是由于此地邻近剑
桥及剑桥大学。然而拍卖活动已遍及全国，且往往与巡回审判的会期
安排在同时进行，因为在此期间，绅士们都在镇上，而贵族和教士是 74
理所当然的潜在买家。一七五八年二月，一场“贵重藏书”拍卖会在
利物浦举行，参加者人数之众，竟然连地板也踩塌了，除了拍卖师，
所有人都跌入了深深的地窖。拍卖师抓住了固定在墙上的一个威尔士
镜台，才逃过此劫，获救的时候，他手里还死死地抓着一本《舍洛克
论死亡》（*Sherlock on Death*）——威廉·舍洛克（William Sherlock）[1] 75
乃多产的布道辞作者。幸运的是没人受重伤，拍卖则移至下周举行。

迈克尔·约翰逊不仅在利奇菲尔德、尤托克西特和阿什比德拉祖什开了书店，在伯明翰和尤托克西特，他也有在墟日做买卖的货摊。在詹姆斯·鲍斯威尔（James Boswell）的《约翰逊传》（*Life*）中，塞缪尔·约翰逊带着羞愧，回忆了他少年时代如何感到难为情，而不肯帮助父亲摆摊的事。在集市上卖书，实乃郡县图书贸易的一个重要部分，伦敦的书商也径自前往，既直接向散客销售，也与其他书商进行批量交易，但这种方式逐渐式微，可能是因为随着郡县贸易实力的增强，机会在不断减少。约翰·邓顿在自传中指出，威廉·施鲁斯伯里是“唯一一个懂得尽用市集的书商[19]。”

但图书拍卖并不局限于城镇。一七〇七年四月三十日，在湖区（Lake District）中心地带，当时威斯特摩兰所辖特劳特贝克（Troutbeck）村的南端，一座名叫低谷（Low Fold）的农庄，就新近过世的詹姆斯·库克森（James Cookson）和克里斯托弗·伯基特（Christopher Birkett）的财产举行了一次拍卖。拍品之中，从消闲读

---

[1] 威廉·舍洛克（约一六四一～一七〇七），英格兰教会领袖，所著《死亡实论》（*Practical Discourse concerning Death*）一书广受欢迎。

物到严肃的宗教修习图书，可谓应有尽有。克里斯托弗·伯基特的女儿伊丽莎白，系本杰明·布朗（Benjamin Browne）的第二位妻子。本杰明拥有特劳特贝克的汤恩（Townend）庄园，当天买了二十三本书，内有五本布道词，六本诗集，还有一本《梅萨丽娜的风流韵事》（*The Amours of Messalina*），此乃对詹姆斯二世的王后，信奉罗马天主教的摩德纳的玛丽之辛辣的讽刺。

布朗氏乃富农之家，此词并无政治含义，而是指自耕农或小农，根据“习惯法的占有制”而持有土地，这是英格兰北部边境各郡所特有的制度，提供了一种非同寻常的独立性。汤恩庄园有案可考的第一位族人乃乔治·布朗，一五二五年已在此居住；最后一位是第十三代的克拉拉·简（Clara Jane），一九四三年去世，房产移交给了全国托管协会。结果，布朗家族在几百年的时间里持续收藏的图书得以随房产幸存，而记录购书情况的家族文件，现在保留在肯德尔的档案馆。这件事本身就颇不寻常，但同样不寻常的是，汤恩的藏书室所呈现的既非丰富的藏书，亦非一个附庸风雅的家族，而是中间阶层的农民，以至日后的律师、教士和医生。

当时该地区在英格兰确属偏远，从伦敦出发，通常要花上一个星期才能抵达。不过，就教育和书本知识而言，它却没那么偏远。一六五三年，在威斯特摩兰的郡府所在地阿普尔比（Appleby），安妮·克利福德夫人曾为十二位女子捐建了一座医院，一并出钱，不只为她们雇请一位“母亲”，还有一位“朗读者”。这一传统延续了下来：到十八世纪，阿普尔比文法学校图书馆已经有了捐助人名册，这表明，
76 人们拥有图书既是为了阅读，也认识到了支持图书馆的重要性。威斯特摩兰的班普顿村（Bampton）虽然小，却也有一座著名的文法学校，可能就是在这儿，生于十七世纪六十年代初期的农民之子理查德·霍格特（Richard Hoggart）接受了上佳的人文教育。他和两个朋友托马斯·诺布尔（Thomas Noble）、埃德蒙·吉布森（Edmund Gibson）一道，

图二十二：湖区特劳特贝克村汤恩庄园的火屋（Fire House），即主起居室。这里大概就是布朗家人读书的地方，就着火光，还有盛水的玻璃碗，反射着烛光。房内的这些家什，有一部分存留至今。

踏上了南下的长旅。诺布尔和吉布森上了牛津大学，并且飞黄腾达，吉布森还当上了伦敦主教。霍格特易姓贺加斯（Hogarth），借克拉肯韦尔圣约翰修道院的门房做起了买卖。一七〇四年，一份咖啡馆报纸刊登了这样一则广告："在贺加斯咖啡馆……鸿儒日日得见，拉丁语每每出口成章。任何一位绅士，不论已熟操这门语言，还是有志修习完美口语者，均会受到本店的欢迎。"[20] 遗憾的是，伦敦的绅士们还没有为这样一种深奥的理念做好准备，理查德的咖啡馆垮了，但他到底还是养了个大名鼎鼎的儿子——画家威廉·贺加斯（William Hogarth）。[1]

也许理查德·贺加斯应该留在本郡，因为当地的咖啡馆读书社团也已大为勃兴，先有一七六〇年在肯德尔开张的一家，卡莱尔

[1] 威廉·贺加斯（一六九七～一七六四），英国画家，以肖像画和叙事组画闻名，如《妓女生涯》、《浪子生涯》和《时髦婚姻》。

(Carlisle)、阿普尔比和彭里思（Penrith）继之而起。一般来说，它们的会员不多，支付年费者往往不到二十人。每有会员读完一本书，就
77 马上把它拍卖出去。有的时候，这些团体自称为文学会或读书会，也会自我局限于某个特殊的群体，如教士，或者医师。十八世纪晚期的布朗家人很可能属于一个这样的团体。汤恩庄园也有一份肯德尔租借式图书馆（circulating library）的书目，列有十八世纪五十年代以来的图书约五百种。

特劳特贝克村的人家把儿子们送进小小的本地文法学校，在这里，他们能接受基本的人文教育。汤恩庄园便有一本拉丁文课本：除这本书和其他少量教材之外，其藏书皆为英文著作。马克·珀塞尔（Mark Purcell）已经鉴识出很多书属于人称“老本”的本杰明·布朗（一六六四～一七四八），以及他的儿子，也叫本杰明的“小本”（一六九二～一七四八）。[21] 数量最多的实际上是宗教方面的书，反映出日常生活中信仰的中心地位。其中有颇为流行的读物。如杰里米·泰勒一六八〇年的《圣洁生活的规则和习尚》（*The Rule and Exercises of Holy Living*），以及爱德华·鲍顿（Edward Boughton）一六七五年的《英格兰教会教义问答书简释》（*A Short Exposition of the Catechism of the Church of England*）。布朗家族乃坚定的安立甘宗，因此，他们在一七〇七年的拍卖会上买下了反天主教的《梅萨丽娜的风流韵事》，藏书室内还有《英格兰教会实验的合理性》（*The Reasonableness of the Church of England's Test*），一六八八年出版，号召对不遵从国教者加以驱逐。理查德·阿莱斯特里的畅销之作《人所当尽的本分》则有两个不同的版本。

很多书都是实用性质的。小本有一部《教区职员大全》（*The Complete Parish Officer*），一七二〇年出版于萨沃伊（Savoy），他在地方文官任上时，必曾用过此书。一七〇六年，北部边境各郡的居民想必已对英格兰王国和苏格兰王国的合并颇为关切，因此可以见到《合

并法案所涉两国皇家委员会会议议事录》(*Journal of the Proceedings of the Lds Commissioners of Both Nations in the Treaty of Union*),一七〇六年印行,一便士购得。[1] 布朗家族旅行时,无疑使用了《奥格尔比和威廉·摩根之袖珍路书》(*Mr Ogilby's and William Morgan's Pocket Book of the Roads*),其版本为一六八九年印行,内含详细地图,涉及从伦敦通往全国各地的主要道路。老本的妻子伊丽莎白·伯基特(Elizabeth Birkett)有一本札记,用以摘抄菜谱、药方和格言警句。

一七一九年之前的某个时间,小本离家去了伦敦,给一位律师当学徒,誊写文件。在首都生活期间,他买了几本文学方面的书。有一部一七一四年版的莎士比亚戏剧集,购于一七三四年。还有理查德·斯蒂尔的《〈葬礼〉与〈温柔的丈夫〉:喜剧两种》(*The Funeral; and the Tender Husband: Comedies*),[2] 一七一二年版,内附笔记,载明由本购于一七三四年八月。斯蒂尔的同事约瑟夫·艾迪生也在,可以看得到他一七二六年版的《诗文杂著集》(*Miscellaneous Works in Verse and Prose*)。本还有一部较早版本的蒙田,以及一部一七一八年伦敦印刷的《一千零一夜》。他也替特劳特贝克村的家人和邻居们购书。例如,一七二五年四月,他向父亲汇报:“我给您弄到了伍德的《习惯法概要》(*Institutes of the Comon Law*),还有一本利特尔顿(Littleton)的 78
字典,二手货,可是实在无法以低于十二或十三先令的价钱买到品相尚可的。不过我认为我寄给您的书和《出门上学去》(*Now Out for a School Boy*)一样好,两本书都放在罗兰森先生(Mr Rowlandson)的箱子里寄去,价钱附后。”22

---

[1] 一七〇七年,英格兰王国和苏格兰王国的国会分别通过《合并法案》,与威尔士共组联合王国。

[2] 理查德·斯蒂尔,即前文所述《闲谈者》和《旁观者》杂志的撰稿人理查德·斯蒂尔爵士。他同时也是有名的剧作家。《葬礼》于一七〇一年发表,是其首部喜剧;第二部喜剧《撒谎的情郎》(*The Lying Lover*)和第三部喜剧《温柔的丈夫》分别写于一七〇三年和一七〇五年,但《撒谎的情郎》只演了六个晚上,是他仅有的舞台败绩。

罗兰森先生名叫理查德，是本在伦敦的雇主，他的箱子似乎一直用来给特劳特贝克和邻村的各种人运送各种物品，因为他的兄弟托马斯是肯德尔的市长。一七二五年九月九日，布朗写信给父亲："我寄去很多东西，放在箱子里，直达托马斯·罗兰森先生处，有本书给弗莱明女士，一件玩具给丹，一个银顶针给布里奇特·阿特金森。"[23] 贸易路线并不总是单向的。在一封信中，小本写道，一俟特劳特贝克的邻人托马斯·库克森看完从他这儿借走的圣咏集，就请父亲把它连同他的一双长袜一起寄到伦敦。他还请求从小提琴手鲍勃那里拿回另一本圣咏集，好让他来抄录，摹写，以"与伦敦所有教堂唱诵的一模
79 一样"。[24]

对一个没有大量图书可资利用的社区而言，借出借入实乃必要之举。一七三一年，老本拉了一份清单，列出近期借给乡邻的所有书目，尤其是法律图书，该地区在英格兰属好讼之地，这些书经常要用到。于是，布里格斯先生借走了《胡克斯法律汇编》(*Hooks Institutes*)，坎普顿表哥拿了《宪法》(*Lex Constutionalis*)。罗伯特·库克森和威廉·本森都借过一本审判弑君者的书，当年判决查理一世死刑的那些人下场极为悲惨。格林伍德先生和坎普顿表哥借去了《卡尔佩珀医学堂与史
80 密斯大夫千金方》(*Culpeper School of Physick & Dr Smith's receipts*)。[25]

二十五公里外的肯德尔有两家书商，迈尔斯·哈里森（Miles Harrison）和托马斯·威兰（Thomas Willan），自十七世纪六十年代便开始营业。一六九五年《许可证法》失效后，肯德尔成了外郡一个举足轻重的印刷中心。爱尔兰人托马斯·科顿（Thomas Cotton）以乐谱印刷商和贩售者立业，但一七三一年，他也创办了一份地方报纸《肯德尔每周快览》(*The Kendal Weekly Courant*)。三年后，"鱼市书商"托马斯·阿什伯纳（Thomas Ashburner）推出了一份竞争性的报纸《信使报》(*The Mercury*)。这两份报纸不仅从伦敦报章上摘取新闻，也在推销当地的文化，如戏剧和赛马，并为各自的书店做广告。布朗的档案中有

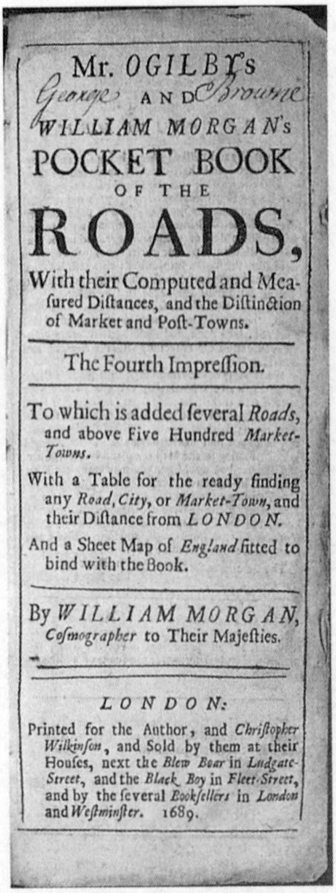

Mr. OGILBY's
AND
WILLIAM MORGAN's
POCKET BOOK
OF THE
ROADS,
With their Computed and Measured Distances, and the Distinction of Market and Post-Towns.

The Fourth Impression.

To which is added several *Roads*, and above Five Hundred *Market-Towns*.

With a Table for the ready finding any *Road, City*, or *Market-Town*, and their Distance from *LONDON*.

And a Sheet Map of *England* fitted to bind with the Book.

By *WILLIAM MORGAN*, *Cosmographer* to Their Majesties.

LONDON:
Printed for the Author, and *Christopher Wilkinson*, and Sold by them at their Houses, next the *Blew Boar* in *Ludgate-Street*, and the *Black Boy* in *Fleet-Street*, and by the several *Booksellers* in *London* and *Westminster*. 1689.

图二十三：一六八九年版《奥格尔比和威廉·摩根之袖珍路书》的扉页，现藏汤恩庄园。

一份阿什伯纳的售书目录，上面所开列的既有在售新书，亦备“现款和图书，用以交换整批藏书或整包旧书”。距特劳特贝克更近的是安布尔赛德（Ambleside），布朗家也在此地购书，因为档案中有一份账簿，由某位身份不详的店主汇编于一七〇一年至一七〇九年。

低谷等地的拍卖会依旧是购书来源。汤恩庄园的藏书中，有一本约翰·唐纳姆（John Downame）的《何西阿预言前四章论集》（*Lectures upon the Foure First Chapters of the Prophecie of Hosea*），一六〇八年出版于伦敦，内附小记，大意是约翰·库珀斯韦特（John Cooperthwaite）

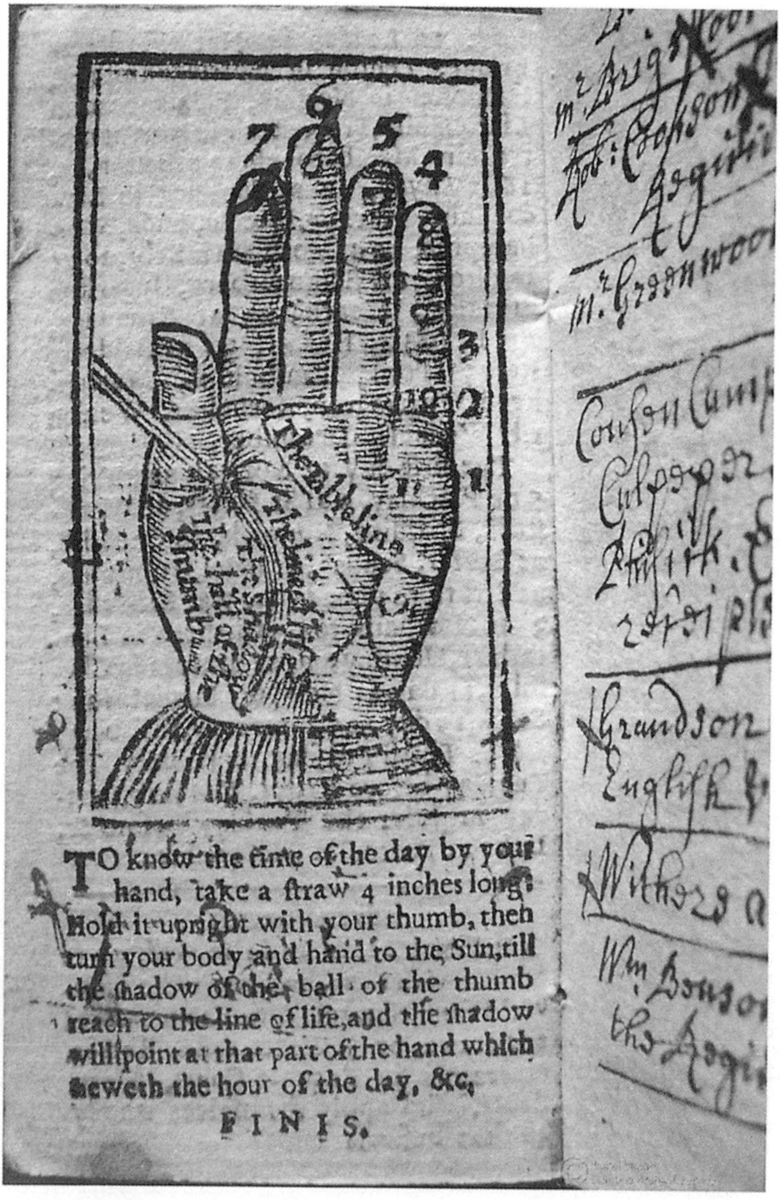

图二十四：老本·布朗一七三一年的日记，记在一本年历上。左页讲的是怎样把手当作日晷，以判定时间，用于人在野外，又没有怀表的时候。布朗用右页开列了向他借书的人，其中便有“坎普顿表哥”。

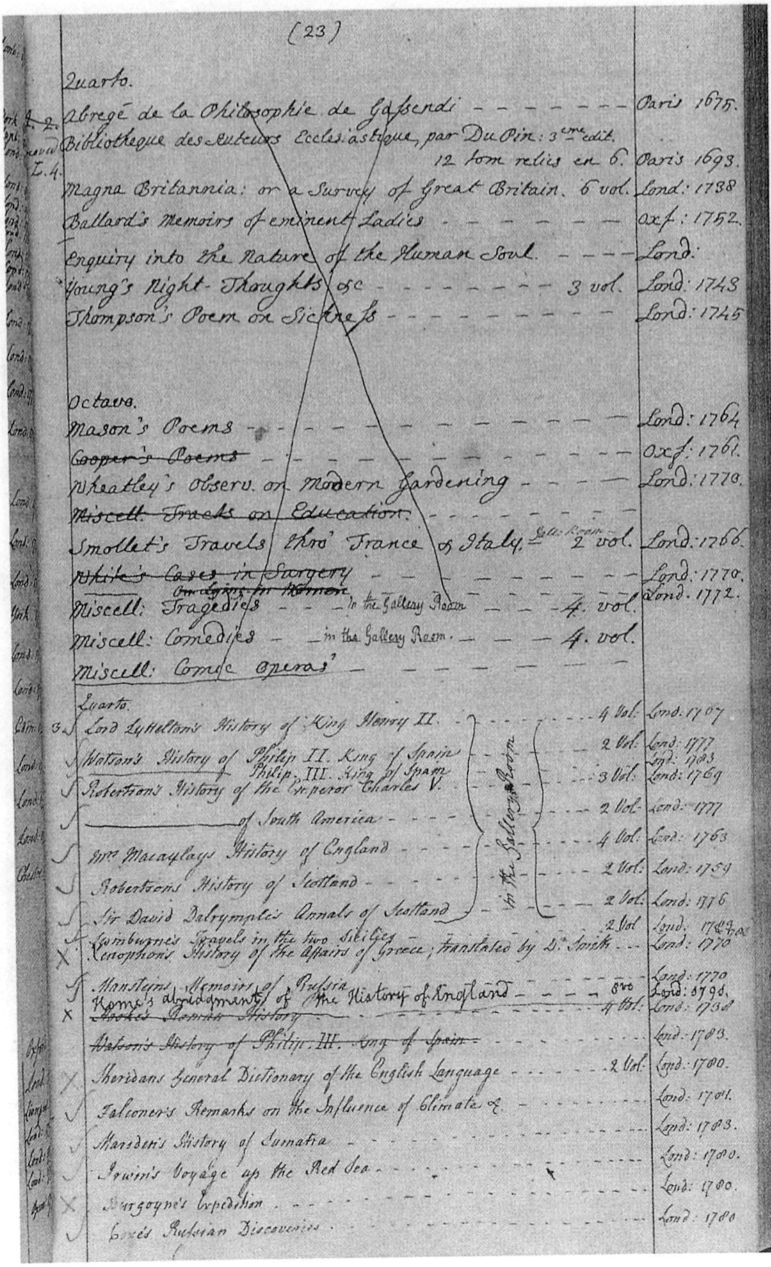
(23)

Quarto.

Abregé de la Philosophie de Gassendi ---------- Paris 1675.

Bibliotheque des Auteurs Ecclesiastique, par Du Pin: 3eme edit. 12 tom relies en 6. Paris 1693.

Magna Britannia: or a Survey of Great Britain. 6 vol. Lond: 1738

Ballard's Memoirs of eminent Ladies ---------- Oxf: 1752.

Enquiry into the Nature of the Human Soul. ---- Lond:

Young's Night-Thoughts &c -------- 3 vol. Lond: 1743

Thompson's Poem on Sickness ---------- Lond: 1745

Octavo.

Mason's Poems ---------- Lond: 1764

~~Cooper's Poems~~ ---------- Oxf: 1761.

Wheatley's Observ. on Modern Gardening ---- Lond: 1770.

~~Miscell. Tracts on Education.~~ --------

Smollet's Travels thro' France & Italy. Gallery Room 2 vol. Lond: 1766.

~~White's Cases in Surgery~~ ---------- Lond: 1770.

~~On Lying in Women~~ Lond. 1772.

Miscell: Tragedies --- in the Gallery Room ---- 4. vol.

Miscell: Comedies --- in the Gallery Room ---- 4. vol.

Miscell: Comic Operas ----------

Quarto.

Lord Lyttelton's History of King Henry II. ---- 4 Vol. Lond: 1767

Watson's History of Philip II. King of Spain ---- 2 Vol. Lond: 1777

Philip III. King of Spain Lond: 1783

Robertson's History of the Emperor Charles V. ---- 3 Vol. Lond: 1769

———— of South America ---- 2 Vol. Lond: 1777

Mrs Macaulays History of England ---- 4 Vol. Lond: 1763

Robertsons History of Scotland ---- 2 Vol. Lond: 1759

Sir David Dalrymple's Annals of Scotland ---- 2 Vol. Lond: 1776

(in the Gallery Room)

Swinburne's Travels in the two Sicilies ---- 2 Vol. Lond. 1783

Xenophon's History of the Affairs of Greece, translated by Dr. Smith ---- Lond: 1770

Manstein's Memoirs of Russia Lond: 1770

Home's abridgment of the History of England ---- 8vo 4 Vol. Lond: 1798

~~Hooke's Roman History~~ Lond: 1738

~~Watson's History of Philip. III. King of Spain~~ Lond: 1783.

Sheridans General Dictionary of the English Language ---- 2 Vol. Lond: 1780.

Falconer's Remarks on the Influence of Climate &c. ---- Lond: 1781.

Marsden's History of Sumatra Lond: 1783.

Irwin's Voyage up the Red Sea. ---- Lond: 1780.

Burgoyne's Expedition ---- Lond: 1780.

Coxe's Russian Discoveries ---- Lond: 1780

图二十五：一七六八年邓纳姆梅西藏书目录中的一页，列有书名和版本说明。后来的笔迹添加于十八世纪后期和十九世纪初。

于一七二三年十二月二十七日，在约翰·格里斯科尔（John Griscoll）的图书拍卖会上，以四便士购得此书，而后又花六便士，找特劳特贝克牧师威廉·朗霍尔姆（William Langholm）装订。十八世纪后期图书拍卖会的目录显示，其他自耕农也拥有规模和范围相似的藏书。

汤恩庄园的藏书现在栖身于“内卧”(Bower)，即老宅后部的睡房，十九世纪时，布朗家在此屋安装了雕花的橡木书架。而在十八世纪，这些书大概并未存放在架上，而是装在柜子和橱子里，一七三一年老本的一份财产清单对此有过记录。许多年代更为久远的图书，则把书名写在前切口上，其样式一如《安妮·克利福德夫人大像》中所见(插页一)。在那些更懂行的藏书者，如第二代沃林顿伯爵及其女儿玛丽看来，这种收纳图书的方式想必已经非常老旧了。

82

图二十六：汤恩庄园的部分藏书，作者为神学家和数学家艾萨克·巴罗博士（Dr Isaac Barrow），[1] 他的名字和书名用墨水标在前切口上。

---

[1] 艾萨克·巴罗（一六三〇～一六七七），英国古典文学家、神学家和数学家，也是艾萨克·牛顿的老师。

邓纳姆梅西的文档中，有一份一七六八年编纂的书目。[26]它分做两部分：第一部分以开本、作者、书名、出版地点和出版时间分类，第二部分则按字母表排序。它用那一时期工整的手写字体，将图书产地渐次呈现于读者眼前——绝大部分出自伦敦，间或有少量来自牛和剑，即牛津和剑桥，亦有安特卫普、阿姆斯特丹、巴黎、威尼斯等地的出版物。书目中提及的唯一一座英格兰外郡城市乃伯明翰，记载于一部维吉尔作品名下，其出版人乃著名的字体设计家和印刷商约翰·巴斯克维尔（John Baskerville）。在这份家族档案中，仅有一张书商的发票存留至今，此乃一七五九年秋开给斯坦福伯爵夫人玛丽·布思的[27]，开票人为图书装订匠约翰·利奇（John Leech），事由是提供了一本圣经和几本祈祷书，并装订了威廉·罗伯逊（William Robertson）[1]的《苏格兰史》（*History of Scotland*）和一部《克拉伦登伯爵爱德华传》（*The Life of Edward Earl of Clarendon*），两本书均在那一年出版。别看发票只此一张，却意义重大，因为书商约翰·利奇就在当地小镇纳茨福德（Knutsford）营业。此后，邓纳姆的书目内另有他人笔迹出现，将十八世纪后期和十九世纪初所获图书加入其中，地方性的出版商也开始亮相了——纽瓦克、切斯特、沃林顿、利物浦、曼彻斯特。外郡图书贸易已经全面开花。

---

[1] 威廉·罗伯逊（一七二一～一七九三），苏格兰历史学家和长老会牧师，与爱德华·吉本并称为十八世纪英国最重要的历史学家，一七五九年出版《玛丽女王及詹姆斯六世国王在位时期的苏格兰史》（*The History of Scotland, During the Reigns of Queen Mary and of King James VI*），一七六九年出版《查理五世皇帝在位时期的历史》（*The History of the Reign of the Emperor Charles V*），一七七七年出版《美洲史》（*The History of America*）。

第四章　国父与馆父：托马斯·杰斐逊的藏书

83　“没有书我就活不下去。”[1] 托马斯·杰斐逊（Thomas Jefferson）曾这样告诉约翰·亚当斯（John Adams）。[1] 终其一生，他曾四度建立馆藏。第一批藏书毁于一七七一年沙德韦尔（Shadwell）家中的大火；第二批在一八一五年卖给了政府，以充实国会图书馆，[2] 在致函亚当斯时，他表明了从头再来的决心；第三批不断入藏，直到他一八二六年去世；第四批则是根据他的建议，于十九世纪二十年代为新创办的弗吉尼亚大学而收藏。

杰斐逊的祖上却不得不过着没有书的生活。一七四三年四月十三日，他生于弗吉尼亚阿尔伯马尔县的沙德韦尔，乃杰斐逊家族在美洲的第四代。照此算来，他的曾祖父必定在十七世纪中期便已抵达北美殖民地，根据托马斯的记载，他来自威尔士北部的斯诺登尼亚（Snowdonia）。他也许是个绅士，也许是有约在身的仆役，或身怀一技之长的匠人，但还是第二或第三种的可能性更大一些。

在威廉·布思比爵士的信中，十七世纪后期生活在英格兰乡间的爱书人所面对的种种沮丧，仍然历历在目，然而与英国的北美殖民地相比，德比郡离伦敦不过一箭之遥。一六八五年，书商约翰·邓顿启程前往新英格兰时，他的西行之旅花去了四个月的时间，一路上险象环生。

---

[1] 约翰·亚当斯（一七三五～一八二六），美国首任副总统和第二任总统。

[2] 一八一四年，英军焚毁国会图书馆及其三千册藏书，杰斐逊提出以私藏人替，国会遂拨款两万三千九百五十美元，购入杰斐逊藏书六千四百八十七册。

伦敦的书商要想同殖民地做生意，便不得不应对更为长久的回款期限和复杂的支付系统。同时，殖民地的居民生活在分散而孤立的定居点内，沿着大西洋海岸，从新英格兰经“中部殖民地”，一直延伸到南部的切萨皮克湾（Chesapeake Bay），一六七〇年时，此间的欧洲人全部加起来，也只有区区五万五千人。这些男男女女挣扎着，既要在肉体上保全性命，又要在经济上维持生计，他们心里挂念的东西可远远不只读书这件事。

然而，要获取图书的决心是强有力的。新英格兰各州[1]在形成的 84
过程中，深受新教徒思想与实践的影响，他们格外强调通过经典，通过对圣经的透彻了解来获得启示，故而到一七〇〇年，波士顿已经成为北美图书出版与发行的中心。图书出版的规模极小：这一时期在北美销售的图书几乎全数由欧洲书商供应，而这些书又几乎全部出版于伦敦。理查德·奇斯韦尔是这一领域的佼佼者，他在圣保罗教堂园的玫瑰与王冠招牌下营业，布思比有些书也是他提供的。在将图书发运给波士顿商人约翰·厄舍（John Usher）时，奇斯韦尔会随同发货清单，放入一些免费的定期目录，以此向新英格兰的买家通报最新的出版资讯。

通过由英国圣公会委以教职的一代牧师，特别是一群剑桥大学以马内利学院（Emmanuel College）[2]的毕业生，新英格兰接受了一次习得文化（learned culture）的重要输入。一六三六年，哈佛学院[3]创办于马萨诸塞的坎布里奇，正是意识到了培养更多牧师的需要，建校两年后才改用此名，以纪念约翰·哈佛（John Harvard），他是以马内利学

---

[1] 新英格兰包括今日美国六州：缅因、新罕布什尔、佛蒙特、马萨诸塞、罗德岛和康涅狄格。马萨诸塞（麻省）的波士顿是新英格兰地区最大的城市。

[2] 剑桥大学的以马内利学院建校于一五八四年，波士顿也有一座以马内利学院，成立较晚，一九一九年才建校。

[3] 哈佛学院是哈佛大学的前身，最初没有校名，仅称“新学院”（New College）。

院的毕业生，富有的青年牧师，死前将半数房产和全部图书留给了学院。年轻的学院有一项中心要求，便是掌握拉丁语、希腊语和希伯来语，另一项要求是熟读经典。六十年后，这些课程由哈佛的毕业生们重现于康涅狄格的耶鲁大学。[1] 不过，在十七世纪的新英格兰，没有一位印刷商和书商出版过任何一种用于文法学校或哈佛的学术教科书。学生们只能依赖手抄本，从导师手中借书，或海外进口。不足为奇的是，约翰·邓顿一六八五年居停新大陆时，曾由波士顿出发，探访了哈佛。他想卖书，还给师生们留下了自己的书目。

CATALOGUS
LIBRORUM
BIBLIOTHECÆ
Collegij Harvardini
Quod est
CANTABRIGIÆ
IN
Nova Anglia.

BOSTONI NOV-ANGLORUM:
Typis B. Green, Academiæ Typographi. MDCCXXIII.

图二十七：位于新英格兰坎布里奇的哈佛学院图书馆目录，一七二三年出版于波士顿。印制这样一份出版物有双重目的：为已经拥有的图书提供记录，并寻求更多的图书和资金。图中这份目录寄给了林肯郡诺克顿的理查德·埃利斯爵士，大概是希望他能把自己的上佳藏书遗赠给学院。他没有上钩：实际上，这份目录当年就没裁开过。

[1] 耶鲁大学创办于一七〇一年。

十七世纪初，弗吉尼亚公司的首批成员到达切萨皮克湾时，随行带来了圣经和实用书籍，但是由于印刷商和书商贸易网络的缺乏，图书供应随后便陷入了停顿。据估算，十七世纪时，总计只有两万册图书运抵切萨皮克，流布于一千余户家庭。在弗吉尼亚的萨里（Surry）县和约克县，以及马里兰的圣马利亚（St Mary's）县，对遗嘱所列财产的审查显示，大多数家庭的藏书规模很小，平均在二十册至一百册之间，规模较大的藏书往往属于牧师或医生。半数以上人家基本没书，还有许多家庭只有圣经，再加一两本别的书，内容多半也是宗教类的。[2]这种状况呈现出了比英格兰一些地区更高的图书拥有率，但仍然不及新英格兰。

要想获得这些图书，在南部殖民地并不是一件容易的事。有些杂 85
货店卖白本子、识字书和识字板，是给上“小学堂”（small schools）的儿童用的，而对那些有志藏书的人，最大的希望莫过于继承遗产，或借取，或交换，不然便只好请求那些主导对欧贸易的烟草商人们捎回某些特定的图书。就像在新英格兰一样，迈出破旧立新的第一步还要有赖一所学院的建立。事实上，这一教育机构早在十七世纪初便已完成规划，甚至还在哈佛建校之前。詹姆斯一世曾经命令英国的主教们募集资金，以使弗吉尼亚公司能在詹姆斯河畔、里士满（Richmond）下游的亨利科（Henrico）建造学院。该项目最终止于暴力：一六二二年印第安人起义，造成三百四十七位殖民者死亡，其中包括开发计划的主管者，校址亦遭废弃。直到一六九〇年，圣公会的牧师们才在弗
吉尼亚商人的财政支持下，提出建立一座学院，内含文法、哲学和神 86
学三所学校。一六九三年二月八日，威廉和玛丽学院（The College of William & Mary）及时获得了共治王权[1]颁发的特许状，殖民区首府

[1] 一六八八年，詹姆斯二世的女儿玛丽支持新教徒丈夫奥兰治的威廉从荷兰起兵，驱逐亲天主教的父王，次年与威廉登基，以英格兰女王玛丽二世和国王威廉三世之名共享王权。

图二十八：海外福音传布会的藏书票，一七〇四年。画中接受群众热烈欢迎的人或许是牧师托马斯·布雷，他在十八世纪初为北美殖民地提供了许多馆藏图书。

亦由詹姆斯敦（Jamestown）迁往中部种植园（Middle Plantation），六年后，这里更名为威廉斯堡。

同一时期，南部各殖民地正受益于托马斯·布雷（Thomas Bray）的工作，这位不屈不挠的牧师一手创办了基督教知识促进会（The Society for Promoting Christian Knowledge）。一六九八年，伦敦主教亨利·康普顿（Henry Compton）委任他在马里兰代行主教之职，他因此了解到了北美神职人员贫穷和与世隔绝的状态，于是创办了海外福音传布会（The Society for the Propagation of the Gospel in Foreign Parts）。
87 教区图书馆每间有两三百本书，由英国捐助者出资，运抵殖民地，随着货运加多，书目又有增补，人称“乡村图书馆”，落脚于安纳波利斯（Annapolis）和查尔斯顿（Charleston）等城镇。后者最终发展成了查尔斯顿图书馆协会（Charleston Library Society）。[1] 英格兰和威尔士已经建立起了类似的体系。虽然大西洋两岸这些图书馆的首要目的是为神职人员服务，而且大部分都是宗教类图书，但它们也为世俗百姓所用。在福音传布会一张喜气洋洋的藏书票上有个牧师模样的人，可能正是布雷，殖民者们兴高采烈地奔向岸边，迎接他抵达北美。

威廉和玛丽学院的早期学生中，有一位是托马斯·杰斐逊的外公艾沙姆·伦道夫（Isham Randolph），后来当上了船长。发妻死后，伦道夫便前往伦敦续弦。第二次婚姻生养了十一个子女，头一个便是杰斐逊的母亲简，一七二〇年在沙德韦尔出生，这是泰晤士河北岸的一个渔村，位于伦敦池（Pool of London）的下游。一家人回到弗吉尼亚，艾沙姆·伦道夫因贩卖黑奴而发了家，并且用一百个奴隶建起了奢华的宅邸。一七三九年，简嫁给了彼得·杰斐逊（Peter Jefferson），此人是她堂兄威廉·伦道夫上校（Colonel William Randolph）[2] 的挚友，弗吉尼亚上流社会的骄子。据杰斐逊所言，他父亲有坚强的意志和准确的判断力，而且博览群书，只是早早荒废了学业。他曾被选中，同威廉和玛丽学院的数学教授约书亚·弗雷（Joshua Fry）一起，勘测弗吉尼亚和北卡罗来纳之间的边界，两人绘制的地图于一七五一年在伦敦出版。托马斯·杰斐逊必曾醉心于父亲勘定费尔法克斯线（Fairfax Line）的故事，其任务是为乔治二世赏赐费尔法克斯勋爵的广阔土地确定边界，人几近饿毙，马跌下悬崖，还有吃人的熊。

威廉·伦道夫让彼得·杰斐逊购买了阿尔伯马尔县的一块土地，后

---

[1] 查尔斯顿图书馆协会由当地十七位绅士发起，一七四八年创办于南卡罗莱纳的查尔斯顿。

[2] 杰斐逊家谱上有很多威廉·伦道夫，这一位生于一七一二或一七一三年，卒于一七四五年，是简·伦道夫·杰斐逊的堂兄。

者对此觊觎已久，并且按照简在伦敦的出生地，将其种植园定名为沙德韦尔。一七四五年，威廉死后，杰斐逊一家便搬到了他在古奇兰（Goochland）县詹姆斯河畔的图卡霍（Tuckahoe）庄园，彼得在此监护威廉的子女，并料理他的庄园。因此，托马斯·杰斐逊是在一个大家庭里长大的，身边有许多奴隶，正是在这儿，他对奴隶制形成了一种好恶相克的态度，终其一生都未曾改变。他可以上学，他的奴隶伙伴却不行。他日后鼓吹让奴隶接受“耕作、美术或科学”方面的教育，男奴学到二十一，女奴学到十八岁，但他从未倡导过种族平等。就是这样，杰斐逊既走在时代前面，又走不出那个时代。

托马斯·杰斐逊最早在多佛教堂接受教育，后来到弗雷德里克斯
88 维尔（Fredericksville）每周寄宿，师从英国圣公会牧师詹姆斯·莫里（James Maury）。杰斐逊发现，这位古典学者既不苟言笑，又自命不凡——莫里声称自己祖上是法国王族。这一场人生的邂逅或许让托马斯从此生出了对牧师和既定信仰的厌恶。但无论如何，他熟练掌握了希腊语，足以阅读荷马史诗的原文，对这位诗人终生的迷恋也就此养成。阿耳戈英雄们的事迹尤其让他浮想联翩，他后来把美国革命的领袖们也称作阿耳戈英雄。他父亲死于一七五七年，留给托马斯四十二册藏书，虽然为数不多，但精挑细选，其中有艾迪生、蒲柏、斯威夫特和莎士比亚的作品，拉潘（Rapin）的《英格兰史》（*History of England*）[1]，以及海军上将安森（Anson）[2]的环球航行记。在遗嘱

[1] 保尔·德·拉潘（Paul de Rapin，一六六一～一七二五），新教徒出身的法国历史学家，落难荷兰后，一度追随奥兰治的威廉，前往英国谋生，后返回荷兰，用十七年时间，以法文写出名作《英格兰史》（*L'histoire d'Angleterre*），共十八卷，成书七册，一七二四年印行于海牙，十八世纪初由牧师尼古拉·廷德尔（Nicolas Tindal）译成英文。

[2] 乔治·安森（George Anson，一六九七～一七六二），英国海军上将，第一代安森男爵，一七四〇年率六条破船出发，绕过好望角，前往太平洋袭击西班牙财宝船，只剩一条百人队长号时，终于在菲律宾附近劫船成功，将财宝在广州卖得四十万英镑的巨款，一七四四年返回英国时，因坏血病，两千名水手已在途中死亡过半。百人队长号是第一艘进入中国水域的英船。

中，他将如下财产留给了长子和继承人：“我的穆拉托人[1]伙计阿呆(Sawney)，我的书和数学仪器，以及我的樱桃木书桌和书柜。”

一七六〇年，托马斯·杰斐逊入读威廉和玛丽学院，并第一次有机会使用成建制的图书馆。他有位老师是苏格兰人、数学和自然哲学教授威廉·斯莫尔（William Small)。杰斐逊后来写信告诉朋友，斯莫尔就像一位父亲，慈爱有加，把他引见给了法学导师乔治·威思（George Wythe）和弗吉尼亚总督弗朗西斯·福基尔（Francis Fauquier)。在杰斐逊面前，一个文化与科学的世界打开了。当斯莫尔回到英国进行医学研究时，他加入了伯明翰月光社（Lunar Society)，其成员还有伊拉斯谟·达尔文（Erasmus Darwin)、马修·博尔顿（Matthew Boulton)、詹姆斯·瓦特（James Watt）和乔赛亚·韦奇伍德（Josiah Wedgwood)，[2]他们定期在成员家中会晤，时间为最接近满月的星期一，以使出行的路上有最为明亮的月光。据说福基尔曾与指挥环球航行的海军上将安森打赌，结果输掉了家产，安森出于同情，为他谋得了总督的位子。抵达弗吉尼亚时，正逢雹暴，于是他不仅用这些巨大的冰雹做了冷饮和冰激凌，还加以测量，并将报告寄回伦敦，发表在《皇家学会哲学会刊》上。在自传中，杰斐逊把威思称作“我青年时代诚挚与敬爱的导师，我一生中最亲切的朋友”。威思是优秀的学者，也是很好的藏书家。他给弟子提供了广博的教育，鼓励他抄录名言警句，收藏图书。一七六二年完成学业后，杰斐逊说服了父亲的遗嘱执行人，允许他留下来，以便在乔治·威思的指导下继续研究法律。

彼得·杰斐逊藏书的来源不得而知，但他儿子住在威廉斯堡时，

---

[1] 穆拉托人（mulatto）指黑人和白人的第一代混血儿，也泛指黑白混血儿。

[2] 月光社是伯明翰一家非正式的学术精英团体，活跃于一七六五年至一八一三年间，成员包括医学家伊拉斯谟·达尔文（他的孙子查尔斯写出了《物种起源》)、蒸汽机的发明人詹姆斯·瓦特及其制造商马修·博尔顿，以及陶瓷设计家和制造商乔赛亚·韦奇伍德（他的外孙是《物种起源》的作者查尔斯·达尔文）。

开始从《弗吉尼亚公报》(*Virginia Gazette*)购书。这是殖民地首屈一指的书店，由英格兰人威廉·帕克斯（William Parks）创办。此人生于什罗普郡，给一位伍斯特（Worcester）的印刷商做过学徒，后来创办了《雷丁信使报》(*Reading Mercury*)。他于一七二六年到达切萨皮克，在安纳波利斯开了店。为了维持生计，他什么都做，既搞散件印
89 刷和装订，出版《马里兰法律全集》(*A Compleat Collection of the laws of Maryland*)，还创办了《马里兰公报》(*Maryland Gazette*)，这是费城以南大陆殖民地的首份报纸。一七三〇年回到伦敦后，他全力购买各类图书，并于十月二十日在《马里兰公报》刊出广告："威廉·帕克斯最新进口，来自伦敦。"这批书里有拼写课本、识字读物、圣经、祈祷书，以及其他的宗教类书籍，如夏尔·德雷兰古尔（Charles Drelincourt）[1] 的《基督徒抵御死亡恐惧》(*The Christian's Defence against the Fears of Death*)，以及必不可少的《人所当尽的本分》，上述内容显示出帕克斯对哪些书可以吸引殖民地顾客的预判。

一七三〇年，他在威廉斯堡设立印刷行，将他在马里兰搞的那一套如法炮制，包括在一七三六年创办《弗吉尼亚公报》。除了印刷行，他还开办了一家书店，很可能是两家。威廉和玛丽学院的管理机构有如下记录："威廉·帕克斯先生有意在本城开办一家书店，并提议以公道的价格为本院学生配备导师指定的书籍，同时收取本院目前的全部教材，按英国币制花销的三成五，折为［本地］货币支付，他的提议获得了全体一致的同意。"[3] 这样一来，他通过回购可以重新销售的课本，来吸引学生光顾他的书店。他还开办了一家造纸厂，以此解决北美殖民地印刷商面临的一个极大难题：合格纸张的匮乏。本杰明·富兰克林（Benjamin Franklin）的老本行是费城的印刷商和出版商，曾在自

---

[1] 夏尔·德雷兰古尔（一五九五～一六六九），法国新教牧师，一六五一年著有《坚贞灵魂之慰藉抵御死亡之恐惧》(*Consolations de l'âme fidèle contre les frayeurs de la mort*)，其英译本《基督徒抵御死亡恐惧》在英国广受欢迎。

己的《宾夕法尼亚公报》(*Pennsylvania Gazette*)上打广告，帮他找到了一位建筑商，并运去数千磅的破布，来制造上好的纸张，帕克斯则通过向富兰克林供纸，作为回报。

富兰克林还给帕克斯提供了部分图书，让他销售，其中有一百套塞缪尔·理查森（Samuel Richardson）所著《帕梅拉》(*Pamela*)[1]的美国首版，但这件事更像是个例外，而非定例。富兰克林与伦敦出版商威廉·斯特拉恩（William Strahan）过从甚密，后者甚至把自己最能干的助手大卫·霍尔（David Hall）派到费城，与他共事。富兰克林向斯特拉恩报称，伦敦书商托马斯·奥斯本（Thomas Osborne）“竭力要在种植园开设办事处，推销其图书”，并已向多家书店成批寄运，其中便包括威廉斯堡的威廉·帕克斯。富兰克林又说，他已经见到了部分发票，“[在我]看来，这些书的售价将非常高昂，因此我相信它们是卖不动的。”4 不管怎么样，帕克斯确曾向奥斯本购书，后来接手《弗吉尼亚公报》的威廉·亨特（William Hunter）也这样做了。虽然精力过人，心灵手巧，威廉·帕克斯却只能勉强糊口，一七五〇年去世时，他几乎资不抵债。亨利及其继任者约瑟夫·罗伊尔（Joseph Royle）均为邮政局长，他们通过邮储账目发现，卖文具，搞装订，销售自家报纸所获得的收入，样样好过卖书。虽然如此，他们还是继续和伦敦的书商们做生意，亨特与塞缪尔·伯特（Samuel Birt）、托马斯·沃勒（Thomas 90
Waller）往来，罗伊尔和威廉·约翰斯顿（William Johnston）打交道，还从罗伯特·塞耶（Robert Sayer）处购入地图和版画。

十八世纪六十年代以后的《弗吉尼亚公报》流水账存留至今，从中可见托马斯·杰斐逊是个好顾客。在一七六四年的五号账中，他购

[1] 塞缪尔·理查森（一六八九～一七六一），英国小说家，一七四〇年出版书信体爱情小说《帕梅拉，或题美德受到了奖赏》(*Pamela: or, Virtue Rewarded*)，主人公是十五岁的女仆，在抵御住公子的勾引，保住贞操后，成功嫁给了公子。很多人认为这是英国的第一部小说。

买了三十二种图书。一点也不奇怪，其中有九种法律书，不过也有大卫·休谟的（David Hume）的《英格兰史》（*History of England*），威廉·罗伯逊的《苏格兰史》，以及威廉·史密斯（William Smith）[1]的《弗吉尼亚首次发现与垦殖史》（*History of the First Discovery and Settlement of Virginia*）。他在自学意大利语，因此买了一本字典。他还买了诗集，包括约翰·弥尔顿、爱德华·扬（Edward Young）和威廉·申斯通（William Shenstone）的作品。

出自伦敦书商、在《弗吉尼亚公报》书店销售的图书必定十分昂贵。唯一能够少花钱的办法是直接从英国订购，杰斐逊后来肯定这样做过。不过，只有一张发票从十八世纪六十年代保存到了今天，那是一七六九年十月二日寄给杰斐逊的，连同一封发自伦敦珀金斯、布坎南和布朗商行（Perkins, Buchanan & Brown）的信。5 信中通知说，他们的船将于第二年三月驶抵詹姆斯河，恳请杰斐逊托运一批烟草，作为回报，他可以就任何商品提出要求。发票的内容是他通过其英国代理人托马斯·亚当斯（Thomas Adams）从托马斯·卡德尔处订购的书。卡德尔的店位于斯特兰德区的莎士比亚头（Shakespeare Head）。

在英国与弗吉尼亚的一般贸易中，烟草商人扮演着举足轻重的角色，甚至通过自己的店铺销售图书。当时的一位观察家向英国读者介绍说，当地的代理商"有大量来自欧洲和印度的各类商品，在商店或住宅内陈列，销售。这个国家把它们叫作店铺（store）。"6 劳森和森普尔商行（Lawson & Semple）相对而言规模不大，经营弗吉尼亚与格拉斯哥之间的贸易，其档案因为一次诉讼而得以存留。记录显示，他的

[1] 此处似乎应为威廉·史蒂斯（William Stith，一七〇七～一七五五），他是托马斯·杰斐逊的曾外公威廉·伦道夫（一六五〇～一七一一）的外孙，娶了嫡表妹——图卡霍的威廉·伦道夫（威廉·伦道夫的孙子，如前文所述，也是杰斐逊父亲彼得的好友）的大妹朱迪思·伦道夫。《弗吉尼亚首次发现与垦殖史》一书是由威廉·帕克斯于一七四七年在威廉斯堡出版的。

商船一年执行两次跨大西洋的航行，从格拉斯哥港驶往马里兰的烟草港（Port Tobacco），船上装有各种商品，包括图书，返程时则载运烟草。在伦敦，离港商船的资讯和托运安排都是通过殖民地咖啡馆打理的，如宾夕法尼亚咖啡馆、弗吉尼亚咖啡馆和卡罗莱纳咖啡馆，全部位于皇家交易所附近。约翰·穆雷第一踏足书业之前做过船长，因此在北美和西印度群岛有一批客户，他曾把成箱成箱的书放到弗吉尼亚咖啡馆，让人替威廉斯堡的罗伯特·米勒（Robert Miller）收货。米勒是 91
个杂货商，有姐妹在伦敦，替他向穆雷订书，付款。[7]

罗伯特·米勒和托马斯·杰斐逊这样的购书者，会通过书商们的印刷目录，与来自伦敦、爱丁堡和都柏林的最新出版物保持同步。威廉·斯特拉恩将目录寄给大卫·霍尔，以分送顾客；约翰·穆雷也曾把自己的一份目录寄给米勒，建议他拿给朋友看看，“他们也许会订一些上面的书。”[8] 报刊是弥足珍贵的信息来源，尤其是刊载评论文章的期刊。《绅士杂志》（*Gentleman's Magazine*）及其竞争者《伦敦杂志》（*London Magazine*）在十八世纪三十年代初便发运到了北美，而费城的两位印刷商，安德鲁·布拉福德（Andrew Bradford）和本杰明·富兰克林，也力求自行创办本土期刊，遂有《美利坚杂志》（*American Magazine*）和《通用杂志》（*General Magazine*）的问世。两人为此爆发了一场刻薄的争吵，但到头来，谁的杂志也没成功。而两本伦敦杂志，加上越来越多的其他报刊，提供了非常重要的新书资讯。

杰斐逊通过珀金斯、布坎南和布朗商行，从托马斯·卡德尔处购得的图书中，有几本对他成长中的政治事业颇有助益。一七六九年，这位年轻的律师已经成了治安法官和县民兵队的副队长，并且被阿尔伯马尔县的公民选入了弗吉尼亚市民院。[1] 这批书有一半都是关于历史和

---

[1] 殖民地的议会下院。

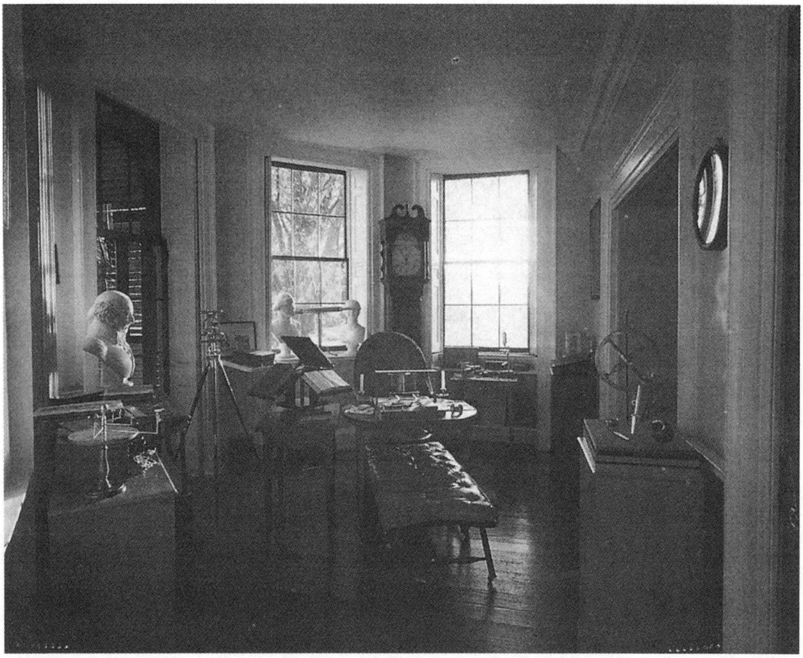

图二十九：蒙蒂塞洛杰斐逊的藏书室。桌上放着他的旋转阅览架，可以同时放下五本打开的书，这也许是杰斐逊本人设计的。

议会工作的，其他则是政治理论著作，包括“约翰·洛克论政府”。[1]然而，这些书即便不是全部，也大多在第二年烧毁沙德韦尔的大火中付诸烈焰。杰斐逊童年旧屋的倾圮标志着一个分水岭。他已经在为自己建造新房了，就坐落在俯瞰沙德韦尔庄园的小山顶上。这里本来叫作赫米蒂奇（Hermitage），后来成了蒙蒂塞洛（Monticello）。一七六七年八月，新名字第一次亮相，是在他的园艺簿内，他记录了在新花园嫁接樱桃枝的过程。这幢房子基于帕拉第奥的《建筑四书》，由于仆役房的大部分是隐蔽的，所以整幢房屋看起来比实际要小一些，没那么

[1] 想必是洛克的《政府论》（*Two Treatises of Government*）。

厚重。花园和果园的规划不拘一格，颇有英格兰大花园的遗风，却也带着些意大利风情。蒙蒂塞洛仍处于施工状态的时候，他便娶回了新娘玛莎·韦尔斯·斯凯尔顿（Martha Wayles Skelton）。两人在一七七二年元旦结婚。

蒙蒂塞洛的图书室定为南楼二层的一间大屋，位于会客室的正上方。他开始在这里重建藏书。当初火灾发生时，杰斐逊并不在沙德韦尔，听到消息的时候，他的第一个反应是询问他那些书的生死，此乃家庭传统使然。在致函某位校友时，他写道："想来你已经听说了我最近的损失，我指的是我母亲的房子毁于火灾，其中有我在这世界上的每一页纸，差不多每一本书。合理估算的话，这些被烧毁的书已有二百英镑。但愿这只是钱才好；那我决不会发出一声叹息！"[9] 从上述估价推算，这批藏书的数量在三百到四百册之间，对那个时期的一个北美青年而言，确为一宗非常大的收藏。

杰斐逊下一批藏书计划中的某些想法，可见于他一七七一年八月 92
三日写给连襟罗伯特·斯基普威思（Robert Skipwith）[1] 的信。[10] 斯基普威思请杰斐逊开个书单，"能让一位普通读者量力而行，因为他只懂得一点点古典作品，又没有闲暇用于任何复杂或冗长的研读。"杰斐逊在回信中开列了一份有一百四十八部作品的书单，附上伦敦书商托马斯·沃勒的地址，并说总价超过一百英镑。关于他本人的计划，这份书单只反映出了部分想法，虽然其中有许多书是他个人所好，但他毕竟是应斯基普威思的具体请求而开列的。因此，将近半数的推荐书目是英国文学作品，远远超过了日后他自己藏书中的比例，其中有菲尔

---

[1] 罗伯特·斯基普威思娶了玛莎·韦尔斯·斯凯尔顿·杰斐逊的异母妹妹塔比莎，与托马斯·杰斐逊应为连襟关系。

丁[1]、理查森和斯摩莱特[2]的小说，他本人却从未收藏。他只推荐了三部法律著作，“少数成体系的书籍，因为理解那一科学的细节，对于一位无官职的绅士来说是不必要的。”[3]第一本就是凯姆斯勋爵（Lord Kames）的《公正原则》（*Principles of Equity*），另有他三本其他方面的著作（见第 94 页）。

杰斐逊曾经称许过韦斯托弗（Westover）的威廉·伯德第二（William Byrd II）所创建的大藏书室。伯德死于一七四四年，乃富有
93 的弗吉尼亚地主，曾在英国接受教育，二十二岁便成了皇家学会的会员。他的藏书室有三千五百册书，尤其吸引杰斐逊的，是其广博的范围，其中既有常见的希腊和罗马经典、法律、神学和音乐作品，亦有伊丽莎白时代和复辟时期的戏剧，很多建筑、绘画、园艺、农业方面的收藏，以至蒸馏和烹饪等实用性的图书。一七七三年，杰斐逊在备忘录中写道，韦斯托弗藏书室的图书共计三千四百八十二册，估价一千二百十九英镑十八先令。翻到下一页，可以看出他已经计算过了，如果把自己的书都卖掉能换多少钱：六百六十九册，价值二百十九镑。仅仅三年时间，他便买了这么多书，着实惊人。不过，这并不足以让他把伯德的藏书全部买下，尽管在此后一些年里，他确曾从中零零散散地买了一些，而他自己的收藏在很大程度上是按照韦斯托弗的路数进行的。

在个人生活发生变化的同时，杰斐逊的政治事业也在迅速发

---

[1] 亨利·菲尔丁（Henry Fielding，一七〇七～一七五四）与塞缪尔·理查森并称英国小说的奠基人，著有一七四九年出版的《弃儿汤姆·琼斯的历史》（*The History of Tom Jones, a Foundling*）。

[2] 托拜厄斯·斯摩莱特（Tobias Smollett，一七二一～一七七一），苏格兰小说家，以讽刺性的流浪汉小说见长，最著名的有《罗德里克·兰登历险记》（*The Adventures of Roderick Random*）、《佩里格林·皮克尔历险记》（*The Adventures of Peregrine Pickle*），以及后文还会提到的《汉弗莱·克林克尔历险记》（*The Expedition of Humphry Clinker*）。

[3] “致罗伯特·斯基普威思及书目（一个绅士的藏书）”之汉译全文可见《杰斐逊集》，梅利尔·D. 彼得森编，刘祚昌、邓红风译，北京：生活·读书·新知三联书店，一九九三年，第 808—817 页。这句引文的译文亦从此书。

展，此乃殖民地与英国之间不断恶化的关系使然。他并非熟练的演讲者，但博学和文采为他在同代人中赢得了极大的尊敬。一七七四年的第一届大陆会议即将召开时，他写出了《英属美利坚权利概观》（*A Summary View of the Rights of British America*）。多年以后，他做了说明："《概观》并非为发表而写。它只是一份草稿，是我准备呈交给国王的请愿书，我本来打算在一七七四年的大会[1]上作为代表提出这份请愿书的，但因病而止于半途，便将它送交议长，他把它摆到桌面上，供代表们审阅。当时它被认为过于强硬，无法成为大会的决议，但还是获准付印了。"11 这篇关于殖民地积怨的声明论证严密，就激情而言，历来被认为足以媲美马丁·路德的《九十五条论纲》（*95 Theses*）。[2] 正因如此，杰斐逊的革命同道们先在一七七五年七月要他起草《拿起武器的原因和必要之宣言》（*Declaration of the Causes and Necessity of Taking up Arms*），又起草了一七七六年七月四日的美国《独立宣言》，写出了其中的不朽名句："生命权、自由权和追求幸福的权利。"

就个人幸福而言，与玛莎结婚后，托马斯·杰斐逊所获甚巨。她是生意兴隆的奴隶贩子约翰·韦尔斯的女儿。一七七三年韦尔斯死后，继承人们作出了致命的分家决定，而未能事先清偿英国商人的债务。这些债务后因独立战争的爆发[3]而纠缠不清，并导致了杰斐逊余生中一连串的财务问题。玛莎给杰斐逊生了六个孩子，但她怀胎实在不易，而且只有两个女儿，小名怕怕（Patsy）的玛莎和小名玛丽亚的玛丽活到了成年。

---

[1] 杰斐逊预定作为阿尔伯马尔县的代表，出席在威廉斯堡举行的弗吉尼亚殖民地会议。是次会议选出了前往费城参加第一届大陆会议的七名弗吉尼亚代表，杰斐逊不在其中。

[2] 一五一七年十月三十日，路德将手书《九十五条论纲》贴到了维滕贝格万圣教堂的大门上。

[3] 一七七五年四月十九日清晨，马萨诸塞英军与莱克星顿民兵交火，战争正式爆发，直至一七八三年九月三日结束。

一七七九年六月，杰斐逊当选弗吉尼亚的战时州长。他勉强接
94 受了，有保留意见确也理所当然。由于缺少有效的宪法权力，他无力阻止一支英国远征队的进犯，英军将州政府逐出了位于里士满的临时驻地，并迫使他匆忙离开了蒙蒂塞洛。一七八一年，他辞去了州长职务，这是州史和他本人事业上的双重低谷。除此之外，他妻子的健康状况也每况愈下。在这万念俱灰的日子，他开始投入《弗吉尼亚纪事》（*Notes on the State of Virginia*）的写作。此事源起于一七八〇年九月，当时法国驻费城公使馆秘书弗朗索瓦·巴尔贝－马尔布瓦（François Barbé-Marbois）向各州州长和社会名流，就新生的合众国提出了一揽子二十二个问题。巴尔贝－马尔布瓦只收到了两份回复，一份充斥了杂乱无章的语言，另一份出自托马斯·杰斐逊之手，提供了三百页材料。它集旅行指南、百科全书和哲学论文于一身，历来被视作美国启蒙时代的导览。

杰斐逊对苏格兰和法国启蒙时代作品的双重兴趣，从他向罗伯特·斯基普威思推荐的书目中可见一斑。凯姆斯勋爵尤其受到推崇，其中就包括他的《人类史纲要》（*Sketches of the History of Man*），他在法律、历史和地理方面博览群书，并据此在此书中将历史整合成了四个阶段。四论段认为，人类的发展始于渔猎阶段，经过牧业阶段，进而达到农业以至商业阶段。爱丁堡大学校长威廉·罗伯逊在其广受欢迎的《查理五世皇帝在位时期的历史》（*History of the Reign of Charles V*）一书中采纳了这一理论，此书同样出现在杰斐逊的书单上。一同亮相的还有托马斯·里德（Thomas Reid）所著《探讨人的心灵》（*Inquiry into the Human Mind*）。[1] 大卫·休谟认为，人类需要通过指导才能感受完全不可知的实在，这一观点让一七六四年获任格拉斯哥大学伦理学教授

[1] 全名为《依据常识的原则探讨人的心灵》（*An Inquiry into the Human Mind on the Principles of Common Sense*）。

的里德深为震惊。正如本杰明·迪斯累里（Benjamin Disraeli）[1]一百年后所言：“几乎没有观念是正确的，即使有也无法说清，但我们用语言统治人民。”[12]里德认为休谟胡说八道，我们只需常识即可。《探讨人的心灵》在美国产生的影响是极为巨大的，杰斐逊或许从中汲取了真理不证自明的观点，并将它写进了《独立宣言》。[2]担任弗吉尼亚州长期间，他的一项成就是全面修订了威廉和玛丽学院的课程，师法苏格兰模式，废止了文法学校和神学学校，同时增设了解剖学、医学、法律和公安，以及近代语言学的教席。托马斯·里德被坚定地置于新课程的中心，对大卫·休谟则不予理会。《独立宣言》的另一个信条是追求幸福的权利。在这一点上，杰斐逊或许得自弗朗西斯·哈奇森（Francis Hutcheson）的教诲。哈奇森是与凯姆斯勋爵齐名的苏格兰启蒙运动奠基人，作为格拉斯哥大学的神学教授，他曾宣讲利他主义的道德哲学：“至善的行为是为最大多数人带来最大幸福的行为。”奇怪的是， 95
他死后才于一七五五年出版的大作《道理哲学体系》（*A System of Moral Philosophy*）并未出现在杰斐逊开给斯基普威思的书单上。

尽管杰斐逊受到了欧洲启蒙作家的影响和启发，对他们的某些理论，他却并不赞同，尤其是那些认为新大陆落后的论断。在《弗吉尼亚纪事》中，他不仅对苏格兰人威廉·罗伯逊的史学理论持有异议，也不同意法国启蒙哲学家雷纳尔神父（Abbe Raynal）、博物学家布丰的观点，他们声称，美洲脱离大洪水的时间晚于其他大陆，其落后是天生注定的。[13]雷纳尔曾经写道，美国从来也没有产生出一个好的诗人，一个有才智的数学家，一个在一种艺术上或一种科学中表现出天才的人。说到好诗人，杰斐逊答道：“假如我们已经是一个存在悠久的民族，像希腊人在他们产生一个荷马以前，罗马人在他们产生一个维吉尔以前，

[1] 本杰明·迪斯累里（一八〇四～一八八一），英国政治家和小说家，首相。

[2]《独立宣言·前言》：“我们认为这些真理是不证自明的：人人生而平等，他们被造物主赋予某些不可转让的权利，其中有生命权、自由权以及追求幸福的权利。”

法国人在他们产生一个拉辛和一个伏尔泰以前，英国人在他们产生一个莎士比亚和一个弥尔顿以前那样悠久，这个指责仍旧是符合事实的话，我们就要问一问：欧洲其他国家及世界上其他地区没有产生著名诗人究竟来自什么样的不利的原因。”[14]

他还主张，教育不应以特权和财富为依据，而应提供给所有人。可能就在伏尔泰写下乌合之众“配得上每一具轭”，不值得接受启蒙的时候，杰斐逊却在一七八六从柏林写给乔治·威思的信中宣布：“我认为在我们整个法典中最重要的法案便是关于在人民中间传播知识的法案。为了保存自由和幸福，不可能设计出来其他任何可靠的基础。如果任何人认为国王、贵族或教士是公众幸福的良好的保存者，那就把他们送到这里来吧。它是全世界医治他们的那个愚蠢想法的最好的学校。”[15]

杰斐逊能够观察或亲身体验欧洲启蒙运动，要得益于他成了美国派驻法国宫廷的公使。玛莎·杰斐逊于一七八二年九月六日去世，悲痛之余，托马斯决定重返政坛。最初打算让他参加代表团，赴巴黎进行和平会谈，但消息传来，谈判已成功结束，英国承认了美利坚合众国的独立，赴法的行程便延后了。十年来，虽然政治和个人生活发生了种种剧变，但杰斐逊一直在孜孜不倦地收集藏书。事实上，大陆会议代表的身份让他可以亲自造访费城的书店，而接受任命，作为外交官派驻巴黎的一大诱惑，便是可以借机亲身探访欧洲的书店。

经历了一个缓慢的起步之后，南方殖民地已经成为图书的大进口区。一七七〇年，从英格兰出口到北美殖民地的图书数量，已经超过了对欧洲和世界其他地区的出口总和，而这部分图书中，运往弗吉尼
96 亚的又占了四成。独立战争期间，贸易活动始终在持续着，只是规模较小罢了。一七七八年十二月，爱丁堡书商查尔斯·埃利奥特（Charles Elliot）写信给他在纽约的个人客户科尔本·巴雷尔（Colebourn Barrel）

图三十：托马斯·杰斐逊肖像，作者是年轻的美国画家马瑟·布朗（Mather Brown）。此乃已知的第一幅杰斐逊画像，由布朗在他一七八六年访问伦敦期间所作。布朗同时还画了一幅约翰·亚当斯像，他与杰斐逊的《弗吉尼亚纪事》同在画中。

先生，就对方图书订单的临时取消致歉，因为“与法国关系破裂”导致商船无法出航。[16] 一俟一七八三年恢复和平，贸易也重新繁荣。混乱在所难免，查尔斯·埃利奥特和约翰·穆雷的书信簿中，记载了许多争执、遭到充公的货物和无法清偿的债务。有些客户非常难缠，查尔斯顿图书馆协会便因斤斤计较而变得众所周知。一七八六年一月，查尔斯·迪利（Charles Dilly）收到了一条讨厌的消息，该协会解雇了他们在伦敦的书商威廉·尼科尔（William Nicoll），因为他“未能以协会所要求的精神，用严格的守时为他们提供服务”，同时经过投票，迪利被选作替代者，而他的答复是，绝不为他们服务。[17] 后来，杰斐逊在伦敦的书商和出版商约翰·斯托克代尔（John Stockdale）只尝试着为该协会服务了一次，便遭到了解雇。他在一封抗议信中指出：“许多物品虽然在价钱上微不足道，却极难购得，只能等它们从个人手中流入市面时，出于偶然而购入，正因如此，我和我的店员们奔波于伦敦的街巷，从一家书店跑到另一家书店，我坚定地相信，至少已经跑了一百多趟。”[18]

杰斐逊终于在一七八四年八月到达巴黎。三十年后，他回忆起了自己在那里的图书收藏活动：“在寓居巴黎期间，有一两个夏天，闲暇无事的每个下午我都到书店去查书，把所有的主要书店都查遍了，用我的手去翻每一本书，把与美国有关的每一本书都积存在一起，而且也把稀有的和有价值的每一种科学书籍都积存在一起。此外，在我旅欧的整个期间，我和欧洲主要图书市场，特别是阿姆斯特丹、法兰克福、马德里和伦敦建立固定的订购关系，购买在巴黎看不到的与美国有关系的著作。”[19] 杰斐逊频繁出入王宫广场的各家书店，他的精神家园却在左岸，这是巴黎传统的图书交易中心，聚集着文具商、印刷商、刻版匠和书商，许多人在大奥古斯丁河堤（Quai des Grands Augustins）一线执业。

J-F. 弗鲁莱（J-F. Froullé）在河堤沿线的帕韦街（Rue Pavée）街角

开店，杰斐逊特别喜欢和他打交道，十年后还把他推荐给了前往巴黎的詹姆斯·门罗（James Monroe）：[1]“我可以向你保证，在遭受了巴黎众多书商的严酷折磨之后，我最终落脚于这位老绅士处。在后来长期而友好的交易过程中，我发现他是我与之打过交道的最正当的老实人。”[20] 然而巴黎的书商并非个个让他满意。巴鲁瓦（Barrois）在河堤尽头的于尔普瓦街（Rue de Hurepoix）营业，想出版杰斐逊的《弗吉尼亚纪事》。杰斐逊一向是个不情不愿的作者，更乐意匿名发表，这一次却
迫于无奈，同意出书，因为对方以盗版相逼。打起交道来，他才发现 97
巴鲁瓦是个很有心计的角色，两人还就是否将一七五一年彼得·杰斐逊制作的地图收入书中发生了长时间的争执。该书法文版后于一七八六年出版。

与巴鲁瓦的争执因为《纪事》也即将在伦敦出版而变得更为复杂 98
了。杰斐逊在伦敦的出版商是约翰·斯托克代尔，他在皮卡迪利开店。在十八世纪的图书贸易中，皮卡迪利堪称通衢。据本杰明·迪斯累里回忆，他父亲艾萨克曾经说，在十八世纪九十年代末，“文学俱乐部已不复存在，政治俱乐部门槛极高，且生性孤傲，此时［皮卡迪利的］书商的铺子就成了社交场所。德布雷特的店是辉格党的头号老巢，托利党的呢，我相信是哈查德的铺子。”[21] 从十七世纪中叶开始，许多伦敦书商——他们往往也是出版商——由于身处托利党和辉格党、国教会和不遵从国教者们并存的复杂局面，因而变得高度政治化了，到十八世纪晚期，局面甚至更为复杂，出现了各种相异的观点，涉及众多议题，如美国革命、法国革命、奴隶制的存废、议会改革和天主教徒解放（Catholic Emancipation）。[2] 有几位书商对表达不满的北美殖民地居

[1] 詹姆斯·门罗（一七五八～一八三一）后于一八一七年至一八二五年担任第五任美国总统。

[2] 天主教徒解放发生在十八世纪晚期和十九世纪初的英国，通过一系列法律赋予不列颠和爱尔兰的罗马天主教徒以自由，使之免受歧视并恢复其公民权。

民是同情的，甚至支持他们的独立斗争。威廉·斯特拉恩是富兰克林的朋友和出版合伙人，就在舰队街旁边执业；约瑟夫·约翰逊（Joseph Johnson）是激进的不遵从国教者，出版过富兰克林的作品，也是托马斯·潘恩（Thomas Paine）《人权论》（*Rights of Man*）的第一推动力，[1] 其商行位于圣保罗教堂园；查尔斯和爱德华·迪利兄弟专事关于美国的书籍，他们在鸡鸭街二十二号玫瑰与王冠招牌下做生意。不过，约翰·阿尔蒙（John Almon）把店开到了上流人士集中的皮卡迪利，靠近他的庇护人坦普尔伯爵（Earl Temple）理查德·格伦韦尔（Richard Grenville）在保尔茅街（Pall Mall）的寓所，以及圣詹姆斯的各家绅士俱乐部。坦普尔、老皮特（Pitt the Elder）[2] 和约翰·威尔克斯（John Wilkes）[3] 利用他的商行，发起了一场反对比特勋爵（Lord Bute）[4] 政府的小册子宣传战。

阿尔蒙也成了涉美宣传品的专业出版商，约翰·迪金森（John Dickinson）的《宾夕法尼亚一农民致英国殖民地人民书》（*Letters from a Farmer in Pennsylvania*）[5] 就是由他在一七六八年出版的。迪金森被称作"革命的笔杆子"，还写了《对英国殖民地近来管理措施的思考》（*Late Regulations Respecting the British Colonies*），这是由阿尔蒙出版、威廉·斯特拉恩印刷的三部里程碑式著作之一，另外两部是亚瑟·李（Arthur Lee）的《对公正的呼吁》（*Appeal to Justice*）和托马斯·潘恩的《常识》（*Common Sense*）。阿尔蒙和美国革命分子的联系如此密切，

---

[1]《人权论》最早由约瑟夫·约翰逊出版于一七九一年二月二十一日，随即因害怕受到控告而收回，转由乔丹（J. S. Jordan）于同年三月十六日付梓。

[2] 老威廉·皮特（一七〇八～一七七八），一七五六年和一七六六年两度出任事实首相期间，将英国缔造成了一个强大的帝国。同样两任首相的小威廉·皮特是他的次子。

[3] 约翰·威尔克斯（一七二五～一七九七），十八世纪最敢言的英国新闻人和争取新闻出版自由的先驱，一度被捕下狱，逃亡，遭受政治迫害。一七七四年当选伦敦市长。

[4] 比特勋爵（一七一三～一七九二），即第三代比特伯爵约翰·斯图亚特（John Stuart），苏格兰人，乔治三世的宠臣，一七六二年到一七六三年间担任首相。

[5] 全名为 *Letters from a Farmer in Pennsylvania, to the Inhabitants of the British Colonies*。

以至于在上议院的一次辩论中，当格拉夫顿公爵（Duke of Grafton）[1]被问及革命者的军队数目时，他竟然提议去找阿尔蒙索要情报。从一七七四年到一七八〇年，阿尔蒙雇约翰·斯托克代尔做门房或伙计，使他直接见证了这一切政治剧变。斯托克代尔所受的训练原本不是书商，他父亲是坎伯兰的铁匠，正因如此，托马斯·罗兰森（Thomas Rowlandson）在一七八四年发表了一幅漫画，画中的斯托克代尔拿着一部对开本的大书，放在铁砧上锤打。

一七八一年，阿尔蒙退休时，他位于皮卡迪利一百七十八号的书店转给了约翰·德布雷特（John Debrett），而斯托克代尔接手的铺面
几乎就在隔壁。他还接过了阿尔蒙的几位作者，其中一位让他时来运 99
转。托马斯·戴（Thomas Day）是月光社成员，也是一位律师，写有非常成功的儿童书《桑福德和默顿的故事》（*The History of Sandford and Merton*），从一七八三年到一七八九年出版了三卷。作为卢梭（Rousseau）的崇拜者，戴通过一系列的故事，用富有但满身恶习的汤米·默顿，与正直、温厚的农家子弟哈里·桑福德相对照，讲了一番孺子可教、理性为先的大道理。汤米最终洗心革面。戴是极为古怪的人物，决心从孤儿院里挑个姑娘，把她训练成完美的妻子。不幸的是，他的伽拉忒亚（Galatea）[2]嫁给了他的朋友约翰·比克内尔（John
Bicknell）。纵然如此，戴和比克内尔还是合作写了一首诗，揭露奴隶制 100
的不公不义，名叫《垂死的黑人》（*Tile Dying Negro*），由斯托克代尔再版。

许多美国人来到伦敦，攻读法律，中殿学院（Middle Temple）已

[1] 第三代格拉夫顿公爵奥古斯都·亨利·菲茨罗伊（Augustus Henry Fitzroy，一七三五～一八一一），一七六八年至一七七〇年任英国首相，也是美国独立战争期间的重要人物。

[2] 据希腊神话和奥维德，塞浦路斯国王皮格马利翁爱上了自己雕出的女像伽拉忒亚，维纳斯后来给了她生命。

图三十一：漫画中的人物是杰斐逊的伦敦出版商约翰·斯托克代尔，由托马斯·罗兰森发表于一七八四年。与伦敦的大多数出版商和书商不同，斯托克代尔没有经历过印刷业的学徒阶段，而是坎伯兰一个铁匠的儿子，所以画中的书放在铁砧上。

经成了一个枢纽，接待那些来自南部各州、胸怀大志的律师，其中有些人通过戴和这一网络，得知了斯托克代尔和他的书店。约翰·亚当斯虽然只是个来自弗吉尼亚的律师，却是斯托克代尔的作者，他带着儿子昆西[1]来伦敦的时候，就住在皮卡迪利一百八十一号的书店楼上。

[1] 约翰·昆西·亚当斯（John Quincy Adams，一七六七～一八四八），约翰·亚当斯的长子，一八二五年成为第六任美国总统。

一七八五年，亚当斯做了美国驻伦敦的首位正式公使之后，曾自格罗夫纳广场（Grosvenor Square）致信杰斐逊："今天上午我要去斯托克代尔处，和他谈谈给你寄报纸和小册子的事。"[22] 杰斐逊开始从斯托克代尔那里订书，包括为弗吉尼亚威廉和玛丽学院院长詹姆斯·麦迪逊（James Madison）代购的整批图书。斯托克代尔在此起到了一个代理商的作用，不仅从伦敦，而且从苏格兰的书商处采购图书。许多书得自詹姆斯·拉金顿（James Lackington）大量发行的目录，但是因为他不赊账，杰斐逊便希望斯托克代尔来处理赊购事宜（见第121页）。

一七八六年三月，托马斯·杰斐逊访问了伦敦。他只来过英国这一次，仅仅待了六个星期。虽然四处拜晤，效果却差强人意，其中一次是在圣詹姆斯王宫（Court of St James），约翰·亚当斯把他引见给了乔治三世。当国王丢下他俩，拂袖而去的时候，杰斐逊写道，英国"在世界上所有国家当中……需要用最傲慢的态度加以对待。他们需要就范于人所共知的礼貌"。[23] 不过，他参观了几处英国园林，并大肆购物，也买了书。约翰·亚当斯在日记中提到，他曾步行前往斯托克代尔、卡德尔、迪利和阿尔蒙等书商处。[24] 这里指的大概是德布雷特，因为阿尔蒙已经退休了。虽然他没有明确说明杰斐逊和他在一起，但他无疑是在场的。

十一月二十日，斯托克代尔写信给人在巴黎的杰斐逊，请他买一本托马斯·戴所著《桑福德和默顿的故事》法文版，译者是著名的童书作家阿诺·贝尔坎（Arnaud Berquin）。他接下来写道，有两位法国绅士拜访过他，他们拿着一本《弗吉尼亚纪事》，有意印行此书。斯托克代尔已经花了不少时间，请求杰斐逊允许他出一个英国版，而这一次，他最终迫使杰斐逊在担心盗版出现的情况下作出了决定。在付出了可观的努力之后，斯托克代尔终于名正言顺地将《纪事》付梓，因为杰斐逊对此作了详尽的指示："我尽快在明天寄给您一本《纪事》的校订版，我恳请您严格按照它来印刷，不要增添，改动，也别加前言，或其他任何东西，就照它现在的样子。”[25] 英国版于一七八七年二月问世。

101 书店亦有欢宴，艾萨克·迪斯累里（Isaac D’Israeli）对此所言不虚。约瑟夫·约翰逊经常在圣保罗教堂园举办三点钟宴会，来宾有威廉·戈德温（William Godwin）、玛丽·沃斯通克拉夫特（Mary Wollstonecraft）、[1] 托马斯·潘恩和画家亨利·富塞利（Henry Fuseli）。[2] 德布雷特的书店则以上流人士的午时聚会场地，以及政治和文学讨论的所在而闻名。托马斯·佩恩（Thomas Payne）后来成了杰斐逊在伦敦的书商，其店址位于莱斯特广场（Leicester Fields）马厩门（Mewsgate）附近的城堡街（Castle Street），他曾把自家店面形容为“文学咖啡馆和书店的合体”。他的助手约翰·哈查德（John Hatchard）在皮卡迪利自行开店时，便延续了这一传统。他在店内摆了张桌子，桌上放着报纸，置于炉边，看报的人常常就睡过去了。在店外，他还为马车夫们准备了一条长凳。书商们自然希望与其作者增进友谊，而杰斐逊也想同斯托克代尔成为朋友，所以充任了他在巴黎的探子，买来贝尔坎的儿童书，以便斯托克代尔能够印行英国版。在巴黎期间，他还同本杰明·富兰克林的法国出版商皮索（Pissot）商议，准备与一位巴塞尔的印刷商合作，重印英国的经典作品。为了压低英格兰甚至爱尔兰的书价，他给费城寄去了样张，希望富兰克林的外孙本杰明·富兰克林·贝奇（Benjamin Franklin Bache）做皮索的美国发行商，这样一来，就可以巧妙地增进法美之间的文化往来，并让英国付出代价。[26]

[1] 威廉·戈德温（一七五六～一八三六），英国自由主义哲学家和不遵从国教论者；玛丽·沃斯通克拉夫特（一七五九～一七九七），英国作家，女权主义的先驱，与戈德温私通，怀孕，结婚，产后死去。他们的女儿玛丽也是作家，著有《弗兰肯斯坦》，并嫁给了诗人雪莱。

[2] 亨利·富塞利（一七四一～一八二五），瑞士出生的画家，成名于英国，作品长于渲染恐怖气氛。

*　　　*　　　*　　　*

一七八九年九月，就在巴士底监狱被攻陷仅仅两个月之后，托马斯·杰斐逊离开了气氛高度紧张的巴黎，踏上了返美旅程，极其成功的政治生涯就在眼前，他当上了国务卿，又做了约翰·亚当斯的副总统，一八〇一年，他本人也成了总统。政府所在地从费城迁到了华盛顿，国会大厦落成时，杰斐逊总统还待在旅馆里。古弗尼尔·莫里斯（Gouverneur Morris）[1] 致信一位法国朋友时写道："我们在这儿只需要房子、地窖、厨房、有学问的男人、令人愉悦的女人，加上少许别的零碎，便可拥有一座完美的城市。"[27]

这些年来，杰斐逊都在孜孜不倦地收藏图书。在费城，他从一系列的书商处购书，其中有杜非夫（Dufief）、赖贝尔特·罗奇（Reibelt Roche）和帕特里克·伯恩（Patrick Byrne）。托马斯·佩恩取代了约翰·斯托克代尔，成了他在英国的书商，但弗鲁莱继续在巴黎为他供书。范达默（Van Damme）是他在阿姆斯特丹的书商，而他从前的助手威廉·肖特（William Short）扮演了他在马德里的代购角色。在巴黎时，杰斐逊曾数次整批买进藏书，回到美国后继续如此。作为一个远近闻名的藏书家，总会有人找他订书，而其通信显示，他经常答应人家的出价。作为一个有权有势的人，他也经常收到很多作者赠送的书，102
他谦恭有礼的感谢函亦为其书信的一大特点。一八〇六年，他接到了一份意想不到的遗赠，那是他"诚挚与敬爱的导师"乔治·威思的藏书。威思死得蹊跷，可能是被一个心怀嫉恨的侄孙下了毒，因为他有意留下部分财产，给一个没有确凿证据的穆拉托人儿子。于是，到了一八一二年，杰斐逊已经拥有美国首屈一指的私人图书馆，藏书超过六千种。

---

[1] 古弗尼尔·莫里斯（一七五二～一八一六），美国政治家和财政专家，美国宪法定稿大部分出于其手。

图三十二：国会图书馆的杰斐逊藏书数种。上面这一本是双语版的西塞罗书信集，有杰斐逊手写的一处勘误。

同样是一八一二年，在詹姆斯·麦迪逊总统的领导下，美国与英国进入了战争状态。这让杰斐逊深为不安，他曾经说过："一个人在一生中有一场战争就够了。"[28] 他后来感到了双重的不安，因为一支美军在上加拿大（Upper Canada）约克（今多伦多）的议会大厦纵火，烧毁了档案和藏书，促使英国人寻机报复。一八一四年九月，英军在华盛顿火烧白宫和国会大厦，焚毁了国会附设的图书馆。杰斐逊的第一个反应，是提议付钱给伦敦的纵火犯，烧一烧英国的房子，但几经考量，他决 103
定拿出自己的藏书入替，条件是保持其完整性，而且要按照国会的估价，向他付钱。

国会要有图书馆的立意始于一七七四年，第一届大陆会议的代表们确保了从费城图书馆公会（Library Company of Philadelphia）借阅的特权，一七八九年，又是一纸协议，保证了首届美国国会对纽约协会图书馆（New York Society Library）的使用权。人们明白这只能是权宜之计，正式建馆要等到一八〇〇年首都迁到华盛顿之后。当年四月二十四日，约翰·亚当斯签署了迁都法案，其中也包括立法建立一座国会图书馆，并拨款五千美元用于购置图书和可以容纳这些书的合适房舍。第一处馆址位于新国会大厦楼上的一间屋内，一八〇二年，已经身为总统的杰斐逊致信主管建设的委员会负责人，就应该收纳什么样的书谈了自己的想法：“我已经准备了一份目录……与您的见解相同，用于消遣的书不在这一范围之内”，还应回避“那些古往今来令人赏心悦目的书，这些书绅士们通常会私下收藏，可是在只以参考为目的的藏书中，是不可能有它们的一席之地的”。[29]

重要的问题是，新的国会图书馆是否应该成为一座实用型的图书馆，抑或一座为会员服务的“公共图书馆”，就像城市里那些集资型图书馆一样，又或者是一座国家图书馆，服务于华盛顿的联邦政府，收纳文化和历史档案。一八〇〇年，“公共图书馆”的选项得以采纳。一位英国书商运来了一百五十二种、共七百四十册书，装在皮箱里，这一点是出于他体贴周到的建议，因为皮箱比木头箱子强，可以转手卖掉。到一八一二年，馆藏已增加到九百零五种，共三千册书，几乎全部是在英国出版，从英国运来的，但其中最大的一笔花销，当属狄德罗（Diderot）三十五卷本的《百科全书》（*Encyclopédie*）[1]，以二百十六美元购自巴黎。这便是一八一四年被英国人焚毁的那批藏书。

杰斐逊拿出个人藏书的动机无疑是复杂的。从一个纯粹务实的角度来看，此时他已经七十一岁了，而且深陷债务。经国会一个委员会的清点，他的藏书共六千四百八十七册，以开本计价，八开本和十二开本每册一美元，四开本三美元，对开本十美元，共计二万三千九百五十美元。杰斐逊一拿到这笔钱，便用三分之二还清了积欠的债务。可是，这里面毕竟也是有高尚的目的的。杰斐逊心仪一八〇〇年的第三个选项，感到一个新生的国家需要一座卓越的图书馆，要有足以媲美欧洲那些大的国家图书馆的藏书。

104 国家图书馆的理念源自文艺复兴时代的王侯图书馆，如一五〇〇年之前的米兰、佛罗伦萨、那不勒斯和罗马，以及后来的巴黎、慕尼黑、维也纳、海德堡和埃尔埃斯科里亚尔（Escorial）[2]。[30] 英格兰动作迟缓。一五五六年，藏书家约翰·迪博士上书女王玛丽·都铎[3]，“恳请回收和保存古代作品和不朽名著”。他表示，通过坚持不懈地搜集，他可以从被解散的修道院内寻获“残存的绝妙藏书和神学著作，连同其他可供收藏的大量科学作品”。迪提议，用来自欧洲大陆的印刷版图书，以及来自“罗马的梵蒂冈图书馆（Vaticana）、威尼斯的圣马可图书馆（S. Marci），以至博洛尼亚（Bonomia）、佛罗伦萨、维也纳等图书馆”[31] 内上品著作的手抄本，来充实这座“皇家图书馆”。也许是顾虑花销问题，女王否决了他的提议，但是迪在他位于莫特莱克

---

[1] 德尼·狄德罗（Denis Diderot，一七一三～一七八四），法国启蒙思想家，一七四五年受托编译钱伯斯版《百科全书》，但他改变了此书的性质，使之成为传播知识和启蒙思想的重要阵地。《百科全书》（*Encyclopédie*）的出版始自一七五一年，至一七七二年才全部完成，持续二十一年之久。

[2] 埃尔埃斯科里亚尔（El Escorial）位于西班牙马德里市西北四十二公里，十六世纪下半叶，腓力二世在此地的圣洛伦索皇家隐修院修建图书馆，收藏四千七百余卷手稿和四万册图书。

[3] 即绰号“血腥玛丽”的玛丽一世。

图三十三：国会图书馆的安德鲁·杰克逊·戴维斯（Andrew Jackson Davis）和斯蒂芬·亨利·金贝尔（Srephen Henry Gimber）一八三二年所作的钢笔画。该馆于八年前开放，纳入了杰斐逊的藏书，位于华盛顿重建的国会大厦正面西侧。

（Mortlake）泰晤士河边的家中，建立了自己的大图书馆，并向学者、政治家和商人们开放。可以说，英格兰的第一座“国立”图书馆乃牛津大学博德利图书馆，一六〇二年开放。据托马斯·博德利爵士（Sir Thomas Bodley）所述，其原则是“设在牛津大学内的公共图书馆”，从一开始，它便有意面向公众，研究生和“上院议员的公子”自然能够正当使用，任何一位“外来的绅士”亦可接洽研读。毫无疑问，这也就意味着它对有教养的和出身优越的人是普遍开放的。

一七五九年开放的大英博物馆图书馆同样如此。社会成员只许在馆员的陪同下翻阅藏书，任何人若想仔细研读，便必须获得许可。尽管阅览室的管理员对满足读者需要的职责感到厌恶，诗人托马斯·格雷仍然是这里的常客，他曾向友人描述此间情状："白天我通常在僻静的阅览室里度过四个小时，谁也不会打扰我，只有研究古籍的斯图克莱博士（Dr Stukeley）过来谈一些无意义的事和咖啡馆的新闻；其他有学问的人（我猜）都在乡下，至少没人来这儿，只有两个普鲁士人，还有一个为罗伊斯顿勋爵（Lord Royston）写东西的人。"[32] 一八一四年新的《版权法案》开始强制实施法定送存制度，再加上一八二三年乔治四世捐赠了其父乔治三世规模宏大的藏书，大英博物馆自此变成了一个极为不同的机构。颇具讽刺意味的是，托马斯·杰斐逊和乔治三世在许多方面意见相左，却都成了本国国家图书馆的奠基人。

杰斐逊向国会移交藏书的提议被不冷不热地接受了。政敌们指出，国家还处在战争状态，而且许多书似乎超出了国会附设图书馆的需要。有位口无遮拦的批评家赛勒斯·金（Cyrus King）声称，杰斐逊的书或将散布他所持的"异教徒哲学"，它们"有好，有坏，也有不好不坏的，有新，有旧，也有一文不值的，用许多人读不懂而大多数人也
105 不该读得懂的那些语言写成"。[33] 投票结果非常接近，仅以十票获得多数，[1] 但众议院同意了购买案。

杰斐逊监督了图书装运工作。此时，这些书保存在蒙蒂塞洛中央穹顶之下所设的藏书室内，装在分离式的组件里，拆开后就成了便携式的书箱。它们卸下来了，正面用木板条钉好，装上四轮马车，这样的马车共有十辆，走上六天，才能到达华盛顿。杰斐逊最初采用与其荐书目录相似的方式，来为自己的藏书分类。他给罗伯特·斯基普威

---

[1] 八十一票对七十一票。

思开列的书单分成了九类，从美术开始，经自然哲学和历史而止于杂 106
著。不过，到了向国会移送藏书的时候，杰斐逊已经采纳了他极为推崇的十七世纪哲学家弗朗西斯·培根设计的方法，根据知识的不同类别来分类。首先分成记忆、理性和想象，杰斐逊又把它们进一步分成了

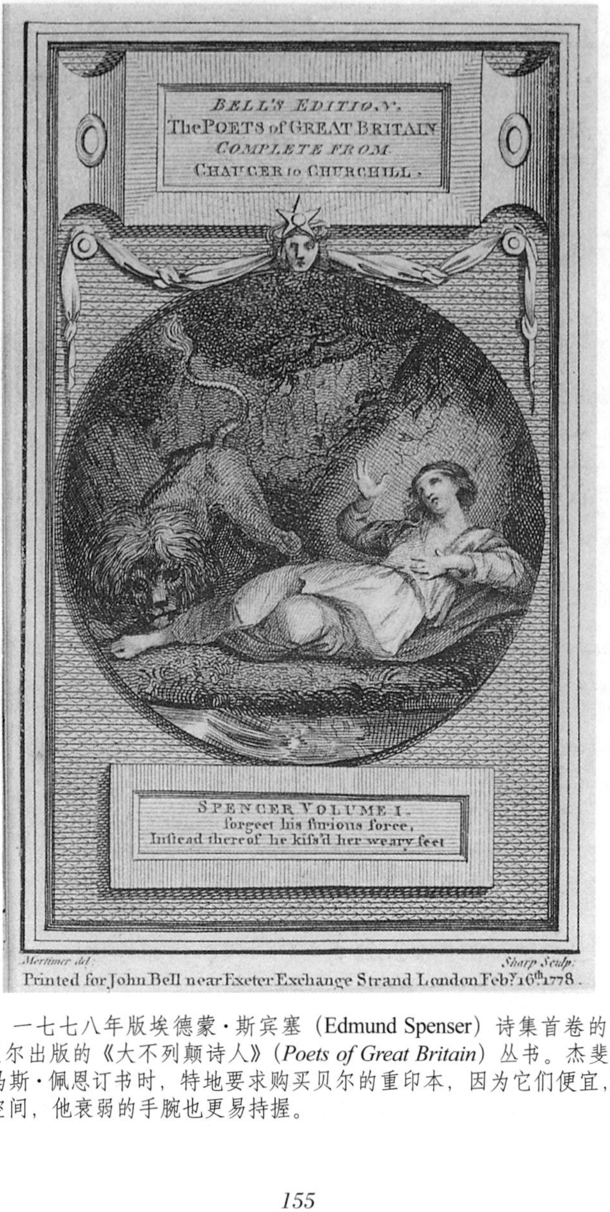

图三十四：一七七八年版埃德蒙·斯宾塞（Edmund Spenser）诗集首卷的扉页，收入约翰·贝尔出版的《大不列颠诗人》（*Poets of Great Britain*）丛书。杰斐逊向其伦敦书商托马斯·佩恩订书时，特地要求购买贝尔的重印本，因为它们便宜，开本小，因此节省空间，他衰弱的手腕也更易持握。

四十四个科目。国会图书馆对此稍加订正，便印成目录了事，于是在此后一百年里，四十四分类系统原封不动，在馆员和学生们中间引起了很多困惑。一八五一年的圣诞夜，馆内突发火灾，这一次虽非英军纵火，杰斐逊的藏书仍有三分之二遭到焚毁。该馆目前还在四下寻书，以求让杰斐逊的藏书重现当年移送国会时的原貌。

虽然蒙蒂塞洛的藏书已经运往华盛顿，杰斐逊却并没有完全与书隔绝，因为他在杨树林（Poplar Forest）还有一座“微型藏书室”，那里是他的种植园，位于林奇堡（Lynchburg）附近，每年他都要去那儿住上几个星期。由于一七八六年在巴黎的时候，他曾手腕脱臼，此后便发现大的对开本和四开本书图书难以使用。一七八八年，他明确知会托马斯·佩恩，要他在有小开本的情况下，一定不要寄来对开或四开的书。他说他喜欢称手的开本，另外的优点是，它们更便宜，占用的空间也少。他非常推崇伦敦书商约翰·贝尔（John Bell）用小开本重印的古典作品，收藏了贝尔出版的《英国诗人》（*British Poets*）和莎士比亚作品（见第 206 页）。此时杰斐逊开始在蒙蒂塞洛重建另一批藏书，他告诉约翰·亚当斯，买这些书将以消遣而非实用为目的。[34] 亚当斯介绍他去找乔治·蒂克纳（George Ticknor），[1] 此人乃达特茅斯学院（Dartmouth）[2] 的毕业生，正要启程前往欧洲，杰斐逊可以让他做图书代购。蒂克纳果然从命，比如说，他为杰斐逊买到了德国出版商印制精良的古典名著。

一八二六年，杰斐逊去世时，他的“退休藏书”已经增加到了九百三十一种，约一千六百册。此外，他还参与了在夏洛特维尔（Charlottesville）创建弗吉尼亚大学的工作。他对这一项目心仪已久，故而满怀热情地投身其中。他亲自勘查校址，布设标桩，和建筑师一

---

[1] 乔治·蒂克纳（一七九一～一八七一），美国作家和教育家，哈佛大学课程现代化过程中的重要人物，著有三卷本巨作《西班牙文学史》（*History of Spanish Literature*）。

[2] 达特茅斯学院（Dartmouth College），位于新罕布什尔州的汉诺威，一七六九年建校。

LETTER from THOMAS JEFFERSON,

To Mr. WEIGHTMAN, late Mayor of Washington.

Monticello, June 24th, 1826.

RESPECTED SIR:

The kind invitation I receive from you, on the part of the citizens of the city of Washington, to be present with them at their celebration on the fiftieth anniversary of American Independence, as one of the surviving signers of an instrument pregnant with our own, and the fate of the world, is most flattering to myself, and heightened by the honorable accompaniment proposed for the comfort of such a journey. It adds sensibly to the sufferings of sickness, to be deprived by it of a personal participation in the rejoicings of that day. But acquiescence is a duty, under circumstances not placed among those we are permitted to control. I should indeed, with peculiar delight, have met and exchanged there congratulations personally with the small band, the remnant of that host of worthies, who joined with us on that day, in the bold and doubtful election we were to make for our country, between submission or the sword; and to have enjoyed with them the consolatory fact, that our fellow citizens, after half a century of experience and prosperity, continue to approve the choice we made. May it be to the world, what I believe it will be, (to some parts sooner, to others later, but finally to all,) the signal of arousing men to burst the chains under which monkish ignorance and superstition had pursuaded them to bind themselves, and to assume the blessings and security of self-government. That form which we have substituted, restores the free right to the unbounded exercise of reason and freedom of opinion. All eyes are opened, or opening to the rights of man.— The general spread of the light of science has already laid open to every view the palpable truth, that the mass of mankind has not been born with saddles on their backs, nor a favored few, booted and spurred, ready to ride them legitimately, by the grace of God. These are grounds of hope for others. For ourselves, let the annual return of this day, forever refresh our recollections of these rights, and an undiminished devotion to them.

I will ask permission here to express the pleasure with which I should have met my antient neighbours of the city of Washington and its vicinities, with whom I passed so many years of a pleasing social intercourse; an intercourse which so much relieved the anxieties of the public cares, and left impressions so deeply engraved in my affections, as never to be forgotten. With my regret that ill health forbids me the gratification of an acceptance, be pleased to receive for yourself, and those for whom you write, the assurance of my highest respect and friendly attachments.

TH: JEFFERSON.

图三十五：托马斯·杰斐逊最后一封信的印刷件。此信写给华盛顿市长，表达了无法参加美国独立五十周年庆典的遗憾。杰斐逊确于纪念日当天去世。他的信印成了单页寓言画，图中的自由女神正在向四大洲展示印刷艺术。前景有一堆书和一个卷轴，用以颂扬印刷业的先驱。

起绘制图纸，以罗马万神殿为原型，给图书馆选定了一座圆形大厅。他设计课程，挑选教师，从欧洲引进了许多学者。他写道，这所大学将“建立在人类思想的无限自由之上。在这里，我们不惧怕追随真理，无论它把我们引向何方，我们也不会长久地容忍错误，因为理性必将与之战斗”。[32] 他对这所大学的自豪之情，可见于他为自己所写的墓志铭：“《独立宣言》和《弗吉尼亚宗教自由法令》作者，弗吉尼亚大学奠基人。”

107 约翰·亚当斯听说杰斐逊将把藏书移送国会之后，便写信给他：“我羡慕你得到了这个不朽的荣誉。”[33] 这句话也许略带讽刺，因为两人
108 之间有过非常不愉快的回忆，曾因公务和私事吵翻，而亚当斯本人的藏书也颇为精良。不过到了晚年，他们的友谊得以修复，并迎来了迟到的发展，他们给对方写信，谈书，谈他们对作家的看法，从柏拉图谈到同辈。托马斯·杰斐逊和约翰·亚当斯这两位爱书之人，两位国父，死在了同一个夜晚，那一天恰好是一八二六年的七月四日。[1]

[1] 七月四日是美国的独立日。

第五章 建造一座图书馆：约翰·索恩爵士的藏书

一八三七年一月二十日，约翰·索恩爵士（Sir John Soane）的 109
死讯宣布时，他已是英国顶尖的建筑师，作品包括英格兰银行（Bank of England）这样重要的国家机构，也有乡村住宅、达利奇（Dulwich）美术馆精致的墓室，以及他本人位于林肯律师学院广场的住宅。他是皇家艺术学院（Royal Academy）院士，皇家学会的会员，帝国爵士，家财万贯，又有很高的社会地位。但这故事开始的时候并非如此，八十四年前他出生时，家境寒微，只是一介凡人约翰·索恩。

《不列颠百科全书》(*Encyclopaedia Britannica*) 虽然是苏格兰启蒙运动的产物，却在关于教育的论述中令人心寒地宣称："对生来就要在这种卑微的境遇中度过一生的青年，要让他认真受教，将诚实和勤奋视作至关重要的美德。要让他明白，财富和名望难以带来优越的幸福感，以此教育他对自己的命运感到满足。"[1] 索恩通过获取学问和书本知识，向这种知足认命的观念发起了挑战。他洞见到自己的历史地位，因而建立起一份精良的收藏，其中不仅有书，还有与之相关的备忘录，以此创办了一座独一无二的档案库，连同其伦敦的房产，一并遗赠给国家。结果，我们今天对他怎样购买图书，又是如何一步步完备其收藏的过程了如指掌。但是说到财富和名望的苦果，《不列颠百科全书》

里的文字也确有一种伊卡路斯（Icarus）[1]式的警告，索恩果然收获了许多争吵和愁苦，专业领域如此，个人生活亦然。

约翰·索恩生于一七五三年九月十日，虽然洗礼记录已经失传，但他大概生在伯克郡的巴西尔登（Basildon）。他父亲也叫约翰，职业是泥水匠，似乎受某种财务危机所累，使家庭突然陷入穷困。一八三五
110 年，索恩私下出版了回忆录，而写作此书之时，他对早年生活多有保留，所以我们不清楚他的教育情况，不过，他对那些“配得上的人”的乐善好施，对“不配”之人毫不留情的敌意，似乎表明，他也许接受过某种形式的施舍。他也曾让自己改头换面，一七八四年，他在自己的姓氏后面加了个“e”，而且连早年间的签名也统统改正，以求前后一致。

约翰·索因（John Soan）有四个兄弟姐妹得以存活，检视他最初的藏书，便可发现，他们曾经传阅过文学作品。因此，在一本一七六〇年出版于伦敦、乔治·费希尔（George Fisher）所著《指导员，又题青年良伴》（*The Instructor or Young Man's Best Companion*）一书的飞页上，写有如下题字：“约·索恩”[恩字是后改的]，一七六七年 / 苏珊娜·索恩［恩字是后改的］之书。/ 兄约·索恩［恩字是后改的］赠，/ 得自姐德博拉·索因，/ 她于一七六六年七月十三日亡故，享寿二十二岁五个月三天，/ 一七六七年七月二十七日葬于 / 萨里郡 / 吉尔福德（Guildford）上教堂。”

若将约翰·索恩与政治记者、作家威廉·科贝特（William Cobbett）的早年岁月作一番比较，想必十分有趣。科贝特小他十岁，生于萨里郡的法纳姆（Farnham），乃一位中农之子。他在自传中讲述的实情远远多过索恩，书中描写了他在法纳姆城堡做园丁期间，曾前去参观

[1] 在希腊神话中，建筑师代达罗斯（Daedalus）用蜡和羽毛为自己和儿子伊卡路斯做成翅膀，逃离克里特王弥诺斯（Minos）的监狱，但伊卡路斯飞得太靠近太阳，翅膀融化，坠海身亡。

丘植物园（Kew Gardens）[1]，“口袋里只有十三个半便士”。在里士满，他发现了一本乔纳森·斯威夫特的《一只澡盆的故事》（*A Tale of a Tub*），摆在书店的橱窗里，标价三便士：“书名如此古怪，激起了我的好奇心。我倒是有三便士，可那样一来，晚餐就没了。”买下这本书让他饿了肚子，但他一直读到天黑。虽然拉丁文的格言警句和文学掌故让科贝特摸不着头脑，他却发现，斯威夫特对不同教会的讽刺使他大受震动，犹如“开窍”，终生难以忘怀。[2]

我们永远也不会知道约翰·索恩是否也曾经历过这样的一个大马色时刻（Damascene moment），[2] 但他必为嗜读之人。家人看在眼里，便尽力为他提供其兄弟姐妹不曾享有的教育。理查德·奥尔蒂克（Richard Altick）在其名作《英国普通读者》（*The English Common Reader*）[3] 中，为教育系统绘出了一幅令人沮丧的图像，英国内战对此造成的破坏仍然有待恢复：“到十七世纪末，‘等级’观念已固化为一种严格的社会态度范式，身份感强了，而且无处不在。”[3] 有钱的和出身好的人既可以享受男女家庭教师的关照，也可以上公立学校。文法学校继续提供传统的人文教育，但其质量有高有低，甚至相差巨大，只有那些财大气粗的学校才有能力把它们最聪慧的学生送进牛津和剑桥。大多数男童只能在又小又破的学校接受聊胜于无的教育，这里盛行的观念是沉闷刻板的体制来维持现状。丹尼尔·笛福（Daniel Defoe）称之为“从属的铁律”：引诱穷人自行努力以求地位的提升，这在道德上是罪恶的， 111
在政治上也是危险的。

书商詹姆斯·拉金顿将在日后把约翰·索恩纳入顾客之列，他在其

---

[1] 正式名称是丘皇家植物园（Royal Botanic Gardens, Kew），位于伦敦里士满区，原为王家园林，一八四一年划归国家所有。

[2] 大马色时刻，典出《新约·使徒行传》扫罗（保罗）归信的故事，指突然的悟道。

[3] 理查德·奥尔蒂克（一九一五～二〇〇八），美国文学理论家，长于维多利亚时代的研究，所著《英国普通读者：一八〇〇年至一九〇〇年大众阅读社会史》（*The English Common Reader: A Social History of the Mass Reading Public 1800–1900*）出版于一九五七年。

自传内就提供给穷人的教育机会作出了生动的描写。[4] 他于一七四六年生在萨默塞特郡的惠灵顿（Wellington），乃十一个孩子中的老大。他父亲是个鞋匠，最终成了酒鬼，但幸运的是，作为家中的长子，詹姆斯得以进了学校，每星期的开销是两便士。“我上了两三年日校，由一位老妇人打理；我凭记忆复述了《新约》里几个章节，便看到几位上了年纪的太太惊讶地举起手，瞪大眼睛，据此断定我是知识神童，我清楚地记得那时我有多么自豪。”[5] 最后他还是不得不离开，读不下去了，因为他母亲连这笔小钱也出不起。拉金顿没有成为文盲，要多亏循道宗[1] 教友出手搭救，在十八世纪的英格兰，许多人也受到了同样的帮助。他曾给一个鞋匠做学徒，在鞋匠一个儿子的帮助下学会了认字，通过研习圣经、约翰·卫斯理（John Wesley）的圣诗和宣传册提高了阅读能力，这些书都是在月光下读完的，因为不允许点蜡烛。

鉴于拉金顿晚年的情况，人们也许会质疑他夸大了自己贫寒的出身，可是有很多人也经过相似的人生轨迹。例如，索恩的密友约翰·布里顿（John Britton）[2] 便曾在自传中描写过自己的上学经历。他是威尔特郡一个面包师的儿子，在小村庄金顿圣米迦勒（Kington St Michael）长大，据他回忆，直到一七八〇年，伦敦发生戈登暴乱（Gordon Riots），[3] 引得众说纷纭，好奇心大增之后，村里才有报纸和杂志可买。他回忆了许多教过他的师长，其中有位女教师，自称要“启迪青年的思想”，可他们主要还是让儿童“免受毒害”。他从角帖书上学会了“十字格”（Chris-cross-row），上面有大小不一的字母表，九个罗马数字，九个阿拉伯数字。[6] 靠着这种可以追溯到中世纪的辅助工具，他

[1] 循道宗由约翰·卫斯理（一七〇三～一七九一）为在圣公会内部改革而创办于十八世纪的英国，尤其关注劳工阶级，

[2] 约翰·布里顿（一七七一～一八五七），英国古文物学者、作家和编辑。

[3] 一七八〇年六月二日，乔治·戈登勋爵（Lord George Gordon，一七五一～ 一七九三）率众前往议会呈递反对一七七八年《天主教解救法》的请愿书，引发为期一周的暴乱，死伤近五百人。

迈入了大千世界。

有鉴于此，约翰·索恩的求学道路真可谓幸之又甚。他进了雷丁的一所私立学校，由威廉·贝克（William Baker）管理，当时有人称之为“人文和数学教育重镇”。他必定在此学到了基础课程——数学、语文，可能还有拉丁语。他的藏书中有两本拉丁语教材，其中一本的飞页上模模糊糊地题着“约·索因，一七六七年”。无独有偶，托马斯·弗罗格纳尔·迪布丁（Thomas Frognall Dibdin）[1] 也曾就读于贝克及其女婿约翰·曼（John Man）门下，后来在其《回忆录》(*Reminiscences*）中忆及，他的“爱书癖”正是因为在学校期间可以接触到大量的书而养成的（见第 169 页）。

索恩的父亲在一七六八年亡故后，他便搬去彻特西（Chertsey），112
与哥哥威廉同住。据 E. W. 布雷利（E.W. Brayley）[2] 在其《萨里郡志》(*History of Surrey*）中记述，威廉是个“不识字而且坏脾气的兄长……终其一生，都是个艰难度日的泥水匠”，还说约翰本该帮他提灰浆，却蹲在梯脚看起书来了。[7] 这样形容威廉是非常不公平的，他虽然没有多少文化，却肯定能读能写，曾把数学和算术方面的书传给了弟弟，如约翰·罗伯逊（John Robertson）所著、一七六五年出版的《测量通论》(*Compleat Treatice of Mensuration*)。更有甚者，他像一位领路人，把约翰引见给了测量员詹姆斯·皮科克（James Peacock），此人乃建筑师小乔治·丹斯（George Dance the Younger）[3] 的左膀右臂，于是在十五

---

[1] 托马斯·弗罗格纳尔·迪布丁（一七七六～一八四七），英国目录学家，著有《希腊和拉丁古典作品稀有和珍贵版本入门》(*Introduction to the knowledge of rare and valuable editions of the Greek and Latin Classics*)、《斯宾塞藏书目录》(*Bibliotheca Spenceriana*)、《法德寻书观光记》(*Bibliographical, Antiquarian and Picturesque Tour in France and Germany*) 及《爱书癖》(*Bibliomania*）等。

[2] 爱德华·韦德莱克·布雷利（Edward Wedlake Brayley，一七七三～一八五四)，英国古文物学家和地志学者，著名地理学家爱德华·威廉·布雷利（一八〇一～一八七〇）的父亲。

[3] 小乔治·丹斯（一七四一～一八二五)，英国建筑师，伦敦大规模重建工程的主事者，皇家艺术学院的创办人之一，其设计作品中以伦敦纽盖特监狱最为著名。

岁时，约翰已经受雇于丹斯了。此时，丹斯的住宅兼事务所位于芜田和奇斯韦尔街（Chiswell Street）的拐角处，即今日伦敦所称的瓮城（Barbican）一带。他刚刚继承了父亲的职位，担任伦敦市规划与建筑督办，也是新成立的皇家艺术学院的院士，系其三十六位创始成员中的五位建筑师之一。索恩可谓吉星高照，因为丹斯喜欢宴饮交际，精通音乐，还有一批精良的藏书。

索恩在丹斯家的身份如何，现在很难精确评判。相关的情况主要来自约瑟夫·法林顿（Joseph Farington），此人爱说闲话，且怀恨在心，声称索恩的工作是擦鞋。这大概是实情，因为他肯定是从“低位”起步的，但这也说明了乔治·丹斯对他关怀有加，因为不久之后，丹斯谋得伦敦市外的首份差事，为托马斯·格内尔（Thomas Gurnell）改造伊灵（Ealing）的皮尚杰庄园（Pitshanger Manor）时，便让索恩做了帮手。索恩是个非常念旧的人，一八〇〇年，他从格内尔的后人手中买下皮尚杰之后，特地保留了丹斯所做的工程，以志纪念，表明对提携者的忠诚。

丹斯帮助索恩完善了制图技术，可以看出后者在建筑图纸上的自信与日俱增。通过一个可能由詹姆斯·皮科克设计的规划，可以推断出索恩在培训期的某些情况。那是一七七三年，有篇题为《建筑师资质与责任刍议》（*Essay on the Qualifications and Duties of an Architect*）的发章发表了，其本意是为陷入困境的丹斯开脱，起因则是某个为纽盖特监狱工作的石匠使用了劣质建材。但该文也建议推行通识教育，让五到十五岁的少年儿童学习绘画、数学、古典文学和法语，再经两到三年的立约学徒期，师从一位杰出的建筑师，由他来教授建筑学的规则，辅以力学和测量学领域其他名师的培训。有些法语课程是为日后的旅行便利而准备的，因为经过初期的培训之后，最好遵照如下建议：“青年人此时游历法国和意大利等，全面考察古代建筑的遗迹……
113 现代的建筑作品，将它们与古代建筑做比较，标出不同之处，并且要基于两者，在他本人的设计中加以改进。”8

这一规划无疑反映了那些出身高贵、家境富有的青年建筑师们所心仪的教育，丹斯本人便是如此，而约翰·索恩却要从零开始。可他确也从这篇文章中得到了一句箴言：“运用一切机会提高自己；不要让优雅艺术或科学中任何一点灵巧之处逃过你的注意，它们有可能派上用场。”9 靠着微薄的薪水，索恩开始买书了，这反映出他上进心切，既要在建筑师的专业上，也要在个人社交生活中提高自己。于是在一七六九年，他买了霍尼（Hawney）的《测算大全》（*The Compleat Measurer*），来帮助自己计算建筑材料的价钱和数量，也买了约翰·沃德（John Ward）的《青年数学家指南》（*The Young Mathematician's Guide*）。为了提高自己的知识品味，他买了约翰·霍姆斯爵士（Sir John Holmes）所著的希腊语文法书《哲学文法》（*The Philosophical Grammar*）、维吉尔和奥维德的作品，以及彼得·马格南特（Peter Magnant）的《法语助学》（*The French Scholar's Assistant*），书中题有一七七二年的字样。相对而言，这些书还算便宜，贵的是那些建筑学专著，有些是市场上最昂贵的图书，他肯定力不能及。不过，他确曾拥有一本罗兰·弗雷亚尔·德·尚布雷（Roland Fréart de Chambray）[1] 的《古今建筑比较》（*A Parallel of the Antient Architecture with the Modern*）。

大概是在丹斯的鼓动下，索恩到皇家艺术学院附校报了名，并于一七七一年十月入读。学校位于斯特兰德的老萨默塞特府（Old Somerset House），免费授课，经费来自每年举办的展览，若有赤字，通通由国王补足。建筑学的学生们免于绘画练习的课业，白天在实习的事务所工作，到了晚上才去听课，上图书馆。威廉·钱伯斯爵士（Sir

[1] 罗兰·弗雷亚尔·德·尚布雷（一六〇六～一六七六），法国建筑理论家，本人并不执业，而以著述立世，也是第一个将帕拉第奥《建筑四书》全文译成法语的人。

William Chambers）[1] 做财务总管，拨款购买他认为适合图书馆的书籍。入冬以后，索恩便得以在星期一晚上去上建筑学教授托马斯·桑比（Thomas Sandby）的课，并利用图书馆的资源，从那些超出他购买能力的建筑学图书中，整段整段地抄录。

第二年，即一七七二年，他从丹斯的事务所转到了大名鼎鼎的建筑商亨利·霍兰（Henry Holland）[2] 门下。按照他自己的说法，这次跳槽是为了学习霍兰掌握的实践知识，并且得到了乔治·丹斯的“批准”。法林顿旧习不改，再度抹黑此事：“建筑师索恩本为乔治·丹斯的小厮，喜绘画，为丹斯所见，遂加鼓励。对他从前在丹斯事务所的境遇，很多年轻人记忆犹新，说起来相当不堪。于是他转投建筑师霍兰，做了他的监工。”10 事实上，这是索恩高升的一步，因为他的年薪达到了六十英镑，几乎相当于伦敦商行的办事员有望得到的最高工钱。不仅如此，
114 霍兰及其岳父、景观设计师潜能布朗（Capability Brown）[3] 对索恩颇为开明，允许他使用他们个人的藏书，其他建筑师，如罗伯特·亚当和威廉·钱伯斯爵士，显然也曾如此善待他。这是个非常小的世界，索恩又是这样一个才华横溢的青年。在霍兰门下工作期间，索恩的翅膀很快就展开了。他对莎士比亚戏剧的终生热情从此开始，又于一七七七年购得约翰·范布勒爵士（Sir John Vanbrugh）[4] 的戏剧集一卷。他买

---

[1] 威廉·钱伯斯（一七二三～一七九六），英国折中主义建筑师，推崇帕拉第奥，一七六八年参与创办皇家艺术学院，并出任第一任财务总管。他早年到过广州，一七五七年出版了《中国建筑设计》（*Designs of Chinese Buildings*）一书。

[2] 亨利·霍兰（一七四五～一八〇六），英国新古典主义建筑师。

[3] 兰斯洛特·布朗（Lancelot Brown，一七一六～一七八三），英国最著名的园林设计大师，与凡尔赛宫设计师安德烈·勒诺特尔（André Le Nôtre）整齐划一的风格不同，布朗崇尚天然而不事雕琢的景观。由于常说一个地方有“潜能”（capabilities），“潜能布朗”因此成了他的绰号。

[4] 约翰·范布勒（一六六四～一七二六），英国建筑师和喜剧作家，年轻时因英国特务之嫌被投入巴士底狱，狱中写出第一部喜剧初稿。在建筑方面，他自学成材，与大建筑师克里斯托弗·雷恩（Christopher Wren）的助手尼古拉斯·霍克斯穆尔（Nicholas Hawksmoor）合力将英国的巴洛克风格发展到了顶峰，人称“沉重式”。

了一系列的小说，包括奥立弗·哥尔德斯密斯（Oliver Goldsmith）[1]的《威克菲尔德的牧师》（*The Vicar of Wakefield*），塞缪尔·理查森的《克拉丽莎》（*Clarissa*），卢梭的《朱莉，又题新爱洛绮思》（*Julie, ou la nouvelle Héloïse*），以及斯摩莱特所译勒萨日（Le Sage）的《吉尔·布拉斯》（*Gil Blas*）。[2]

一七七六年，索恩赢得了皇家艺术学院的金奖，从而有资格申领前往罗马访学三年的奖学金，并于次年拿到了这笔钱。他在日后忆及启程前往意大利时写道："啊，那是个明媚的日子，乘着新羽的翅膀飞翔！"11 事实上，这趟激动人心的旅程差一点儿不及开始，便告结束，因为他离开英格兰时，正赶上战争爆发。[3] 劳伦斯·斯特恩（Laurence Sterne）[4] 有过相似的经历，在《在法国和意大利的感伤旅行》（*A Sentimental Journey Through France and Italy*）一书中，他写道："我冒冒失失离开伦敦，从未想到我们在跟法国打仗；……没有通行证根本到不了那边。"12 索恩于五月二日一抵达罗马，便根据丹斯给他的联络方式，前往西班牙广场（Piazza di Spagna）的英国咖啡馆，在此与德里主教弗雷德里克·赫维（Frederick Hervey）晤面。

赫维后来成了第四代布里斯托尔伯爵，故而以伯爵主教为后人所知，实系怪人之家里一个特别怪异的人物。也许对他最贴切的描述，便是喜欢戏弄别人：当他的主教辖区内有个年俸优裕的位置出现空缺

---

[1] 奥立弗·哥尔德斯密斯（一七三〇～一七七四），英裔爱尔兰散文家、诗人、小说家、剧作家和怪杰，以一七六二年的系列散文《世界公民，又题一个中国哲学家的信》（*The Citizen of the World, or, Letters from a Chinese Philosopher*）最为知名。

[2] 阿兰－勒内·勒萨日（又拼 Alain-René Lesage，一六六八～一七四七），法国讽刺剧作家，一七一五年至一七三五年发表的流浪汉小说《吉尔·布拉斯》是他最著名的作品。

[3] 指一七五六年至一七六三年的七年战争，一方是普鲁士、汉诺威和英国的联盟，另一方是法国、奥地利、萨克森、瑞典和俄国的联盟。英国是此战最大的赢家，战后获得了法属加拿大和密西西比河东岸，又以所占古巴从西班牙手中换取了佛罗里达，并将法国逐出了印度，但英属北美殖民地对承担战费不满，最终导致了美国的独立。

[4] 劳伦斯·斯特恩（一七一三～一七六八），爱尔兰出生的英国小说家，以《在法国和意大利的感伤旅行》和《项狄传》最为人所知。

时，他便请来手下最胖的教士，给他们安排丰盛的宴席，却在饭后提出，要他们为了职位赛跑。这些倒霉蛋们被逼无奈，腹中饱满地跑起步来，更有甚者，比赛是在沙滩上进行的。迪普雷（Du Prey）对索恩在意大利期间的活动多有研究，他在著作中感到，赫维对索恩怀有发自内心的友善。[13] 他送给索恩一册帕拉第奥的著作，封皮上有他烫金的主教纹章，索恩亦在书中题记："德里主教赠约·索因［索恩后来把因改成了"恩"]，罗马，一七七八年十月。"大约在同一时间，赫维还送了他一本贝尔纳多·加利亚尼（Bernardo Galliani）所译维特鲁威（Vitruvius）的《建筑十书》(*De Architettura*)，[1] 一七五八年版。

这两件非常慷慨的赠礼自有其目的，意在让年轻的建筑学子领略正确的审美之道，一如古人之所宗，安德烈亚·帕拉第奥之所倡。索恩与主教大人同游西西里，探访卢库卢斯（Lucullus）[2] 的别墅，置身于此间阿波罗神庙的废墟，共尝新鲜的鲻鱼，这一切不禁让他畅想将来，或许可以把主教作为靠山。孰料这一番欢愉，事后证明不过是场春梦。当索恩动笔撰写其《回忆录》(*Memoirs*）时，曾这样写道："如今经验已经给过我教训了，让我明白，对德里主教勋爵的华丽许诺和辉煌的哄骗，我曾高估到何种程度。在心灵深处，我受创甚巨，沮丧至极，
115 元气大伤而一蹶不振。"[14] 到头来，小马森登庙（Mussenden Temple）的设计工作交给了一个爱尔兰人，名叫迈克尔·沙纳汉（Michael Shanahan)，它坐落在北安特里姆（Antrim）的海岸，在赫维位于唐希尔（Downhill）的庄园里，而他在萨福克郡伊克沃思（Ickworth）那幢非凡的圆屋，也是按照意大利建筑师马里奥·阿斯普鲁齐（Mario Asprucci）的图纸建造的。索恩失去的不只这两处工程，还有他难以

[1] 维特鲁威（主要活动于公元前一世纪），全名马可·维特鲁威·波利奥（Marcus Vitruvius Pollio)，罗马建筑师和工程师，所著《建筑十书》后来在文艺复兴、巴洛克古典化和新古典主义时期，成为古典建筑的经典名著。

[2] 卢库卢斯（约公元前一一七～前五十七或五十六)，罗马将军。

承受的金钱损失，但他确曾感念伯爵主教送书的心意，在威廉·欧文（William Owen）一八〇四年为他绘制的一幅肖像中，赫维所赠的那本维特鲁威作品亦在背景中出现。

不过就工程而言，索恩居停意大利期间有过往来的其他人，日后可谓硕果累累，一俟他回到英国，便开始寻求实操建筑设计的机会。妻子也进门了：一七八四年八月二十一日，他娶了伊莱扎·史密斯（Eliza Smith）。她是伦敦建筑商乔治·怀亚特（George Wyatt）的外甥女，不仅熟知建筑行业的门道，还受过教育，聪慧过人。她去世之后，《绅士杂志》刊登讣闻，描述了她充沛的精力和文学天赋，称之为 116
“塞维尼（Sevigné）、[1] 沃斯通克拉夫特或蒙塔古[2] 亦难超越的书信作家”，并述及她在餐桌上，纵然置身于“著名的艺术家、文人和科学界的名流们”中间，依然能够保持泰然自若，发表明智的，且常常一锤定音的见解。此外，“对那些通常被人称作上流社会淑女之道的东西，她嗤之以鼻，并且一语中的地指出，那些东西是刻意营造的，就是为了把女人变成男人的玩偶或傀儡——可以亵玩之物，而不是丈夫们的伴侣。”

索恩此时已坚决使用“恩”字。起初，夫妇俩住在牛津街的路北，迎来了两个儿子约翰和乔治的降生。一七八九年，索恩开始着手他的第一个，或许也是他最重要的项目——英格兰银行的设计工作。他的好运道似乎一发而不可收，伊莱扎的舅舅乔治·怀亚特死了，留下一笔遗产，让小两口一下子变得衣食无忧。索恩花了两千一百英镑，买下了林肯律师学院广场十二号的产权，在拆除此地十七世纪旧屋的同时，

---

[1] 塞维尼侯爵夫人玛丽·德·拉比丹－尚塔尔（Marie de Rabutin-Chantal, marquise de Sévigné，一六二六～一六九六），法国作家，其书信描述新闻、轶事和日常生活的细节，为书简类作品的典范。

[2] 当指玛丽·沃特利·蒙塔古夫人（Lady Mary Wortley Montagu，一六八九～一七六二），英国当时最富个性的女人，多才多艺的作家，尤以发自英国驻君士坦丁堡大使馆的五十二封书信闻名，这些信一七六三年后以未经授权的抄本流传于欧洲各国。

图三十六：约翰·索恩像，威廉·欧文绘于一八〇四年。索恩手持一本安托万·德戈代（Antoine Desgodets）的《罗马古建筑》（*Les Edifices Antiques de Rome*）[1]，打开的一页乃蒂沃利（Tivoli）的灶神庙（Temple of Vesta）。背景是画家所绘维特鲁威的著作，此乃索恩在意大利期间，德比主教弗雷德里克·赫维送给他的礼物。

开始设计和建造自己的家。林肯律师学院广场北邻霍尔本高街（High Holborn），处在理想的中心地带。它离皇家艺术学院所在的萨默塞特府很近，距皇家学会和古文物学会（Society of Antiquaries）也不远。由于离伦敦市区和威斯敏斯特远近相同，索恩便可以在他的多个建筑工地之间往返。他和伊莱扎都是剧院的常客，这样也方便他俩四处看戏。

[1] 安托万·德戈代（一六五三～一七二八）精确测绘而成的《罗马古建筑》一书于一六八二年出版于巴黎。

附近还遍布着咖啡馆和小酒馆。一七九一年，他加入了建筑师俱乐部，其成员择定共济会酒馆（Freemasons' Tavern）[1]聚会，讨论共同关心的问题。此外，他还是科文特加登皮亚扎（Piazza）咖啡馆的常客。伊莱扎的日记里写满了在牛津街及周边、斯特兰德、向西至保尔茅街、向东到伦敦市区的购物点滴，毫无疑问，约翰和伊莱扎都是逛书店的好手。

约翰·索恩在日记账和笔记本内做了事无巨细的记录，买书之事有时就夹在给母亲的外科医生付费，以及买香肠和伞的记载之间。十八世纪九十年代的时候，他并不总是记下书商的名字，但一八〇〇年之后便开始一一注明，还会附上一份购书图示，以供考证，其中提到了五十余家伦敦书商，外加十余个装订匠、印刷商和文具店主。诚然，这份记录覆盖的只是半个世纪的购书活动，却仍然是一个庞大的数字，令人惊奇之处，不仅在于一个人光顾了如此之多的书店，还在于如此之多的书店并存于同一座城市。然而，约翰·布里顿在一八五〇年所写的自传中，曾就集中于圣保罗教堂园和舰队街的伦敦图书业提供了一份指南，而且提到了更多索恩不曾光顾的书店。此外，皮卡迪利自然也有书商营业，还曾卖书给托马斯·杰斐逊，以及他的朋友们。威廉·布莱克（William Blake）[2]于一八〇〇年来到伦敦时，便为书店之多而大大地惊讶，声称卖书的比卖肉的还多呢。[15]情况未必如此，但约 117
翰·彭德雷（John Pendred）在其一七八五年所著的出版业指南《伦敦及乡村印刷商、书商和文具商手册》（*The London and Country Printers, Booksellers and Stationers Vade Mecum*）中，开列了六百五十余家和出版业有关的伦敦商号。

---

[1] 共济会酒馆位于伦敦大女王街共济会礼堂前。一八六三年十月二十六日，世界上第一个足球协会——英格兰足球总会也是在此成立的。

[2] 威廉·布莱克（一七五七～一八二七），英国诗人、画家和版画家，著有《天真之歌》（*Songs of Innocence*）和《经验之歌》（*Songs of Experience*）。

约翰·布里顿经历了前途晦暗的人生起步之后，于十八世纪八十年代后期来到伦敦，进了克拉肯韦尔绿地（Clerkenwell Green）的耶路撒冷酒馆（Jerusalem Tavern），给一位酒商做徒工，直到遇见一位表盘画工，才时来运转，此人成了他的精神导师，借书给他，也送书给他，还介绍他认识了罗素会（Russell Institution）[1] 图书馆馆长 E. W. 布雷利。他和布雷利合写了一首便士歌谣[2]《几尼猪》(*The Guinea Pig*)，讽刺对发粉征收的几尼税。[3] 有位知名的歌谣纸印刷商迅速加以盗印，配上一头出自木版画大师托马斯·比伊克（Thomas Bewick）刀下的猪，出版后卖了七万份。此乃布里顿出版生涯中一次小小的失手，但他与布雷利的合作开始兴旺发达，此后他们印行了大量图书，如《英格兰和威尔士览胜》(*Beauties of England and Wales*）与《建筑遗迹》(*Architectural Antiquities*)。[4]

约翰·布里顿与友人托马斯·里斯（Thomas Rees）合作，分析了一八五〇年伦敦出版业的状况。里斯将书商分为三类：

> 第一类均为出版商，其销售活动局限于自家的店。第二类可称作图书货商，主营批发，负责与外郡书商开展广阔而重要的贸易，也是大规模的出版商，同时出版时事类和评论类的杂志，以及面向大众的文学和科学作品，这些书开本更大，重要性更强，而且制图昂贵。第三类主要是零售商，大多数经营旧书，但在某

[1] 全称罗素文学和科学知识促进会（Russell Institution for the Promotion of Literary and Scientific Knowledge）及罗素文学科学会（Russell Literary and Scientific Institution），一八〇八年以私募会员制成立于伦敦。

[2] 便士歌谣（penny ballad）相当于此前所述的歌谣纸。

[3] 发粉税案于一七九五年五月五日开始实施，发粉使用者须前往税局登记，并按每年一几尼缴税。由于发粉用量剧减，税案遂于一八六九年废止。

[4]《英格兰和威尔士览胜》出版于一八〇一至一八一五年，以郡志形式共出十八卷；《建筑遗迹》系列如于一八〇五年至一八一四年出版的九卷《大不列颠建筑遗迹》，另有《诺曼底建筑遗迹》。

些情况下，也出版一些小册子和相对而言成本很低的图书。[16]

第一类别里有詹姆斯·哈里森（James Harrison），他曾更进一步，把书分成了单行本和编号发行的系列。哈里森以《小说家杂志》（*Novelist's Magazine*）起家，采用双栏的八开本，重印英语流行小说，小批量印装，每周出版，售价只有六便士。他后来又发行了《英国经典》（*The British Classics*），从报刊上摘稿，如《旁观者》、《闲谈者》、《卫报》（*The Guardian*）和《鉴赏家》（*The Connoisseur*）。[1] 哈里森很有营销天赋，凡购买其《普通地理学》（*General Geography*）的读者，均附送一台十二英寸的地球仪。

在里斯的第二类别里，出现了一个熟悉的出版名号：朗文（Longmans）。里斯的兄弟是该社合伙人之一。[2] 大约在一七二六年，该社由托马斯·朗曼（Thomas Longman）创办于吾等天父道的轮船与黑天鹅招牌处，因所持有的希腊语和拉丁语教科书而获得成功。历经
数代，社名已变，到十九世纪初，布里顿和索恩在此购书时，其商号 118
已经改做朗曼、赫斯特、里斯、奥姆和布朗（Longman, Hurst, Rees, Orme & Brown）。不同寻常的是，店内设有旧书部，但也经营大宗的一般性批发业务，向外郡书商和海外市场供货。朗文拥有《爱丁堡评论》（*Edinburgh Review*）的部分所有权，也是该杂志的伦敦出版商，因此有一个稳定的作者队伍，如沃尔特·司各特（Walter Scott）、[3] 罗伯特·骚

[1] 此《鉴赏家》乃十八世纪的英国报纸，不是一九〇一年创办的艺术收藏类杂志《鉴赏家》（*Connoisseur*）。

[2] 一七五四年，托马斯·朗曼（一六九九～一七五五）引入同名侄子托马斯·朗曼（一七三〇～一七九七）做合伙人，后者又于一七九四年与欧文·里斯（Owen Rees）合伙。

[3] 沃尔特·司各特（一七七一～一八三二），苏格兰小说家、诗人、历史学家和传记作者，常被认为是历史小说的首创者和最伟大的实践者。

塞（Robert Southey）[1] 和汤姆·穆尔（Tom Moore）[2]，因此常在吾等天父道宅中聚餐，举办晚会，遍邀各色文人。

《爱丁堡评论》风行一时，影响甚大，约翰·穆雷第二心有不甘，遂于一八〇九年，以其强烈的宗教观念和托利党人政见，在其舰队街三十二号的书店里，创办了《评论季刊》（*Quarterly Review*）。一八一二年时，他已迁至皮卡迪利沿线的阿尔伯马尔街（Albemarle Street）五十号，继续其出版业务，直至二〇〇二年并入霍德头条集团（Hodder Headline）。约翰和伊莱扎·索恩到穆雷的店里买了很多书，在约翰·索恩爵士博物馆所藏的零碎文档中，有些宣传册是和出版物装订在一起的。它们所介绍的既有大众化的图书，如沃尔特·司各特的《玛密恩》（*Marmion*），[3] 标价十二先令，"由巴兰坦（Ballantyne）[4] 以最漂亮的形式印刷，"也有医学书，"旅行者前往大陆时用得上的导游手册"，以及"消闲书和青年指南"。像朗文一样，穆雷也有一个杰出的作家队伍，拜伦勋爵（Lord Byron）和简·奥斯汀（Jane Austen）皆在其中。据约翰·布里顿所称："在社交圈和朋友圈里，在家里也在外面，[约翰·穆雷] 都表现出了令人愉快的谈吐能力；一次又一次地享受着他的风趣和博闻，还有文学明星们作陪，我实在是三生有幸。"17

朗文和穆雷都已成为大型出版企业之际，在里斯第三类别里的书商还主要是零售业者，以批发价购入一册或几册，再转手卖出。此时，

---

[1] 罗伯特·骚塞（一七七四～一八四三），英国诗人、散文家，诗人柯尔律治和华兹华斯的朋友。

[2] 汤姆·穆尔即托马斯·穆尔（Thomas Moore，一七七九～一八五二），爱尔兰诗人、讽刺作家、作曲家和音乐家，也是诗人拜伦和雪莱的密友，以所著《爱尔兰歌曲集》（*Irish Melodies*）最为人所知，其中一些歌曲，如《夏天的最后一朵玫瑰》（*The Last Rose of Summer*）和《常在宁静的夜里》（*Oft in the Stilly Night*）至今仍脍炙人口。

[3]《玛密恩》以一五一三年英格兰和苏格兰发生的战争为背景，描写了一对贵族男女的爱情故事。

[4] 指以出版司各特作品闻名的苏格兰出版商詹姆斯·巴兰坦（一七七二～一八八三）和约翰·巴兰坦（一七七四～一八一二）兄弟。

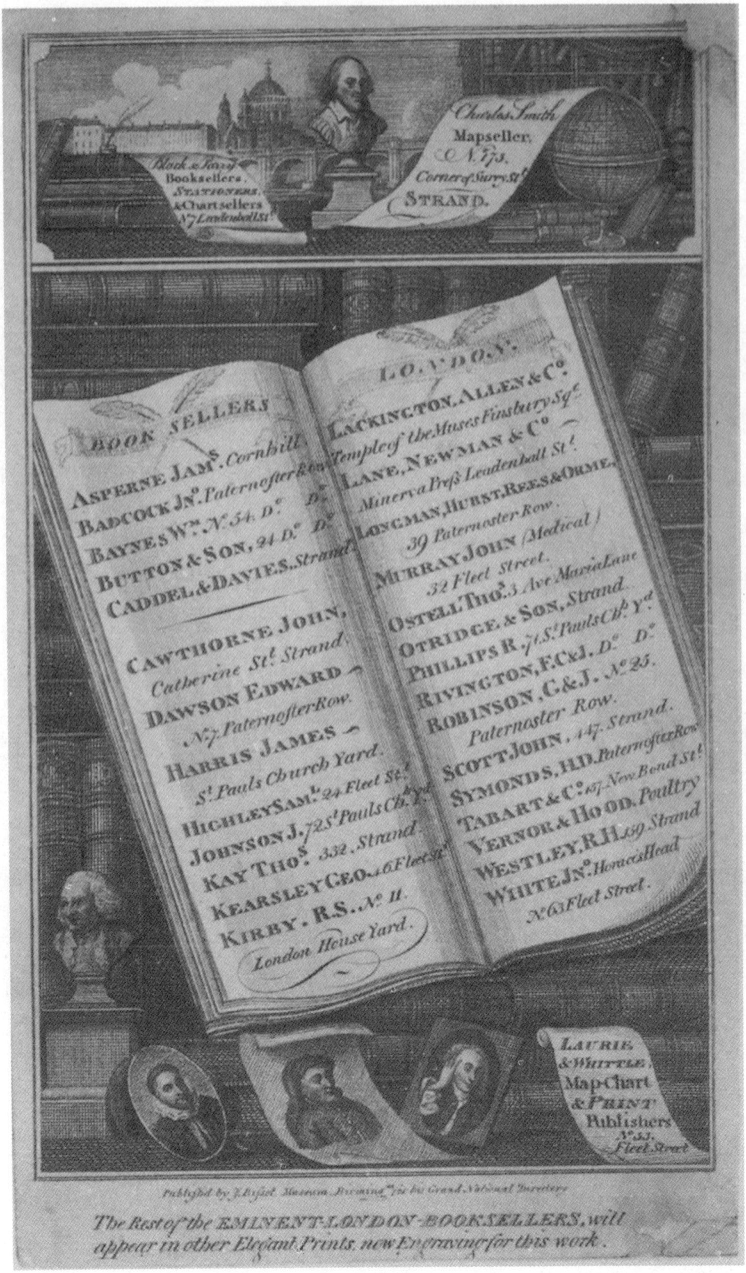

图三十七：在这张大约一八〇〇年的宣传单上，列出了伦敦的部分书商，其中几家曾向约翰·索恩供书。

出版业从图书贸易中分离出去的步伐大大地加快了。在这一类别中有位书商，名叫威廉·本特先生（Mr William Bent），他从一七七三年开始，每年出一本《伦敦书目》（*London Catalogue of Books*）。如今，有“书业喉舌”之称的《书商》（*The Bookseller*）杂志对他念念不忘，该刊有个定期栏目便由霍勒斯·本特（Horace Bent）[1] 撰稿。约翰·沃克（John Walker）的行为搁到今天也不会让你觉得陌生。他印行了《市场拍卖人》（*Trade Auctioneer*），提供库存积压量大的图书目录。零售商受邀前往酒馆，与这些书的出版商和拍卖人一起晤面，先吃饭，再举行拍卖——换句话说，消化存货。

约翰·索恩光顾的最早一批书商中，有一位便是詹姆斯·拉金顿。他的自传首次出版于一七九一年，形式是给“一位朋友”所写的系列信函，记录他如何像约翰·布里顿那样，逃离贫困的乡下，并焕发了
120 对书的热情。在布里斯托尔每年一次的集市上，他去了一个书摊，花上好几个小时，抓耳挠腮地琢磨书中的文字，其中有托马斯·霍布斯翻译的荷马史诗。他毫不气馁，开始买二手书，并且自豪地为这些书拉了一份清单。一七七三年，他来到伦敦，口袋里只有两先令六便士，通过循道宗教友的帮助，在白十字街（Whitecross Street）找到了住处，开始修鞋，兼卖图书，地点就在市区的东北角，老街（Old Street）南边一点儿的费瑟斯通街（Featherstone Street）附近。像许多白手起家者一样，他在叙述中突出了起步时的艰辛，述及他和苦命的妻子宁愿不吃圣诞节的晚餐，因为他拿钱买了一本扬（Young）的《夜

[1] 霍勒斯·本特几十年来一直担任《书商》的日志作者，经常戏谑式地点评图书销售榜。他最为人熟知的工作是在一九七八年的法兰克福书展上提议创办了最古怪书名奖。本特很可能不是真名，至少在出版界没人见过其真容。他在 Twitter 上的头像是一个脑袋上套了纸袋的男性，肩膀上站着两只面目邪恶的猫，一位在往纸袋上画眼睛，另一位正从他的上衣口袋里揪出一只老鼠。

图三十八：詹姆斯·拉金顿的缪斯神殿内景，设有圆形柜台，因雅茅斯邮政马车可在其周围绕行而闻名。可以看到，圆形展厅直达穹顶。

思》(*Night Thoughts*)。[1] 可他很快就上手了。一开始，他的存货只值五英镑，不到六个月就增加到了二十五英镑。他把店址搬到了奇斯韦尔街四十六号，大概就在这里，约翰·索恩头一次买了他的书，因为乔治·丹斯的事务所兼住宅在同一条街上。对这个地点，拉金顿没什么好印象："一个非常阴沉晦暗的所在；行人寥寥无几，只有绞刑日 [2] 能见到斯皮塔菲尔兹（Spitalfields）的织工，布道夜则有循道宗出没。" 18

一七八九年，拉金顿第三次搬家，这一回搬到了芬斯伯里广场

[1] 爱德华·扬（Edward Young，一六八三～一七六五），英国诗人，戏剧家，文学评论家，《夜思》是一篇论死亡的长篇教诲诗，近万行，共分九夜，即九个部分，乃无韵的戏剧独白，极为脍炙人口。

[2] 即星期五。

（Finsbury Place and Square）角上的一幢大房子。在宣布开业的广告中，他形容这里“优雅，敞亮……女士们和先生们若有意享受文学贵宾厅，那么这里要比一座公共商店所能提供的更为幽静。在书店和我住宅所在的一楼之间是敞开沟通的”。房子巨大，圆屋顶上立着旗杆，拉金顿在的时候，便有旗帜飘扬，书店临街的一面志得意满地写着“缪斯的神殿”和“世界上最便宜的书店”。在一张宣传单的画面上，可见其内部空间如此宽敞，足以让雅茅斯邮政马车绕着中央的圆形柜台转圈，店员在为顾客服务，后方有楼梯，通往一系列“贵宾室”和穹顶下的圆形展厅。而每一个展厅内都环绕着书架，书在架上摆得越高，其封皮就越破旧，价钱也就越低。

拉金顿显然是个精明的商人。他在自传中描述了顾客对所谓特价商品的痴迷——相当于现代人在打折购物时以为自己“节省了”一大笔钱。他发现，人们在克里斯蒂（Christie’s）拍卖会上所买的书，用四分之一的价钱就能从他这里买到。于是他作出了一个十足大胆的决定，不提供赊购，而是在“每本书书名页的对页，[标上] 我能接受的最低价格，比一般的市场价格要低很多，我不仅留住了老顾
121 客，还很快增加了新顾客”。[19] 有些人不敢相信，以为肯定有什么地方弄错了——说起来，拉金顿确曾因为在装订时用绵羊皮做护封而遭到指责。他记录了自己参加的“甩卖会”，由约翰·沃克等人举办，期间看到七万或八万册书，“有好，有坏，也有品相一般的”，在饭后售出。[20]

拉金顿印制了两种目录，第一种面向业内人士，第二种面向大众。后者一年出版两次，印数为三千份。他发现这是一种绝佳的广告载体，因为人们会把它借给朋友。这正是托马斯·杰斐逊用来选书的目录，他先派约翰·斯托克代尔，后由托马斯·佩恩为他代购（见第 100 页）。拉金顿亲自准备这些书目，因为他阅读广泛，从菲尔丁、斯摩莱特和

安·拉德克利夫（Ann Radcliffe）[1] 所写的小说，到古典作品的译作，乃至游记和历史，均有涉猎，这对他了解自己的货品不无裨益：“书商但有文学口味，那他吃起精神食粮来，就好比厨子的老婆，屠户的太太，闻着肉味就能发胖。”他对顾客及其口味做了一番细致的分析：

> 您可以在这儿瞧见一位上了年纪的鸨母，要找《亨廷登伯爵夫 122
> 人的圣歌》（*The Countess of Huntingdon's Hymn-book*）；一个衣着破旧的老流氓要看《哈里斯氏科文特加登小姐名录》（*Harris's List of Covent-garden Ladies*）[2]；二愣子找的是《情书写作艺术》（*The Art of Writing Love-letters*）；还有时髦的小妞，要寻一本解梦的书；真有修养又苗条的女士想读《路易莎·马修斯》（*Louisa Mathews*）；我太太的女仆要看“奥维德的《爱的艺术》（*Art of Love*）”；一位疑心很重的基督徒需要《点滴的安慰》（*The Crumbs of Comfort*）；一位身体力行的反律法论分子[3] 想要“伊顿（Eton）的《白白称义的蜂巢》（*Honeycomb of Free Justification*）[4]”；虔诚的女信徒想要《每周预备》（*The Week's Preparation*）；而无神论者要找《哈蒙德致普里斯特利博士的信》（*Hammonds Letter to Dr Priestly* [原文如此]）、图尔明（Toulmin）[5] 的《世界永恒》

---

[1] 安·拉德克利夫（一七六四～一八二三），最具代表性的英国哥特风格的小说女作家，长于将浪漫情调融入阴森恐怖的场景。她以一七九一年的《林中艳史》（*The Romance of the Forest*）成名，三年后的《尤道弗神秘事迹》（*The Mysteries of Udolpho*）使她成为当时英国最受欢迎的小说家。

[2]《哈里斯氏科文特加登小姐名录》于一七五七年至一七九五年在科文特加登出版，乃伦敦妓女年鉴，售价两先令六便士，每年介绍一百到两百名娼妓的体貌和专长，并加以点评。作者身份不详。

[3] 反律法论否认摩西律法具有法律约束力，认为行善是因为圣灵在人的心里起了作用。

[4] 约翰·伊顿（John Eton，一五七五～一六四一），英格兰神学家，被有些人视为反律法论的创立者，一六四二年出版《白白称义的蜂巢》（*The Honeycomb of Free Justification*），并为此惹上牢狱之灾。

[5] 乔治·霍格特·图尔明（George Hoggart Toulmi，一七五四～一八一七），英国激进的自然神论者。

> (*Eternity of the World*)，以及休谟的《自然宗教对话》(*Dialogues on Natural Religion*)；数学家要的是桑德森（Sanderson）[1] 的《流数》(*Fluxions*)；有位可人儿则想要《花神妆》(*The Toilet of Flora*)。[2]

这份清单继续延长，后来还有罗马天主教徒和新教徒、算命先生和铁心肠的老恶棍登场，最后是哲学家，他“啥都翻，啥都看”。21

凭着对其顾客群的强烈关切，加上营销技巧，詹姆斯·拉金顿发了财，一七九八年退休时拿走了一大笔钱，留下一位亲戚做店主。由于他不接受赊欠，索恩的档案里也就没留下用于记账的收据。不过，索恩确曾注明，一七九八年五月二十三日从他那里买了一本理查德·伯恩（Richard Burn）的《治安法官》(*Justice of the Peace*)，就在同一天，他在克拉肯维尔治安法院递交了担任治安推事所需的文件。该书由斯特兰德莎士比亚头的托马斯·卡德尔出版。约翰·布里顿在其书商调查报告中指出，市议员卡德尔在四本书上挣了大钱，其作者的姓氏都以“b”开头：伯恩的《法官》，布莱克斯通（Blackstone）的《释义》(*Commentaries*)[3]，布莱尔（Blair）[4] 的《训道集》(*Sermons*)，以及巴肯（Buchan）[5] 的《家庭医生》(*Domestic Medicine*)——几百年来，法律、宗教和保健始终是许多出版商的主力产品。

拉金顿的缪斯神殿一代而止，一八四一年毁于火灾。约翰和伊

[1] 尼古拉斯·桑德森（通拼 Nicholas Saunderson，一六八二～一七三九），英国数学家和科学家。

[2]《花神妆》是一本洗浴和美容指南，作者为法国人皮埃尔－约瑟夫·比奥（Pierre-Joseph Buc'hoz，一七三一～一八〇七），一七七二年开始以多种版本在英国印行。

[3] 指英国法学家威廉·布莱克斯通爵士（Sir William Blackstone，一七二三～一七八〇）所著《英国法释义》(*Commentaries on the Laws of England*)，分四卷出版于一七六五年至一七六九年。

[4] 指苏格兰牧师休·布莱尔（Hugh Blair，一七一八～一八〇〇）。

[5] 指苏格兰医生威廉·巴肯（William Buchan，一七二九～一八〇五）。

莱扎经常光顾的大多数书店，都与书商詹姆斯·阿斯珀恩（James Asperne）凭单上的印画抬头面貌相仿。此人在谷山三十二号的圣经、王冠和宪章招牌处开业，常年向索恩提供《欧洲杂志》（*European Magazine*）。其书店就像一部摄政时期[1]戏剧的舞台背景，正面弓形设计，有多棂的窗子，以供展示图书，店标则位于上楣。阿斯珀恩的谷山书店距英格兰银行新楼不远，楼盖得又出奇的慢，从一七八八年延至一八〇八年。索恩造访过的其他书店则离林肯律师学院广场非常近，不是在霍尔本高街上，便是位于布鲁姆斯伯里（Bloomsbury）那些新兴的时尚街道。

索恩掏钱爽快，显然是个好主顾。他的印刷商朋友詹姆斯·莫耶斯（James Moyes）一八二五年在信中写道："您的欠款[2]有多少，我已经告诉过您了。您的欠款是我难得遇到或从未遇到过的让人头疼的事情。"索恩有一次在日记中写道，他顺路去了一家经常光顾的店家，舰 123
队街六十三号的怀特和科克伦二先生书店（Messrs White & Cochrane），"没有要付的账单，也没收到他们的付款通知，我还是照样给了三英镑。"23 赊账是通行的做法，所以拉金顿拒绝积欠颇不寻常。这种做法会让书商蒙受损失——例如，斯特兰德的爱德华·劳伦斯（Edward 124
Lawrence）便在一八〇三年破产，他曾给索恩提供过非常昂贵的书，如赊账期长达半年的《纪事年鉴》（*Annual Register*）[3]十卷。档案中有证据表明，索恩曾以旧书折抵书款，特别是在十八世纪九十年代清算账目之时。也有证据表明，通过在图书业内的关系，他能得到折扣。例如，一八一七年十月十日，莫耶斯从朗文购买了关于埃尔金大理石

[1] 乔治三世晚年患间歇性精神错乱，一八一一年起，由其子威尔士亲王担任摄政，直至后者于一八二〇年正式继位为乔治四世止，史称摄政时期。

[2] 下划线为原文所有。

[3]《纪事年鉴》由英国政治家和政治思想家埃德蒙·伯克（Edmund Burke，一七二九～一七九七）创办于一七五八年，记录一年之中在世界范围内发生的重大事件、进展和趋势，如今仍在发行。

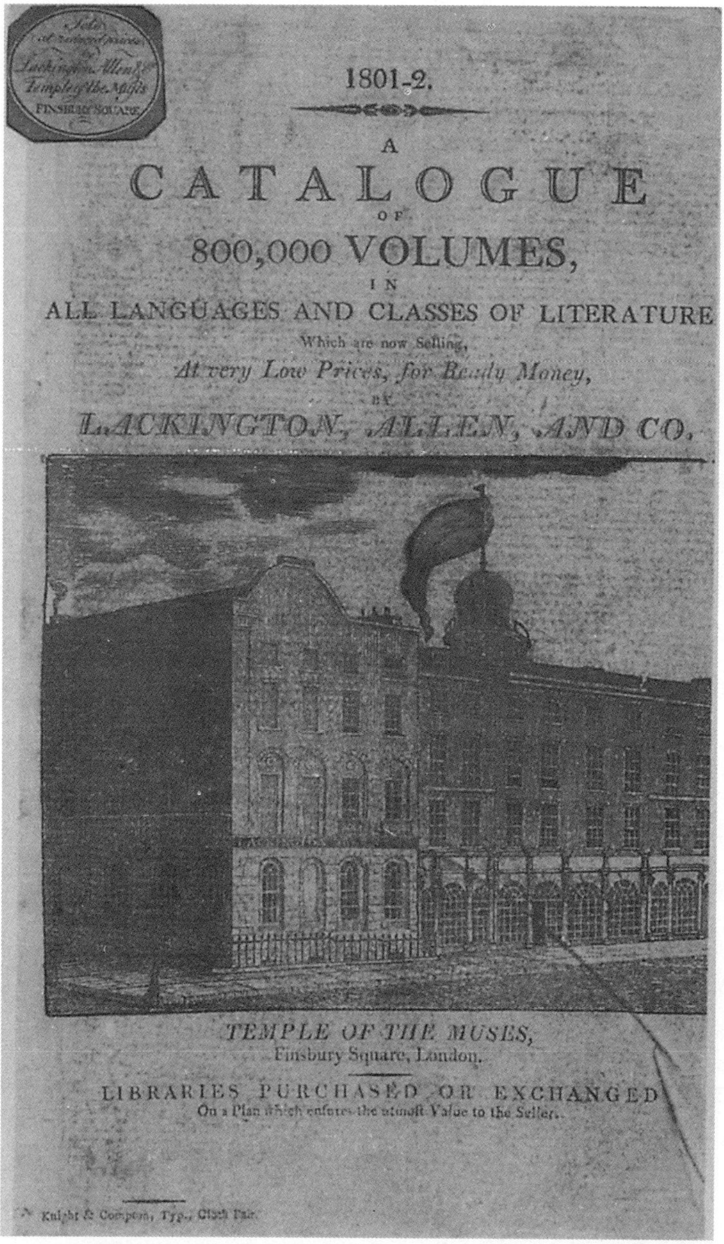

图三十九：芬斯伯里广场的缪斯神殿外景，可见穹顶和旗杆。此图见于拉金顿的书目封面。他投入了极大的精力，为业内人士和购书者编纂书目。这一份似乎是面向读者的，而且拉金顿表达得很清楚，他的书只收现钱，不接受赊账。

雕（Elgin Marbles）[1] 的书，一式两份，原价两英镑，但只付了一英镑十先令，他也把这百分二十五的折扣悄悄给了约翰·索恩。[2] 几年后，一八二二年九月二十七日，莫耶斯给索恩写了一封私信，警告说："请把购书小票烧掉，万一它落入哪位书商之手，那么整个行业都会对我拉响警报，因为我按批发价走了货。" 23

除了那些提供一般性图书的书商之外，索恩还与专业书商打交道。从一开始，他便在艾萨克和乔赛亚·泰勒（Isaac and Josiah Taylor）兄弟的书店购买建筑和设计方面的书。泰勒兄弟的"建筑学图书馆"（Architectural Library）位于霍尔本高街五十六号，距林肯律师学院广场不到一箭之地。他们也是索恩的出版商，一七七八年印行了他的第
一本书《建筑设计》（*Designs in Architecture*）。最初这是个雄心勃勃的 125
对开本计划，但缩减成了小开本，采用铜版雕刻，售价六先令。作为行家，他们感到这一价格能为市场所接受，因为此书所述，乃"建筑学领域的边角料"，如花园的座椅和一些漂亮玩意儿。在索恩的档案中，有一份泰勒兄弟的书目，大概可以回溯到一七九三年，其经营范围可见一斑："理论性的工具书，关于房屋、殿堂、桥梁等建筑的平面图和立面图，用于内部装饰的饰品，雕工用的叶饰等，透视图，木匠、瓦匠和小工等人用得上的书，由最著名的古代作者所写，长期有售。"如前所述，建筑书有可能非常昂贵。价格最高的包括詹姆斯·佩因（James Paine）所著《贵族府邸的平面图和立面图》（*Plans, Elevations, etc, of Noblemen's Seats*），采用对开本，分两卷，未装订，售价七几

[1] 即一七九九年至一八〇三年，第七代埃尔金伯爵托马斯·布鲁斯（Thomas Bruce）在担任英国驻奥斯曼帝国大使期间，从雅典帕台农神庙等地拆运回英国的古希腊雕刻艺术品，现藏大英博物馆。

[2] 一九七一年改制前，一英镑等于二十先令或二百四十便士。一九七一年二月改为十进制后，一英镑方合一百新便士。

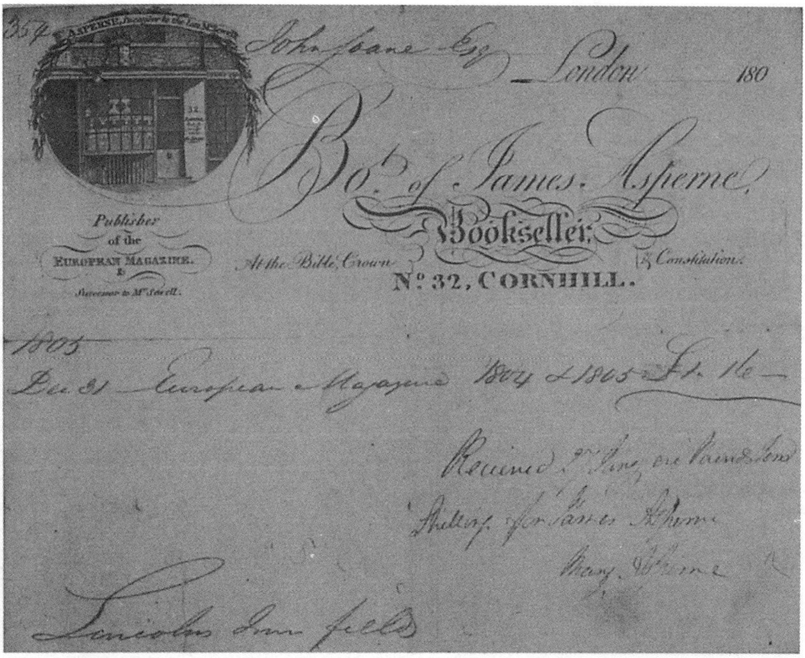

图四十：书商詹姆斯·阿斯珀恩的凭单抬头。他在谷山的圣经、王冠和宪章处开业，印画是其店面的前脸，带有展示图书的凸窗，乃这一时期各类商店通行的样式。

尼，[1] 购书者还得多花两三英镑，把它们装订起来。索恩的第二本书《建筑平面图、立面图和剖面图》（*Plans, Elevations and Sections of Buildings*）出版于一七八九年，售价两几尼，属于中游。最便宜的要数《建筑商定价手册》（*The Builder's Price-Book*），一七七六年由泰勒兄弟首次出版，在此后一百多年的时间里，一直是为建筑材料和人工估价的标准作品。此书售价两先令六便士。

泰勒兄弟的目录还表明，他们销售“最著名的法国建筑师和工程师的著作，并附其手稿编目”。索恩想必会为此动心，他不仅大量购买英语书，也买了很多外国书。一俟勒杜（Ledoux）的《从艺术、风俗

---

[1] 几尼是英国自一六六三年至一八一四年发行的金币，一几尼大致相当于二十先令，即一英镑，但有时会随金价而出现一两个先令的上浮。

和法律来考虑建筑》(*L'Architecture*)[1] 最后一部在一八〇四年发布，他马上就想入手，出版商不得不请他少安毋躁，因为书还没印呢。从十八世纪七十年代早期开始，他便利用皇家艺术学院图书馆内的原著，自行翻译法国建筑理论家和历史学家的重要著作。他相信建筑学从本质上来说是一门智识的艺术，一八〇六年成为学院的建筑学教授时，他便深深地沉浸于研究工作，为公开授课做着准备。他尤其认同让-雅克·卢梭，视其《忏悔录》(*Confessions*)和《孤独漫步者的遐想》(*Les Rêveries du promeneur solitaire*)为最喜爱的读物，卢梭强烈的自省意识亦与他本人颇为相仿。

大卫·沃特金(David Watkin)生动地描绘了索恩夜复一夜，难以入眠的画面。他在研读，在做笔记，干劲十足，全因他坚信自己属于百科全书派的高卢传统，和他们一样处心积虑，要将资料排成一二三四，将信息弄出个子午卯酉。[24] 他的藏书在当时并不常见，其中几乎完全没有和教会有关的作品，在林肯律师学院广场的家庭藏书室内，寥寥无几的祈祷书极有可能是伊莱扎买的。相形之下，他赞同启蒙哲学家们的思想，即真理应该通过理性而非信仰来获得，问 126
题可以借助回归原初来解决。罗马建筑师维特鲁威是将古典建筑的起源回溯到原始人木结构棚屋的第一人，索恩总共拥有其《建筑十书》十四部，共十二个版本，出版时间远至一五四六年，近至一八二六年，有拉丁文、意大利文、法文和英文版。但是就他对基本原则的追求而言，背后的启示却来自法国新古典主义理论家马克-安托万·洛吉耶(Marc-Antoine Laugier)，其《建筑随笔》(*Essai sur l'architecture*)出版于一七五三年，这本书索恩有十本，也许是给助手们用的。

---

[1] 克洛德-尼古拉·勒杜(Claude-Nicolas Ledoux，一七三六～一八〇六)，法国新古典主义建筑师，作品中带有空想主义的色彩，一八〇四年出版《从艺术、风俗和法律来考虑建筑》(*L'Architecture considérée sous le rapport de l'art, des mœurs et de la législation*)。

另一位专门经营建筑图书的书商是约翰·威廉斯（John Williams），十九世纪三十年代，他在索霍广场的查理街（Charles Street）十号开业。在索恩的档案内，有一张他的凭单，时间为一八三四年，印有建筑细部的精美版画。他不仅向索恩供书，还充任他在拍卖会上的代理人，一八三五年，建筑师约翰·纳什（John Nash）死后举行的拍卖会便是如此。在许多行业内，为死者举办拍卖都是普遍行为，目的是帮助孤儿寡母筹钱——有点儿类似慈善拍卖会。对建筑师而言，这种手段尤其重要，因为他们的业务往往涉及巨额款项和众多分包商。索恩本人是个例外，他死的时候家境富有，无须出卖藏书和其他财产，来偿付建筑商和其他供应商的债务。他出席过几场著名建筑师的拍卖会，兼予兼得——在他的上品建筑书和图纸当中，有很多都是通过这种方式购入的。一八〇四年，克里斯蒂拍卖行拍卖尼古拉斯·雷维特（Nicholas Revett）的藏书，索恩有一份此次拍卖会的拍品目录，从中可见他有意于威廉·斯图克莱（William Stukeley）[1] 的圣经图，其估价为十八几尼。罗伯特·亚当的藏书拍卖会亦由克里斯蒂操办，于一八一八年五月举行，历时两天，索恩在会上购书超过二十种，包括塞里奥和帕拉第奥的作品，而纳什拍卖会的书单表明，约翰·威廉斯出面，替他买下了二十三种书。

索恩是个购书大户，付款及时，又是出名的订购者，因此广为书商和出版商所知，经常收到他们寄来的书目。在林肯律师学院广场的藏书室内，有一份广告存留至今，宣称汉弗莱·雷普顿（Humphry Repton）的《景观庭园》（*Landscape Gardening*）将于一八〇二年由泰勒兄弟出版。此类项目耗资不菲，需为版画着色，雷普顿著名的“有

---

[1] 威廉·斯图克莱（一六八七～一七六五），英国医师和古物收藏家，著有《访古纪行》（*Itinerarium Curiosum*）。

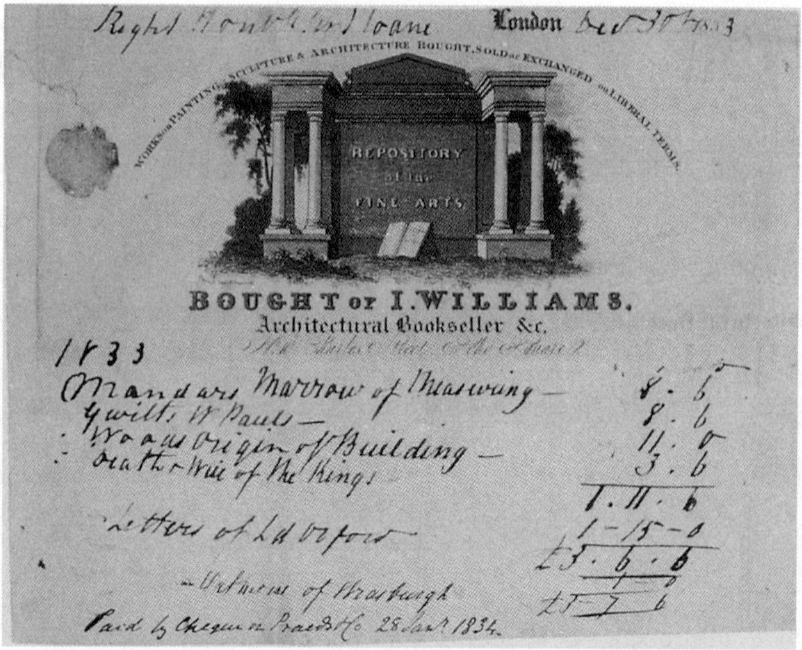

图四十一：约翰·威廉斯漂亮的凭单抬头。他在索霍广场开业，专营建筑书，也在拍卖上充任索恩的代理人。

先有后”的设计图[1]则要由埃塞克斯孤儿院的孩子们贴入书中，因此，出版商急于锁定预订数字，故而明确宣布：“预订价格为四几尼，考虑到工作性质，此书必然限量发行，此后如有余书，价格将涨至五几尼。每位预订者在订购时须现付或汇付两英镑。”索恩对园林设计持保留意见，曾说过它“劣于建筑设计”，但尽管如此，他还是及时支付了四几尼，这份广告就夹在此书之中。

[1] 汉弗莱·雷普顿（一七五二～一八一八），英国园林设计师、业余水彩风景画家，设计方法是先画一幅原地形的水彩画，然后再画一幅水彩的园林设计图，这一方法非常成功。他出版过三部主要作品：一七九五年的《景观庭园的速写和基本知识》（*Sketches and Hints on Landscape Gardening*）、一八〇三年的《景观庭园的理论和实践》（*Observations on the Theory and Practice of Landscape Gardening*），以及一八一六年的《景观庭园的理论和实践简集》（*Fragments on the Theory and Practice of Landscape Gardening*）。

索恩也有些书是通过收礼得到的。在他事业起步之初的一七六九年，建筑师小马修·布雷丁厄姆（Matthew Brettingham the Younger）便送给他一本《霍尔克姆》(*Holkham*)。[1] 布雷丁厄姆为何做出如此慷慨的举动，今人不得而知，不过他侄子罗伯特是索恩的朋友，曾与他一同前往意大利。后来，索恩与詹姆斯·克里斯蒂（James Christie）为友，此人乃克里斯蒂拍卖行创办人之子，博学多识，曾研究伊特鲁里亚（Etruscan）[2] 瓶器，一八〇六年出版《瓶器论》(*Disquisition*) 时，便赠予索恩一册，一八一四年又送了他一本《论基本物质的崇拜》(*An Essay on ... the Worship of the Elements*)。[3] 索恩则以其《公共与私人建筑设计》(*Designs for Public and Private Buildings*) 回赠。

著名的克里斯蒂拍卖行创办于此前半个世纪，当时，詹姆斯的父亲——也叫詹姆斯——从苏格兰来到伦敦，在科文特加登执槌，为拍卖商安斯利（Annesley）工作，并成为其合伙人。到一七六七年时，他已
128 自行开业，立足于名流出没的保尔茅街一间“大屋”，发行拍品目录。他生得俊俏，举手投足也讨人喜欢，在台上出口成章，又机智风趣，常常大摆鹿肉宴，佐以红酒，款待其“教父教母兄弟会”(Fraternity of God Parents)，以回报他们在艺术品鉴定上的支持，其中包括画家约书亚·雷诺兹（Joshua Reynolds）和托马斯·庚斯博罗（Thomas

---

[1] 诺福克郡霍尔克姆府（Holkham Hall）乃英国的帕拉第奥风格建筑大师威廉·肯特(William Kent，一六八五～一七四八）最重要的作品。

[2] 伊特鲁里亚人（或称埃特鲁斯坎人）乃亚平宁半岛上的古代居民，其都市文明在公元前六世纪达到顶峰。

[3] 克里斯蒂拍卖行由詹姆斯·克里斯蒂（一七三〇～一八〇三）创办于一七六六年，后由其同名长子（一七七三～一八三一）继承，后者所出《瓶器论》的全名为《伊特鲁里亚瓶器论》(*A Disquisition Upon Etruscan Vases*)，后一本书的全名为《论偶像崇拜的早期形式和基本物质的崇拜》(*An Essay on That Earliest Species of Idolatry, the Worship of the Elements*)。

图四十二：托马斯·罗兰森关于图书拍卖会的讽刺画。约一八一〇至一八一五年间。

Gainsborough)。[1] 一七七六年三月，克里斯蒂首次举办图书拍卖会，所售藏书来自伯蒙塞（Bermondsey）[2] 的约翰·拉特克利夫（John Ratcliffe）。一八〇三年，儿子詹姆斯接掌家族生意时，想必已与索恩相熟，因为后者是拍卖厅里购书的常客。

克里斯蒂的劲敌索斯比（Sotheby's）由塞缪尔·贝克（Samuel Baker）创办于一七三三年，起家时便是书商。一开始，贝克发行以固定价格销售的图书目录，但他第一次拍卖图书——或称“文学财产”，还要等到一七四四年三月十一日开始，拍品大概来自约翰·斯坦利爵士（Sir John Stanley）的藏书。这份生意后来传给了他的合伙人乔治·利（George Leigh）和外甥约翰·索斯比。正是在索斯比拍卖行，索恩买到

[1] 约书亚·雷诺兹（一七二三～一七九二），英国肖像画家和艺术理论家，皇家艺术学院的创办人之一和首任院长；托马斯·庚斯博罗（一七二七～一七八八），十八世纪最多才多艺的英国画家，尤以肖像画和风景画闻名。

[2] 伯蒙塞乃伦敦南部一区。

了他最珍贵的文学宝藏：第一对开本（First Folio）的威廉·莎士比亚戏剧集。对索恩来说，莎士比亚就是文学天才的化身。他和伊莱扎一起，看过许多莎士比亚的戏，包括埃德蒙·基恩（Edmund Kean）、约翰·菲利普·肯布尔（John Philip Kemble）和萨拉·西登斯（Sarah Siddons）等名角的演出，还和一群朋友定期聚会，纵论莎学。索恩已有第二、第三和第四对开本，而一八二五年五月，在小詹姆斯·鲍斯威尔[1]的藏书拍卖会上，获得第一对开本的机会也出现了。[2]不仅如此，鲍斯威尔这一本购自肯布尔的藏书，而索恩醉心于和名流有染的书，这便
129 更让他难以自持。和索恩一样，约翰·布里顿也是戏迷，曾受托前往鲍斯威尔拍卖会，因而得以用典型的戏剧化语言加以描述，说他以一百几尼的价钱“将大奖收入囊中”，然后要把它给索恩送去，装进他家的“肉柜”，“它将得到保存，永远带着肉香，并为其主人增光——它将成为才子佳人们在餐桌上一道日日常在的例菜——绝不会使人腻烦，而是用它那几乎奇迹般的品质，让人‘开胃’[25]。”

索恩的另一位偶像是拿破仑·波拿巴。尽管很多人认为他是个大魔头，但在索恩看来，在一个出身寒微，却能左右命运的人身上，更能够找到认同感。一八一四年，拿破仑退位，并被流放到厄尔巴岛时，索恩和数百人一起，抓住去巴黎游历的机会，购买各种各样和拿破仑有关的东西，包括对一八一〇年拿破仑和奥地利的玛丽－路易丝（Marie-Louise of Austria）结婚典礼的记录，配有手工上色的漂亮插图。在索恩的藏品中，还有一份拿破仑画展的目录，一八一六年在皮卡迪利展出，策展人是伦敦博物馆（亦称埃及府）的业主布洛克先生

[1] 塞缪尔·约翰逊的朋友和传记作者詹姆斯·鲍斯威尔（一七四〇～一七九五）生有同名儿子（一七七八～一八二二）。

[2] 第一对开本出版于一六二三年，第二、第三对开版先后于一六三二年和一六六三年出版，第四也是最后一部对开本出版于一六八五年。

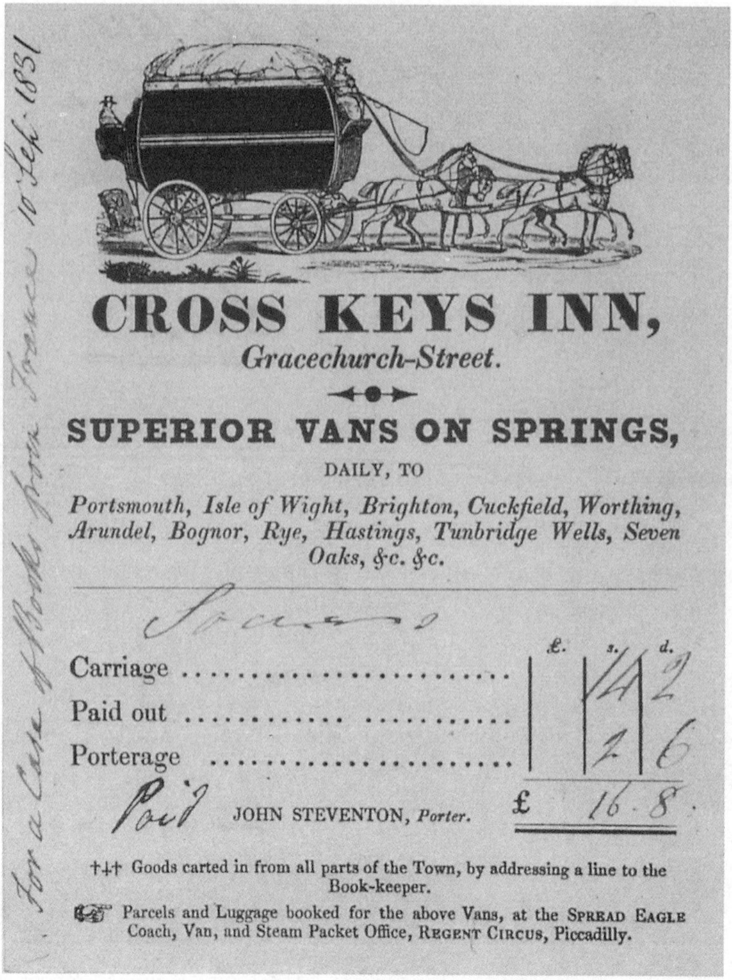
For a Case of Books from France 10 Sep 1831

CROSS KEYS INN,
Gracechurch-Street.

SUPERIOR VANS ON SPRINGS,
DAILY, TO
Portsmouth, Isle of Wight, Brighton, Cuckfield, Worthing, Arundel, Bognor, Rye, Hastings, Tunbridge Wells, Seven Oaks, &c. &c.

Soane

	£.	s.	d.
Carriage		14	2
Paid out			
Porterage		2	6
Paid JOHN STEVENTON, *Porter.*	£	16	8

†‡† Goods carted in from all parts of the Town, by addressing a line to the Book-keeper.

☞ Parcels and Luggage booked for the above Vans, at the SPREAD EAGLE Coach, Van, and Steam Packet Office, REGENT CIRCUS, Piccadilly.

图四十三：一八三一年索恩从巴黎所购图书之承运商开具的发票。

(Mr Bullock)。[1]像拿破仑一样，索恩醉心于古代埃及，购买了许多相关主题的书，包括法国学术界历时三十年完成的二十卷鸿篇巨制《埃

[1] 埃及府（Egyptian Hall）由收藏家威廉·布洛克（William Bullock，约一七七三～一八四九）出资，以古代埃及风格建造，一八一二年落成于皮卡迪利。

及志》(*Description de l'Égypte*)，于一八三五年九月他八十二岁大寿前不久送达。十年前，他自己也弄到了古埃及的文物：法老塞提一世（Seti I，公元前一三〇三～前一二九〇）的石棺，由后来成了考古学家的意大利马戏团大力士乔万尼·巴蒂斯塔·贝尔佐尼（Giovanni Battista Belzoni）发现于国王谷的塞提一世陵。当大英博物馆拒绝了两千英镑的索价时，索恩买下了这个巨大的石棺，并且举办了一系列的晚会，庆祝石棺入藏林肯律师学院广场的地窖，来宾超过一千人，数百盏油灯映照着家宅。

索恩一直在买法文书，并经常使用索霍广场三十七号的迪洛书店（Dulau & Co.)，该店自称“外国书店和租借式图书馆”。但一俟与法国的战争结束，他便开始直接从巴黎采购。为他做代购的，似乎是他女管家康迪特太太的丈夫。档案中有一系列的发票，涉及爱德华·康迪特（Edward Conduitt）从书商 J. 萨蒙（J. Salmon）处购买的图书。索恩本人也于一八一九年第二次渡过了英吉利海峡，这一次花销颇巨。他的日记中记载了在书店和图书馆购买的建筑类图书，有新书，也有旧书，在卢浮宫买的小说，以及在拍卖场买下的版画。九月十三日，一天之内，他便花掉了数目可观的九百法郎。在索恩档案的零碎物品中，有一张发票，列明一八三一年从法国运来的一箱子书。开票者是天恩寺街（Gracechurch Street）的十字钥匙客栈（Cross Keys Inn)，经营“高级弹簧货车，每日发往南海岸”，发票上所印的图片，正是这样的一辆马车。

* * * *

130 十八世纪九十年代早期，索恩重建林肯律师学院广场十二号时，将藏书室与早餐厅合二为一。他的助手约瑟夫·甘迪（Joseph Gandy）画过一张水彩画，显示出天花板以画有树叶的网格装饰，以利房间采

图四十四：约瑟夫·甘迪所作的水彩画，描绘了林肯律师学院广场十二号之早餐厅兼藏书室内的索恩一家。天花板上是约翰·克雷斯（John Crace）手绘的树叶网格，窗外的墙上爬着盆栽植物，创造出了一种乡村印象，迥异于此宅所处的城市中央。

光，并带来置身乡间的感觉，而非身处伦敦的心脏。画中书柜沿墙而
立，分伺左右，约翰和伊莱扎在用早餐，两个年幼的儿子约翰和乔治
则在地板上玩耍：这真是一个赏心悦目的结合，既是爱书人的圣堂， 131
又是家庭娱乐的空间。

十年后，索恩为朋友菲利普·约克（Philip Yorke）设计了一间书房。他与约克在旅居意大利期间相识，日后证明，这种关系远比他为伯爵主教效劳的企图更有利可图。一七九〇年，约克继承了哈德威克

伯爵的爵位，也一并获得了剑桥郡的温波尔府（Wimpole Hall），便传召索恩，改造府邸和庄园。许多方案未能付诸实施，但那戏剧色彩强烈的黄客厅（Yellow Drawing Room）、大浴池、农庄建筑和书房，还是留下了索恩的设计。约克所继承的温波尔府，实乃著名的藏书楼，十八世纪早期，第一代牛津伯爵罗伯特·哈利及其子爱德华曾在此安家
132 （见第 170—172 页）。为了收纳哈利父子累积的巨量藏书，詹姆斯·吉布斯（James Gibbs）设计了一个华丽的双开间，配上带有拱顶的书柜。爱德华·哈利突然破产之后，第一代哈德威克伯爵买下了温波尔府。他本人也是个藏书家，于是，房产易手时已经清空的书架很快便重新填满了，他的孙子需要更多的空间，来装他自己的书。一八〇六年，索恩为他设计了一个优雅的房间，连续的拱梁装饰着石膏的花环，横跨在凸出的书柜上方（见插页三）。每一个书柜顶部，都立有一只石膏瓮，有意模仿了韦奇伍德黑陶[1]的外观，此乃当时上流社会藏书室的典型装潢。

几乎与此同时，索恩还在为自己的乡间宅邸设计藏书室，即伊灵的皮尚杰庄园。他重复了昔日的设计思路，又一次使用了林肯律师学院广场藏书室的手绘格构，但皮尚杰的藏书室更像一间书房。大部分书放在楼上的会客室，便于访客欣赏他的收藏，其中有不少对开本的建筑学著作。[26] 索恩对皮尚杰进行了全面翻新，不仅要把这里作为他本人的乡间宅邸，还要如他日后笔下所言，“尽可能完整地作为小建筑师的住处。”所谓小建筑师，就是他儿子约翰，时年十四岁。不幸的是，这些希望后来统统化作了泡影，在甘迪的画上，林肯律师学院广场早餐厅内，照亮那一幕合家欢乐之美景的，终究只是一抹虚幻的光。约翰长期体弱多病，缺乏父亲那种不达目的不罢休的动力，最终也没能专注于任何一行。他弟弟乔治继承了索恩的干劲，却偏离了既定的航

---

[1] 指陶瓷设计家和制造商乔赛亚·韦奇伍德的作品。

向。一八〇八年，乔治宣布，他的兴趣是文学，于是索恩交给他一个任务，为藏书编目。乔治按时完成了工作，却大发了一场脾气，把墨水和墨水瓶丢得地板上到处都是，最后跑掉了。他喜欢戏剧化的东西，已倾心于多产的戏剧家詹姆斯·博登（James Boaden），后来娶了博登的女儿。

哥特风格是这一时期颇为流行的风尚。索恩在皮尚杰的地下室里辟出一间“僧人餐室”，覆以真正的哥特残片，通过彩色玻璃窗采光，而且照他的说法，有位隐士常居于此。这一幻想缘起于一八〇四年，一是因为“僧人”刘易斯（“Monk” Lewis）[1]——著名畅销书《僧人》（*The Monk*）的作者，二是因为詹姆斯·博登，其剧作《奥里莉亚和米兰达》（*Aurelia and Miranda*）[2]正是改编自这部小说。不过，索恩对儿子乔治所写的哥特小说《圣马可节前夜》（*The Eve of S. Marco*）并不认可，该书以三卷本印行，首次出版于一八一一年。说到自家餐厅里的隐士，索恩也许能接受奇思怪想，对儿子却一点情面都不留。一八一二年五月十八日，索恩给他写信，宣称：“我读了你那两本书［前两卷］——这种书既不会让你出名，也不会让你得利。”27

此时他已经卖掉了皮尚杰。没有迹象表明伊莱扎喜欢这房子，儿 133
子约翰又不是做建筑师的料。詹姆斯·克里斯蒂在一八〇九年主持了此次拍卖。与此同时，索恩买断了林肯律师学院广场十三号的租约，开始房屋改造，把它和十二号连为一体。为了容纳皮尚杰的书，他把绘图室改成了藏书室兼书房。

纵观索恩的建筑生涯，他始终不乏批评者。一七九六年的《现代哥特人》（*The Modern Goth*）针对他的作品，刊登了一篇匿名讽刺文

---

[1] 马修·格雷戈里·刘易斯（Matthew Gregory Lewis，一七七五～一八一八），英国小说家和剧作家，因一七九六年的哥特小说《僧人》成名，因此得名“僧人”刘易斯。

[2]《奥里莉亚和米兰达》首演于一七九八年十二月二十九日，主演是前文提到过的伦敦名角约翰·菲利普·肯布尔。

章，说他的“壁柱划开着一道道的口子，好像下锅前的猪腰肉”，詹姆斯·怀亚特（James Wyatt）当着一屋子建筑师的面，朗读了这些评论，索恩对此大为光火。然而对他伤害最大的，莫过于一八一五年九月出现在《优胜者报》（*The Champion*）上的一次恶毒攻击。这是一份新创刊不久的周日报。文章称，他在林肯律师学院广场的藏书室实乃“对这位教授的讽刺，站在这座书库中间，他必定像一个太监，置身于土耳其苏丹的后宫；……羡妒的卫士，守卫着他无力享受的东西”。索恩明白，文章的作者不是别人，正是自己的儿子乔治。他不想让伊莱扎看到，可她最后还是看了。据索恩描述，伊莱扎的反应是，乔治“给了我致命一击。我再也抬不起头来了”。28 家庭的分崩离析，数年来一直让伊莱扎承受着重压，而现在她感受到的是剧痛。十一月二十二日，她死了。索恩毫不怀疑，她是被乔治气死的。他把儿子的“致命一击”装裱起来，挂到了林肯律师学院广场会客室的墙上。

索恩经历了强烈的丧偶之痛，开始从莎士比亚的李尔王身上找到认同，忍受着负心的孩子那尖利的毒蛇牙齿[1]，又自比为勒萨日笔下的吉尔·布拉斯，一个不断受到偏见伤害的人物。他视力恶化之后，从前的助手乔治·怀特威克（George Wightwick）便为他朗读他心爱的小说，据怀特威克记录，索恩会发出哭叫：“可怜啊，吉尔！”若要对付他的愁苦，有一个办法便是大量购书，他正是这样做的。直到一八三五年，在约翰·纳什的藏书拍卖会上买下二十三本书之后，他才就此收手。此时他的藏书室已经与餐厅合为一体，在林肯律师学院广场十三号占据着一楼最显赫的位置。书是收在玻璃书柜里的，这不是个好主意，因为这样一来，书就被闷起来了，可是他的兴趣点在于照明效果，他想在款待客人吃饭时，让房间熠熠生辉。虽然如此，这里

---

[1] 语出《李尔王》第一幕第四场，朱生豪译文：“让她也感觉到一个负心的孩子，比毒蛇的牙齿还要多么使人痛入骨髓！”《莎士比亚全集》第九卷，北京：人民文学出版社，一九七八年，第 178 页。

还是放不下所有的书，于是他就把它们放到了壁龛里，窗台下，每个房间，每条走廊里都有，桌子上也堆得到处都是。

由于和两个儿子及其家人断绝了关系，索恩决定，他在林肯律师学院广场的住宅应该成为受托管理的博物馆和图书馆。他想让图书馆成为一个全国性的建筑学术基地，每周至少开放两天，以供研究。若 134
要事成，需经议会为此订立私人法案。[1] 一八三三年四月一日，法案举行了三读。就在当天，新近由兰开夏郡奥尔德姆（Oldham）当选为国会议员的威廉·科贝特，代表乔治·索恩呈递了诉状，反对此项法案。其辩辞一如既往，颇为有力。他宣称，直到四天之前，他还从未见过索恩父子，又援引圣徒保罗所言："人若不看顾亲属，就是背了真道，比不信的人还不好。"[2] 此事极具讽刺意味，因为科贝特是个远近闻名的激进分子，他之所以为人所知，可不是由于满口圣人之言，不仅如此，他和自己的妻子、孩子也闹得不可开交。因此，索恩不得不忍受一场就谁应掌控他房产和藏书而展开的辩论。罗伯特·皮尔爵士（Sir Robert Peel）认为，大英博物馆正是管理这批藏书的合适机构。索恩对此表示反对，他预料大英博物馆会择优而藏，贝尔佐尼的石棺将归俄皇所有，他收藏的贺加斯的版画和油画将归荷兰国王，钱币则要成为巴伐利亚国王的囊中之物。辩论后来演变成了一场大讨论，涉及对公众的开放程度，访问大英博物馆时会遭遇的种种困难，那些工人和商人，因为必须遵守工作时间，将更加为难。这是一场有趣的讨论，却必定激怒了索恩。最后，科贝特的诉请和大英博物馆的设想都被驳回。四月二十日，法案获得了御准。

索恩提供捐赠，同时规定，馆长应为英格兰建筑师，要么德高望重，要么得过某项学术大奖：其实，索恩在遗嘱里提名的人，是他的

---

[1] 议会私人法案指议会专门就一家协会、公司或机构订立的法案。

[2]《新约·提摩太前书》，5∶8。

首席监工乔治·贝利（George Bailey）。同时，他极为倚重的管家康迪特太太也被任命为博物馆的女监察。索恩死后，贝利试图通过继续订阅期刊，增加当代作品，来充实馆藏，以与皇家英国建筑师研究所（Royal Institute for British Architects）的图书馆竞争，最后却发现这是无法实现的。同样无法实现的，还有让图书馆为建筑学子充分使用的设想，因为白天的时候，大多数学生都得在各自的事务所工作。一九〇四年，一位受托人重新提出动议，欲将某些文物和图书移送大英博物馆，某些画作转交国立美术馆（National Gallery），幸运的是，这种设想又流产了。结果，约翰·索恩爵士博物馆成了今天迷人的一景，从中可以窥见这位建筑师毕生的非凡工作，其图书馆则提供了摄政时期藏书的重要实例，外加完备的记录和商业单据。已经有人看到，这件事与弗兰克·劳埃德·赖特（Frank Lloyd Wright）[1]之举有很多共通之处，赖特把房产和工作室，包括紧邻芝加哥的那座八角型图书馆，一并留给了美国公众。[29]

十九世纪三十年代，索恩已经成了建筑学界的元老。乔治四世于
135 一八三一年为他封爵时，拍卖商彼得·考克斯（Peter Coxe）用三十七首诗恭贺其荣升，有这几句是这样写的："索恩！万千惆怅都已过去，/ 慷慨的君王认可了你应得的权利，/ 荣誉牢牢绑缚着桂冠，/ 爵位屈身，装饰了你的名字。"[30]这一章一直在讲白手起家者的故事——拉金顿，布里顿，还有科贝特，但索恩才是真正的人杰。他既善为人友——他与工人和恩主都相处融洽，并交游广阔——也善为人敌，终其一生，争吵不断，夙怨无休。有时就连乔治·丹斯和约翰·布里顿也会和他翻脸；幸亏布里顿太太及时送去了威尔特郡的麦芽酒和葡萄牙的洋葱，将和解落到了实处。

---

[1] 弗兰克·劳埃德·赖特（一八六七～一九五九），美国建筑师和作家，住宅设计领域草原学派的中坚，东京帝国饭店和纽约古根海姆博物馆也是他的作品。

约翰·索恩爵士生于乔治三世登基前两年[1]，死于一八三七年一月，仅比维多利亚女王加冕早了六个月。此时他已经过时了，他那身摄政时期的行头如此，他的建筑风格亦然。讣闻里不曾赞美他的作品，家人也没有惋惜他的离世，但必定有一群人在发自内心地凭吊，那就是他的书商。

[1] 乔治三世登基时间为一七六〇年，索恩生于一七五三年，疑有误。

第六章　小闲书？
乔治时代的事实与虚构

136 在理查德·布林斯利·谢里丹（Richard Brinsley Sheridan）[1]一七七五年的剧作《情敌》（*The Rivals*）中，安东尼·阿不所鲁特爵士（Sir Anthony Absolute）对马拉普洛太太（Mrs Malaprop）谈到了“一棵常青树，有着邪恶的知识！”伦敦科文特加登剧院里的观众想必不用费力，便能明白此话所指。我们今天会就行为不良的青少年，或欧盟的就业政策展开辩论，而乔治时代[2]晚期的社会曾严词谴责一对双生的恶魔：小说阅读和租借式图书馆。激起这些攻击的是妇女。

对阅读传奇和小说的行为加以责难，是一个悠久的传统，并有两条主要的支脉。第一条认为，虚构类作品会刺激想象力，可能引致各种各样的危险。第二条则坚信，妇女应在生活的各个领域保持从属地位。一六六四年去世的伊丽莎白·兰厄姆夫人（Lady Elizabeth Langham）曾因罕有的智慧，以及对拉丁语、法语和西班牙语的精通而闻名。可是，为她立传的男作者却急于指出，她避免了“人们可以想象出来的、必然伴随着一位博学人妻的种种不便，为此，她一向都会在他［她丈夫］面前低眉垂首，一如面对着主人和首领”。[1]

---

[1] 理查德·布林斯利·谢里丹（一七五一～一八一六），爱尔兰出生的剧作家和辉格党政治家，以《情敌》成名，又以一七七七年的《造谣学校》（*The School for Scandal*）著称于世。

[2] 乔治时代指英王乔治一世至四世在位的时期，始自一七一四年，终于一八三〇年。

十六世纪时，虚构类作品通常叫作“传奇”，将一位具有骑士精神的英雄作为主人公，描写其生平和业绩。它们的原著往往是意大利文、法文或西班牙文，但英文译本日益增多。巴尔达萨雷·卡斯蒂利奥内以对话体写成的《侍臣论》（*Il libra del cortegiano*），由托马斯·霍比于一五六一译为《侍臣》（*The Courtyer*），还向宫廷中的淑女贵妇介绍如何举止得当。本土自产的此类作品有菲利普·西德尼爵士的《阿卡迪亚》，此书本来是他写给妹妹，供其私下消遣的，他早逝之后，经妹妹允许而付梓。在安妮·克利福德夫人的《大像》（见插页一）中，便画有一部《阿卡迪亚》，与奥维德的《变形记》，以及杰弗里·乔叟和埃德蒙·斯宾塞的作品放在一起。这些作品有时称为“消闲文学”，让那些有地位、有文化的夫人小姐们读一读，并无不妥，而低阶层的妇女是 137
不该接触虚构作品的，她们应专注于圣经和其他虔信读物，实用性的工具书亦可。

按照《牛津英语字典》，“小说”（novel）一词在英语里最早出现于十六世纪中叶，用以描述短故事集中的一篇，如薄伽丘（Boccaccio）的《十日谈》（*Decameron*）。伊丽莎白·皮普斯当年所读的，是以其母语法语写成的小说，它们可绝不是什么短篇。一六六一年一月三十一日，塞缪尔·皮普斯在日记中写道：“回家，上床，丢下我妻子，接着读她的《波历山大》。”[2] 故事讲述的是一位住在僻远海岛上的女王，差遣手下骑士，去惩罚孜孜不倦的求婚者，学者马兰·勒鲁瓦·德·贡贝维尔一写就是五卷。皮普斯的传记作者克莱尔·托马林不禁感叹，如今它实在难以卒读。

针对传奇和小说阅读的非难之辞绵延不绝，持续了数百年，而且来自社会的各个层面。就外界看法而言，剧本似乎占得了中间地带，没有斯宾塞和西德尼的典雅之作那样博学，却又不像乔叟那样难以理解，比起早期的报纸快览特、歌谣纸和传奇廉本书，它们内容更多，名声也更好。一六二三年出版的威廉·莎士比亚戏剧集第一对开本大获成功，第二对开本不到十年便继之而生。在等待死刑执行时，查理一世读了莎士比亚和本·琼生，而不管从严格的宗教信仰上来看，莎士比亚是令人深恶痛绝的。埃德蒙·戈斯（Edmund Gosse）[1] 在十九世纪写到父母时，曾提及他母亲在家中既不备小说，也没有莎士比亚，就连他做牧师的父亲也觉得这种做法矫枉过正。

对十七和十八世纪的穷人而言，虚构作品是以廉本书的形式，从货郎手中花几个便士买来的。其题材既有虔信的传说，也有激动人心的历史故事，皮普斯将它们分别称作“便士信经”和“粗俗演义”，诗人约翰·弥尔顿则以“乡民的桃源”唤之。然而，它们不只是穷人的读物，学童们也从中发现了通往小说世界的美妙入口。

一七四〇年进入这一方天地的，是塞缪尔·理查森发表的《帕梅拉》，有些人认为，这是第一部现代英语小说。理查森生于一六八九年，乃细木工之子，如同威廉·贺加斯一七四七年系列版画中的汤姆，一副不断往上爬的“勤劳学徒”模样[2]，从印刷业的小工起步，娶了师傅的女儿，最后成了文具商公会的主事人。理查森早年确曾出版过一部名叫《学徒手册》（*The Apprentices' Vade Mecum*）的书，提供道德
138 和行为上的忠告。他在十三岁时还有另一门营生：替年轻的恋人们写信，因此，当他受到印刷厂的同行们怂恿，基于对日常生活的观察开始写作时，已经积累了丰富的经验。这些信发展成了《帕梅拉》，第一部在一七四〇年付梓，次年又出版了《写给好朋友的信和替好朋友写的信》（*Letters to and for Particular Friends*）。

---

[1] 埃德蒙·戈斯（一八四九～一九二八），英国翻译家，文学史家和文学批评家，所译易卜生尤为著名。他的父亲菲利普·亨利·戈斯（Philip Henry Gosse，一八一〇～一八八八）做过世俗传道者，后来成了著名的博物学家。母亲埃米莉·鲍斯（Emily Bowes，一八〇六～一八五七）是画家和福音派宗教诗人。埃德蒙·戈斯在一九〇七年的名作《父与子》（*Father and Son*）中，将父亲描写成了一个信仰坚定的暴君。

[2] 贺加斯的版画《勤劳与懒惰》（*Industry and Idleness*）由十二幅情节相连的铜版画组成，主人公是两个学徒出身、但命运迥然相异的劳工子弟，游手好闲的汤姆和勤劳上进的弗朗西斯。

理查森扮作六位通信者的“编辑”，借以讲述帕梅拉·安德鲁斯的故事，她是个十五岁的女仆，颇不寻常地能读能写，经历了各种各样的不幸，险遭强奸，还遇上了假结婚，但终于凭着善良降服了引诱者，接受了他给予的真正婚姻。一七四一年，理查森写出了小说的第二部，在浓烈的教化色彩下，将帕梅拉写成了完美的人妻。《帕梅拉》大受欢迎，理查森则被奉为“所多玛的良益天使”，牧师们在布道时，也对书名页上阐明的主题大加褒扬，即该书旨在“培养男女青年的信仰准则与内心的美德”。理查森的听众一如现代肥皂剧的观众，常常将虚构与现实混同，所以村里的铁匠当众朗读此书，读到帕梅拉的婚礼时，斯劳（Slough）的教堂竟然敲响了大钟，以示庆祝。但此书也招来了嘲讽，甚至在第二部刚刚问世的时候，便出现了一部讽刺性的戏仿之作，题为《滥竽充数的傻梅拉·安德鲁斯夫人生平》（*An Apology for the Life of Mrs Shamela Andrews*），作者署名“康尼·基伯”（Conny Keyber）。几乎可以肯定，此人就是亨利·菲尔丁，他后来又在所著小说《约瑟夫·安德鲁斯的故事》（*The History of Joseph Andrews*）中，公然嘲笑了《帕梅拉》，此著描写帕梅拉的兄弟做男仆，和她一样守身如玉，抵抗住了女管家、甚至女主人的勾引。理查森天性自负，深为菲尔丁的举动所苦，至死没有原谅他。

与《帕梅拉》的出版几乎同时，租借式图书馆出现了。公认塞缪尔·范考特牧师（Revd Samuel Fancourt）创办了第一家租借式图书馆，时为一七四〇年，馆址位于伦敦的舰队街。他主要提供神学和技术类书籍，但不久便陷入财务困境，于是将该馆转为了会员制的收费图书馆。图书馆的历史颇为复杂，因为它们规模不一，形态各异，既有大教堂的图书馆，也有教区教堂小小的藏书室，既有国立机构，也有非正式的读书社团，体制和规则上更是千差万别。本章专注于所谓的“非公共机构”图书馆，即会员制和租借式的图书馆。

会员制或业主所有制的图书馆兴起于十八世纪早期，由个人组成

团体，集体购买图书，资金来自入会费，另加会员费，通常以年费或
季费的形式缴付。有些团体自称图书馆，也有的叫读书小组（reading
group）、读书协会（society of reading），或者书友会（book club）。有
些以合股为基础组成，让会员购买股份。有些长期保留藏书，另一
139 些每到年底便卖净所藏。此类机构的前身可以追溯到一百年前的咖啡
馆俱乐部。一六六八年，安东尼·伍德（Anthony Wood）[1] 写到牛津
大学时，曾记载如下：“圣诞节前不久，基督教会（Christchurch）那
帮人，年轻人，在肖特（Short's）咖啡馆内书房设一图书馆，有拉伯
雷（Rabelais），诗集，戏剧等。有位学者送来一本书，值一先令十便
士。”[3] 一个世纪之后，爱尔兰旅行家托马斯·坎贝尔博士（Dr Thomas
Campbell）描写了伦敦吾等天父道上的牧师会咖啡馆，说此地“非同寻
常，有大笔藏书和一个读书会”。缴纳会费一先令，即可获得一年的读
书权。他“发现了我想要的所有的新出版物，而且我相信人家告诉我
的，所有新书都会入藏”。[4]

其他会员制图书馆在酒馆聚会。例如，伯明翰书友会（Birming-
ham Book Club）创办于一七七五年，常在莱斯特徽（Leicester Arms）
晤面，此酒馆属约翰·弗里思（John Freeth）所有，位于利思巷（Lease
Lane）和贝尔街（Bell Street）的街角。其会员倾向激进，故而在十八
世纪九十年代，被政敌冠以雅各宾党俱乐部之名。约翰尼斯·埃克斯坦
（Johannes Eckstein）在一七九二年作有一画，现藏伯明翰美术馆，画中
140 可见该会会员，有些人面前是大杯的啤酒，其他人则守着葡萄酒杯和
陶制长柄烟斗，很显然，这不但是图书馆，也是社交俱乐部。约翰·弗
里思既是主人，也是会员，曾赋诗如下：

---

[1] 安东尼·伍德（一六三二～一六九五），英格兰古物收藏家，著有《牛津大学历史及其文物》（*Historia et Antiquitates Universitatis Oxoniensis*）和《牛津学苑》（*Athenae Oxonienses*）。

图四十五：伯明翰书友会在莱斯特徽的一次聚会，约翰尼斯·埃克斯坦绘于一七九二年。画面中一本书也没有，很有可能是会员们在一年一度的旧书拍卖会上把书卖掉了，此时正在抽烟喝酒。左起第二位是酒馆主人约翰·弗里思；在他左侧，手拿陶土烟斗的，是伯明翰师范医院（Birmingham's General Hospital）首批外科医师杰里迈亚·沃克斯（Jeremiah Vaux）；站在画面右侧、戴高帽子的人，是伯明翰《大辞典》（*Magnificent Dictionary*）的出版人詹姆斯·比塞特（James Bisset），该书收录了当地主要的制造商和社会贤达；在他左侧，用烟斗比画着的，则是马口铁商人约瑟夫·费伦（Joseph Fearon）。

看槌子，槌槌出钱
摇杯子，杯杯承欢；
如果我们的心微醺甘甜
书也会卖价不凡[5]

这里写的是一年一度的旧书拍卖。

这些图书馆和读书团体遍布全英。埃塞克斯的克拉弗林村（Clavering）也在一七八六年成立了读书协会，每月聚会一次，会员在家中轮流坐庄，年度晚餐会则在克拉弗林旅店（Clavering Inn）举行。四年后，一个打破常规的大胆举动出现了，协会决定以半价接受妇女入会。他们多次举办辩论会，其中一次主题如下："通常施加于老处女和老光棍的谴责是否存在着合理的基础？"会议记录显示："从老处女身上普遍存在的各种坏脾气来看，对她们加以谴责显然是有正当理由的，至于老光棍们，鉴于同样的和其他不曾广为人知的原因，活该受到比起他们通常所受的更严厉的谴责！"6 在一个夜间出门相当冒险，而人工照明又过于奢侈的时代，亨廷登书友会协会（Huntingdon Book Club Society）曾于一七四二年申明，在乔治旅店（George Inn）举行的晚餐会兼月度会议，无论寒暑，均应在满月前的星期二下午三点钟进行。

村庄和小城镇纷纷有了自己的会员制图书馆和书友会，伦敦的类似服务却少得可怜，这也许是因为有太多可供选择的机构和书店吧。伦敦图书馆（The London Library）创办于一七八五年，几度搬迁，后来与威斯敏斯特图书馆（Westminster Library）合并。它提供范围广阔的图书，入会费一几尼，外加一几尼的年费，共有一百二十一位会员，其中妇女十人。虽然该馆不到二十年便告关闭，但一八四〇年，新的伦敦图书馆又在圣詹姆斯广场复生，它也许是最著名的会员制图书馆，如今仍然健在。其创办应归功于托马斯·卡莱尔（Thomas Carlyle）[1] 的决心，他更喜欢把书带回家，而不是在大英博物馆阅览室这样的图书馆内枯坐，其他一些文坛名流，如查尔斯·狄更斯（Charles Dickens）和威廉·尤尔特·格莱斯顿（William Ewart Gladstone）[2] 也是该馆强有力的支持者。

各图书馆的年费通常为一几尼，由此使相对贫穷的社会成员在财力上难以企及。亨廷登书友会协会一七四二年的名录显示，该会

---

[1] 托马斯·卡莱尔（一七九五～一八八一），苏格兰散文作家和历史学家，著有《法国大革命》（*The French Revolution*）、《论英雄、英雄崇拜和历史上的英雄事迹》（*On Heroes, Hero-Worship, and the Heroic in History*），以及《论书的选择》（*On the Choice of Books*）。

[2] 威廉·尤尔特·格莱斯顿（一八〇九～一八九八），四度出任首相的英国政治家。

会员有教士八人，律师七人，内外科医生各一人，有位查尔斯·希利
托（Charles Shillito）曾于一七八八年赋诗，题为《乡村书友会》（*The* 141
Country Book Club），诗中描写了一家农村协会形形色色的会员，包括一位教区牧师，一位布商，一位外科医生，至于会长，自然由大地主出任。[7] 在妇女获准入会的地区，她们也只占极小的比例，一百人中不过四五。这些女人必定虎胆英魂——很有可能是凛然不可犯的寡妇，其亡夫或为镇上有头有脸的商人，或为牧师，乃至本村的大地主。当然，有许多妇女通过其父亲、丈夫和兄弟的会员身份，而得到了读书的便利，她们一向是隐匿的读者。

妇女虽然受到会员制图书馆的排斥，到了租借式图书馆，她们却不会受到如此恶待。书总是有的借，有时要花钱，从十七世纪晚期开始，便可从书店和咖啡馆借书。十八世纪二十年代，诗人阿兰·拉姆齐（Allan Ramsay）——他同名的儿子后来做了肖像画家——便在爱丁堡的自家书店里开办了这样的服务，惹得格拉斯哥大学图书馆前馆长罗伯特·伍德罗牧师（Revd Robert Wodrow）大发雷霆："一切邪恶的、渎神的、淫秽的图书和戏剧，在伦敦由柯尔［指曾经引发争议的书商埃德蒙·柯尔（Edmund Curle）］和其他人等印刷好了，再由阿兰·拉姆齐从伦敦弄过来，又以极低的价钱借出去，借给年幼的男孩子，伺候上等人的小男仆，还有绅士们，就此可怕地传播着恶习和淫乱。"[8]

伍德罗立场鲜明的责骂，是对租借式图书馆大加诋毁的早期例证。一七六五年，《乡村回忆》（*Village Memoirs*）的作者宣称："收税道路和租借式图书馆是恶行与淫亵的最大入口，"突然之间，生活在农村社会的人们便迎来了对身体和精神消遣模式所发动的谴责。十八世纪下半叶，租借式图书馆蔚然成风，实在是一桩引人注目的事。根据保罗·考夫曼（Paul Kaufman）的统计，到一八〇〇年，此类机构在伦敦的数量超过一百家，另有二百六十八家分布在全国其他区域的一百一十九个地点。不仅如此，他还相信《月报杂志》（*Monthly*

Magazine）在一八〇一年四月份的说法可能是准确的：此类图书馆至少有一千家。[9]

诺布尔兄弟经营的租借式图书馆，是伦敦首批同类大型机构之一。弗朗西斯·诺布尔（Francis Noble）在莱斯特广场的圣马丁巷（St Martin's Court）创建了自己的出版业务，兄弟约翰一七四四年来此加入。他们是自我营销的好手，将图书馆优雅的内室刻成版画印行。詹姆斯·雷文（James Raven）曾形容他们经营着文学界的拉内拉赫园林（Ranelagh Gardens），[1] 又像司仪，在上流社会的温泉浴场会堂里，主持着一场又一场的庆典。[10] 到一七八〇年，诺布尔兄弟已在卡纳比街（Carnaby Street）教皇头处营业，比邻金色广场（Golden Square）。他们印行的目录册标价六便士，装订好的要一先令，可供数千册英文、法文和拉丁文图书出借，年费十二先令，或季费四先令。营业时间也极为充裕，平日早八点开馆，晚八点闭馆（但目录册警告说，不能再延
142 长了）。每次可借书两部，逾期未还者，损坏图书者，凡此种种，均须缴付罚金。他们的劲敌是在舰队街开办租借式图书馆的托马斯·朗兹（Thomas Lowndes）。在范妮·伯尼（Fanny Burney）[2] 一七八六年出版的第二部小说《塞西莉亚》（*Cecilia*）中，那个吝啬贪婪又言谈粗鄙的布里格斯，据信就是根据朗兹的形象写成的。

后来，在租借式图书馆的生意场上，诺布尔兄弟和朗兹双双受到了托马斯·胡卡姆（Thomas Hookham）的挑战，此人的买卖遍及新老邦德街（Bond Street）和汉诺威广场（Hanover Square）一带的各种便

---

[1] 伦敦昔日的旅游胜地，位于切尔西区的泰晤士河畔，十九世纪初关闭。

[2] 范妮·伯尼（一七五二～一八四〇），即弗朗西丝·伯尼（Frances Burney），婚后称达尔布莱夫人（Madame d'Arblay），英国小说家，一七七八年出版了风俗小说史上的里程碑式作品《埃维莉娜，又题一位年轻女士迈入社会的经过》（*Evelina, or The History of a Young Lady's Entrance into the World*），《塞西莉亚，又题一个女继承人的回忆》（*Cecilia, or Memoirs of an Heiress*）和《卡米拉，又题一个青年的写照》（*Camilla: or a Picture of Youth*）也颇受欢迎。

利地点。但是名头最响，或者说最为人所不齿的图书馆经营者，大概 143
非密涅瓦出版社（Minerva Press）的威廉·莱恩（William Lane）莫属了。他是伦敦鸡贩之子，在父亲的店里就开始卖书。这个很没前途的起步后来成了许多讽刺文章的主题，他被写成“杀鸡的”和“涂鸦的鸡贩子”，坐在鲜亮的大马车里招摇过市，挥舞着金手杖。[11] 买马车和手杖的钱来自他获利甚丰的买卖；到一七八四年，他已守着伦敦市中心，在利登霍尔街（Leadenhall Street）[1] 的自家店内办起了印务所，经营一份下午报，并不断扩大，最后创建了密涅瓦出版社，雇了很多人手，有至少四台印刷机，外加一个远近闻名的租借式图书馆。他不按常理出牌，因粗制滥造和质量低劣而声名大噪，以至于人们更津津乐道于密涅瓦出版社的社牌，而非他出版的那些作品。莱恩把读者分为四个等级：夸夸其谈的，嘻嘻哈哈的和反复无常的，不动声色的，以及夸张做作的外行——堪称市场分类学的一个早期实例。

诺布尔兄弟、朗兹、胡卡姆和莱恩有一个非常重要的特点：他们的出版业务全都捆绑了租借式图书馆，前者为后者提供小说。他们还和其他出版商一道，为外郡、北美和印度的独立图书馆供货。租借式图书馆自然是在大城市开办的——继阿兰·拉姆齐在爱丁堡的早期创业之后，又有约瑟夫·巴伯（Joseph Barber）于一七四〇年左右，在泰恩河畔纽卡斯尔（Newcastle-upon-Tyne）的阿门角（Amen Corner）设立的租借式图书馆。到十八世纪五十年代晚期，他已上架图书逾两千部，每季向读者收费两先令六便士。他还印了一本书目，封面上有诗如下：

有用的、有趣的和文雅的，

[1] 下利登霍尔街，南经惠汀顿街（Whittington Avenue），可抵鸡贩子们的基地——伦敦老肉市利登霍尔市场（Leadenhall Market）。

图四十六：詹姆斯·休利特（James Hulett）所作的版画，内容是斯特兰德埃克塞特巷（Exeter Court）的赖特（Wright's）租借式图书馆。该馆创办于一七四〇年，可能是伦敦同类行业中的第二家；第一家已于十年前由牧师塞缪尔·范考特开办。会员们似乎已经获准开架浏览，取书不必通过馆员。

集中于一地，结合了引人入胜的好奇；
布道词，评论文，祈祷书，宗教的秘籍，
传记，地理，传单，历史和回忆；
航海和旅行，不管海在何方，岸在何地；

伴随着无数缪斯喜悦的旋律，
从好伊莱扎[1]的岁月，到乔治的时期，
都有的读，有的借，可以每周，也可以每季，
就在阿门角，约瑟夫·巴伯的店里。[12]

随着洗温泉的时尚蓬勃兴起，有浴场的村镇和海边度假地便成了开办租借式图书馆的理想地点。马盖特位于肯特郡海岸，从伦敦前往相对便利，因此开馆不少于四家，计有优胜者（Champion’s）、西尔弗（Silver’s）、霍尔（Hall’s）和加纳（Garner’s）诸馆，彼此之间距离极近。霍尔馆加上在步廊所设的座椅，可容纳四百人。印制于一七九〇年前后的一份版画显示，该馆不仅是一家出借式图书馆，还是举办集会和舞会的重要场地。画中的顾客显然是度假者的样子，而根据记载，144
顾客中还有许多教士，他们需要的是馆中大量的神学图书。

巴思（Bath）[2]有三家租借式图书馆，包括塞缪尔·哈泽德（Samuel Hazard）和詹姆斯·马歇尔（James Marshall）的店，马歇尔保存了一份客户登记簿，从中可见威尔士亲王，[3]教士，巴思的军旅人员，还有女读者。托拜厄斯·斯摩莱特（Tobias Smollett）在一七七一年出版的小说《汉弗莱·克林克尔历险记》（*Humphry Clinker*）中，便曾让笔下的莉迪亚·梅尔福德写信给格洛斯特（Gloucester）的朋友，提及巴思的图书馆和书店。大泵房（Pump Room）辟出一厅，充作妇女咖啡馆，以避开全体集会，让女士们在此读一读报刊，互相说说话。莉迪亚写道，这一间咖啡馆是不允许年轻人进入的：“因为谈话涉及政治、丑闻、哲学，以及超过我们接受范围的其他话题。但我们可以陪她们去书商的铺子，都是大好的去处。我们在那儿读小说、戏剧、小

[1] 好伊莱扎（good Eliza）想必指的是“好女王”（Good Queen）伊丽莎白。
[2] 巴思城位于英格兰西南部的萨默塞特郡。
[3] 威尔士亲王（Prince of Wales）是传统上的英国王储封号。

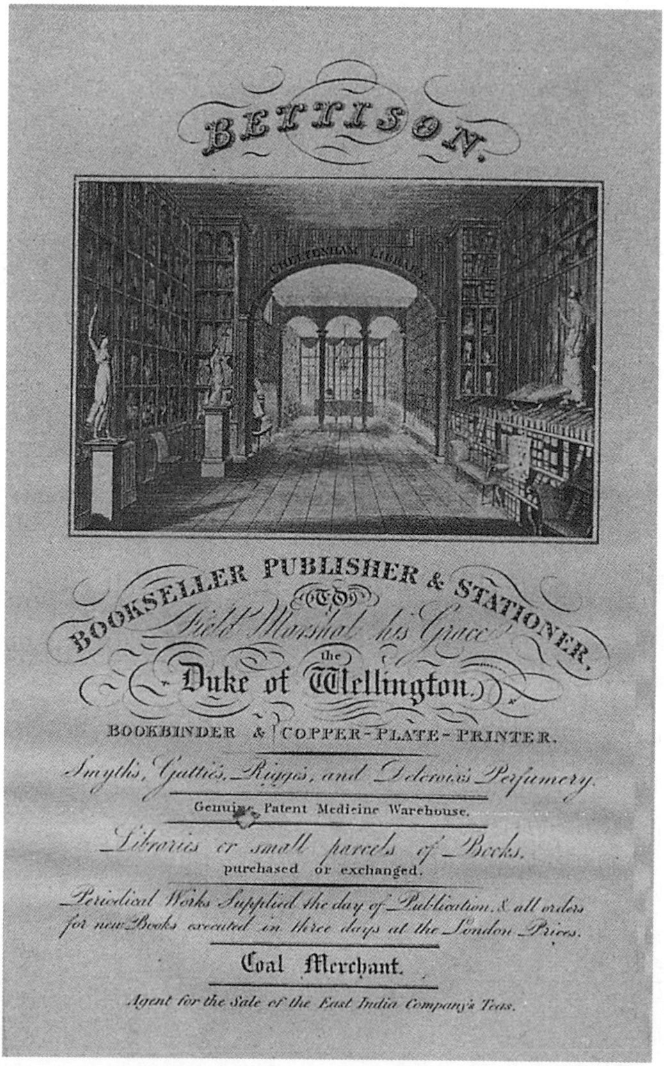

图四十七：十九世纪早期的商业宣传单，由切尔滕纳姆（Cheltenham）的贝蒂逊（Bettison）印行，该店集多种功能于一身，既是租借式图书馆，又是出版商、文具商、图书装订商，还销售专利药品、煤炭，以及东印度公司的茶叶。

册子，还有报纸，一个季度的会费少得可怜，只需五先令。”

在巴斯、马盖特和同类城市中的租借式图书馆都有很大的规模，每到旺季总是顾客盈门。但许多小馆在出借之余，还必须销售图书及其他货物，并提供宣传单上申明的多种服务。兼营专利药品的传统仍在延续，但贝德福德的韦布（Webb's）租借式图书馆还额外地卖起了墙纸，并提供裱糊服务。而在德文郡的埃克塞特，位于圣伦纳德教堂（St Leonard's Church）对面的柯森（Curson's）图书馆则销售吸墨纸、扑克牌、活动课桌，兼作国营彩票所，钢琴租售，也卖达菲万灵药和奥克斯利姜油精。在同样位于德文郡的廷茅斯（Teignmouth），克罗登（Croydon's）图书馆则销售日用百货，或赫维沙司、橄榄，以及一种名字非常别致的调和物：猪弟弟马吃（Zoobditty Mutch）。[1]

为了给租借式图书馆的书架上货，一门名副其实的产业发展起来了。克拉拉·里夫（Clara Reeve）[2] 在一七七五年出版的《传奇文学的进程》（*Progress of Romance*）中，梳理了小说的历史，描述了当时良莠不齐的出版盛况："印刷机在小说的重压之下呻吟，每年它们都像蘑菇一样涌出地面。"14 男作者和女作者数量相当，既有船长，也有娼妓和落魄的寡妇，乃至雄心勃勃的青少年。每年出版的新书数量，在一七七〇年时为四十种，到一七九〇年已达七十四种，一八〇〇年则为九十九种。威廉·莱恩的密涅瓦出版社产量最丰，罗宾逊兄弟（Robinsons）次之，他们在吾等天父道二十五号的艾迪生头营业，所出图书远为有趣，亦非粗制滥造之作。一七七四年，罗宾逊家族还购入了《文学批评》（*Critical Review*）的股份，此乃十八世纪晚期在小说评论领域首屈一指的媒体。

书评写作的理念或许脱胎于胡格诺派学者所为，一六八五年路易 145

[1] 十八世纪末出现的印度鱼露，名称来自当地语言："美味的"（Zoobditty）和"鱼"（Mutch）。

[2] 克拉拉·里夫（一七二九～一八〇七），英国小说家，以哥特式小说《英国老男爵》（*The Old English Baron*）最为人所知，并显著影响了玛丽·雪莱的《弗兰肯斯坦》。

十四撤销《南特敕令》[1]后，他们四散于欧洲，交流思想，并撰写对近期新书的评论。艾迪生和斯蒂尔曾在所办《旁观者》和《闲谈者》杂志上刊登剧评，却没有登载过书评。说到第一份广受欢迎的书评刊物，荣誉的归属尚无定论，但通常认为，《绅士杂志》的发行人爱德华·凯夫（Edward Cave）对得起这顶桂冠。凯夫一七三一年创办此刊，其印刷行位于克拉肯韦尔，就在耶路撒冷的圣约翰（St John of Jerusalem）小修道院旧址的门楼，理查德·贺加斯（Richard Hogarth）曾在同一幢房子里开办过时运不济的“拉丁”咖啡馆（"Latin" Coffee-
146 house）。门楼的图案成了凯夫的商号标志，印上了他的标牌，他的马车，以及《绅士杂志》每一期的书名页。

凯夫早年从事过多种营生，先做分拣员，后到邮政部位于隆巴德街（Lombard Street）的国内局，做免费邮件检查员。这使他后来有本事获得极佳的发行渠道，以便宜的价格，将其杂志发行到英国与北美各地，使其竞争对手大为光火。他把新近出版的图书和小册子节略刊登，虽再度引发公愤，却使出浑身解数，逃脱了法律诉讼，所用手段当中，包括发表读者来信，声称因为读过节选，才购买了整本书。一七四〇年五月三十一日，他刊登了一封来自“Com. W”、署名“W. P. V”的信：“贵刊在四月号第一百八十三页上，希望得知是否曾有某位绅士，因为贵刊登载布让神父（Père Bougeant）之《乐趣》（*Amusement*）[2]的节选而购买了此书——本人不能这样说，但是能说而且一定要说的是，本人之所以买了哈特先生（Mr Harte）[3]的《论理

---

[1]《南特敕令》（Édit De Nantes）由法王亨利四世颁行于一五九八年，给予新教徒（胡格诺派）广泛的信仰自由。一六八五年路易十四撤销敕令后，逾四十万胡格诺派信徒出走英格兰、普鲁士、荷兰和北美，法国失去了最勤劳的商业阶层。

[2] 纪尧姆－亚森特·布让（Guillaume-Hyacinthe Bougeant，一六九〇～一七四三），法国耶稣会士和历史学家，《乐趣》指其一七三七年出版的《动物语言的哲学乐趣》（*Amusement philosophique sur le language des bêtes*）。

[3] 沃尔特·哈特（Walter Harte，一七〇九～一七七四），英国诗人和历史学家。

The Gentleman's Magazine.

Lond Gazette
Read's Journ
Craftsman:
Daily Adver-
tiser.
St James's E-
vening Post
London Even-
ing Post:
Gen. Evening
Post:
Daily Gazet-
teer
Gen. Adver-
tiser
Westminster
Journal.
Old England
Lon. Courant
Whitehall Ev
Post
Remembran-
cer

St JOHN's GATE

York 2 News
Dublin 3:
Edinburgh 2
Bristol :: 3:
Norwich 2
Exeter 2
Worcester
Northampton
Gloucester 2
Stamford:
Nottingham
Chester Jour
Derby ditto
Ipswich ::
Reading :: 2
Leeds Merc.
Newcastle 2
Canterbury
Sherborn
Birmingham
Manchester
Bath
Cambridge

For MARCH 1749.

CONTAINING,

[More in Quantity and greater Variety than any Book of the Kind and Price.]

I. Petitions to Parliament, &c.
II. Description of the inside of St *Paul*'s Cathedral, with a Plate.
III. *Ramsgate* less proper for a harbour than *Sandwich* haven.
IV. Rules for Painting.
V. New metaphysical discrimination of the faculties in men and brutes.
VI. Of Candidates for holy orders.
VII. To find a true Meridian.
VIII. Of the structure of antient ships.
IX. *Roman* marine and order of battle.
X. Essay on the marine of the Antients, from M. *Deslandes*.
XI. Invitation by authority for disbanded soldiers, &c. to people *Nova Scotia*.
XII. Further account of that country.
XIII. Memorial of *N. England* merchants
XIV. Historical scripture passages, explain'd by the original *Hebrew*.
XV. *Improbus* in *Virgil*, how mistaken. A passage in *Virgil* omitted.
XVI. The emblems in a Cut of *Homer*'s Apotheosis, explained.
XVII. Memoirs of y *Swedish* academy.
XVIII. Scheme for opening a trade to *Japan*, prohibited to christians.
XIX. From Dr. *Cobden*'s sermon on chastity, with a remark from *Rod. Random*.
XX. On the mutiny and navy acts.
XXI. The *London* address and answer.
XXII. POETRY. The future state and place of *Old Maids. Lat. & Eng.* Reduced officer's complaint; contraste to an ode on wisdom; the moderator; the tell-tale; song; similies.
XXIII. HISTORICAL Chronicle. Siege of *Pondicherry*; country assizes, &c.
XXIV. DEATHS, births, preferments.
XXV. PRICES of stock, winds, &c.
XXVI. FOREIGN history.
XXVII. NEW books published.

With a Representation of *Homer*'s Apotheosis from an antient Marble; and a perspective View of the inside of St *Paul*'s Cathedral, neatly engraved on two Copper Plates.

By *SYLVANUS URBAN*, Gent.

LONDON: Printed by E. CAVE, jun. at *St John's Gate*, and sold by the booksellers in town and country; of whom may be had any other month, also compleat sets in 18 Vols on royal or common paper, beginning with 1731.

图四十八：《绅士杂志》一七四九年三月号的书名页，印有克拉肯韦尔圣约翰小修道院的门楼，爱德华·凯夫的印刷所就设在此地。他刊发书评，并登载新出版图书的书目。

性、道德和天启宗教的统一与和谐》(*Sermon on the Union and Harmony of Reason, Morality and Revealed Religion*)，纯然是因为读过了在贵刊上发现的节选……；因为本人乐于在购书前略知一二……”塞缪尔·约翰逊受雇为该杂志工作[1]前，曾于一七三四年十一月二十五日致信凯夫，称自己可以为他撰写一些“短小的文学论文，用拉丁文或英文，评论古代或现代的作家，被遗忘但是值得重提的诗歌，或零散的文章……通过这种方式，敝人以为，您的文学文章——或可如此称呼——必然可以更好地向公众推荐，而胜过粗俗的谑语，笨拙的笑话，或两党之间无聊的谩骂。”15

一七四九年六月，该刊发表了一篇对塞缪尔·理查森第二部小说《克拉丽莎》的评论，据称译自阿尔布雷希特·冯·哈勒（Albrecht von Haller）的荷兰语原文。鉴于《克拉丽莎》的长度超过两百万字，并且只在英国曾以全文出版，所以这位荷兰评论家可能只是凯夫玩的又一个花样，以免为此吃上官司，尤其是此人的姓名，竟和一位著名的德国植物学家一字不差。[2]评论不无褒扬地将《克拉丽莎》与其他作品做了一番比较，不仅有《帕梅拉》，还有马里沃（Marivaux）一七三一年至一七四一年出版的《玛丽安娜的生活》(*La Vie de Marianne*)，[3]并抓住机会对宿敌发起了攻击：

> 这部作品 [《克拉丽莎》] 印数极大，英国人一直在急不可耐地购买，而我们所知的所有读者，都赞同将此书归为第一流的传奇。这种说法大概会招致法国人的怨恨，因为他们写得如此之多，而且自以为如此成功；可是，假如他们对以下的见解做一番思考，也许就会默认我们的观点。法国传奇不过是在表现杰出人物的杰

[1] 约翰逊于一七三七年成为《绅士杂志》的作者。

[2] 阿尔布雷希特·冯·哈勒（一七〇八～一七七七）是瑞士人，实验生理学之父，在解剖学、植物学乃至诗歌领域亦有不凡成就。

[3] 皮埃尔·卡莱·德·尚布兰·德·马里沃（Pierre Carlet de Chamblain de Marivaux，一六八八～一七六三），法国戏剧家、小说家和记者。《不列颠百科全书》说，他的小说《玛丽安娜的生活》“先于理查森的《帕梅拉》，预示了赞扬女性的感情和直觉的感伤小说的到来”，他也被后世视为“连接理性时代和浪漫主义时代的桥梁”。

出行为……《玛丽安娜》让人愉悦，《克拉丽莎》则不仅让人愉悦，还给人指导；当作者描绘得真实，而且只有真实的时候，那才更为奏效。

仰仗凯夫的发行优势，《绅士杂志》取得了巨大成功，发行量很 147
快达到了九千份左右。撰写社论时，他使用笔名西尔瓦努斯·厄尔班(Sylvanus Urban)[1]，这倒反映出一个事实：他正在为王国各地的绅士们——和女士们——提供伦敦的现场资讯。他刊用书评，也许更有
用的是，还登载书目，列出近期出版的图书、期刊和小册子，每份杂 148
志索价仅有六便士，因此对“图书世界”作出了不可估量的贡献。凯夫于一七五四年去世，但该刊继续发展壮大，直到一九二二年才终止出版。

凯夫、塞缪尔·约翰逊和《绅士杂志》带了头，很快便有其他人加以效仿。他们的主要竞争对手是《伦敦杂志》，但还有两份期刊也专注于图书，即一七四九年创刊的《评论月刊》(*Monthly Review*)和一七五六年创办的《文学批评》。它们形成了截然不同的风格，《文学批评》使用辛辣的幽默，《评论月刊》则更为温和。两者都刊登少量的长篇评论，通常长达五页，并编发相当全面的新出小说书目。《文学批评》的东家阿奇博尔德·汉密尔顿(Archibald Hamilton)还拥有《城乡杂志》(*Town and Country Magazine*)和《女士杂志》(*Lady's Magazine*)，两刊均以读小说的年轻妇女为目标。这些杂志不仅发表书评，还以连载形式刊登小说。约翰·穆雷第一最早进入图书业时，并不是出版商，而是传奇小说的作者，所著《兰斯洛特·埃杰维尔爵士传》(*The History of Sir Launcelot Edgeville*)从一七六七年末开始，在《考特杂志》(*Court Miscellany*)上连续刊登了四个月。这是个缺乏特色的

[1] 或有“都市里的森林守护神”之意。

故事，有大约两万字，但从未完成，因为穆雷承认，他“意识到自己没有能力写出个结局”。[16] 约翰·布里顿写到自己在偏僻的威尔特郡农村度过的童年时，回忆了报纸和杂志对当地社会的冲击。直到一七八〇年，伦敦的戈登暴乱引发了好奇，才有报刊可买。几年之后，农夫有个女儿带回来一本《女士杂志》，把它借给了布里顿的姐姐，因为她喜欢读书。

许多书评作者住在伦敦以外，为了稿费努力工作，这点儿钱也像小说作者的报酬一样，远远谈不上丰厚。出版商免费提供样书似乎还未成为行规，因此，以《评论月刊》的主编拉尔夫·格里菲思（Ralph Griffiths）为例，他希望书评作者把书交还，然后再卖回给原来的书商。运费由编辑支付，但书评作者必须承担把书寄回伦敦的费用。稿酬通常按照印张计算，一个印张合八开本的十六块版：诗人罗伯特·骚塞卖文得到三几尼，哲学家和作家威廉·戈德温拿了两几尼。批评性的书评不署真名，编辑也尽力保护这种匿名的特性。不过，在格里菲思主编《评论月刊》期间，要想查出其书评作者的姓名，还是有可能的，因为他会标出作者姓名的字头。从一七七八年到一七八六年，塞缪尔·巴德科克（Samuel Badcock）堪称一位优秀的书评作者，此人乃不遵从国教的牧师，生活在德文郡的南莫尔顿（South Molton），为《评论月刊》写了至少一百一十部小说的书评。格里菲思的另一位书评作者是威廉·恩菲尔德（William Enfield），同样身为不遵从国教的牧师。从一七七〇年开始，他担任著名的沃林顿学院院长，直到学院于一七八三年关闭，此后，他迁居诺里奇（Norwich），布道之余，从事
149 写作。一七八六年，约翰·特拉斯勒（John Trusler）甚至试图为自己的书《摩登时代》（*Modern Times*）[1] 第二版写一篇评论，拿给约翰·穆雷

[1]《摩登时代，又题无家可归的加布里埃尔历险记》（*Modern times, or The Adventures of Gabriel Outcast*）是约翰·特拉斯勒（一七三五～一八二〇）所著小说，模仿了勒萨日的《吉尔·布拉斯》。

的《英格兰评论》（*English Review*）发表。约翰·穆雷像拉尔夫·格里菲思一样，也刊登关于小说的书评。

书评家的言辞足以产生毁灭性的效果。安德鲁·贝克特（Andrew Becket）曾在《评论月刊》上预言，“某女”（A Lady）一七八九年出版的《埃玛·多维尔》（*Emma Dorvill*）应该成为点心师傅的包装纸，《文学批评》的书评作者则说，里贾娜·玛丽亚·罗奇（Regina Maria Roche）一七九三年的《哈姆莱特的女仆》（*Maid of the Hamlet*）可以让人忘掉牙疼。对小说的语言和结构亦有不满。在一七九五年的《文学批评》上，有位作者恳求小说家们不要再玷污语言了，因为他们所用的“模棱两可的词汇，一如花儿生于野草，其乱如麻，剪不断，理还乱”。

本着一切宣传都有用的观念，诺布尔兄弟故意挑起了与《伦敦杂志》东家罗伯特·鲍德温（Robert Baldwin）的长期对抗。一七六九年一月，他们发布一纸“公共广告”，指责鲍德温对兄弟俩出版的每本小说都给以劣评，并声称，鲍德温从未读过自己杂志所评论的大部分图书。嘴仗继续进行，诺布尔兄弟要求鲍德温收回对两人克扣作者稿酬的指控。同时，威廉·莱恩甚至容许安娜·玛丽亚·贝内特（Anna Maria Bennet）在其小说《乞丐姑娘》（*The Beggar Girl*）中，对他本人在利登霍尔街的企业做了一番贬损。一七九七年，他出版了此书。

出版商们发现，广告正在变得越来越重要。在外郡、外区和伦敦的报纸上打广告并不便宜，而且要在投资中占据相当高的比例。托马斯·胡卡姆出版了伊莱扎·马修斯（Eliza Mathews）的小说《康斯坦斯》（*Constance*），并于一七八五年在《圣詹姆斯纪事报》（*St James's Chronicle*）上做了广告，一个词独占三栏，以吸引读者注意。有些广告安排在出版日期之前，宣布某某小说已经付印，即将出版，托马斯·朗兹尤擅此道。另外一些广告则摘选评论，用做自我吹嘘。

关于这一时期出版、营销和评论的过程，范妮·伯尼通过其首部小说《埃维莉娜》（*Evelina*）上市前后的经历，已经做了相当详尽的记录。颇具讽刺意味的是，我们了解得如此之多，端赖她当初千方百计隐瞒了自己的身份。范妮是著名的音乐史学者查尔斯·伯尼博士（Dr Charles Burney）的女儿，一七六七年一把火烧掉了自己早年的文学成果，其中包括一部几近完整的长篇小说《卡罗琳·伊夫林的故事》（*The History of Caroline Evelyn*）。她唯恐人家说她不务正业，在危险的小说上虚耗时间，于是在不为人知的情况下，从尘封的记忆中挽救了卡罗琳·伊夫林襁褓中的女儿，让她重见天日。这便是埃维莉娜。

由于为父亲做文书，舰队街的印刷商们已经熟悉了她的文字，因此她用假笔迹重写了整部手稿。一七七六年，她开始找出版商，四处
150 投稿，詹姆斯·多兹利（James Dodsley）所在的商号曾经出版过塞缪尔·约翰逊的《拉塞拉斯》（*Rasselas*），[1] 这一次他拒绝在不知道作者姓名的情况下看稿。范妮随后转投托马斯·朗兹。朗兹出版过许多小说，包括霍勒斯·沃波尔（Horace Walpole）[2] 的《奥特朗托堡》（*The Castle of Otranto*）。十二月二十六日，她在信中写道："第一卷的计划是，让一位受过良好教育、但是缺乏经验的年经女子在社交场上亮相，参加一连串伦敦上流社会最重视的春季活动。我相信，虽然小说家有平等的机会，但这样的情节以前从未有人加以实现。"她又解释说："这就是我生活中的情况，我对在这样的场合为人所知抱有无法克服的抵触，"因此，她要求回复必须通过"金先生"（Mr King），由此人去

[1] 一七七九年，约翰逊博士为了给病中的母亲筹钱，用一个星期的时间写出了《拉塞拉斯》，描写阿比西尼亚王子踏上旅程，寻找最有意义的生活方式，直到诗人伊姆拉克告诉他："在你选择生活方式的同时，你却忽视了生活本身。"《拉塞拉斯》是约翰逊在世时唯一一部受到大众喜爱的散文作品，满足了十八世纪读者的审美要求，使"深刻的真理穿上美丽的虚构外衣"。

[2] 霍勒斯·沃波尔（一七一七～一七九七），英国作家和鉴赏家，第四代奥福德伯爵，第一代奥福德伯爵、英国首相罗伯特·沃波尔的幼子，一七六五年出版的《奥特朗托堡》开创了哥特小说的风气，并恢复了小说中自由虚构的成分，另著有四卷本的《英格兰绘画轶事》（*Anecdotes of Painting in England*）

当地的咖啡馆取信。这是她弟弟查尔斯[1]用的假名。朗兹同意了，并说："现在是小说时代。"17 范妮本来想先出版两卷，在最后两卷付梓之前留出一段间隙，因为她认为在完成书稿之前，感受一下公众的反应要更为明智，但朗兹坚持一次出齐。经过协商，稿酬定为三十几尼。

一七七八年春天，该书以三卷本正式出版，装订版每卷定价九先令，锁线版每卷七先令六便士，用十二开本印刷，此乃这一时期小说通行的小开本，便于放进衣袋或暖手筒内随身携带。出版商对作者的漫不经心可见一斑：书已经出版了，可范妮还不知道，是她那不知情的继母在早餐时注意到了《伦敦纪事报》(*London Chronicle*)刊登的广告，上面是一篇对布里斯托尔武装劫匪进行审判的报道，下面是一条柠檬盐广告，《埃维莉娜，又题一位年轻女士迈入社会的经过》(*Evelina, or The History of a Young Lady's Entrance into the World*)夹在中间。在斯特兰德一百三十二号的贝尔(Bell's)租借式图书馆，亦可花三便士借阅此书。范妮悄悄去了一趟图书馆，回来后写道："我有一种奇怪至极的感觉，因为我不由自主地想到，现在任何一个人，每一个人，都会读我曾经那样小心隐藏的东西，甚至对我最好的朋友，直到最近一两个月，我都隐藏着——一部藏了这么久才拿出来的作品，藏在隐秘的地方，收在我的写字台里，可是现在，这三个王国里所有卖肉的、烤面包的、打鱼的、补锅的都能看到它了，只需花一点小钱，三个便士就成。"18

评论很好：其实是好极了，这毕竟是一位匿名作家的小说处女作。《评论月刊》只发了短讯，却认为《埃维莉娜》"活泼，愉快，讨人喜欢"。《伦敦评论》(*London Review*)认为："就情节发展、性格刻画和枝节描写而言，书中的优点远远多过当代小说通常之所见。"到六月份，首

[1] 小查尔斯·伯尼生于一七五七年，此时只有十岁，一七七八年因为在学校图书馆偷书，倒卖给伦敦书贩，而被剑桥大学除名。范妮·伯尼辩称，弟弟想拥有自己的藏书。但事实是他欠了赌债。据麦吉尔大学伯尼中心。

版五百册已销售一空，朗兹写信给范妮，说整个上流社会都在寄信给他，要求购买此书，其中有一位“上流女士”，由于没有读过此书，她便认为自己太不上流了。德语和荷兰语的翻译工作已在计划之中。

151 范妮向父亲吐露了秘密，此时他可以自豪在朋友们面前朗读此书，并宣称：“除了菲尔丁的作品之外，如果我不相信这是最好的英语小说，那我情愿死了才好！斯摩莱特的小说呢，就算把它们的机智都算上，也实在太粗俗了。”[19] 他和约翰逊博士的知己赫丝特·思雷尔（Hester Thrale）吃了一餐饭，便让这消息传之于天下。思雷尔夫人当时是蓝袜（bluestocking）[1] 的女主人之一，她们不肯耽于无意义的闲谈，而更愿意讨论重大的主题，并为此感到自豪。此番可以捷足先登，压过其竞争对手乔姆利夫人（Mrs Cholmondeley）和蒙塔古夫人（Mrs Montagu），让思雷尔夫人喜出望外。她把《埃维莉娜》的第一卷给了约翰逊博士，让他在回家路上看。他事后明言：“书里有些部分也许会给理查森长脸。”[20] 这句赞语在范妮听来，想必如饮甘露，因为公认约翰逊博士独居文学鉴赏力的顶峰；当他表示认可的消息传来时，范妮围着桑树跳起了舞，五十年以后，沃尔特·司各特爵士到伦敦登门拜访的时候，她仍然对此津津乐道。

*　　　　*　　　　*　　　　*

在出自《情敌》的著名引语中，安东尼·阿不所鲁特爵士不仅将租借式图书馆的小说比作“常青树，有着邪恶的知识”，整年枝繁叶茂，他还继续发出骇人的警告：“那些喜欢摸弄叶子的人，最终必将渴望吃到果子。”在某些方面，对小说阅读的反应，就其激烈程度而言，是十

---

[1] 蓝袜指十八世纪举办文学沙龙的一批英国上流社会妇女，意义现已蜕变，用以形容附庸风雅的女人。

图四十九：威廉·贺加斯的版画《之前》，作于一七三六年，从梳妆台拉开的抽屉里，可以窥见小说和罗切斯特勋爵（Lord Rochester）[1]的诗集，暗指这位小姐遭到诱奸的原因在于她道德水准的下降。

[1] 第二代罗切斯特伯爵约翰·威尔莫特（John Wilmot，一六四七～一六八〇），英国宫廷才子和感情丰沛的讽刺诗人，一度也是复辟时期宫廷内最放荡的人。

足令人惊讶的。托马斯·吉斯伯恩（Thomas Gisborne）在一七七七年首版的《探询女性之义务》（*Enquiry into the Duties of the Female Sex*）中认为，读传奇的热情“往往催生出意念上的易感性和脆弱情感不成熟的波动……众所周知，这会导致年轻妇女对不值得她们爱慕的人产生突然的依恋。”[21]

有了文，也少不了画。早在一七三六年，威廉·贺加斯已经在描绘诱奸场景的版画《之前》（*Before*）和《之后》（*After*）中，画上了一本书，书上写着“小说”，放在濒临危境的小姐拉开的小桌抽屉里，预示着堕落的幻想终将把她引向毁灭。罗伯特·普兰克（Robert Pranker）大约在一七六四年作有一幅颇为端庄的版画，画面上的小姐正在读小说，有条格雷伊猎犬挨着她坐得笔直，绷紧了身体，带着警觉，注视她的举动。它还有另一层意思，光顾租借式图书馆，看见橱窗里的展示，会将妇女暴露在那些伤风败俗的版画面前。为了迎合日益增多的顾客，版画商们抓住机会，调整插图和题字，它们渐渐成了半色情的作品，同时也暗示着，读小说可能导致自渎，或者在性方面作出轻率的举动。

这些指责和反响有时近似歇斯底里，它们真得公平吗？租借式图书馆里只有小说吗？只有妇女才看通俗小说吗？保罗·考夫曼在
152 一九六九年出版的《图书馆及其读者》（*Libraries and Their Users*）一书中，将最后一章题为“保卫无偏见的读者”。他使用了巴思的詹姆斯·马歇尔租借式图书馆的原始账簿，时间为一七九三至一七九九年，通过这些一手材料，他发现了一千八百位顾客，妇女在总数中所占的比例不足三成。他继而检视巴思三家图书馆出借的小说比例，发现这
153 一数字平均只有两成。吉本斯所藏小说比例最高，为百分之四十五，而马歇尔仅有百分之八。考夫曼的研究公布以来，又有其他一些学者发现了类似的结果。简·弗格斯（Jan Fergus）近年来研究了英格兰中部地区克莱（Clay's）书店的档案，以及赛伦塞斯特（Cirencester）书

图五十：读小说的妇女，一个颇为端庄的场景，和她做伴的小狗却感到了不安。罗伯特·普兰克的铜版画，大约作于一七六四年，出自《制图员指南》(*The Draftsman's Assistant*)，由罗伯特·赛耶印行于一七八六年。

商蒂莫西·史蒂文斯（Timothy Stevens）的分类账，并得出结论："综合克莱与史蒂文斯的记录，没有证据表明外郡存在着一个大规模的女性小说读者群；事实上，这些材料证明读者主要由男性构成。"[22]

在考察了某些妇女的阅读习惯，以及现存私人藏书的内容之后，前述发现得到了进一步的证实。安娜·玛格蕾塔·拉庞（Anna

Margaretta Larpent)[1]系外交官之女，从一七七三年，也就是她十五岁
154 的时候开始记日记。[23]起初，这是一种流水账式的日志，罗列一切，见过的人，去过的地方，听过的布道，还有读过的书。在那样一个幼小的年龄，人们认为，此时读小说尤其会带来道德上的危险，安娜却得以在广阔的书海中遨游。她读书超过四百部，其中只有十分之一是英语小说，包括霍勒斯·沃波尔的《奥特朗托堡》、塞缪尔·理查森的《克拉丽莎》和《查尔斯·葛兰狄森爵士》(*Sir Charles Grandison*)。在她读过的法文书里，有卢梭、马蒙泰尔（Marmontel）、[2]伏尔泰和马里沃的小说。她的戏剧阅读广及两种语言。在她最喜爱的诗人中，列出了弥尔顿、蒲柏、汤姆逊、扬和格雷。她还读过很多历史著作，包括吉本（Gibbon）的《罗马帝国衰亡史》(*Decline and Fall*)、[3]休谟的《英格兰史》，以及威廉·罗伯逊的《美洲史》。她的书单中列有蒂洛森(Tillotson)、[4]布莱尔、舍洛克和其他人的布道词，还有一些宗教小册子。

一七二八年，安娜成了约翰·拉庞（John Larpent）的第二任妻子。他于四年前被任命为戏剧审查官。这一时期的所有剧作都要获得特许，方可上演，先由审查官审核，再将意见呈交宫务大臣。安娜对戏剧很感兴趣，便协助拉庞工作，成了非正式的副审查官。她大力支持

[1] 安娜·玛格蕾塔·拉庞（一七五八～一八二四），娘家姓波特，外交官詹姆斯·波特爵士（Sir James Porter）的女儿。

[2] 让－弗朗索瓦·马蒙泰尔（Jean-François Marmontel，一七二三～一七九九），法国诗人、剧作家、小说家和评论家，但以一八〇四年自传《一个父亲的回忆录》最为知名(*Mémoires d'un père*)。

[3] 爱德华·吉本（Edward Gibbon，一七三七～一七九四），英国理性主义历史学家，巨著《罗马帝国衰亡史》(*The History of the Decline and Fall of the Roman Empire*）出版于一七七八年至一七八八年。

[4] 约翰·蒂洛森（John Tillotson，一六三〇～一六九四），十七世纪末曾任坎特伯雷大主教。

戏剧家伊丽莎白·英奇巴尔德（Elizabeth Inchbald），[1] 后者于一七九八年翻译了科策布（Kotzebue）[2] 的德语剧《山盟海誓》（*Lovers'Vows*）。简·奥斯汀在《曼斯菲尔德庄园》（*Mansfield Park*）中选用了此剧，以此影射贝特伦家的道德堕落，但安娜没能在剧中发现“最低限度的败德之处”。

拉庞夫妇安家于牛津街北侧的纽曼街（Newman Street），在萨里郡的阿什斯蒂德也有一处乡间寓所。安娜是虔诚的安立甘宗教徒，每天早餐前都要做祷告，读圣经或宗教著作。对这些书，她会深入研读，或如她所言，“持一种遵从的态度。”她也独自阅读严肃的世俗作品，带着她所说的“谦卑的专注”，每天为此拿出两个小时左右的时间。后来她也与家人和朋友一起，就这些书展开讨论。小说和更轻松的作品是在出门散步，或是女仆为她梳头时读的。她还购买了几份报纸和杂志，包括《绅士杂志》、《旁观者》、《评论月刊》、《文学批评》和《欧洲杂志》。因此她对新书的消息了如指掌，所提及的那些小说亦为近期新作。例如，她在一七九〇年五月写道，正在读《自我折磨的人》（*The Self-Tormentor*），“一位女士写的，”出版于前一年。《文学批评》断定：“语言与对话表明，其作者远在成群的平庸作家之上，”又指出该书以《埃维莉娜》的风格写成。同一时间，安娜还在读菲比·吉布斯（Phebe Gibbes）的《加尔各答哈特利府》（*Hartley House, Calcutta*）。威廉·恩菲尔德在《评论月刊》上写道：“对生活在东印度的欧洲人之种种情状，本书作了生动而优雅的描写，并且就我们迄今所知而论，也
堪称精确。”作为一位有身份的中间阶层已婚女士，安娜·拉庞完全 155

[1] 伊丽莎白·英奇巴尔德（一七五三～一八二一），娘家姓辛普森，英国小说家、剧作家和演员，以传奇《一个简单的故事》（*A Simple Story*）和《自然与艺术》（*Nature and Art*）传世。

[2] 奥古斯特·冯·科策布（August von Kotzebue，一七六一～一八一九），德国剧作家，长期在俄国生活，著有喜剧《捕猎》（*Der Wildfang*）和《德国小城居民》（*Die deutschen Kleinstädter*）。

了解人们对小说的复杂感受。她说自己读小说是为了“偶尔散散心”。一七九〇年二月，她接待了“一个有一大家子的穷苦寡妇”。此人叫伊莱扎·帕森斯（Eliza Parsons），写过几部小说，安娜·拉庞认为她“并非没有天赋，却没有正确性”。她又打趣道：“她写的是哎呀呀！为了面包。”

结婚后，安娜开始抚育继子西摩，自己又生了两个儿子乔治和约翰。所以，她的日记不仅让我们了解了她本人的阅读情况，里面还记录了她对西摩上学时的辅导，也写到了她认为适合乔治和约翰读的书。传统观念主张儿童使用教义问答课本，但启蒙运动的影响所及，正在使这种刻板的方式受到侵蚀。卢梭的名著《爱弥儿》（*Émile*）出版于一七六二年，已经为一种全新的教育模式奠定了基石，即鼓励儿童在自然环境下的个体发展，以期形成独立的判断和稳定的人格。一七九三年元旦，安娜记下了和乔治一起读书的事，读的是托马斯·戴为小读者所写的小说《桑福德和默顿的故事》，此书正是得自他对卢梭的欣赏（见第 99 页）。

安娜·拉庞经常为丈夫朗读，反过来，他也读给她听。她也为他们的仆人和朋友们朗读。读约瑟夫·普里斯特利对《政府起源》（*The Origin of Government*）所做的评论，“更多是要引起谈话和讨论，而不只是辅助式的阅读。”一七八〇年，在乡间寓所举办的聚会上，安娜和客人们一起，朗诵了罗兰（Rollin）的《古代历史》（*Histoire Ancienne*）、[1] 马里沃的《玛丽安娜的生活》，以及亨利·凯利（Henry Kelly）的喜剧《太太学堂》（*School for Wives*）。如约翰·布鲁尔（John Brewer）所言，这是一种十八世纪的文化现象，“由出版商和图书馆，作家和书友会共同促成……撇开其社会地位不论，无法想象十七世纪

---

[1] 夏尔·罗兰（Charles Rollin，一六六一～一七四一），法国历史学家和教育家，一七三〇至一七三八年在巴黎出版《古代历史》。

的某个人能有这样的文学生活。不管他们受过多么良好的教育，也不管他们接触图书的途径多么便捷，在所获印刷品的数量和品种上，都不可能像拉庞那样如此轻而易举。”24

索恩家就不同了。约翰·索恩积书成千上万，他妻子伊莱扎受过良好的教育，能读能写，自当充分利用这些藏书（第114页以下）。明确属于她的书虽屈指可数，在主题上却与安娜·拉庞提及的书目颇为相似。索恩完全是个宗教怀疑论者，可他妻子拥有一部圣经，若干公祷书，一部《虔信基督徒指南》（*Devout Christian's Companion*），此书出版于一七一五年，从她舅舅乔治·怀亚特那里继承而来；她还有克里斯托弗·克里斯蒂安·斯特姆（Christoph Christian Sturm）一八一〇年出版的《经年每日省思》（*Reflections for Every Day in the Year*），以及无处不在的《人所当尽的本分》。在她的藏书中，另有一本罗伯特·多兹利（Robert Dodsley）[1]的《人生之道》（*The Oeconomy of Human Life*），当时非常流行，译自印度手稿，作者是一位婆罗门，首次出版于一七五一 156
年。此书发行了两百个版本，在十八世纪，除圣经之外，再无其他作品可与之比肩。像安娜·拉庞一样，伊莱扎也拥有吉本的《罗马帝国衰亡史》。

没有一本小说可归入伊莱扎·索恩名下；林肯律师学院广场藏书室内现存的小说，反映出的是她丈夫的保守趣味，其中有斯特恩和斯摩莱特的作品，以及他心爱的《吉尔·布拉斯》。有一次，他用一贯的尖刻语气告诉儿子约翰：“我从来没喜欢过传奇和小说；我早就学会了，要把这类作品当成傻丫头们看的垃圾。”25伊莱扎把日记记在一些很小的笔记本上，一八〇四年至一八一三年的日记存留到了今天。在其中两本的最后，她记下了一份读书清单，小说和非小说

[1] 罗伯特·多兹利（一七〇三～一七六四），英国作家、书商、剧作家、编辑和当年颇有影响的出版人，早年做过织袜工学徒和家仆。

混杂其间。一八〇五年，她列出了一本阿格丽品娜（Agrippina）[1] 的传记，一本玛丽·沃特利·蒙塔古夫人（Lady Mary Wortley Montagu）的书信集，还有三部小说，包括穷寡妇伊莱扎·帕森斯写的《神秘拜访》（*Mysterious Visit*）。一八〇六年，她记下了两本刚刚出版的小说，奥佩夫人（Mrs Opie）[2] 的《简单的故事》（*Simple Tales*）和欧文森小姐（Miss Owenson）[3] 的《圣多米尼克的见习女修士》（*The Novice of St Dominick*）。几乎可以肯定，这些书是从租借式图书馆借来的：一八〇四年二月的一篇日记记载了还书之事，地点是科文特加登塔维斯托克街（Tavistock Street）十四号的詹姆斯·亨德森（James Henderson）图书馆，一八〇五年十月的另一笔记录，则提及缴付了十二先令，作为半年会费。26 伊莱扎还使用马盖特的租借式图书馆，到了夏天，她便在马盖特租屋居住，以摆脱伦敦的粉尘，当索恩翻建他们在林肯律师学院广场的房子时，粉尘便让她愈发难以忍受了。

论及这一时期存留下来的私人藏书室，阿拉龙德（A la Ronde）似乎是个理想的范例。它坐落在德文郡埃克斯茅斯（Exmouth）的海滨度假地，是一座“装饰化村舍”（cottage orné），建于大约一七九五年，房东是一对堂姐妹：巴恩斯特珀尔（Barnstaple）酒商之女简·帕明特（Jane Parminter）和父母双亡的玛丽。帕明特姐妹在游历欧洲大陆十一年后，选择了这幢房子，它有十六个墙面，这一点倒是很像拉韦纳（Ravenna）拜占庭风格的圣维塔莱（S. Vitale）教堂，可是从整体效果上看，还是一座华而不实的农房。简死于一八一一年，但玛丽一直活

[1] 有一大一小两位阿格丽品娜，大阿格丽品娜（公元前十四～公元三十三）是奥古斯都皇帝的孙女，小阿格丽品娜（公元十五～五十九）是前者的女儿和尼禄皇帝的母亲。

[2] 阿米莉亚·奥佩（Amelia Opie，一七六九～一八五三），娘家姓奥尔德森，英国小说家和诗人，一八〇一年出版的小说《父与女》（*Father and Daughter*）最受称道，影响了十九世纪大众小说的发展。

[3] 悉尼·摩根夫人（Lady Sydney Morgan，一七七六～一八五九），娘家姓欧文森，爱尔兰小说家，以一八〇六年的《爱尔兰野姑娘》（*The Wild Irish Girl*）传世。

到一八四九年，并在遗嘱中规定，房产只能由未婚妇女继承。阿拉龙德没有藏书室，书分散在房内各处，有些放在贝壳旁边，有些和其他古董一起装在箱子里。十八世纪的图书似乎属于简和玛丽，多为常见的英语和法语文学作品，以及历史著作。虽然家中成员全为女性，这里却没有"现代"小说。帕明特姐妹要么没有这方面的兴趣，要么就是在使用埃克斯茅斯的租借式图书馆，就像伊莱扎·索恩在伦敦和马盖特所做的那样。

德比郡的卡尔克修道院（Calke Abbey）是一幢相当朴实的巴洛克式大宅，由哈珀家族建于一七〇一至一七〇四年间。屋如其名，它建在一座奥古斯丁会修道院的原址上，掩于洼地，便于暗中窥视访客近 157
前，而这种戒心也蔓延到了哈珀家人。直到一七八九年，准男爵一家都是德比郡富裕的上流人士，积极参与公共事务，热衷赛马和其他乡村体育活动，依威廉·伍利（William Woolley）在十八世纪所述，他们"在该郡和相邻任何一郡的所有平民中，是最优秀的地主家庭"。然而，第七代准男爵亨利·哈珀爵士（Sir Henry Harpur）切断了他继承下来的一切传统人脉，以至于他母亲曾对一位朋友说，他拒绝做场面上的人。火上浇油的是，哈珀先将一位夫人的侍婢南妮特·霍金斯（Nanette Hawkins）纳作情妇，后来又娶了她。终其余生，他都在卡尔克过着自我隔离的生活，人称"孤僻的准男爵"。

一八〇五年，亨利爵士把前廊东侧二楼的客厅改成了藏书室。这是个舒适的房间，保留了马什和泰瑟姆（Marsh & Tatham）商行制作的摄政时期的老家具："牧羊女"（bergère）扶手椅、躺椅、阅读桌和梯凳。卷轴地图颇为别致，挂在书架上，英格兰和威尔士各郡皆有呈现。 158
书架高十层，似乎是后来加高的，以因应更多的空间需求。书架上方挂有精藏于卡尔克的多幅马画。与十八世纪早期邓纳姆梅西的藏书室（见第 67 页）不同，这是一个可供家人聚在一起休闲的房间。

尽管在这一时期之前，似乎一直没有过藏书室，亨利爵士还是继

图五十一：十八世纪初德比郡卡尔克修道院的藏书室，书架上固定了两个可以回弹的卷轴，拉下来就能展开。这是个舒适的房间，有“牧羊女”扶手椅和沙发，供哈珀家的人休息，读书。

承了一批可观的藏书，并在此基础上新增了小说和非小说，新作和旧书，不少是法语作品，还有合订在一起的杂志和期刊。有些书可能是在阿什比德拉祖什和德比郡的书店里买的，另外一些则是他和南妮特出游伦敦期间购得。他们会在伦敦周边的几个郡租一套乡间寓所，并由此出发，到伦敦逛商店，下剧场，看展览，而无须承担首都长期居民身上的种种社会约束。藏书室中有些书带有租借式图书馆的标签，大概是在拍卖馆藏时买下的。乔治·格林（George Greene）一八〇二年出版的《记发生在下诺曼底省的几个故事》（*Relation of Several Circumstances which occurred in the Province of Lower Normandy*），出自邦德街胡卡姆面向上流社会的图书馆；一七六七年出版的四卷本《让－

雅克·卢梭杂集》(*The Miscellaneous Works of Jean-Jacques Rousseau*)，来自马盖特的西尔弗租借式图书馆；舍洛克一七二五年版的《死亡实论》(*Practical Discourse*) 同样出自马盖特，上面有一位家族成员一八一七年的签名。这些书没有一本能沾上消遣小说的称谓。

像拉庞夫妇一样，哈珀家明显也是喜欢戏剧的。藏书中的一套剧本有数十种之多，一七八〇年到一八一〇年间出版于伦敦，特地装订成卷。剧名奇妙，如《结婚还是不结》(*To Marry or Not to Marry*)、《太多的臭皮匠》(*Too Many Cooks*) 和《锁匠的爱》(*Love amongst the Locksmiths*)。这儿也有英奇巴尔德夫人恶名远播的《山盟海誓》，也就是《曼斯菲尔德庄园》里出现的那出戏。亨利爵士和南妮特生了八个孩子，业余的戏剧表演和剧本朗读，也许给他们在卡尔克的冬天带来了几分欢乐，若有留宿的客人加入他们的小剧团，便更是如此。约翰·菲利普·肯布尔《农庄之家：三幕喜剧》(*The Farm House: A Comedy in Three*) 的剧本上，剧中人旁边用铅笔标出了字头。男主人公摩德利标的是 H. H.，大概就是亨利爵士。有个小配角被删掉了，因此可以推测有八个人，六男二女，参与演出。[27]

十八世纪九十年代和十九世纪初，亨利·哈珀爵士一家的藏书从戏剧转向了小说，亦反映出虚构作品领域的新动向。卡尔克此时亦有变化，其中之一便是有了一间讽刺画屋，漫画贴在房间的墙上，成画时间始自一七九一年，直到一八二七年。这大概出自亨利爵士的长子乔治·克鲁 (George Crewe) 之手。他之所以冠上新姓氏，是因为他父亲 159
要求得到一个曾由某位先祖拥有，但久未启用的男爵爵位。一八一九年，父亲在一起离奇的事故中毙命之后，乔治继承了卡尔克。当时亨利爵士驾四轮马车出行，眼看就要抵达赫特福德郡的目的地，他纵马急行，结果撞上了柱子。乔治熬过了冷淡的童年，经常离家在外，信中可见，他曾可怜巴巴地请求得到允许，回卡尔克过圣诞节。作为卡尔克的乡绅，他过着因循旧例、德高望重的生活，然而，哈珀·克鲁家族血脉里那种离群索居的怪癖终将不可抑止地卷土重来。

卡尔克的漫画中，有一幅詹姆斯·吉尔雷（James Gillray）[1] 的《奇闻怪谭！》（*Tales of Wonder!*），发表于一八〇二年二月，画中有四位妇人，在客厅围桌而坐，读一本哥特小说，吓得身体僵直。吉尔雷此画嘲弄的是当时的文学风尚。真正的《奇闻怪谭》是一部无伤大雅的文选，收录了沃尔特·司各特爵士的叙事歌谣和罗伯特·彭斯（Robert Burns）[2] 的诗，编选者为马修·格雷戈里·刘易斯（Matthew Gregory Lewis）。刘易斯早年写过轰动一时的畅销书《僧人》，一七九七年出
160 版。僧人形象的蓝本是马德里嘉布遣会（Capuchin）高僧安布罗西奥（Ambrosio）。他屈从于诱惑，受制于修道院里一个魔鬼附体、扮成少年的女人，并且堕落到追求另一个悔罪者，最后为了避免败露，而将她杀死，此书结尾颇具戏剧性，魔鬼把他推向了毁灭和万劫不复的地狱。十九岁的作者从此便被称作“僧人”刘易斯。

这种文学风格始自四十年前霍勒斯·沃波尔的《奥特朗托堡》。哥特恐怖小说的经典要素皆在其中——神秘的手稿，祖先的肖像，篡夺者，受到迫害的女主人公，贵族出身的农民，隐士，僧侣，荒废的城堡——沃波尔的追随者们以此为基础，逐渐将书信体小说和伤感小说挤出了流行的视野。出身上流社会的女作家们加入了恐怖小说作者的阵营，伊莱扎·帕森斯即其中一例，她在《沃尔芬巴赫堡》（*The Castle of Wolfenbach*）中描写了一个邪恶的伯爵，此人强迫女主人公眼睁睁地看着情人受刑至死，又把她关进一间没有窗户、黑咕隆咚的密室，守着一具无头的尸首。安·拉德克利夫的恐怖故事《尤道弗神秘事迹》（*The Mysteries of Udolpho*）与此相似，简·奥斯汀正是受到它的启发，开始

---

[1] 詹姆斯·吉尔雷（一七五六～一八一五），英国讽刺画家，主要以讽刺乔治三世和拿破仑的漫画著称，画风流于谩骂，给人以身临其境的戏剧效果。

[2] 罗伯特·彭斯（一七五九～一七九六），苏格兰诗人，以苏格兰方言写作抒情诗和歌词。

动笔，写作一部讽刺喜剧化的哥特小说，一七九八年完稿，但直到她死后，才最终于一八一八年以《诺桑觉寺》（*Northanger Abbey*）之名出版。

简·奥斯汀是个贪婪的小说读者，可以接触父亲的藏书。十三岁的时候，她便为兄长在牛津大学创办的文学杂志《闲荡者》（*The Loiterer*）写了一篇随笔："先生，您一定知道，我是个了不起的读者，且不论那一百来部小说和剧本，单说过去两个夏天，就把我们最著名的那些期刊作者也读了个遍。"[28] 她属于汉普郡乔顿（Chawton）村的一家读书协会，父亲死后，她和母亲，以及姐姐卡桑德拉（Cassandra）一起住在此地。这更像一家现代的读书团体，成员们交换图书，分享评论。

图五十二：詹姆斯·吉尔雷的《奇闻怪谭！》，一八〇二年发表。坐在客厅桌边的妇人中，有一位正在读马修·格雷戈里·刘易斯的畅销哥特小说《僧人》。壁炉台上的装饰品烘托出故事的恐怖气氛，墙上的画中则有位姑娘被掳去，面临着受辱和杀戮。

关于简·奥斯汀喜欢什么样的小说，我们所知道的情况，已经在她死后，被她做牧师的兄长过滤掉了：他强调说，她喜爱那些有道德原则的作家，可是实际上，她更爱读那些他认为有失体统的小说，如菲尔丁的《弃儿汤姆·琼斯的历史》、劳伦斯·斯特恩的《项狄传》（*Tristram Shandy*），对《奥特朗托堡》、《僧人》和《尤道弗神秘事迹》这样耸动视听的哥特小说也了如指掌。她还是范妮·伯尼的仰慕者，她最著名的小说《傲慢与偏见》（*Pride and Prejudice*）的书名，便出自《塞西莉亚》的最后一句。在原本取名《苏珊》（*Susan*）的《诺桑觉寺》中，奥斯汀借女主人公凯瑟琳·莫兰之口宣称："哦！这只不过是本小说！……只不过是本《塞西莉亚》、《卡米拉》（*Camilla*），或是《贝林达》（*Belinda*），总之只是这样的作品，从中可以见到思想最强大的力量，对人性最透彻的理解，对它的多样性最恰当的描述，对机智和幽默最鲜活的抒发，用最精到的语言，把它们传达给世界。"[29] 她在此将
161 伯尼的故事与拉德克利夫的幻想作品作了比较。本书的整个情节实乃温和的揶揄，凯瑟琳·莫兰的脑袋里装满了《尤道弗神秘事迹》，想象着诺桑觉寺的主人蒂尔尼将军弄死了自己的妻子。

在《诺桑觉寺》的开头，奥斯汀列出了九本"可怕的"小说，它们让工于心计的伊莎贝拉·索普热血沸腾，其中六本出自威廉·莱恩臭名昭著的密涅瓦出版社，包括帕森斯夫人所写的酷刑与虐待故事《沃尔芬巴赫堡》。另有两本译自德文：卡尔·弗里德里希·卡勒特（Karl Friedrich Kahlert）的《巫师，又题黑森林的故事》（*The Necromancer, or the Tale of the Black Forest*），一七九四年在英国出版，以及卡尔·弗里德里希·奥古斯特·格罗塞（Karl Friedrich August Grosse）的《恐怖奥秘》（*Horrid Mysteries*），一七九六年出版。对德语各种事物的兴趣，已经取代了法国、意大利和西班牙带来的罗曼语言风尚。约翰·索恩的小儿子乔治学了德语，而非意大利语或法语，这也成了父子之间许多争议中的一项。乔治写了一部哥特小说《圣马可节前夜》，后来还翻译了

席勒的剧本，并得到歌德的同意，译出了他的《浮士德》。

这种兴趣是双向的。许多小说也被译成了德语，在德国赫克斯特（Höxter）附近科韦堡（Schloss Carvey）的亲王图书馆（Princely Library）内，可以发现一大批英语哥特小说。黑森–罗滕堡（Hesse-Rotenburg）领主维克多·阿马多伊斯（Victor Amadeus）和第二任妻子埃莉泽（Elise）乃海量收藏家，其图书馆容有七万三千卷，两万五千种图书，主要是德语、法语和英语著作。英文小说数量约为两千五百部，出版于一七九〇年至一八三四年间，大概通过一位名叫莫勒博士（Dr Moller）的德国书商购入，此人来自哥廷根（Gottingen），专营此业，通过书评和书目来了解英国小说界的最新动态。这批藏书已于最近由帕德博恩大学（University of Paderborn）完成编目，一些从未在别处得见的作品由此才为人所知，盖因此类小说印量巨大，在市面上却颇为短寿。

与科韦相比，卡尔克的哥特小说收藏只是九牛一毛，其选书却引人注目。《僧人》和《诺桑觉寺》在藏书中双双缺失，整套的《奇闻怪谭》和僧人刘易斯的四卷本《罗曼蒂克故事集》（*Romantic Tales*）反倒厕身其中。在《奥特朗托堡》内，霍勒斯·沃波尔隐于笔名奥努弗里奥·穆拉埃托（Onuphrio Muraeto）之后，原因在于，如果此书一败涂地，他还想留一条生路，以便脱身。克拉拉·里夫的《英国老男爵："一部哥特故事"》（*The Old English Baron: "A Gothic Story"*）现存卡尔克，乃一七八九年的版本。该书于一七七七年出版时，《文学评论》曾将它与《奥特朗托堡》相提并论。哈珀家拥有两本安·拉德克利夫的耸动视听之作：《尤道弗神秘事迹》和《意大利人》（*The Italian*），均为初版。另有一部《神秘故事，又题塞利娜》（*A Tale of Mystery or Celina*），由米克夫人（Mrs Meeke）译自迪克雷–迪米尼（Ducray-Duminil）的法语原作，一八〇三年出版于利登霍尔街的密涅瓦出版社。

及至一八一八年《诺桑觉寺》付梓时，哥特狂潮已告退落，只 162

是在玛丽·雪莱（Mary Shelley）的《弗兰肯斯坦》（*Frankenstein*）上市[1]之后，出现过一波短暂的复活。更有甚者，在此前的一八〇四年，玛丽·戈德史密斯（Mary Goldsmith）出版家庭道德小说《灾殃》（*Casualties: A Novel*）时，竟在书名页上宣布："没有地下洞穴–闹鬼的城堡–有魔法的森林–吓人的幻影–神秘的声音–超自然的媒介–血淋淋的匕首–死人的骷髅头–残缺的尸首–也没有奇异的光在本书任何一部分出现；但是细读之下，必能看到自然事件的发生。"四年后，随着汉娜·莫尔（Hannah More）[2]《科莱布斯寻妻记》（*Cœlebs in Search of a Wife*）的出版，一场以上流社会道德重整为名的运动开始展开。莫尔夫人乃虔诚的福音派，威廉·科贝特称她是"穿裙子的老主教"，她打定主意，认为对付不道德小说的最好办法，就是亲自写一本讲道德的小说，如书名副题所言："遵守家庭习俗。"这本书卖得非常好，也许是因为心意相投者甚众，但也招致了各种不道德的戏仿之作，如《科莱布斯寻妾记》（*Cœlebs in Search of a Mistress*），由爱搞恶作剧的托马斯·泰格（Thomas Tegg）[3]匿名出版于一八一〇年。哈珀家也有《科莱布斯寻妻记》，乃一套十一卷本的《汉娜·莫尔集》（*Works of Hannah More*）中的第七卷。

一年后，玛丽亚·埃奇沃思（Maria Edgeworth）出版了首部《上流社会生活传闻》（*Tales of Fashionable Life*）。[4]此书大获成功，出版商亨利·科尔伯恩（Henry Colburn）见状，便投机取巧，出了一部《现实生活故事：埃奇沃思小姐〈传闻〉续作》（*Tales of Real Life forming a*

[1]《弗兰肯斯坦》出版于一八一八年一月一日。

[2] 汉娜·莫尔（一七四五～一八三三），英国宗教作家，蓝袜成员，以通俗而廉价的小册子和穷人的教育者闻名，在法国大革命的惊惶气氛中，她对传统价值观所作的强劲有力的辩护得到了热烈的赞赏。

[3] 托马斯·泰格（一七七六～一八四五），英国书商，出版商，一八二五年着手出版二十二卷的《伦敦百科全书》（*London Encyclopaedia*）。

[4] 玛丽亚·埃奇沃思（一七六七～一八四九），英裔爱尔兰作家，所著《贝林达》受到过简·奥斯汀的赞许，六卷本的《上流社会生活传闻》出版于一八〇九年至一八一二年。

Sequel to Miss Edgeworth's Tales)，逼使玛丽亚·埃奇沃思的出版商约瑟夫·约翰逊在报章上发表声明，维护其作者的作品。读者对她的下一本书充满渴望，一八一四年《庇护》（*Patronage*）出版当天便卖出了八千册。这些书万众期待，其中一本也将在卡尔克现身。不幸的是，它只收获了糟糕的评价，再也未能复现《上流社会生活传闻》的成功。

不过，科尔伯恩必定认识到了富人和名人轶事的商业潜力，很快就操持起了十九世纪二十年代一个流行的门类，人称"银叉小说"。这一称谓出自威廉·哈兹利特（William Hazlitt）[1]的随笔《少爷学堂》（*The Dandy School*），他在文中将深受大众欢迎的作家西奥多·胡克（Theodore Hook）[2]称作"暴发户"，说他醉心于精英人士及其行为举止，以至于"认为，就算整个国家陷入饥饿也是一桩无足轻重的事"，他还告诉读者，只有那些"用银叉子吃鱼"的才是优秀的人。虽然哈兹利特对这些书大加挞伐，它们还是风行一时，亨利·科尔伯恩的营销努力发挥了很大作用，他还出版过《伯克氏系谱》（*Burke's Peerage*）[3]和塞缪尔·皮普斯的日记译稿，[4]后者与他的出版风格颇不搭界。他广泛刊发广告，给报纸和记者付钱，让他们在闲话和社会新闻栏里插入广告。夏洛特·伯里夫人（Lady Charlotte Bury）[5]是他的一位理想

---

[1] 威廉·哈兹利特（一七七八～一八三〇），英国散文作家，以一八二一年的《席间闲谈》（*Table Talk*）和一八二六年的《直言者》（*The Plain Speaker*）两部随笔集最为著名。

[2] 西奥多·爱德华·胡克（Theodore Edward Hook，一七八八～一八四一），多产的英国剧作家和小说家。《不列颠百科全书》称他是"十九世纪初期从内部描写英国社会的最为人知的流行小说家"，一八二四年出版《名言与轶事》（*Sayings and Doings*），几年时间便从三卷增补到九卷，后来又写了大约四十部同一类型的作品。

[3]《伯克氏系谱》乃大不列颠和爱尔兰的贵族系谱，最早于一八二六年由约翰·伯克（John Burke）刊行于伦敦，目前仍在出版。

[4] 皮普斯的日记系以谢尔顿速记法写成，经译写后，方具出版价值。

[5] 夏洛特·伯里夫人（一七七五～一八六一），娘家姓坎贝尔，英国小说家，父为陆军元帅和第五代阿盖尔公爵约翰·坎贝尔（John Campbell），母为第一代哈梅尔登的汉密尔顿女男爵伊丽莎白·冈宁（Elizabeth Gunning）。她先嫁约翰·坎贝尔（与她父亲同名）上校，后嫁爱德华·约翰·伯里牧师，第一次守寡后，曾获任威尔士王妃、未来乔治四世未及加冕的王后不伦瑞克的卡罗琳的侍女。

163 作者，不仅有过两次浪漫的婚姻，而且既是公爵的美貌女儿，又做过王后的侍女。为了给她一八二八年的小说《调情》(*Flirtation*) 做前期宣传，他建议把它包装成索隐小说 (roman à clef)，打入《上流天地》(*World of Fashion*) 的栏目“高端生活与上流话题”(High Life and Fashionable Chit Chat)。尽管这是个老调重弹的故事，缺乏才智和火花，却深得租借式图书馆的青睐，头一年就连出三版。小说中也有道德元素，也许正是这一点，而不是令人兴奋的伦敦高端生活，吸引了克鲁家的人。在卡尔克也发现了《调情》，还有一本《高端生活中的婚事》(*A Marriage in High Life*)，这是斯科特夫人 (Lady Scott) [1] 的作品，在她的亲戚夏洛特·伯里夫人的帮助下写成。

玛丽亚·埃奇沃思历来被视作爱尔兰历史小说的先驱，自一八〇〇年出版的《拉克伦特堡》(*Castle Rackrent*) 开始，她写了多部关于当地生活的故事。沃尔特·司各特爵士对她极为钦敬，曾在《威弗莱》一书的前言中承认得益于她。[2] 司各特已因诗歌博得了可观的文名，却深感文学的未来系于小说，遂于一八〇五年暗自开始创作《威弗莱，又题六十年的事》(*Waverley; or, 'Tis Sixty Years Since*)，描写苏格兰的詹姆斯二世党人暴动。同时，他追随小说界的潮流，为《评论季刊》匿名撰写书评。当时有两份期刊可对读者的喜好产生重要影响，《评论季刊》是其中较为年轻的一本。《爱丁堡评论》创刊于一八〇二年，部分为出版商朗文所拥有，采行辉格党立场，约翰·穆雷第二深以为恶，于是创办《评论季刊》，伸张其托利党观点。与早前的《文学评论》和《评论月刊》不同，两份新刊发表的书评更长，所评的书更少，且极为

---

[1] 卡罗琳·露西·斯科特夫人 (Lady Caroline Lucy Scott，一七八四～一八五七)，娘家姓道格拉斯，英国小说家，处女作《高端生活中的婚事》经夏洛特·伯里夫人编辑后，于一八二八年出版。

[2] 见第七十二章《本当作前言的后记》，石永礼译《威弗莱》，北京，人民文学出版社，一九八七年，第 512 页。

偏重非虚构作品，只是另附新书资讯，罗列“小说和传奇”。对“女性”小说的厌恶之情，溢于两刊之言表，故而一八一四年，范妮·伯尼的最后一部小说《漫游者》（*The Wanderer*）出版时，颇受《评论季刊》的冷遇，该刊载文宣称，此书并不“具有任何高出那一千零一部图书的明显优势，密涅瓦出版社正是利用它们淹没了租借式图书馆的书架，增加而不是消散了海滨浴场里无聊之人的倦息”。

司各特在一八一〇年五月的《评论季刊》上撰文，也用一种带有偏见的眼光看待当时的小说创作。威尔士亲王与他那帮朋友的风流韵事[1]，已经催生出了一种文学风尚，即如实记录上流社会的生活方式，覆以小说的外衣，并如玛丽·朱莉娅·扬（Mary Julia Young），加冠《布赖顿之夏》（*Summer in Brighton*）[2] 这样的书名。司各特哀叹：“我们在伦敦、巴思和布赖顿的冬天，那里肮脏的物事，曝出今日秘密的历史，用丑闻玷污宫廷的史册。”他进一步谴责了种种效仿安·拉德克利夫和僧人刘易斯风格的哥特小说，其中之一便是他要评论的书，查尔斯·罗伯特·马图林（Charles Robert Maturin）[3] 的《致命的复仇》（*The Fatal Revenge*），司各特指出，这本书的作者有着罕见的才华，却误入了歧途。从开始写作威弗莱系列小说[4] 时起，司各特便下定决心，要 164
创造出一种高超的小说形式，来吸引《爱丁堡评论》和《评论季刊》的读者。但不论是他本人，还是他的出版商阿奇博尔德·康斯特布尔

[1] 威尔士亲王乔治生活放荡，四处留情，虽与表妹不伦瑞克的卡罗琳结婚，却仍与情妇玛丽亚·菲茨赫伯特（Maria Fitzherbert）出双入对。

[2] 布赖顿本为渔村，十八世纪中叶建成海滨浴场，自一七八三年起，威尔士亲王、日后的摄政王和英王乔治四世多次到访，此地因此建起奢华的行宫、园林、剧院和赛马场等。

[3] 查尔斯·罗伯特·马图林（一七八二～一八二四），爱尔兰剧作家，小说家，牧师，被称为“最后一个哥特体传奇经典作家”。

[4] 指司各特自《威弗莱》始，并用“《威弗莱》的作者”署名，所创作的一系列类似主题的历史小说。

图五十三：《大众读者的四种样本》(*Four Specimens of the Reading Public*)，乔治·克鲁克香克（George Cruikshank）据阿尔弗雷德·克劳基尔（Alfred Crowquill）原作制成的版画，约翰·费尔伯恩（John Fairburn）印行于一八二六年。画中貌似主妇的女士要读五卷本的浪漫小说；老流氓要读名妓哈里雅特·威尔逊（Harriet Wilson）耸人听闻的内幕；清洁工要看激进分子威廉·科贝特的著作；花花公子则要读新出的威弗莱小说。

(Archibald Constable)[1]，都未曾料到随后而来的惊人成功。一八一四年，《威弗莱》刊印前不久，詹姆斯·巴兰坦（James Ballantyne）问康斯特布尔订多少纸——够印七百五十册的还是一千册的？这一时期大部分小说的首印数只有五百册，绝大部分再也不会重印。康斯特布尔大着胆子报了一千，没想到很快就重印了，三年内又有五次再版。

司各特执意要《威弗莱》匿名出版，于是他后来的小说便统统标上“《威弗莱》的作者”所写。及至一八一八年《罗布·罗伊》(*Rob*

[1] 阿奇博尔德·康斯特布尔（一七七四～一八二七），苏格兰出版商，一八〇二年任《爱丁堡评论》发行人，并出版了司各特的大部分作品，一八一四年起独资经营《不列颠百科全书》，十二年后破产。

Roy）出版时，这一市场策略已足以保证它从上市伊始便成为畅销书，首印数高达一万册。围绕这些名作作者的身份，一直众说纷纭。一八二七年二月二十三日，在一次官方宴会上，司各特终于做了坦白，宣布“玩笑开得够久了，我也厌倦了”。[30] 其实，早在一八一四年九月，《威弗莱》出版两个月后，简·奥斯汀就已经猜到了。她在一封信中写道：“沃尔特·司各特无权写小说，特别是好小说。这不公平。他做诗 165
人已经名利双收，实不该再从别人嘴里夺去面包。”[31]

威弗莱系列小说销量之巨，足以媲美今天的畅销书。在《浪漫主义时期的国民阅读》（*The Reading Nation in the Romantic Period*）一书中，威廉·圣克莱尔（William St Clair）估算了多部作品自出版之日起，至十九世纪三十年代中期的销售数字。《威弗莱》的销量为四万部，《盖伊·曼纳林》（*Guy Mannering*）[1] 五万部，相形之下，范妮·伯尼的《卡米拉》卖出了四千部，而简·奥斯汀《傲慢与偏见》的销量约在两千至三千册之间。[32] 尽管司各特已经以诗人享誉，现在却以子弹般的速度，一下子成了举国瞩目的名流，时常亮相于讽刺漫画，此乃名望指数的一个可靠指标。他的书在北美和大英帝国的东方属地，皆奇货可居，印度尤甚，那里的人们对司各特充满渴望，只盼文学借着想象，送他们回返故乡。[33] 在欧洲大陆，他的书同样有不俗的销量：一八二〇年至一八五一年间，仅在法国一地，他的全集便发行了二十个版本，总销量达四万五千册。对司各特迷狂的需求之大，从法国出借式图书馆的书目中可见一斑。苏格兰格子呢成了时髦的女装衣料，绅士们则不得不打起了 cravattes à la Walter Scott。[2] 唐尼采蒂（Donizetti）谱写

[1]《盖伊·曼纳林》是司各特的第二部威弗莱小说，一八一五年出版。
[2] 法语：沃尔特·司各特那样的领结。

了歌剧《拉美莫尔的卢西亚》(*Lucia de Lammermoor*)[1]，巴尔扎克和雨果共同以尊崇和模仿向他致敬，歌德则说："我知道他在追求什么，也知道他能做什么。他一向能给我带来愉悦。"34

为什么司各特如此成功？尽管对当时的小说有保留，他却在故事中吸收了哥特小说的惊悚和感伤小说的主题，对此前几个世纪传统的传奇也有借鉴。他将苏格兰民间传说与多种多样的欧洲文学融为一体，既吸引了文学精英的喜爱，也讨得了大众读者的欢心。托马斯·卡莱尔赞扬他及时拯救了英国文学，因为这文学"上吐下泻，手脚摊开，躺在维特主义、拜伦主义，以及其他涕泪横流或动辄发作的感伤主义里(内伤使然)……这些历史小说对所有人道出了这一真相……即昔日的世界实际上住满了活生生的人，而不是填塞着协议、国策、论战和抽象的概念……"35

司各特在乔治时代小说领域内不可撼动的地位，在卡尔克修道院亦有清晰的呈现，有数套威弗莱小说连同他的诗歌在此留存。同样的藏书在北爱尔兰伦敦德里郡的斯普林希尔（Springhill）庄园藏书室内亦有发现。这幢十七世纪晚期的白色大宅，带着一种北美殖民地建筑的情调，这一点大概不会让人感到惊奇，因为威廉·科宁厄姆（William Conyngham）是在充满敌意的领土上安家置业。他父亲是个来自艾尔郡的苏格兰长老会教友，将土生的爱尔兰人赶出了自己的家园，就此成了詹姆斯一世的阿尔斯特[2]殖民（Ulster plantation）政策的一部分。虽然科宁厄姆家族的后续世代，以及后来的伦诺克斯－科宁厄姆家族(Lenox-Conynghams）对斯普林希尔均有增添，它仍然不大，藏书室亦

---

[1] 加埃塔诺·唐尼采蒂（Gaetano Donizetti，一七九七～一八四八），意大利歌剧作曲家，意大利语歌剧《拉美莫尔的卢西亚》(*Lucia di Lammermoor*）写于一八三五年，系由司各特一八一九年的小说《拉美莫尔的新娘》(*The Bride of Lammermoor*）改编而来。
[2] 阿尔斯特乃爱尔兰历史四省之一，其中六郡现属英治北爱尔兰，三郡划入爱尔兰共和国。

无规模，书架朴素，仅据一墙，加上另外两墙的部分面积。更多的书存放在远处的客厅，收纳于低矮的摄政时期书柜。内室虽不如同期的英格兰乡间寓所那样堂皇，伦诺克斯－科宁厄姆家族仍不失为爱书之士，他们将名字题写在书中，并附上了藏书票。目前公开展出的藏书从十七世纪起，直至十九世纪初，另有数百本十九世纪晚期和二十世纪的书存放于阁楼。二十世纪二十年代编撰的一份藏书目录显示，这些书散落于宅中各处，有些宗教类的书则收纳于藏经箱内。 166

由于一七一〇年的《版权法案》将爱尔兰排除在外，此地的图书业不同于英国其他地区，印刷商和出版商便乘机廉价翻印英国作品，让伦敦的书商们大为光火。另一方面，一些主要的爱尔兰作家，如乔纳森·斯威夫特和奥立弗·哥尔德斯密斯，也想在伦敦出书。约翰·穆雷第一在都柏林有不少业务，他在一七七〇年向朋友解释说："在爱尔兰，书商随意翻印英国书；反过来，英国人也有权翻印爱尔兰的书。不过英国人还是亏蚀的，因为在伦敦，只在伦敦，付诸出版的都是最有价值的英国书。"[36] 在斯普林希尔，有两本乔治时代后期的现金账簿，从中可以看到家中在十九世纪二十年代，从都柏林的马林斯和马洪（Mullins and Mahon），以及贝尔法斯特的哈里森（Harrison）书店买过书。他们后来还与离家更近的书商，如伦敦德里的坎贝尔、科尔雷恩（Coleraine）的邓洛普（Dunlop）打过交道，亦曾直接向伦敦的出版商订购。

斯普林希尔所藏十八世纪晚期的图书，或可归入所谓的高雅文学（polite literature）之列，其中有法语和意大利语的作品，有小说、戏剧、诗歌和乐谱，也有期刊，如《纪事年鉴》和一份都柏林版的《绅士杂志》。不过，其中的小说并未反映出轻闲与感伤文学来去匆匆的潮流。置身其间者，斯摩莱特、菲尔丁、理查森和勒萨日是十八世纪的代表作家，十九世纪则有两位小说家鹤立鸡群：玛丽亚·埃奇沃思与沃尔特·司各特爵士。爱尔兰作家玛丽亚·埃奇沃思在此有一套一八三二年出版的十八卷本文集，另有独立成书的小说多部。司各特的威弗莱小说一字排开，与其诗体著作并置，有不少还带着哈里森书店的标签：《漫游者梅尔莫斯》（*Melmoth the Wanderer*）[1]、《罗布·罗伊》、《雷德冈脱利特》（*Red Gauntlet*）[2]、《昆丁·达沃德》（*Quentin Durward*）、《艾凡赫》（*Ivanhoe*）、《皮克的贝弗利尔》（*Peveril of the Peak*），以及《肯纳尔沃思堡》（*Kenilworth*）。伦诺克斯－科宁厄姆家想必是在这些书刚一出版时，就从哈里森或其他书商处买到了三卷本。一八二一年，司各特的两位出版商，爱丁堡的阿奇博尔德·康斯特布尔和伦敦的托马斯·朗曼，决定给《肯纳尔沃思堡》定一个匪夷所思的高
167 价：一个半几尼，合三十一先令六便士，由此开创了贯通十九世纪的“三卷本”（three-deckers）潮流，同时也说明了司各特的广受欢迎，才使读者愿意为他埋单。

斯普林希尔没有哥特式的恐怖小说：一九二〇年的目录中，有一系列的图书涉及某位隐士——《隐士出国记》（*The Hermit Abroad*）、《隐士在伦敦》（*The Hermit in London*）和《隐士在乡村》（*The Hermit in the Country*），这些书实为描写上流社会生活的散文，作者是一位爱尔兰作家费利克斯·麦克多诺（Felix MacDonogh），由亨利·科尔伯恩以多卷本形式出版。目录中既没有范妮·伯尼的小说，亦无简·奥斯汀的作品——后者仅有的几本书均为二十世纪的出版物，并且打包进了阁楼。书架上有本书出自臭名昭著的密涅瓦出版社，乃里贾娜·玛丽亚·罗奇的《芒斯特小屋少年》（*Munster Cottage Boy*），一八二〇年出版。或许是其爱尔兰主题打动了伦诺克斯－科宁厄姆家的人，于是从贝尔法斯特的哈里森书店买下了此书，环衬上可见店家的标签。

卡尔克和斯普林希尔的藏书，加上安娜·拉庞的日记，无一例外地

---

[1]《漫游者梅尔莫斯》是查尔斯·罗伯特·马图林的作品，一八二〇年出版。

[2]《雷德冈脱利特》，通拼 *Redgauntlet*。

支持着考夫曼和弗格斯等人研读书业文献所得出的结论。读者既买小说，也买非虚构作品，而后者的数量要多得多。虔信的宗教类图书与所谓的无信仰的小说混在一起。而且男人也读小说。简·奥斯汀在《诺桑觉寺》里，借凯瑟林·莫兰与亨利·蒂尔尼的一席话，对此做了极好的概括。凯瑟林以为蒂尔尼从来不看小说："因为对您来说，它们太浅薄了；绅士们要读更好的书。"他对此的回答是："一个人，不管是绅士还是淑女，只要不能从好的小说里得到满足，那就必然是愚蠢不堪的。"他接着宣称，他已经读过好几百本小说了。[37]

卡尔克和斯普林希尔双双缺失了奥斯汀的小说，这一点引人注目，却并非不同寻常。例如，文学评论家利·亨特（Leigh Hunt）[1] 便对奥斯汀不置一辞。在德文郡索尔特拉姆（Saltram）庄园十九世纪初的藏书室内，确有一本《埃玛》(*Emma*)[2]，但这是作者赠给莫利夫人(Lady Morley)[3] 的书。直到一八七〇年，侄子关于简·奥斯汀的回忆录[4] 出版时，她的读者群仍然很小。一如伊索寓言，沃尔特·司各特爵士为兔，简·奥斯汀是龟。今天的司各特已少有读者问津，各种版本的威弗莱小说装饰着二手书店的货架。有赖电视和电影，让简·奥斯汀为世界熟知，她的作品入选了有史以来最受欢迎的小说之列，为她投票的有男有女，有老有少，有富裕的，也有贫寒的。帕纳索斯山上的文学诸神也必然为之惊叹。

---

[1] 利·亨特（一七八四～一八五九），英国散文作家、评论家、报刊编辑和诗人，一八〇八与其兄约翰创办《考察者》(*Examiner*）周刊，后人认为他具备敏锐和正确的文学判断力。

[2]《埃玛》是奥斯汀的小说，一八一五年十二月出版。

[3] 指据有索尔特拉姆的某代莫利伯爵的夫人。

[4] 指詹姆斯·爱德华·奥斯汀－利（James Edward Austen-Leigh，一七九三～一八七二）的《回忆简·奥斯汀》(*A Memoir of Jane Austen*）。詹姆斯·爱德华是简的大哥詹姆斯·奥斯汀（一七六五～一八一九）与第二任妻子玛丽·劳埃德所生，后因继承奶奶的娘家（姓利）之财产而易姓。

第七章　稀与奇：查尔斯·温的藏书

168 对年轻的查尔斯·温（Charles Winn）而言，生活必定惊奇不断。他生于一七九五年，乃埃丝特·温（Esther Winn）的幼子，母亲是西约克郡诺斯特尔（Nostell）豪宅里的女儿，父亲约翰·威廉森（John Williamson）则是曼彻斯特的面包师。一七九二年，埃丝特与约翰结婚，温家为此怒不可遏，这桩婚事后来被称作“品德的阴云”。[1] 查尔斯出生时，温家的地产属于他舅舅罗兰爵士（Sir Rowland），第六代准男爵，“一个快活的猎狐者，主要以他那些猎狗和马为乐。”[2] 一八〇三年母亲死后，舅舅成了查尔斯和他哥哥约翰的监护人。哥俩与当地的律师谢普利·沃森（Shepley Watson）同住，他负责管理科尔德·欣德利（Cold Hiendly）的温家庄园，与诺斯特尔府相距不过几英里。由于罗兰爵士未娶，便由约翰受训，准备做继承人，于是哥俩经常去见舅舅。一八〇五年，罗兰爵士死了，只有三十岁，两个外甥和一个外甥女便改姓温。沃森努力让哥俩完成教育，查尔斯则笃定为教会效力。但一八一七年，约翰·温出游欧洲时，意外身死于罗马，这出《仁心与冠冕》[1]（*Kind Hearts and Coronets*）的大戏因此得以延续。查尔斯于是继承了温家的产业。

两年后，他娶了表妹普里西拉·斯特里克兰（Priscilla Strickland）。

---

[1] 英国电影《仁心与冠冕》公映于一九四九年，由罗伯特·哈默（Robert Hamer）导演，男主人公的母亲由于嫁了意大利歌手而被逐出家族，后死于车祸，儿子决心以一连串的谋杀夺回爵位的继承权。

他早有此心，但普里西拉的父亲、家住布里德灵顿（Bridlington）博因顿府（Boynton Hall）的威廉·斯特里克兰爵士反对这门亲事，直到查尔斯成了诺斯特尔的继承人，方予以允准。通过婚姻，查尔斯不仅娶到了妻子，还得以涉足与其个人利益息息相关的社交圈。威廉爵士乃饱学之士，热衷于收藏钱币和书籍，查尔斯的日记也表明，他与普里西拉的兄弟姐妹相处融洽，特别是尤斯塔丘斯·斯特里克兰（Eustachius Strickland），这名字活像特罗洛普[1]小说里的人物。

查尔斯·温继承了一笔怎样的意外之财呢？诺斯特尔府（Nostall Hall）由其曾外祖父建于十八世纪二十年代，采用宏伟的帕拉第奥风格，外公继而延揽罗伯特·亚当加以重修，以最华丽的风格进行内部装 169
饰。未料一七八五年，第五代准男爵罗兰爵士死于一起马车事故，家庭的财务状况亦岌岌可危，亚当及其工匠遂遭遣退，丢下诺斯特尔，徒然“一座过于铺张却未及完工的现代建筑”。伦敦的大宅卖掉了，但谢普利·沃森精明干练，利用家族资产重新聚敛了财富，分量最大的当属诺斯特尔地产下埋藏的煤炭。查尔斯还在林肯郡的阿普尔比得到了一块地。有了这些资源，他就能纵情于藏书之乐了。

通过他对图书的选择，可以看出英格兰藏书家们一个长久的传统，托马斯·弗罗格纳尔·迪布丁曾将这一传统回溯至十四世纪，直抵爱德华三世的一位宫廷教师。至于他本人对图书的兴趣，迪布丁归因于他在雷丁的校长约翰·曼，以及曼的岳父威廉·贝克，像索恩一样，他也可以自由阅读他们的藏书。一八〇二年，他出版《希腊和拉丁古典作品稀有和珍贵版本入门》（*An Introduction to the Knowledge of Rare and Valuable Editions of the Greek and Latin Classics*）之后，引起了一 170
位热心的藏书家、第二代斯宾塞伯爵乔治·约翰·斯宾塞（George John

[1] 安东尼·特罗洛普（Anthony Trollope，一八一五～一八八二），英国小说家，写有一系列以假想的巴塞特郡（Barsetshire）为背景的小说。

图五十四：诺斯特尔小修道院的查尔斯·温，牧师，古文物研究者和藏书家。

Spencer）的注意，便请迪布丁前往北安普顿郡的奥尔索普（Althorp），做了他的图书管理员。一八〇九年，迪布丁写出了让他出名，或者说让他恶名在外的《爱书癖》（*The Bibliomania*）的第一版。此书形式上是一封写给朋友理查德·希伯（Richard Heber）的信，"内含关于这种致命疾病的历史、症状和治疗过程的记录"。[3]

迪布丁并非头一个造出"爱书癖"一词的人，早在一七三四年，英格兰就有人用它了，当时托马斯·赫恩（Thomas Hearne）[1] 对托马

[1] 托马斯·赫恩（一六七八～一七三五），英国历史学家和古文物学家，曾任牛津大学博德利图书馆馆员，从事索引和编目工作。

斯·罗林森（Thomas Rawlinson）藏书拍卖会上稿本的低价有过如下评论：“如果我在场，也会面临着花一大笔钱的危险，而完全想不到自己感染了爱书癖。”[4] 托马斯·杰斐逊曾在一七八九年向朋友坦承，他“已深深苦于爱书癖（Bibliomanie）的病害”，因此要注意了，只买价钱合理的书。[5] 艾萨克·迪斯累里曾精心收藏古旧珍本，时至今日，在他儿子本杰明安家的白金汉郡休恩登庄园（Hughenden Manor），仍可看到这些藏书。一八〇七年，艾萨克·迪斯累里写道：“爱书癖，即无求知之心，而徒有收藏巨量图书之好，自有书房以来，便一直让某些人为之躁狂，他们自视为博学之士，欣欣然对吾辈指点江山。他们的书房五色斑斓，历来堪比人类思想的疯人院，再者，是书的坟，因为拥书者并不与它们沟通，而是把它们在书柜的棺材里断送。”迪斯累里一石数鸟。首先，他将严肃的藏书家与贪婪的战利品猎取者区分开来。其次，他指出了“守书奴”的存在，这些人不让任何人看见他们的宝贝。他继而提到了“炫书者”，他们“把自己的名声建立在书房炫目的景观之上，要这里卷册成排，富丽堂皇，书脊上带着烫金的字母，真丝的裱背，三重的金带，锁在丝网的书匣里……明晃晃照着我们的眼睛，仿佛一群东方的美人儿，怀着戒心，凝神细望！”[6]

话说回来，迪布丁一旦吃准了题目，便不肯收手了，《爱书癖》因此一路铺陈，一八〇九年时只有九十二页，到一八一一年，赫然已达七百九十六页。他所列举的某些藏书人确已表现出发疯的迹象。都铎时代的古文物研究者约翰·利兰（John Leland）[1] 便苦于躁狂抑郁症，对收藏的热情加重了他的病情，况且他还将一个宏大至极的任务加诸己身，意图完成英格兰和威尔士的地形测量。据友人所说，“他旁落了心智，”一五五二年死于疯狂。不过，更多的人是因对书的痴

[1] 约翰·利兰（约一五〇六～一五五二），亨利八世的特遣牧师和图书管理员，英国最早的著名文物工作者。一五五〇年三月确诊为精神错乱，至死未能恢复理智，遗下大量未及出版的手稿。

图五十五：第二代牛津伯爵爱德华·哈利所藏油画、图纸、版画和古玩拍卖会目录册的卷首插图。拍卖会于一七四二年三月在科文特加登举行，克里斯托弗·科克（Christopher Cock）主拍，持续了数天。这幅版画取自乔治·弗图（George Vertue）[1]的素描，表现了哈利广博的收藏。

[1] 乔治·弗图（一六八四～一七五六），英国古文物研究者和版画家，以肖像画和图书插画闻名。

迷，而遭受了经济上的重创。其中最令人叹为观止的一位，或许非第二代牛津伯爵爱德华·哈利莫属。一七二四年，他不仅继承了剑桥郡的温波尔府，还有他父亲罗伯特一笔宏大的藏书。他接过父亲的衣钵，聚敛藏品，直至八千卷手稿，五万部印刷书，逾三十五万份小册子，四万一千份版画，还有数十部图集。为了收纳一大部分藏品，爱 172
德华·哈利任用詹姆斯·吉布斯，在温波尔府建造华丽的双开间，不料一七四〇年，他便宣告破产，产业交付拍卖。这打击实在沉重，第二年爱德华·哈利就死了。他的遗孀将巨量藏书卖给了书商托马斯·奥斯本，只作价一万三千英镑，手稿则以一万英镑售与国家，构成了大英图书馆立馆的基础。

迪斯累里还注意到，在他那个时代，也就是十九世纪初，爱书癖发作起来的狂热程度实在是前无古人。购买珍奇图书的机会也是非常多的。十八世纪六十和七十年代对耶稣会的镇压[1]，加上法国革命引发的剧变，导致许多优秀的宗教与贵族藏书、藏画走向瓦解。英国人得以展现其巨大的购买力，美国藏家在十九世纪末的表现与此相同。例如，迪布丁的东家、第二代斯宾塞伯爵出身于辉格党强势家族，“当时富有的程度超过许多在位的君主[7]。”斯宾塞从英语黑体字（black letter）[2] 印刷品入手，一本正经地开始了珍本书的收藏。一七八九年，他购得第一本卡克斯顿，从此以后，他对各种早期和精印图书的兴趣便与日俱增。在其图书管理员迪布丁，以及托马斯·朗曼等伦敦书商的帮助下，他在最紧要的拍卖会上屡出重手。为了证明辉格党人不相信血浓于水的道理，他报出一个无人可以企及的高价——二百英镑，甚至还可再度加价，从而阻止了自己的外甥、第六代德文希尔公

---

[1] 葡萄牙、法国和西班牙先后驱逐耶稣会，教皇克雷芒十四世则于一七七三年被迫通谕解散该会。

[2] 黑体字又称哥特字体或古英语字体，在文艺复兴之前作为拉丁语基督教世界的手写体使用了五百年，发明活字印刷后曾与罗马字体并行使用，但不久便在除德国外的全欧洲弃用。

爵[1]购得卡克斯顿的《鬼事簿》(*Book of divers ghostly matters*)。爱书癖发作的顶点出现于一八一二年，他与表亲布兰福德侯爵（Marquis of Blandford）前往罗克斯伯勒公爵（Duke of Roxburghe）的藏书拍卖会，竞购一部薄伽丘的《十日谈》，此乃威尼斯的瓦尔达弗尔（Valdarfer of Venice）于一四七一年印制。利·亨特后来回忆了当时的景象："[斯宾塞]坐在拍卖桌的远端，带着一种聪明的漠然神情，手撑着脑袋，便于往上推一推帽子……看到两位斯宾塞像这样同场角逐，实为奇事和不可多得的乐事，即便争斗的焦点是一本书。"8 经过一百一十二次出价，瓦尔达弗尔的《十日谈》以两千二百六十英镑卖给了布兰福德，当时这是一部印刷书的最高卖价，冲击波遍及整个欧洲的拍卖场。9 及至迪布丁为斯宾塞买下在牛津印刷的第一本书，而且这一次只付了一百五十英镑的低价时，他声称此事有助于治好痛风："对我的病，黑体字比黑药汤更有效。"10 斯宾塞死于一八三六年，此时他的藏书已经超过了四万部，包括五十五部卡克斯顿，存放在奥尔索普五个相邻的房间里，迪布丁还曾突发奇想，建议在屋里养一匹设得兰矮种马，以便"驮着瘦小的访客，从一头到另一头"。11

173 并非所有的藏书者都像斯宾塞勋爵这样喜爱炫耀，或者说这么有钱。许多人是严肃的学者，买书是为了扶助研究。十八世纪时林肯郡诺克顿庄园（Nocton）的理查德·埃利斯爵士（Sir Richard Ellys）即其中一例。一七四二年他去世后，藏书传给了远亲、第一代白金汉希尔伯爵（Earl of Buckinghamshire）约翰·霍巴特（John Hobart)，其中的大部分今日仍可见于霍巴特位于诺福克郡的祖宅布利克林府（Blickling Hall)。藏书中不乏许多非常好的作品，也有埃利斯收集的书目和目录学出版物，从中可以看出一个目光敏锐的藏书家发现和获取图书的路

[1] 威廉·卡文迪什（一七九〇～一八五八)，第六代德文希尔公爵，母亲乔治亚娜·斯宾塞是第一代斯宾塞伯爵约翰·斯宾塞的女儿和第二代斯宾塞伯爵乔治·约翰·斯宾塞的姐姐。

径。一七二七年，埃利斯继承了父亲的产业之后，便开始郑重其事地购买图书。在伦敦时，他是埃德蒙·卡拉米博士（Dr Edmund Calamy）在威斯敏斯特创办的“不遵国教之新教徒团”的成员。此时的不遵从国教者被禁止担任公职，也被排除在大学图书馆和圣公会所属图书馆之外，位于兰贝斯宫（Lambeth Palace）[1]的坎特伯雷大主教图书馆便是如此。他们的应对之策是自行创办图书馆，为不遵国教者提供研究条件：戈登广场（Gordon Square）的威廉斯博士图书馆便是一个存留至今的实例。他们与遍及欧洲和北美的不遵国教者通信，交流思想，互通报刊上的新书资讯，以此使自己保持振作。《学者报》（*Journal des Scavens*）创办于一六六五年，乃此类报刊中最早的一份。同类英语期刊则有一六九九年创办的《学术著作录》（*History of the Works of the Learned*）和一七二八年的《文学界》（*Republick of Letters*）。

在埃利斯的藏书中，有些著作专涉藏书活动的历史演进，如约翰尼斯·洛迈尔（Johannes Lomeier）的《目录学》（*De Bibliothecis*），一六八〇年印行于乌得勒支。洛迈尔是聚特芬学院（Zutphen Academy）的教授，他将收集和管理藏书的一般性建议，与对各国最重要藏书的记录集于一书。埃利斯还拥有一系列的图书馆目录册，其中一份出自马萨诸塞的哈佛学院，时间为一七二三年。此乃北美图书馆印制的第一份目录，列出了一六三六年建校以来所入藏的大约三千种图书。它还负有提供募款重要信息的双重用途，寄送给潜在的捐助者，尤其是不遵国教群体的成员。不过，埃利斯的这一份没有裁开过，哈佛的诉求也就从未得到回应（见第85页）。

埃利斯购买珍本书和手稿，因此使用了更为专业的目录和书店清单。十七世纪晚期，这些出版物已经以拉丁文或法文流通于欧洲大陆，十八世纪初开始以英文现身。布利克林府现存一份《天下一切学科和

[1] 兰贝斯宫是坎特伯雷大主教的伦敦府邸。

语言最重要与最稀有之图书目录》(*Catalogus universalis librorum, in omni facultate, linquaque insignium, & rarissimorum*),系由书商约翰·哈特利(John Hartley)编纂于一六九九年,代表着沙海淘金,将珍稀图
书一网打尽的第一次尝试,以服务于发展中的英语市场。哈特利使用
174 了多家图书馆出版的一系列目录,如牛津大学的博德利图书馆,莱顿
大学和乌得勒支大学的图书馆,以及欧洲私人图书馆的书目。

埃利斯购书之时,如后人所言,正值藏书家的英雄时代,他参加了英格兰和欧洲大陆的许多拍卖会。[12] 在他的藏品中,有一份书目,开列了托马斯·罗林森藏书中的部分手稿,一七三四年由托马斯·巴拉德(Thomas Ballard)在伦敦编纂,用于在教堂园圣保罗咖啡馆举办的拍卖会。罗林森收藏了一大批中世纪手稿、首版古典作品和早期英语文稿,总数超过五万部。一七二五年他去世时,已负债累累,藏书由他的兄弟理查德安排疏散。前述目录标价一先令,系十六次拍卖中最后一次的内容。对拍卖的过程,今人可知其详情,因为理查德·罗林森详细记录了租用的场地,四处搬书的挑夫的工钱,购买的蜡烛、烛花剪刀、墨水、葡萄酒和椅子。拍卖持续了十六天,由巴拉德经办。最后一场拍卖会结束时,还给购书者们买了一条火腿。埃利斯在这场拍卖会上买了几本书,很有可能还吃到了几口火腿。

查尔斯·温发现图书的方式与一百年前的埃利斯大体相同——通过书商、目录和拍卖。在他的藏书中,并非本本都是珍奇之物。像维多利亚时代的许多绅士一样,他也有一套司各特的威弗莱小说。他还订购消遣小说。在他的藏书内,仍然有一册不成套的《哈里·科弗代尔求爱记,并尽述后事》(*Harry Coverdale's Courtship, and all that came of it*),作者是F. E·斯梅德利(F. E. Smedley),菲兹(Phiz)画的插图。有几本书带着标签,表明它们出自新邦德街面向上流社会的胡卡姆租借式图书馆,可能购自该馆的某次清仓拍卖,另外一些书上则有梅吉特父子(Meggitt's & Sons)的标签,这家租借式图书馆位于附近的

威克菲尔德。他买过全套的期刊，包括《纪事年鉴》、《评论季刊》和《爱丁堡杂志》（*Edinburgh Magazine*），借此可以获知最新的出版资讯。

他在伦敦的书商中，有一位似乎与他对古旧稿本的兴趣无关。一八三一年，他前往查令十字（Charing Cross）鸡距街（Cockspur Street）二十六号，到威廉·亨利·多尔顿（William Henry Dalton）的书店做客，付给他书款七英镑三先令九便士，外加四英镑六先令的租金。多尔顿并非知名书商，主要经营宗教类图书。例如，一八四三年，他偕同哈查德和里文顿（Rivington），替新教联盟（Protestant Association）[1]出版了休·麦克尼尔（Hugh McNeile）所著《罗马教会敌基督征象现形记》（*The Church of Rome proved to have the marks of Antichrist*）。三年后，他又发行了乔治·斯坦利·费伯（George Stanley Faber）的《书册派与天主教分离书信集》（*Letters on the Tractarian Secession to Popery*）。[2]查尔斯·温不曾放弃学业，以获得教职，并果然成为牧师，任职于诺斯特尔小修道院（Nostell Priory）地界上的拉格比教堂（Wragby Church）。他以反对解放罗马天主教徒而为人所知，这一点也许就是他与多尔顿在观念上的相同之处。此外，鸡距街不远处 175
便是牛嘴旅店（Bull and Mouth Inn），北上唐克斯特（Doncaster）和爱丁堡的公共马车以此为起点，自然也是温到伦敦后的理想去处。

温继承了一笔内容丰厚的藏书，乃十七世纪以来其家族连续多代的积累。在此之上，还曾另有一批来自德瓦尔家族（d'Herwarts）的藏书汇入，这是他外祖母萨比娜（Sabine）所属的瑞士贵族。一八〇六为财产造册时，估计有书两千一百三十三卷，存放于诺斯特尔装饰华丽

---

[1] 新教联盟始于一七七九年，乔治·戈登勋爵将各新教团体组织在一起，并成为联盟主席。戈登暴乱次年发生。

[2] 十九世纪圣公会内部以牛津大学为中心，兴起反对新教倾向、恢复天主教旧礼的牛津运动（Oxford movement），其思想见于九十卷《时代书册》（*Tracts for the Times*），支持者因此获称书册派（Tractarians）。

的藏书室内，此乃一七六六年由第五代准男爵出资兴建。罗伯特·亚当最早使用的配色方案为浅绿、粉和白色，顶壁饰有哲学家和诗人的画像，书架上方为人字墙和古典胸像。房间中央摆放着一张华美的阅读桌，配有狮子头和狮子爪的花饰，由托马斯·奇彭代尔（Thomas Chippendale）[1] 设计，他还提供了六把阅读椅，一张配有小橱和抽屉的美工桌，还有一只可以变成梯凳的“变形凳”。在休·道格拉斯·汉密尔顿（Hugh Douglas Hamilton）为查尔斯·温的外祖父母所作的画像中，可以看到此屋十八世纪的面貌。罗兰爵士倚靠着奇彭代尔的阅读桌，一身华服，红色的法兰绒外套，内穿饰有金色花边的缎子马甲。萨比娜穿着非正式的米白色缎子长袍，配皮毛滚边的罩衣。他扶在椅子上的画面，她拿着的书，还有那尊带着坚如磐石的钦敬，对他们注目而视的古典女性胸像，无不昭示出夫妇俩的文化水平。

他们的孙子喜欢书，关心家族的历史，故而满怀恭敬，绝不会放弃这笔藏书。但时尚变了，因此在十九世纪二十年代，他雇请托马斯·沃德（Thomas Ward），剥去书柜上的绿漆，连同底墙，淡淡地涂成枫木状的鸟眼花纹。十九世纪三十年代，由于他本人的藏书日渐增多，他便对藏书室内的家族旧书做了一番整理，只留下最感兴趣的古旧珍本，其余的搬进相连的弹子房，里面摆放着邻府拍卖时他买来的吉洛(Gillow) [2] 书柜。一八七五年，也就是查尔斯去世后的那一年，他儿子发现弹子桌下都已经摞起了书堆，因此将书柜加高一层，使书架直抵天花板。要够到最顶层的书，得用一具高高的图书馆梯凳，爬上去打扫的女仆肯定吓得够呛。

查尔斯·温头一次涉足收藏时，实属心向古典。一八一六或

[1] 托马斯·奇彭代尔（一七一八～一七七九），十八世纪英国家具大师之一，他的名字已成为英国洛可可式家具的同义词。

[2] 吉洛家具行由兰开夏郡家具商罗伯特·吉洛（Robert Gillow，一七〇四～一七七二）创办，一八九七年与利物浦厂商韦林（Waring）合并。

一八一七年的某个时间，他跟随哥哥约翰出游意大利，同行的还有他们的家庭教师理查德·哈里森（Richard Harrison），一位爱好古董的医科学生。在那不勒斯，兄弟俩从坎贝尔神父（Abbé Campbell）[1]手中买了一套希腊瓮。约翰死后，哈里森致信查尔斯时说，神父拥瓮，其心可赞，其心亦可鉴，因为他的目的只有一个：用具备实际价值的物 176
品装饰房舍，“对于您这样喜爱古董的人而言，这些瓮一定是无价之宝，必将永远为其主人增光。”13 托马斯·弗罗格纳尔·迪布丁亦有类似评价，十九世纪三十年代造访诺斯特尔时，他称许查尔斯“看古董的眼光老到”。

约翰·温的日记也表明，查尔斯对钱币收藏的热情始于出游欧陆期间。回到英国，安享遗产时，他对古币的兴趣肯定得到了岳父的鼓励，一八三四年，威廉·斯特里克兰爵士去世，家属决定卖掉他在图书和钱币上的可观收藏，温借此机会扩大了自己的藏品。所获藏书包括对全欧洲各大博物馆、陈列室和古币收藏的介绍，还有些作品将钱币和奖章置于历史描述之中。据信由于对斯特里克兰的购买，诺斯特尔已跻身英国最珍贵的收藏之列，查尔斯·温捡了大便宜，每本书只付了四先令。他还可以把钱币装入一个精致的奖章柜，这是托马斯·奇彭代尔为他外公、第五代准男爵打造的。

温继续着手增加收藏，一八四二年，他从草莓山（Strawberry 177
Hill）霍勒斯·沃波尔的藏书中购买了三本古币册，此乃拍卖首日的第一百二十八号拍品。罗伯特·威西（Robert Withy）的《英格兰银币十二图谱》（*Twelve Plates of English Silver Coins*）于一七五六年出版于伦敦，“主要为青年收藏家编绘”，内含沃波尔和温的藏书票。约翰·格伦·金（John Glen King）的《常见罗马钱币集》（*Nummi Familiar:*

[1] 坎贝尔神父（一七五三～一八三〇），爱尔兰天主教神父和古文物收藏家，生活在那不勒斯。

图五十六：休·道格拉斯·汉密尔顿一七六七年所绘双人像：第五代准男爵罗兰·温爵士及其瑞士妻子萨比娜。此乃约克郡的诺斯特尔小修道院，温夫妇所在的装饰华丽的藏书室由罗伯特·亚当设计。

Roman）出版于一七八七年，只有温的藏书票，但有相应的草莓山排架号与之并存。第三部乃弗朗西斯·佩里（Francis Perry）的《英格兰奖章诸系》（*Series of English Medals*），一七六二年出版于伦敦，现已不在诺斯特尔。拍卖第七天的第六十三号拍品也不在了，据目录描述，这是“一套五十二卷的收藏。有对开、四开和八开的稿本，出自不知疲倦的艺术家和古文物研究家乔治·弗图先生……对古文物研究者极具吸引力，并足以在大英博物馆占据一席之地”。此言不虚，它们现在栖身于大英图书馆。

178 草莓山拍卖会标志着十八世纪英国一套伟大藏书的终结。霍勒斯·沃波尔生于一七一七年，乃第一位“首相”罗伯特·沃波

图五十七：托马斯·奇彭代尔为第五代准男爵设计的奖章柜，后为查尔斯·温所用，存放他收藏的古代钱币和印章。

尔（Robert Walpole）的四子。一七四七年，霍勒斯买下特威克纳姆（Twickenham）河畔的草莓山，后来曾把这里称作“一幢装满玩具的童屋，让我度过第二个童年”。[14] 此后四十余年，在人称“味委会”（Committee of Taste）[1] 的一班朋友帮助下，他把这幢毫不张扬的小别墅变成了一座城堡，从风土志里的哥特式建筑画上捕捉细节，按照自

[1] 味委会又称“草莓委员会”（Strawberry Committee），成员有业余建筑师约翰·丘特（John Chute）和制图员理查德·本特利（Richard Bentley）等人，筹谋改造草莓山。

己的需要加以调整。这种方法明确地写在他对藏书室的叙述中："书摆放在哥特式的镂空尖拱内，取自达格代尔之圣保罗教堂[1]内圣坛侧门的门框。本身由丘特先生（Mr Chute）设计。壁炉架模仿了康沃尔伯爵埃尔特姆的约翰（John of Eltham earl of Cornwall）[2]在威斯敏斯特教堂内的墓地；石雕则仿照了克拉伦斯公爵（Duke of Clarence）托马斯[3]在坎特伯雷的墓地。"15

沃波尔的藏书已被称作大众口味转变的例证，从中可以看出，对古典文本的喜爱变成了对哥特文艺的追逐。16 英格兰的地志、古籍和诗歌是他最为看重，也是看得最多的书。他的拉丁文经典则是年轻时买的教材，他的希腊作家有明显的缺漏，比方说，没有亚里士多德，也不见柏拉图。他曾对这一时期广受推崇的意大利作家大加贬斥：但丁"没有节制，荒诞不经，令人作呕"，塔索（Tasso）[4]表现出"千倍的幼稚"。但是与同代的古籍收藏家们不同，霍勒斯·沃波尔并不热衷于黑体字文本。因此，当有机会得到一部十六世纪的乔叟印本时，他拒绝了，并称："我虽然是个哥特人，却是个非常现代的哥特人，因此我恨黑体字，而且我更喜欢德莱顿和巴斯克维尔的乔叟，而不是乔叟本人的语言和装扮。"17

查尔斯·温的草莓山拍卖目录做过标记，仍然保存于家族档案。18 在许多拍卖的物品旁边，他用铅笔做了标注，不仅仅有书，还有细密肖

---

[1] 应指威廉·达格代尔爵士一六五八年出版的《圣保罗大教堂史》（*History of St Paul's Cathedral*）一书。

[2] 埃尔特姆的约翰（一三一六～一三三六），金雀花王朝时期英格兰国王爱德华二世的次子，爱德华三世的大弟，在一三三〇年侄子、伍德斯托克的爱德华（黑王子）出生之前为英格兰王位第一继承人，但只活了二十岁，厚葬于威斯敏斯特教堂。

[3] 第一代克拉伦斯公爵兰开斯特的托马斯（Thomas of Lancaster，一三八七～一四二一），英格兰国王亨利四世的次子，百年战争期间在法国博热战役（Battle of Baugé）中被杀，葬于肯特郡的坎特伯雷大教堂。

[4] 托尔夸托·塔索（Torquato Tasso，一五四四～一五九五），文艺复兴晚期最伟大的意大利诗人，著有英雄史诗《耶路撒冷的解放》（*Gerusalemme liberata*）。

像画和多种家具。在这些物品中，他的代理人似乎全都报低了价格，因为它们在诺斯特尔无一留有记录。纵然如此，他的选择仍然值得一观。肖像有都铎时代和斯图亚特时代早期的人物，如艾萨克·奥利弗（Isaac Oliver）[1] 为索尔兹伯里伯爵罗伯特·塞西尔（Robert Cecil）绘制的细密画。家具则接续十六世纪，例如伊丽莎白时代的乌木椅子，一体雕花，有镂空的靠背和弯曲的扶手。温对家族起源特别感兴趣，身为托马斯·莫尔爵士（Sir Thomas More）[2] 之女玛格丽特·罗珀（Margaret Roper）的后代，他深以为荣。托马斯爵士的全家福是诺斯特尔的宝贝，现挂于低厅。原作由贺尔拜因（Holbein）[3] 绘于一五二七年，已毁于火灾，这幅大比例尺的摹本于五十年之后完成。温还继承了一批十七世纪的藏书，原属凯瑟琳·鲁珀（Katherine Rooper），又拼
罗珀（Roper）。看起来，他很有可能考虑过，通过购买相称的画作和 180
家具来加强这一纽带。椅子的说明称，它们非常像沃里克郡“沙勒科特苑”（Charlecote Park）藏书室内的“黑白”家具。沙勒科特乃伊丽莎白时代的府邸，曾与莎士比亚有些瓜葛[4]，十九世纪二十和三十年代，乔治·哈蒙德·卢西（George Hammond Lucy）和妻子玛丽·伊丽莎白（Mary Elizabeth）按照都铎时代的风格加以翻建。藏书室的家具系一八三七年购自伦敦，他们相信这是伊丽莎白一世给宠臣莱斯特勋爵罗伯特·达德利的赏赐。事实上，此乃十七世纪的乌木制成，上面还

[1] 艾萨克·奥利弗（又作奥利维耶［Olivier］，一五五六？～一六一七），生于法国的细密画家，后随胡格诺派父母迁居英国。

[2] 托马斯·莫尔（一四七七～一五三五），英格兰人文主义者和政治家，著有《乌托邦》（*Utopia*）一书，因拒绝承认亨利八世为国教之首而遭砍头，一九三五年封圣。

[3] 小汉斯·贺尔拜因（Hans Holbein the Younger，一四九七／九八～一五三四），德国画家，以精确的素描和生动的现实主义肖像画闻名，由伊拉斯谟介绍来到英格兰，受聘为亨利八世的御前画师，创作了大约一百五十幅宫廷人物的肖像画，一五二七年为托马斯·莫尔所绘绿幔背景的单人肖像也十分有名。

[4] 莎士比亚小时候曾闯入沙勒科特打鹿（一说还有家兔），结果被捉去见官。这是关于幼年莎翁不多的记录之一，流传较广。

图五十八：草莓山哥特式藏书室内的霍勒斯·沃波尔，J. H. 芒茨（J. H. Muntz）十八世纪五十年代晚期所作素描。沃波尔坐在友人约翰·丘特设计的书柜前。

镶嵌着东印度公司运到英国的象牙，但霍勒斯·沃波尔一直对其都铎出身信以为真。

对于继承了诺斯特尔，查尔斯·温无疑感念不尽，但他那颗爱好古物的心必曾怀有几分遗憾，因为以风格和年代观之，它是帕拉第奥式的，而非沙勒科特那样的都铎风尚。藏书票的变化，便反映出了他对罗曼蒂克时代的追怀。一开始，他印的是“查尔斯·温，诺斯特尔”，使用无装饰的罗马字体，可是后来，他转而采用“查尔斯·温，诺斯特尔小修道院”，用的是哥特式黑体字，簇拥着他的盾徽。后者令人联想到那座建于十二世纪早期的奥古斯丁会小修道院，就位于距离现在宅邸很近的地点。在十六世纪三十年代的解散修道院运动中，这里的宗教群落被清除一空，但修道院的有些建筑得以幸存，并转变为地主的住宅，一六五〇年温家首次得到这块地产时，它还叫诺斯特尔府。正如凯瑟琳·莫兰一想到诺桑觉寺就兴奋不已[1]，查尔斯·温也决定突出自家产业的古老出身，于是改用新名“诺斯特尔小修道院”。

温有许多书购自伦敦的古籍书店。账目表明，他在威利斯和索瑟兰书店有定期赊购。索瑟兰家本来长期在约克经营书店，但一八〇一年，托马斯·索瑟兰（Thomas Sotheran）学徒期满后南下伦敦，为谷山六十一号的贵格派书商和出版商约翰和亚瑟·阿奇（John and Arthur Arch）打工。托马斯自立门户时，便出城迁往更时新的伦敦西区。随着儿子亨利出生，并接纳乔治·威利斯为（George Willis）为合伙人，他的业务迅速扩展。到十九世纪六十年代，他们已经开了数家分店，上架图书逾五十万册，并对外宣称，专业经销“建筑图书和美术著作。购置或交换全套与大宗藏书”。一八六三年四月四日，威利斯先生在寄自斯特兰德一百三十六号的信中提及一笔图书置换，查尔斯·温旁注表示同意。[19]

---

[1] 简·奥斯汀，《诺桑觉寺》：“诺桑觉寺！这是多么令人激动的名字啊，凯瑟琳为此兴奋到了极点。”

约翰和亚瑟·阿奇还雇用了另一个刚入行的古籍商威廉·皮克林
(William Pickering)。威廉一七九六年降生时的情况，可谓阴暗与传
181 奇兼具。相传他父亲是个爱书如命的伯爵，母亲也有头衔，但是没有
正式结婚。他的姓氏来自某位叫皮克林的裁缝，此人的妻子给他做过
乳娘。一八二〇年，他在林肯律师学院广场开办了自己的商号，开始
出版古典作品的重印本，质量上乘，价格适中，为了向十六世纪的威
尼斯出版商阿尔杜斯（Aldus）致敬，皮克林也采用了海豚和锚的图
案，并以阿尔定（Aldine）出版社的名号出了几个系列。[1] 不过，皮
克林之所以广为人知，还是由于他出版和销售的古籍。当乔治·哈蒙
182 德·卢西寻找合适的图书，来填充沙勒科特苑新建的都铎风格藏书室
时，便求助于威廉·皮克林。一八三八年冬，他在皮克林的店内花出
了高达三百三十一英镑八先令六便士的款项，所购图书中包括莎士比
亚的《温莎的风流娘儿们》(*The Merry Wives of Windsor*)、艾萨克·沃
尔顿（Isaak Walton）的《钓客清话》(*The Compleat Angler*)、[2] 约
翰·布里顿的作品、霍勒斯·沃波尔的《英格兰绘画轶事》(*Anecdotes
of Painting*)，以及吉利姆的《纹章谱》。查尔斯·温也是皮克林的顾客。
一八四一年，皮克林搬到了皮卡迪利一百七十七号，他作为首席古籍
商的声名在此得以确立。《威尔士考古》(*Archaeologia Cambrensis*) 杂
志于一八四八年宣称：“一个没有书的古文物研究者，就像一艘没有轮
翼的汽船——进不得，退不得——徒然在泥沙中挣扎……因此我们建议

[1] 有一老小两位阿尔杜斯·马努蒂乌斯（Aldus Manutius），老马努蒂乌斯（一四四九～一五一五）是小马努蒂乌斯（一五四七～一五九七）的祖父，创办了一个名副其实的出版社阿尔定，不仅大量出版古典书籍，还成立了由相关学者组成的编辑队伍，即阿尔定学院。一五〇二年出版但丁的《神曲》时，老马努蒂乌斯首次在版权页印上了阿尔定出版社著名的锚和海豚标志。

[2] 艾萨克·沃尔顿（多拼 Izaak Walton，一五九三～一六八三），英国传记作家，但以一六五三年出版的《钓客清话，又题沉思者的娱乐》(*The Compleat Angler, or, the Contemplative Man's Recreation*) 博得不朽文名。

读者，若有意像我们一样，用古籍装备自己，就去伦敦的古旧书店……对寻找古籍钻石的人而言，皮卡迪利一百七十七号的皮克林先生就如一座戈尔孔达（Golconda）。[1] 到了那儿，您一个上午就能花掉两三百英镑，回家的时候，满载着一马车的对开本、四开本，还有小模小样的十二开本。”

那些包罗万象的书目今天仍然保存在诺斯特尔，它们来自威利斯和索瑟兰、威廉·皮克林，还有伯纳德·夸里奇（Bernard Quaritch）。一八四二年，夸里奇从德国来到伦敦时，尚为编目员和大出版家亨利·乔治·博恩（Henry George Bohn）的助手。五年后，夸里奇宣称，他要做“欧洲第一书商”，遂在莱斯特广场的城堡街十六号开业。他早期经营学术书和二手书，价格适中，但是到了十九世纪五十年代中期，他也已转向精品书和珍本书。他主宰了伦敦的拍卖厅和乡宅的拍卖会，报界因此送了他一个绰号：“书商里的拿破仑”，这让他厌恶至极，因为他认为波拿巴残忍，自私，因此没有和他有关的书。从一八六〇年起，他开始在皮卡迪利十五号营业，但最重要的发行手段是通过目录。起初他印的是单页，后来是八开本的小册子，再加厚成专业的目录，最终成了又大又厚的专业目录。一八七四年，也就是温去世的那一年，夸里奇发行的目录已经厚达两卷，逾四万四千项，代表二十万种书。所录图书并非全部有售：他还为古籍和绝版书提供基准价格。

查尔斯·温还通过订阅的《绅士杂志》，与古文物学和考古学领域的最新进展保持同步。一七五四年，该杂志创办人爱德华·凯夫去世后，他妹妹和妹夫[2] 继续经营，一七七八年将部分股份售与约翰·尼科尔斯（John Nichols）。尼科尔斯本为伊斯灵顿（Islington）一个面包师的儿子，进入威廉·鲍耶（William Bowyer）的印刷所后，迎来

[1] 戈尔孔达位于印度南部海德拉巴以西八公里，附近丘陵的页岩曾以出产钻石而闻名。

[2] 爱德华·凯夫的妹妹玛丽生于一七一〇年，一七三四年嫁同年出生的大卫·亨利，一七五六年卒。大卫死于一七九二年。

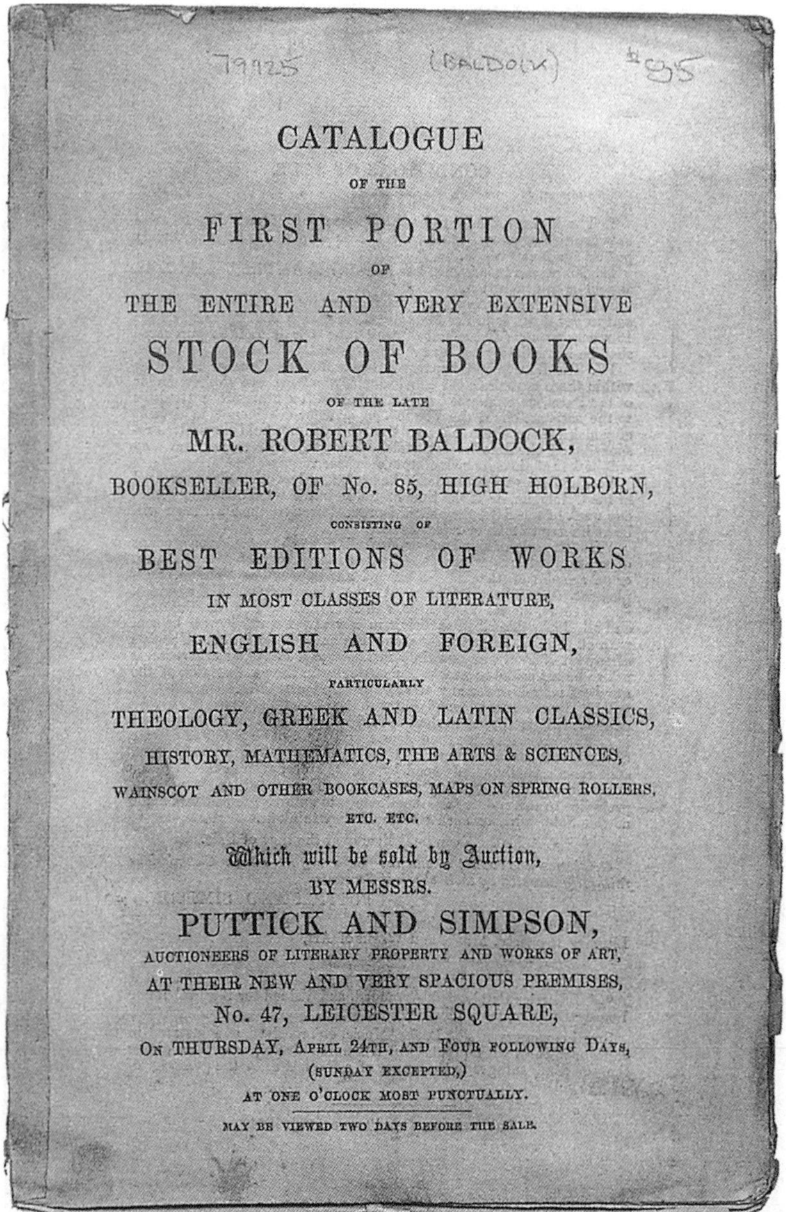

CATALOGUE

OF THE

FIRST PORTION

OF

THE ENTIRE AND VERY EXTENSIVE

STOCK OF BOOKS

OF THE LATE

MR. ROBERT BALDOCK,

BOOKSELLER, OF No. 85, HIGH HOLBORN,

CONSISTING OF

BEST EDITIONS OF WORKS

IN MOST CLASSES OF LITERATURE,

ENGLISH AND FOREIGN,

PARTICULARLY

THEOLOGY, GREEK AND LATIN CLASSICS,

HISTORY, MATHEMATICS, THE ARTS & SCIENCES,

WAINSCOT AND OTHER BOOKCASES, MAPS ON SPRING ROLLERS,

ETC. ETC.

Which will be sold by Auction,

BY MESSRS.

PUTTICK AND SIMPSON,

AUCTIONEERS OF LITERARY PROPERTY AND WORKS OF ART,

AT THEIR NEW AND VERY SPACIOUS PREMISES,

No. 47, LEICESTER SQUARE,

ON THURSDAY, APRIL 24TH, AND FOUR FOLLOWING DAYS,

(SUNDAY EXCEPTED,)

AT ONE O'CLOCK MOST PUNCTUALLY.

MAY BE VIEWED TWO DAYS BEFORE THE SALE.

图五十九：十九世纪中期伦敦霍尔本高街一位书商的动产拍卖目录。所列物品中有卷轴地图，可见于卡尔克修道院的藏书室（第 157 页）。

了极为幸运的命运转机。博学多识的鲍耶做了尼科尔斯的保护人，给他开拉丁语课，陪他去听科学讲座。一七六六年，鲍耶将尼科尔斯纳为合伙人，共同经营他颇具规模的印刷生意，当时皇家学会和古文物 183
学会的业务皆已由他包揽。到一七九二年，约翰·尼科尔斯便完全控制了《绅士杂志》。尽管其印刷所位于舰队街边的红狮道（Red Lion Passage），但他保留了书名页上凯夫的标志：克拉肯韦尔圣约翰小修道院的门楼。此外，他做出了一些重大改变，将容量扩大一倍，发表更长的书评，并增加文学和古文物稿件的版面。他本人也是一个知识渊博、眼光独到的古文物学者，因而常常通过脚注，就文章是否精确提出质疑，以期挑起争议，引发读者反响。古文物学家理查德·高夫（Richard Gough）是尼科尔斯的挚友，两人曾结伴周游全国，探访古迹，并合作开展了一系列雄心勃勃的出版项目，如总达五十二卷的《不列颠地志书目》（*Bibliotheca Topographica Britannica*），自一七八〇年起，一直出到一七九〇年。

约翰·尼科尔斯的工作由他的儿子约翰·鲍耶·尼科尔斯（John Bowyer Nichols），以及孙子约翰·高夫·尼科尔斯（John Gough Nichols）加以延续。他们都是考古学会的活跃会员，约翰·鲍耶还定期做东，为学会的酒肉俱乐部“诺维奥马基人”（Noviomagians）[1] 举办宴会。查尔斯·温虽然爱好文物研究，却对考古学会敬而远之，而加入了卡姆登学会（Camden Society）。该会创办于一八三八年，约翰·鲍耶和约翰·高夫·尼科尔斯在其中起了主导作用。它以十六世纪的历史学家威廉·卡姆登命名，志在出版早期的历史和文学资料，即未出版过的手稿和稀见印本书的新版。查尔斯·温像退休者一样，更钟情于家族的社交圈，过着乡村地主的宁静生活，日记中也常见打猎的记载或排水

[1] 诺维奥马基人之名显然来自不列颠尼亚的罗马城镇诺维奥马古斯（Noviomagus Regnensium），意为“（雷尼人的）新地”，即今日英格兰西萨塞克斯郡的奇切斯特。

沟出的问题，再有便是在藏书室内整理书籍。[20] 十九世纪三十年代，他前往伦敦时，还要搭乘驿马车，途中需在纽瓦克（Newark）和哈特菲尔德（Hatfield）过夜，但是后来有了火车的便利，旅程便无须数天，几个钟头就够了。一到首都，他就落脚于卡文迪什广场的汤普森旅馆（Thompson's Hotel）或联校俱乐部（United University Club）[1]，再从这里出发，去逛书店、拍卖场或艺术品展览会。

伦敦的书店和拍卖场并非温唯一的藏书来源。约克郡有好几家书商和他关系不错，亚历山大·巴克利（Alexander Barclay）即其中之一。一八二四年在斯莱德米尔（Sledmere），当马克·马斯特曼·赛克斯（Mark Masterman Sykes）的藏书拍卖时，温到场出价，通过书商间接购书，并在此后多年一直沿用这种方式。亚历山大·巴克利的书店位于约克的下乌斯盖特（Low Ousegate），总是花很大工夫入手整批藏书。温极有可能通过他，购入了一批原属威廉·罗伯特·海伊（William Robert Hay）的宗教和政治小册子，海伊乃罗奇代尔（Rochdale）教区牧师和阿克沃思（Ackworth）的本堂牧师，一八三九年去世。这批藏
184 书数量颇丰，共两千五百份印刷品，装订为大约三百卷。对温而言，选藏这一类别有些不合情理，但他对小册子一向很感兴趣，在草莓山的拍卖目录中，就有他对此类收藏所写的旁注，而他身为一个天主教徒解放的反对者，与海伊在许多观点上立场相同，只是他对此不事张扬而已。海伊担任过索尔福德（Salford）与曼彻斯特的首席治安官，在一八一九年的彼得卢大屠杀期间（Peterloo Massacre）[2] 召军队入城，因而饱受憎恨。

查尔斯与妻子普里西拉所有的兄弟姐妹都相处融洽，但在地方史

---

[1] 联校俱乐部成立于一八二一年，位于伦敦萨福克街一号，系牛津大学和剑桥大学外设的绅士俱乐部，限定会员一千人，两校各得五百。

[2] 一八一九年八月十六日，六万手无寸铁的民众在曼彻斯特圣彼得广场集会，要求议会改革，骑兵挥刀砍杀，致十一人死，五百人伤，随即仿滑铁卢之名而得名彼得卢。

志方面，他与长他八岁的尤斯塔丘斯有共同的爱好。一八四〇年尤斯塔丘斯去世时，约克郡的哲学学会发布讣告，称他是“一位宝贵的老朋友，热心于英格兰的古迹”，文中还提到了他遗赠的钱款，以及为写作约克城内圣马利亚修道院（St Mary's Abbey）的历史而积累的收藏。查尔斯·温拥有一系列与约克郡有关的书籍，在他的藏书中，还有两部作品主题相同，装帧却大相径庭。一七三三年，托马斯·根特（Thomas Gent）在约克出版了自己所写的《忠城里彭古今史》（*Antient and Modern History of the Loyal Town of Ripon*），[1] 十二开本，配木版 185
画。三年后，弗朗西斯·德雷克在伦敦出版了《伊伯阿科姆：又题约克城历史与古迹》（*Eboracum: or the History and Antiquities of the City of York*）[2]，对开两卷本，配铜版插图。

不同寻常之处在于，对这两部著作，我们现有颇为详尽的背景资料，因为托马斯·根特一七四六年写过一份生平自述，后人在其家庭档案中发现了它，并于一八三二年付诸出版。[21] 一七一〇年，根特从都柏林来到英格兰，他还在印刷所的学徒期内，因此是违约跑出来的，在自传中，他相当不情愿地承认了这一点。他开始为爱德华·米德温特（Edward Midwinter）打工，此人乃歌谣纸和廉本书出版商，在伦敦桥的镜子招牌处开店。托马斯·根特是个好争辩的伙计，曾抱怨自己被迫长时间干活，“和小贩们赶工”，但尽管如此，他还是尽显聪明伶俐。当他们雇来的作者中，有一位因欠债而迭遭牢狱之灾时，米德温特太太便差他写小册子。他对历史也很感兴趣，特意参观了伦敦塔和威斯敏斯特教堂，还曾沿河而上，探访汉普顿宫。

根特最终自行立业，在约克的彼得盖特（Petergate）找了间房子，

[1] 里彭乃北约克行政郡哈罗盖特自治市内的一座天主教城市，内战期间忠于王党，查理一世亦曾作为囚徒在此度过两夜。

[2] 伊伯阿科姆为约克之地在罗马人占领期间的旧称，在盎格鲁方言中经历连串流变后，于丹麦人统治时期获称约维克（Jórvík），再变约克。

Oliver amazed at the Dodger's mode of "going to work"

图六十：在二手书店选书的风险：绅士遇上了小偷。乔治·克鲁克香克所绘插图，见于查尔斯·狄更斯的《奥立弗·退斯特》(*Oliver Twist*)，一八三七年出版。

做起了书商和印刷商。一七二九年，他就一部关涉约克古迹的图书发表自荐文章，以图招徕预订。其调研颇为详尽："说实话，我在每间教堂都大受其苦，要将许多墓碑洗刷干净，尽己所能，让许多近乎泯灭的字符现出真容，每天把它们带回我的印刷所。"他还上到"最高的险地"，去看彩窗，"又下到昏暗的墓地，让久逝者回到最近的记忆"。此书于一七三〇年出版，大获成功，不过他也自知，评论家们蔑视他卑贱的出身，也瞧不上他收录的那些粗陋的墓碑。及至一七三六年德雷克出书，便将根特的作品贬为小册子，并自觉有必要指出从中绝无借鉴。此时根特已从开本上证明，他关于约克和里彭的著作实为袖珍的伴侣书，可供马车上的先生们、太太们在途中阅读，抑或作为“他们私室中一件悦人之物”。[22]

理查德·高夫对全国古迹的考察录写于一七六八年，书中形容根特的约克史为“一部有用的纲要，出自一位勤勉的印刷商之手，包含了一些更大的史著中所没有的东西”。[23]不过，他认为根特的最后一本书《关于约克圣彼得大教堂著名而宏伟之大东窗最愉悦身心、引经据典和虔诚笃信的历史》（*The Most Delectable, Scriptural and Pious History of the Famous and Magnificent Great East Window... in St Peter's Cathedral, York*）没提供什么有价值的信息，并称，到一七六二年，他已囿于年龄和使命感。高夫转而推荐德雷克的著作，认为它颇为老练，而根特的作品与之相比便一落千丈，宛如他在廉本书商爱德华·米德温特门下打工的青年时代。这些书与哥特建筑本身也可作个比较：根特反映的 186
是在乡下泥瓦匠的作品中一直留存到十八世纪的哥特风格，而德雷克好比霍勒斯·沃波尔在草莓山的哥特式复兴。意味深长的是，直到十九世纪中期，像查尔斯·温这样的古文物研究者仍然认为这两种书都有价值，并把它们双双收入了藏书。

温收到过一封征订函，其中一部关于约克郡地志和历史的著作，让詹姆斯·奥查德·哈利韦尔（James Orchard Halliwell）引起了他的注意。这是个意外之喜，因为温对收藏莎学文献的兴趣日渐浓厚，而哈利韦尔刚刚出版了一部莎翁传记，正在写作《莎士比亚与埃文河畔斯特拉特福新书》（*A New Boke about Shakespeare and Stratford upon Avon*），书中汇编了有真有伪的数百份纪录。一八五四年，哈利韦尔协助创办了沃顿俱乐部（Warton Club），并在此后十年间将一个雄心勃勃的计划付诸实施，出版十六卷内含大量插图的《莎士比亚全集》（*Works*），限量发行，只印一百五十套。对温而言，这种学术性的限量版正是合乎心意的出版物，便尽数加以订购。不料，哈利韦尔随即又出了一套更为昂贵的四十八卷本，采用平版印刷，人称四开本

图六十一：托马斯·根特的木刻插图，画中为约克郡的方丹斯修道院（Fountains Abbey）遗址，这一风格是他受雇于廉本书出版商爱德华·米德温特期间所习得。

莎士比亚，每卷标价五几尼，温自觉要谨慎从事，因此收拢热情，要
187 求先拿一卷过目，再考虑这笔可观的支出。但他还是感到满意，遂于一八六二年三月同意一年订购两本，“寄给我时，只以纸板装订，不裁边。”[24]

在哈利韦尔眼中，温是一位理想的顾客，接受了他提供的许多限量本，从两人之间的通信中，可以看出这一时期出版物订购的机制和花销。一八六三年七月，哈利韦尔向他推销《莎士比亚年谱》（*The Calendar of the Shakespeare Records*）：“印刷用纸精美，一令让我支出四英镑……如果我印五百本，每本一几尼，那我会麻烦不断，而且用不了一年，它们在货摊上就只卖半价了。”[25] 这一年九月，他又向温推

销“我的大对开本莎士比亚，十一卷已经就绪，全套将达十五卷。只印一百五十套。我有一套二手的，和新的一样好，可以每卷四几尼给您，订金总计六十三英镑”26。

在他诸多的莎士比亚作品和关于莎士比亚的书籍中，有一部一六二三年第一对开本的摹本，系十九世纪二十年代印制，装帧精良。还有一部两卷本的格兰杰氏插图本。一七六九年，詹姆斯·格兰杰牧师（Revd James Granger）出版《书目英格兰史》（*A Bibliographical History of England*）时，在书中留下空白页，以供粘贴从其他书中剪下的版画肖像。温似乎也喜欢这种玩法，因为他有好几本书是格兰杰氏插图本。这样做不仅会对其他的书造成毁坏，而且在这一本莎士比亚中，挨着十七世纪的版画，他又加入了风格怪异的十九世纪金属版画。但是一八七〇年，哈利韦尔替他搞到了真货，一部原版的莎士比亚第一对开本。像古登堡圣经一样，第一对开本也成了所有印本书中最珍贵的一种：直到十八世纪八十年代，它还卖不出大价钱，视品相不同，五英镑或十英镑就能买下。可是，到十九世纪初，其价格扶摇直上，托马斯·格伦维尔（Thomas Grenville）[1]付了一百二十一镑十六先令，让迪布丁大吃一惊，一八二五年，约翰·布里顿也花了一百几尼，替约翰·索恩买到一部。但一八七〇年十二月十六日，温开给哈利韦尔的支票上只有十五几尼。可能是此书品相不好——后来又被转卖，已不在诺斯特尔——不然就是哈利韦尔给了这位慷慨的顾客一个很大的优惠。

在研究莎士比亚和其他十六世纪的作家与学者之余，詹姆斯·奥查德·哈利韦尔的个人生活可谓大起大落。一八三九年，他开始与托马斯·菲利普斯爵士（Sir Thomas Phillipps）[2]通信，希望他买下一部

[1] 托马斯·格伦维尔（一七五五～一八四六），英国政治家和目录学家，首相乔治·格伦维尔的次子，死时拥书一万六千种，逾两万卷。

[2] 托马斯·菲利普斯（一七九二～一八七二），英国文物和图书收藏家，拥有十九世纪数量最大的一批手稿收藏，逾六万份，另藏印本书四万卷。

分科学手稿，好让自己摆脱财务困境。菲利普斯是个广征博收、大手大脚的手稿和古书收藏家，自诩为“犊皮狂”（Vello-maniac）。他还以脾气暴躁而闻名。哈利韦尔求娶他的大女儿，遭菲利普斯拒绝，导致
188 小两口于一八四二年私奔。争吵接踵而至，菲利普斯试图在报纸上毁掉哈利韦尔，指责他在生意场上不择手段，这话倒确有几分合乎事实。此后几十年，两人争执的温度一直居高不下，菲利普斯甚至搬出了伍斯特郡的家，力图阻止女婿通过一个复杂的家庭信托继承他的藏书。还有长达数年的谈判，以期决定谁将拥有他多达六万份手稿的巨大收藏，博德利图书馆和大英博物馆都在可能的竞争者之列。一八六一年，菲利普斯成为大英博物馆的理事，却因某些非常敏感的现代化提案遭到拒绝而一怒辞职。他死于一八七二年，其收藏经由一系列与外国政府和私人藏家达成的交易，由小女儿抛售一空。哈利韦尔因此未能染指这些图书和手稿，却改用岳父的姓氏，成了詹姆斯·奥查德·哈利韦尔－菲利普斯。[1]

一八四三年，查尔斯·温决定联络托马斯爵士时，对他喜怒无常的脾气必然已有所闻，但他收藏的一些手稿记载了中世纪时期诺斯特尔小修道院的详情。温明智地求助于他们都认识的一位熟人。托马斯爵士的答复颇显精明：“如果温先生不反对手稿互借的话，我可以借一本给他，从他那儿也借一本，谁先借都行，一起借也可以。”27 中间人对准男爵的居家生活做了一番生动的描述，并就交换借阅的风险提出了警告：“他住在书的迷宫里，积书之重，屋墙也摇摇将倾，他那不幸的妻子和女儿们疲于抄录和誊写，总是筋疲力竭——您必须自行就这一提议作出判断……一方面来说，这是**安全的**，因为通过交换，你手上也能攥着一件他的东西——但邻居们说涉及任何值钱的东西，他都是不可信的——**借出去的东西**，一旦落到他手里，再想拿回来就不是件容易的

[1] 改姓是哈利韦尔第一个妻子亨利埃塔的祖父为外姓人继承遗产立下的先决条件。

事了……”[28] 一八七二年，温得知菲利普斯去世的消息后，不得不写信给他的家属，要求归还他那几份手稿。

这次不幸的经历是个例外，温借入借出，与学者们互通有无，也对访客开放藏书。一八二四年，古文物研究者约瑟夫·亨特（Joseph Hunter）在筹备《南约克郡》（*South Yorkshire*）一书时，请求获准细读一份十五世纪的手稿，温不只同意，还提供了一幅庄园的画，以及家谱方面的额外资料。两人自此开始通信，并持续多年。温在一八二九年的一篇日记中，记录了建筑师和画家威廉·福勒（William Fowler）的来访，福勒送给他一本自己的书，内容是马赛克人行道的着色版画。随后一篇日记如下：“从早餐到午饭，一直忙于阅读老福勒留下的关于
棋盘格人行道的书。”并非所有来访者都是古文物学者。家庭医生曾有 189
记载，他可以在一八四二年的夏天充分使用藏书室，因为温家当时搬入了紧邻诺斯特尔的另一幢房子。

查尔斯·温兴趣广泛。他的藏书中有民族志和博物学方面的各种著作，还有他收集的奖章：这让人想起十七世纪学者们的小陈列室。他也拥有一些特别珍贵的博物学图书。约翰·詹姆斯·奥杜邦（John James Audubon）的《美洲鸟类图谱》（*Birds of America*）[1] 现已不存诺斯特尔，但三本约翰·古尔德（John Gould）[2] 的书依旧是藏书室内的珍宝。约翰·古尔德的父亲的是温莎城堡的领班园丁，主管“斜坡”，古尔德本人先在基尤植物园和约克郡里普利城堡（Ripley Castle）的花园工作，一八二五年在伦敦开了一家剥制动物标本的铺子。国王本人也是他早期的顾客，曾委托他保藏一只厚膝鸨，他后来还填充过运抵英格兰的第一只长颈鹿，此乃埃及的穆罕默德·阿里（Mehemet

[1] 约翰·詹姆斯·奥杜邦（一七八五～一八五一），美国鸟类学家、画家和博物学家，四卷本《美洲鸟类图谱》在伦敦出版，含四百三十五幅手绘彩图。

[2] 约翰·古尔德（一八〇四～一八八一），英国鸟类学家，以插图丰富的大部头著作而日益受到藏书家们的珍爱。

Ali)[1]赠送的礼物。作为动物标本制作者，古尔德加入了动物学会（Zoological Society），成为该会鸟类学部的负责人。一批委托录制的喜马拉雅山鸟类运抵学会时，他萌生了出版一部鸟类图谱的想法，采用手工着色，对开本印刷，含八十种鸟，一百幅图。朋友 N. A. 维戈尔斯（N. A. Vigors）负责撰文，古尔德的妻子伊丽莎白绘图并转印于石版。当约翰·古尔德找不到出版商时，他非常勇敢地决定，将此书分成二十部，自行出版，每月一部，每部四图。

这就是他此后采用的出版方式，总共印行了五十部对开本。他担任收集者、标本买家、分类学家、文字作者、出版商和发行商。妻子过世后，他雇请过各种各样的画家，包括爱德华·李尔（Edward Lear）[2]，给他们提供草图作为参考。一八三六年，古尔德获得了查尔斯·达尔文从加拉帕戈斯群岛带回的鸟类，从而得以拥有至为关键的证据，来得出岛屿物种形成的理论。对达尔文和其他朋友，他用八开本为各种书印了介绍，还为那些买不起对开本的人出过更小的开本。

为了让出版项目顺利启动，每一次古尔德都会草拟一份订购者的名单。具有开创性意义的《迄今未绘之喜马拉雅山鸟类的世纪》（*A Century of Birds Hitherto Unfigured from the Himalaya Mountains*）出版于一八三〇年至一八三二年，古尔德筹备此书时的名单由威廉四世和阿德莱德王后（Queen Adelaide）领衔，欧洲的王室、公爵们紧随其后，直至各路乡绅，外加机构，如动物学会和约克的会员制图书馆。虽然查尔斯·温确有订购，但并未现身于这份名单。他还订购了《欧
190 洲鸟类》（*The Birds of Europe*，一八三二～一八三七）和《澳大利亚鸟类》（*The Birds of Australia*，一八四〇～一八四八）。可是，他不喜

[1] 穆罕默德·阿里（一七六九～一八四九），一八〇五年至一八四八年任埃及帕夏。
[2] 爱德华·李尔（一八一二～一八八八），英国风景画家，又以写打油诗闻名。

欢古尔德对这两套书的装订，曾写信给他："我又一次不得不说我是何等的遗憾，您关于欧洲和澳大利亚鸟类的两部著作在装订时，并未对我的愿望加以一丝不苟地执行，尤其是这些书不仅在藏书室内极为引人注目，它们的艳丽也招引我的朋友们议论纷纷，那些话肯定不是在恭维我的装帧品味。"[29] 温的品味是克制和朴素，古尔德的书于是被送往伦敦的克莱德（Clyde）装订行，打扮成了更容易接受的样子。温和古尔德的友谊挺过了这次装订风波，他们的往来通信足见深情厚谊。

*　　*　　*　　*

从很多方面来看，查尔斯·温都不符合迪斯累里对爱书癖的定义。
他不是死守藏书的吝啬鬼，允许朋友和学者使用他的藏书。他的收藏 191
也并非拿来炫耀。他有些光彩夺目的藏品，如一四九三年的《纽伦堡编年史》（*Nuremberg Chronicle*）[1]，购自马克·马斯特曼·赛克斯的藏书，后于一九六二年由后人卖出，又如莎士比亚第一对开本，也于一九七一年出售，但是，他藏书中的绝大多数是为了读，为了用而买来的。虽然如此，他毕竟也有一点爱书癖的症状。像那些享有互联网便利的当代藏书家一样，他买起书来也无法自控，有时买了也不碰。在诺斯特尔，有些成包的未装订的书还带着包装，其中一些甚至连绳子都没解开过。

一八七一年，普里西拉给儿子罗兰写信，说他父亲有意废弃藏书 192
室和弹子房，另行占用房子一翼的三个房间，将它们打通，变成一间大藏书室。[30] 这一威胁还未付诸实施，查尔斯·温便于一八七四年去世，

[1]《纽伦堡编年史》又称《舍德尔世界史》（*Die Schedelsche Weltchronik*），乃哈特曼·舍德尔（Hartmann Schedel）基于圣经记载而编写的一部世界史，一四九三年出版于纽伦堡。

图六十二：约翰·古尔德《欧洲鸟类》中的燕尾鸢，
该书于一八三七年出齐。

他儿子还得收拾这座书山，增加书架，状如峭壁。罗兰及其后辈固然也曾添置藏书，但其势头已大大地减缓，且将自己的书另存于别处家宅。因此，查尔斯·温的藏书几乎原封未动，这一命运实不寻常。卷帙浩繁的哈利藏书（Harleian Library）[1] 清散一空，书卖掉了，手稿送入了大英博物馆。霍勒斯·沃波尔的藏书同样散失，不过有一部分又被重新收集起来，带到了美国，安家于康涅狄格州法明顿（Farmington）的

[1] 如前文所述，乃第一代牛津伯爵罗伯特·哈利及其子爱德华的藏书。

图六十三：诺斯特尔的弹子房，查尔斯·温的藏书摆在书架上，直抵屋顶。

刘易斯·沃波尔图书馆。斯宾塞在奥尔索普的藏书则于一八九二年，由第五代伯爵卖出，他发现宅中拥塞严重，并决定将未来系于农业。约翰·赖兰兹夫人（Mrs John Rylands）[1] 以二十一万英镑将其购入，现存于曼彻斯特约翰·赖兰兹图书馆大堂。就这样，通过仍在诺斯特尔的藏书，以及他存留至今的书信、票据和书目，作为一个维多利亚时代的藏书家，查尔斯·温提供了一份独一无二的记录。

[1] 约翰·赖兰兹（一八〇一～一八八八）乃英国企业家和慈善家，曾为曼彻斯特首富。生于古巴哈瓦那的遗孀恩里克塔·奥古斯蒂娜·坦南特·赖兰兹（Enriqueta Augustina Tennant Rylands，一八四三～一九〇八）为荣耀亡夫，而设约翰·赖兰兹图书馆于曼彻斯特。

第八章　普通读者：劳工男女的藏书

论及托马斯·格雷的诗《墓园挽歌》(*Elegy Written in a Country Churchyard*) 时，塞缪尔·约翰逊使用了“普通读者”这一说法，他在此诉诸不经矫饰的常识，而不为文学风尚和偏见所动。[1] 这种说法现在不流行了，因为它对一个远非单一的群体作出了笼统的描述，不过，它确可拿来概括一个受限于经济因素的读者群。 193

对普通读者而言，为享受图书而付出的努力有时就像一场障碍赛跑。第一步是识字问题。对英国不同时期具有读写能力的人口比例所做的估算，现在还在进行频繁的调整，因为传统的计算方法存在着误导。例如，现已证明，若某人在法律文书上签一个X，而不是自己的名字，这并不代表文盲。理查德·奥尔蒂克在《英国普通读者》中估计，在十六世纪晚期，三分之一伦敦人口是文盲，农村地区的比例更高。[2] 到十九世纪中期，统观全国人口，男文盲的比例估计为百分之四十，女文盲的比例略高一些。农村地区的比例是否更高则存在着争议。

一八七〇年的《福斯特教育法》(Forster's Education Act) [1] 实施之后，向所有儿童提供初等教育才成为可能。当时推断有四百万学龄儿童，但将近半数没有接受教育，这种环境远远不如欧洲其他地区和美国。威廉·爱德华·福斯特（W. E. Forster）提出了一项法案，对正在

[1] 自由党下议员威廉·爱德华·福斯特（William Edward Forster，一八一八～一八八六）负责起草的初等教育法案，在英国初步建立起了小学教育体系。

提供完善教育的民办小学给以额外资助，以维持其存续，对董事会管控下的董事制小学，则由政府拨款、家长缴费和地方税共同负担运营。毫无疑问，教育供给并不能成为文化教养的保证。许多愚蠢的年轻人
194 接受了最好的教育，此后却连一本书也没读过。那些既不会读也不能写的人却能通过别人的朗读，享受文学的乐趣。狄更斯的传记作者埃德加·约翰逊（Edgar Johnson）写过一个老女佣，寄宿在鼻烟店里，每个月的第一个星期一，她都去参加会员制的茶会，这样就能听茶会的主人朗读最新一期的《董贝父子》(*Dombey and Son*)。[3]

第二步是钱的问题。奥尔蒂克就十六世纪以来多种劳工的平均工资与图书价格做了一番比较。在伊丽莎白时代后期，伦敦的工匠每天能挣十六便士，小学校长的年薪约为六英镑，牧师年薪则在十至二十英镑之间。一六〇〇年，威廉·卡文迪什买的最贵的书，是哈克卢特的《英格兰民族的主要航海、游历和发现》(*Principal Navigations, Voyages, Traffiques and Discoveries of the English Nation*)，这是一套带插图的三卷对开本，耗资一英镑二先令。他的大部分书价为三先令或四先令，不过他也买一便士到一先令之间的小册子（见第 25 页)。到十八世纪初，刚出学徒期的店伙计有望每周挣四到十六先令，而伦敦商行里的职员能拿一英镑。这一时期的对开本售价为十到十二先令，八开本为五到六先令，小开本的小说二到三先令，小册子则在六便士到一先令六便士之间。一七八〇年后，书价突涨，四开本可卖两几尼，八开本十二到十四先令，十二开本则为五到六先令。一八二一年，沃尔特·司各特的《肯纳尔沃思堡》以一套三册出版时，索价一个半几尼，大约与伦敦一位熟练工匠的周薪相当，而格拉斯哥的木匠每周能领到十四先令，织工只有微薄的五先令六便士。[4] 书在那个时代是奢侈品。

第三步是自然条件的限制。那些下地干活的人日出而作，日落而息。工业革命时期，在工厂上班的人还要在单调而麻木的状态下工作更长的时间。等到收工，许多劳动者大概说什么也想不起来要读书了。

能供他们认清字迹的照明也是不具备的。塞缪尔·皮普斯曾跟在一个手举火把的火童身后，穿过黑咕隆咚的伦敦街道，因为把头埋在书里而跌跤，他也曾借着烛光，读书直到深夜。更为拮据的读者则利用炉光或月光，还有牛油灯，需要不断地修剪灯芯，才能让它提供一点光亮。皮普斯的视力深受其害，不得不停写日记。在十五世纪后期，也就是拥有印刷版图书的现象增长之时，在伦敦的海关账目中可以发现，读书与视力下降之间存在着一种迷人的联系。一四八〇到一四八一年度，从低地国家进口了超过三十罗[1]带有研磨镜片的眼镜，以及二十六罗镜匣。[4]像书一样，它们也是奢侈品。

接下来还有态度问题。尽管在前文的引述中，塞缪尔·约翰逊曾以 195
赞许之情提及普通读者，但他也在《拉塞拉斯》里表达了对同一群体的怀疑，弗吉尼娅·伍尔芙（Virginia Woolf）[2]亦加轻视，称之为“庸众”（middle brows），他们社会地位如此，智识亦然。[6]即使那些呼吁为工人阶级读者提供机会的人，如威廉·尤尔特·格莱斯顿和查尔斯·狄更斯，也寄望于读写能力带来敏锐的判断力。另外一些人相信，鼓励穷人读书和思考，会使他们意识到自己的苦难境遇，或将公然违抗神意，即丹尼尔·笛福所说的“从属的铁律”。十八世纪末，牧师约翰·特拉斯勒博士悍然将法国的政治问题归咎于印刷术的传播，并担心英国印刷业引发政治灾难：“我斗胆直言，劳力者越无知，便越恭顺，越谦卑，也就会成为更好的仆人。”[7]插页四的漫画再现了这种态度。

最后是机会问题。詹姆斯·拉金顿在自传里描写他和朋友们年轻时如何渴望知识，但“我们耻于走进书店”。一七九一年，他以一个事业有成的书商身份，带着感情写道：“如今在英格兰，有成千境遇相同的人。许多人，非常多的人，来到了我的书店，他们已有探求之心，却

---

[1] 一罗等于十二打或一百四十四个。

[2] 弗吉尼娅·伍尔芙（一八八二～一九四一），英国小说家和文学评论家。

完全不知如何下手，没有朋友来指导他们。”[8]

虽有这种种的障碍，劳工男女确曾获得了图书，并常常感受到读书的热情。在十八、十九和二十世纪初，有大量劳工男女的自传写到他们如何因阅读而改变。艾莉森·厄特利（Alison Uttley）[1]曾根据她本人在十九世纪九十年代申请奖学金的经历，描写她书中女主人公的希望：“金色的大门将飞快地朝两边打开，她将迈入书和语言的世界。”[9]

关于十八世纪贫困家庭的图书构成，仍然有詹姆斯·拉金顿提供例证。一七六〇年，十四岁时，他被送到萨默塞特郡的汤顿（Taunton），给一个鞋匠做学徒。“我师傅的全部藏书只有一部课本大小的圣经、沃茨的《诗篇》和《赞美诗》[2]、富特的《洗礼论》（*Tract on Baptism*）、卡尔佩珀的《草药通志》（*Herbal*）、[3]《好手艺史》（*History of the Gentle Craft*）、一本又旧又破的《内外医方集》（*Receipts in Physic, Surgery*），诸如此类，外加一份《简便计算表》（*Ready Reckoner*）。”[10]拉金顿的师傅是个再洗礼派教徒，亦属不遵国教之群体，相信婴儿无力就宗教信仰做出承诺，成年人须再度受洗，因此有一本威廉·富特（William Foot）的《洗礼简论》（*A Plain Account of the Ordinance of Baptism*）。艾萨克·沃茨也曾身为不遵国教的牧师，一七〇七年出版了《赞美诗和属灵歌曲》（*Hymns and Spiritual Songs*），《仿新约文字改写的大卫诗篇》（*The Psalms of David Imitated*）则于一七一九年问世。

196 “好手艺”指的是制鞋，书则是托马斯·德洛尼（Thomas

---

[1] 艾莉森·厄特利（一八八四～一九七六），英国作家，主要以小灰兔、小赤狐和萨姆猪系列童书闻名。

[2] 艾萨克·沃茨（Isaac Watts，一六七四～一七四八），英国非国教派牧师，被公认为英国赞美诗之父，著有《赞美诗和属灵歌曲》，以及《仿新约文字改写的大卫诗篇》（*The Psalms of David Imitated in the Language of the New Testament...*）。

[3] 尼古拉斯·卡尔佩珀（一六一六～一六五四），英国植物学家、草药师、医师和占星家，著有《草药志》（*Complete Herbal*）和伪科学药典《万物名录》（*A Physicall Directory*）。

Deloney）[1]《可亲可敬的好手艺史》(*Pleasant and Princely History of the Gentle Craft*)。德洛尼乃丝织工，写过歌谣和民歌，但最为人所知的，要数十六世纪最后几年出版的四部散文化的虚构作品，赞美的是勤劳和自强不息的手艺人。书的副题概括了内容大意："内含诸多乐事，读来非常快活。述及本国历史上哪些名人做过鞋匠，兼述其大功大德。配有图画，机智不断，欢笑不停。为何称之为好手艺，原因内详。'鞋匠的儿子是天生的王子'这句谚语从何而来，亦有解读。"该书还细述了西蒙·艾尔（Simon Eyre）的故事，此人卒于一四五九年，出身于鞋匠的学徒，后来成了伦敦市长，把利登霍尔建成了公共粮仓和市场，好比皮革行当里的迪克·惠廷顿（Dick Whittington）。[2]

另外三本书都是实用性的。尼古拉斯·卡尔佩珀（Nicholas Culpepper）乃不遵国教的新教徒药剂师，曾开展反对伦敦内科医师学院（College of Physicians）专权的活动，一六四九年出版英文版《药典》(*Pharmacopoeia*)，以此为穷人提供治疗方法。他的《草药志》首次发行于一六五三年，销量巨大，今日仍然在售。《简便计算表》是一本表格书，用来计算货品买卖的价格，对手艺人来说不可或缺。

萨默塞特郡鞋匠的"藏书"与其他普通读者的拥书例证是吻合的。一七六五年，税官约翰·道森（John Dawson）把自己的藏书留给了当地教堂，伦敦城北肖尔迪奇（Shoreditch）的圣伦纳德教堂。道森去世前，已经积累起了一批内容充实的藏书，将近九百部，但是在既当兵，又做水手的青年时代，他只拥有十本书。两本是父亲传给他的，一本是历久弥坚的畅销书《人所当尽的本分》，另一部是约翰·霍尔韦

[1] 托马斯·德洛尼（一五四三？～一六〇〇），英国民谣、小册子和散文故事作家，英国最早的通俗小说家。

[2] 迪克·惠廷顿（？～一四二三）本为格洛斯特郡一骑士之子，在伦敦开布店，后来三度出任伦敦市长，死后将巨额家产捐作公益。民间传说他是苦命的孤儿，一文不名，仅有一猫，却被闹鼠灾的摩尔人国王高价买去，从此时来运转。

尔（John Holwell）的《实用测量指南》（*A Sure Guide to the Practical Surveyor*）。

克莱家族乃英格兰中部地区的书商，不同时期曾在达文特里（Daventry）、拉格比（Rugby）、拉特沃思（Lutterworth）和沃里克开店，从一七四六年到一七八四年，留下了五十个仆人的购书记录。[11] 在克莱书店的顾客中，他们只占很小的比例，大约为百分之二到百分之三，却留下了再无其他踪迹可考的宝贵信息，由此得见其个人读书的偏好。这些人为室内的家佣，与大多数仆役相比，他们拥有更好的条件来享用图书。他们有更多的闲暇，更便利的人工照明，以及更多的薪水：十八世纪中期的男仆每年可挣五到十六几尼，包吃包住，外加制服；女仆可得六到十几尼。克莱书店的仆佣顾客中，有三十六男，十四女。妇女虽为少数，
197 但相较非仆佣顾客的记录，她们仍然占有更高的比例，原因可能在于她们单身或守寡，而大多数女顾客的购书记录是隐匿于丈夫名下的。此外，在克莱书店覆盖范围之内的仆佣当中，这五十个名字所代表的无疑只是一个微小的比例。大多数人，如果对图书和报刊有兴趣，自然能从别处买到，如市场、集市、货郎和文具店。

所购图书中，百分之六十属于实用类，有圣经和教义问答书一类的宗教著作，有导游书和参考书，也有年历和口袋书。例如，一七四七年，一位男仆花一先令六便士买了一本《新英格兰词典》（*Glossographica Anglicana Nova*）："本字典专解英语中现在所使用的各语言疑难词汇，附词源、定义及其他。"其前言继续加以说明，称本书"即使对最低层次的文盲也应该是有用的，但我首先考虑的是逐渐接近科学，并因应仆佣对学习机会的需求，他们由于不幸，只能自行为师，或没有足够的钱来购置必要的学习用具。"这位在律师家效力的男仆还订购了《完美书信写手，又题文雅英国秘书。内含最常见生活场合之常用信文》（*The Complete Letter-Writer; or, Polite English Secretary. Containing familiar letters on the most common occasions in life*)，乃一七七〇年的第十三版。还有一位律师的女仆订购了《完美女仆，又题女青年最佳手册。内含完整、明晰和简易之通用指南》(*The Complete Servant Maid: or, Young Woman's Best Companion. Containing full, plain and easy direction for qualifying them for service in general*)，同样出版于一七七〇年——很显然，这是个想更有出息的姑娘。

克莱书店保存了系列出版物和杂志的订户名单。大卫·普劳厄特（David Prowett）乃客栈老板之子，大概为某位布商做家仆，于一七七七年订阅了两个月的《入时杂志》(*A la Mode Magazine*)，然后转订《女士杂志》，一直订到一七八〇年，用情之专，实为大多数订户所不具。对一位男青年来说，此类选择不免有些奇怪，但这些杂志能让他读到小说，它们刊登中短篇小说，既便宜，在伦敦以外的村镇也容易买到。普劳厄特还买过詹姆斯·汤姆逊、爱德华·扬和乔纳森·斯威夫特的诗集。斯威夫特的那一本，大概是约翰·贝尔出版的低价版《英国诗人》(见第 206 页)。

到十八世纪七十年代，克莱书店的仆佣和非仆佣顾客订购的消闲类图书和期刊已几无不同。对这两个群体而言，最受欢迎的剧本是艾萨克·比克斯塔夫（Isaac Bickerstaffe）[1] 的喜歌剧《乡村爱情》(*Love in a Village*)，讲述女主人公假扮侍女以逃避父亲的包办婚姻，后与园丁相恋，而此人正是父亲为她选定的如意郎君。楼上楼下[2] 终成眷
属的故事在此重现了理查森《帕梅拉》当年的广受欢迎。理查森曾为 198
仆佣群体出版过书信写作指南，后来使用书信体写成《帕梅拉》，其女主人公也是女仆。拉金顿在其自传内写道，更穷的乡下人入夜后的

[1] 艾萨克·比克斯塔夫（约一七三五～约一八一二），爱尔兰剧作家，其笑剧和喜歌剧流行于十八世纪后期，他是个公开的剽窃者，一七七二年因被控鸡奸罪而被迫流亡，后不知所终。

[2]《楼上楼下》(*Upstairs, Downstairs*) 为一九七一年到一九七五年播出的英国电视系列剧，描写爱德华七世时代的显贵贝拉米一家及其男女仆佣（即“楼下人”）。

消遣，往往是“与女巫、鬼魂、妖怪等等有关的故事，听儿子和闺女们念故事和传奇，缩短了他们的冬夜”，他还提到多利（Dolly）从市场上带回来一本《帕梅拉·安德鲁斯小史》(*The History of Pamela Andrews*)。[12] 拉金顿对底层读者的描述有时过于美好，因而不足为信，但就《帕梅拉》而言，克莱书店的记录证明他所言不虚，理查森是唯一一个让仆佣们掏腰包的小说家。

在克莱书店的记录中，还可见到颇不寻常的一幕，显示出主仆之间的跨界。伊丽莎白·汉兹（Elizabeth Hands）既是诗人，又在沃里克郡阿勒斯利（Allesley）的哈德斯福（Huddesford）家做仆人，大概是可以使用主人家的藏书的。尽管汉兹本人从未在克莱书店买过书，但哈德斯福家的人买过。一七八九年，她出版了一本诗集，名为《暗嫩之死》(*The Death of Amnon*)，书商提供的客户网出力甚多，每人付了五先令的订金，总共募集到了可观的三百英镑。汉兹还写过一首讽刺诗，描绘早报刊出某位女仆出版诗集的广告后，一家人对此的反应：

“仆人写诗！”迪布鲁姆太太说：
“请问写的什么——拖把还是笤帚？”
“呵呵呵，”弗伦丝小姐说：“我猜咱们会看到
一首抹布颂——还能是什么？”
科科蒂娅小姐说，“姐儿几个，干嘛这么刻薄？
也许是看大门的汤姆弄得她心里着了火。”

随后出场的普鲁德拉小姐可以代替特拉斯勒牧师了，因为她指出：

“如果仆人都懂得
怎么给老母写信，怎么说自己过得不错，
还读周日报，读《人所当尽的本分》，

我相信他们一多半都做得到；
要我看，他们就在那儿待着才合适，
别碰别的，他们伸手也够不着。”

接下来的一首诗描写读过诗集之后茶桌上的反应，其中就有用做书名的那首《暗嫩之死》，背景虽然出自圣经，却触及了血亲强奸的主题。[13]

汉兹嫁了个铁匠，从此隐于市井，但另一个写诗的仆人踏上 199
了非凡的行程。罗伯特·多兹利在查尔斯·达蒂克尼夫（Charles Dartiqueneave）家受雇做门房。达蒂克尼夫与乔纳森·斯威夫特和亚历山大·蒲柏交友，并定期为《闲谈者》杂志撰稿。在达蒂克尼夫家为佣时，多兹利出版了《奴役》（*Servitude*），用诗歌的形式反击笛福关于仆人犯上的阔论。他的下一位雇主劳瑟夫人（Mrs Lowther）则发动有影响的朋友们来订购他的诗集、一七三二年出版的《穿号衣的缪斯，又题男仆杂录》（*A Muse in Livery, or The Footman's Miscellany*）。订购名单上有当朝首相罗伯特·沃波尔爵士，公爵夫人也有三位之多。在蒲柏的资助下，多兹利在保尔茅街的西塞罗头（Tully's Head）招牌处开了一家书店，成了极受尊敬的出版商，将一众诗人和文坛名流纳罗致帐下，其中有蒲柏本人，还有爱德华·扬和托马斯·格雷。他恰如其分地出版了斯威夫特颠覆性的《仆佣指南》（*Directions to Servants*），并建议塞缪尔·约翰逊编一本字典。

多兹利之事虽然绝非寻常，但因为近距离接触雇主及其朋友，家庭仆佣们往往可以获得使用图书的特殊恩典。主人教仆人读书写字，允许他们及其子女自由使用藏书的事例不胜枚举。作家 H. G. 威尔斯（H. G. Wells）[1] 的母亲萨拉曾于十九世纪七十年代，在厄帕

[1] H. G·威尔斯（一八六六～一九四六），英国小说家、记者、社会学家和历史学家，以一系列科幻小说闻名。——译者

克（Uppark）做过女管家，那是一幢安妮女王时代的迷人大宅，高栖于南唐斯（South Downs）丘陵之上。在其自传体小说《托诺－邦盖》（*Tono-Bungay*）中，威尔斯描写了母亲允许他在厄帕克看书的事，书中此宅化名布莱兹欧弗（Bladesover）。许多老一些的书都丢进了小屋子，原因如他所述，此时正值“维多利亚时代雅风复苏，阴柔当道……所以我读了，也读懂了汤姆·潘恩[1]《人权论》和《常识》中那些铿锵有声的辞藻，真是非凡之作，为此一度得到主教们夸奖，过后便受到持久的哄骗。《格列佛游记》是未经删节的，对一个少年来说也许难以下咽，可我觉得也不是太难——在这些事情上我是从不后悔没有细嚼慢咽的。”14 就在威尔斯尽享小屋之乐时，统治仆人宿舍的书还是一份贵族名册，有好几本散落其间，以便一丝不苟地应用于社交排序，比如，进餐前要为客人安排座位，别人家的仆人在楼下吃饭时也要排个先后。

近水楼台也有其不利的一面，因为雇主有可能给仆人们指定读物。一八一六年，H. G. 沃特金斯牧师（Revd H. G. Watkins）出版了《忠告家长》（*Hints and Observations Seriously Addressed to Heads of Families*），其中开列了一份书单，内含基本书目，可做仆人们的厨房藏书。书目如下：圣经、琼斯的《经目》（*Scripture Directory*）[2]、比达尔夫（Biddulph）的《每周每日每早每晚祈祷文》（*Prayers for the Morning and Evening of Every Day Through the Week*）、《天路历程》、贝弗里奇的《关于信仰与基督徒生活的个人想法》、多德里奇（Doddridge）的《宗教在灵魂中的发源与发展》（*Rise and Progress of Religion in the Soul*）、斯科特的《关于纵欲之致命后果的布道辞》（*Sermon on the Fatal

---

[1] 即托马斯·潘恩

[2] 当为托马斯·琼斯牧师（Revd Thomas Jones）所撰《经目，又题帮助没受过教育的读者理解旧约历史脉络和主要主题之尝试。附索引》（*Scripture Directory: or, an attempt to assist the unlearned reader to understand the general history and leading subjects of the Old Testament. With MS. Index*）。

Consequences of Licentiousness）。列出这份令人气馁、沉闷枯燥的书单 200
之后，他还建议加上各种基督教知识宣教学会发行的小册子，其中一些由他亲自执笔。这与利·亨特充满活力的记录形成了鲜明的对照，文章写于一八二九年，描写一个女仆带着她的“流动图书室”，来到了镇上的一户新人家。她在厨房放了一本旧的《帕梅拉》，一本六便士戏剧，如阿弗拉·贝恩（Aphra Behn）的《奥鲁诺科》（*Oroonoko*）[1]改编本。上楼以后，她位于阁楼的睡房有圣经，但是在大衣箱里，放着“两三本歌曲集，十九首歌，只卖一便士；杂七杂八的悲剧小报，半个便士一份；《解梦大全》（*Whole Nature of Dreams Laid Open*），还有《算命师》（*Fortune Teller*）和《维尔太太闹鬼记》（*Account of the Ghost of Mrs Veal*）；《美人儿佐娅荒岛余生历险记》（*The Story of the Beautiful Zoa, who was cast away on a desert island*）”。[15]这些书现在经常被称作“便士怕”（penny dreadfuls），其前身乃十七世纪时塞缪尔·皮普斯收集的廉本书和传奇。汉娜·莫尔身为福音派信徒，曾开办学校，教女孩子们缝纫，编织，纺纱，以“培养下等阶层勤劳和虔敬的习惯”，同时却表示“我绝不会为穷人写作”，因此毫不奇怪，等她到了晚年，仆人们报复她，在她睡着后开派对。

在全国托管协会名下的许多乡间宅邸中，几乎没有下等阶层读书事项的记录。邓纳姆梅西倒是有几套一模一样、用羊皮装订的书，名为《基督教知识与实践》（*The Knowledge and Practice of Christianity*），一七八一年版的有七本，一七八七年版十三本。这些书似乎是批量购入，用来教化仆佣，也可能是庄园里的佃户。不过，确有一套给仆人们准备的非宗教类藏书。诺森伯兰郡的克拉赛德（Cragside）乃第一代阿姆斯特朗勋爵（Lord Armstrong）威廉的乡间宅邸。他通过工程设备

---

[1] 阿弗拉·贝恩（一六四二？～一六八九），英国戏剧家、小说家和诗人，第一位以写作为生的英国妇女。一六八八出版的小说《奥鲁诺科》讲的是一个她在南美听到的故事，有个奴隶原本是非洲的王子。

和军火制造积累起了财富，后于十九世纪六十年代初，在泰恩河畔纽卡斯尔以北四十八公里处的罗斯伯里（Rothbury）建造了一幢乡间大屋。克拉赛德的仆佣图书室有两百多本书，似乎属于威廉·沃森－阿姆斯特朗（William Watson-Armstrong）时期，他是阿姆斯特朗勋爵的外甥，一九〇〇年继承了庄园。但第一代阿姆斯特朗勋爵的幽魂终究徘徊不去，因为他不仅为机器制造厂的工人们提供了藏书和阅读室，还赞助了克拉赛德的教育设施和文学社团。

六十三本书标有“仆人房”的字样，四十八本标有“女管家房间”，另有少量标着“女仆房间”。第一类中大多数为小说，如沃尔特·司各特爵士所著的全套《威弗莱》，查尔斯·狄更斯的《匹克威克外传》（*The Pickwick Papers*）和《老古玩店》（*The Old Curiosity Shop*）、亨利·赖德·哈格德（H. Rider Haggard）的《麦娃的复仇》（*Maiwa's Revenge*）[1] 和 R. M. 巴兰坦（R. M. Ballantyne）[2] 的《银湖》（*Silver Lake*）。由于室内仆佣以妇女为主，这些书体现出鲜明的诉诸女性读者群的特征，也就不足为奇了：消遣性的小说，如安妮·S. 斯万（Annie S. Swan）的《一无是处的人》（*The Ne'er Do Well*）、玛丽亚·克罗姆
201 林（Maria Crommelin）的《同心结》（*Love Knots*），以及“平凡女”（Plain woman）所著《我的琐碎生活与飞来横祸》（*My Trivial Life and Misfortune*），全部标有“女仆房间”。还有装订在一起的成套期刊，如《居家星期天》（*Sunday at Home*）、《良言》（*Good Words*）和《星期日杂志》（*Sunday Magazine*）。非虚构类图书以传记为主，如弗朗

[1] 亨利·赖德·哈格德爵士（Sir Henry Rider Haggard，一八五六～一九二五），英国小说家，以一八八五年的《所罗门王的矿藏》（*King Solomon's Mines*）最为知名。《麦娃的复仇》出版于一八八八年。麦娃是孩子被人杀死的非洲公主。

[2] 罗伯特·迈克尔·巴兰坦（Robert Michael Ballantyne，一八二五～一八九四），苏格兰小说家，以一八五八年的探险故事《珊瑚岛》（*The Coral Island*）广为人知。

西斯·达尔文（Francis Darwin）[1]的《查尔斯·达尔文的生平与书信》(*Life and Letters of Charles Darwin*)，以及维多利亚女王的《我们在苏格兰高地生活期间日记选》(*Leaves from the Journal of Our Life in the Highlands*)。16

克拉赛德仆佣图书室内的各类书籍和期刊，在主题和风格上与洛夫克劳印染厂（Loveclough Printworks）的员工图书室颇为接近。该厂主营棉布印花，位于兰开夏郡罗森代尔谷（Rossendale Valley）的边缘地带。一八七〇年，厂主辟出了一间俱乐部，内含图书七百本。虽然有些道德教化和徒工指南类的作品，但也有《男童游戏手册》(*The Boy's Handy Book of Games*）这样的消闲书。一如克拉赛德，这里的大部分图书也是小说，有全套狄更斯、亨利·伍德夫人（Mrs Henry Wood）[2]、柯南·道尔（Conan Doyle）和巴兰坦的作品，以及多拉·拉塞尔（Dora Russell）、赫斯巴·斯特拉顿（Hesba Stratton）和安妮·斯万消遣性的言情小说。杂志供应充分，包括《珍闻》(*Tit-bits*)、《漫画连环》(*Comic Cuts*）和《卡斯尔星期六》(*Cassell's Saturday Journal*)。从一八九四年十月起，该厂又订阅了一系列新的杂志：《西尔维亚》(*Sylvia's Journal*)、《女王》(*Queen*）和《家务指南》(*Home Notes*)，这也许是女工们要求的结果。17

在克拉赛德的藏书中，有几本带着自己的出身证据。有些来自纽卡斯尔当地的莫森、斯万和摩根（Mawson, Swan and Morgan）书店，其他来自租借式图书馆，尤其是米迪精选（Mudie's Select）。米迪图书馆是维多利亚时代的奇迹。查尔斯·爱德华·米迪（Charles Edward Mudie）在伦敦的布鲁姆斯伯里经营文具店，一八四二年开始外借图

[1] 弗朗西斯·达尔文（一八四八～一九二五）是英国生物学家和博物学家查尔斯·达尔文的儿子。

[2] 亨利·伍德夫人（一八一四～一八八七），闺名埃伦·普赖斯（Ellen Price），英国小说家，以一八六一年的《伊斯特·林恩》(*East Lynne*）成名。

书，其主打业务是出借书价一个半几尼的三卷本小说，随着一八二一年司各特《肯纳尔沃思堡》的出版，这种三卷本开始流行。虽有许多出版商努力打破新小说这种非常高昂的定价，三卷本的形式却昂首阔步，风行于十九世纪。一八七〇年，安东尼·特罗洛普（Anthony Trollope）在一次演讲中宣称："我们已经成了一个读小说的民族，上至首相，下至刚上岗的洗碗女工。"[18] 可是，那些收入不错的男女读者尚且对这种定价望而却步，遑论洗碗女工，于是，借阅新出版的小说便成了惯例。

米迪聪明地让自己的收费低于大多数竞争对手，每年只要一几尼，所供图书的范围亦非常广泛，包括最新的美国诗歌、传记和游记。他还强调，他的书是精挑细选的，基于道德原因而将一些作品排除在外，因此做父母的大可以高枕无忧，一本明黄色封皮的书，标签上带着米迪的飞马商标，放在客厅的桌子上，实在是任何家庭成员都可以放声朗读的。这门生意大大地扩展开来，一八六〇年十二月，在新牛津街和博物馆街的拐角上，一个宽敞的店面大张旗鼓地开张了，特罗洛普
202 称之为"米迪的大爆发"。伯明翰和曼彻斯特开了分店，遍及全国的书友会、读书协会和外郡图书馆也得到了图书供应。马口铁包边、足以经受沉船考验的木箱跨越世界，发送到了俄国、中国、印度和南非。

然而，书的新鲜劲儿一过，便宜的重印本便开始形成挑战，存书堆积在伦敦总部的地下库房里。一八六三年的《旁观者》杂志报道说，这里积书已逾一百万册，相形之下，"著名的博德利图书馆也要失色，梵蒂冈图书馆则形同侏儒。"为了应对巨量库存，米迪开始廉价变卖三卷本小说，例如，乔治·艾略特（George Eliot）[1] 的《弗洛斯河上的磨

[1] 乔治·艾略特（一八一九～一八八〇），本名玛丽·安·克罗斯（Mary Ann Cross），娘家姓埃文斯（Evans），杰出的英国小说家，开创了现代小说常用的心理分析手法，除《弗洛斯河上的磨坊》外，还写有《织工马南》（*Silas Marner*）和《米德尔马契》（*Middlemarch*）等名作。

坊》（*The Mill on the Floss*）出版于一八六〇年，很快便从三十先令六
便士跌到了七先令。批销为一次一百部，卖给外郡的图书馆，克拉赛 203
德的米迪图书大概就是经由这种方式获得的，因为其他租借式图书馆的标签覆盖了原来的黄色贴纸。终结始于一八九四年，米迪与 W. H. 史密斯结盟，合谋将三卷本送上绝路。这一大胆举动最终未能挽救米迪，它太落后，经营上也太集中了，一九三七年，精选图书馆关闭，剩余存书由哈罗德公司（Harrods）[1] 收购。

克拉赛德的米迪图书大概是阿姆斯特朗家的人买来的，而其他书很可能由仆人们自己购置。其中一部是“《洛伦佐·贝诺尼》的作者”所著的《安东尼奥大夫》（*Doctor Antonio*），书上贴着 W. E. 富兰克林（W. E. Franklin）的标签，此人从东北铁路公司拿到租约，在泰恩河畔纽卡斯尔经营车站书摊。铁路的大扩张发生在十九世纪四十年代；到一八五〇年，机车时速已经超过了八十公里，据估算，铁路每年运送的旅客达到了惊人的六千万人次。一开始，车站书摊由从前的铁路员工或员工寡妇经营，以此作为一种退休金或抚恤金的解决办法，但对其水准的投诉日益增多：“顾客发现，不清不白的廉价法国小说，形形色色的有害垃圾，没有一个受人尊敬的书商会卖这些东西。”[19] 对威廉·亨利·史密斯（William Henry Smith）来说，在这一领域有所作为的诱惑是无法抗拒的。十八世纪九十年代，他父亲在梅费尔（Mayfair）做起了生意，经营“报档”（newswalk），贩售、招揽和派发报纸。到一八二一年，其商号已迁往斯特兰德，离舰队街和向全国各地运送报纸的驿站都很近。为使书店经营多样化，它辟出阅览室，提供各种不同的出版物，报纸和杂志亦在其中。

一八四八年，在获得一千六百公里铁路线上的专营权之后，

---

[1] 哈罗德公司是伦敦著名的百货商店，一八四九年由磨坊主亨利·查尔斯·哈罗德（Henry Charles Harrod）创办。

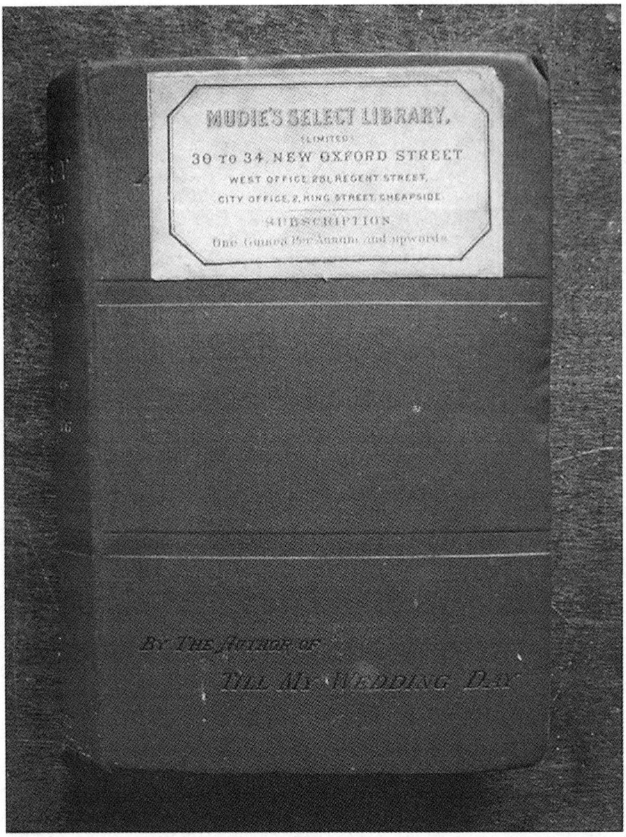

图六十四：米迪精选图书馆的标签，它在十九世纪装饰了一本又一本的小说。这一本不寻常的言情之作乃《布列塔尼少女》(*A Breton Maiden*)，出版于一八八八年，作者叫“法国女士”，她还写过《直到我的婚礼日》(*Till My Wedding Day*)。

W. H. 史密斯在尤斯顿车站（Euston Station）开设了他的第一个摊档，旅行者可能用得上的各种物品均有售卖，既有小地毯、蜡烛、地图和报纸，也有图书。虽然塞缪尔·皮普斯确曾在马车上读书，但书和马车并非理想的组合——驿马车常常拥挤不堪，行驶笨重，且光线不足，因此只有到了驿站，方有读书之乐。可是，现在有了一种新的交通方式，让行进中的阅读成为可能。W. H. 史密斯曾向查尔斯·爱德华·米迪提议，把握可以让租借式图书馆转型的良机，却遭到了匪夷所思的拒绝，于是他抓住机遇，建立了自己的网点，年费一几尼，每次一册，旅客可在大站的摊档注册，并从其书库内借书，还书时则可通过小摊档。到一八六一年，史密斯的网点内已有一百七十七个摊档投入运营。说到底，空间至为关键，因此大部分图书需要通过印制的目录预订，第二天再由火车运抵。斯特兰德的总部负责调配全部订单，剩余存书则像米迪一样降价甩卖。顾及空间问题，再加上顾客群体的特点， 204
W. H. 史密斯对三卷本小说非常反感，而偏爱更便宜的单卷本。他对市场详加分析后发现，妇女对小说的喜爱没那么强烈；学童喜欢打打杀杀的历史故事，如哈里森·安斯沃思（Harrison Ainsworth）[1] 的作品；约克郡的人不买诗歌；利物浦不关心宗教；而美国作家华盛顿·欧文（Washington Irving）[2] 在任何地方都能被人接受。

塞缪尔·菲利普斯（Samuel Phillips）曾经写道：“大学是排外的，但‘铁路’不懂等级、宗教或种姓的区别。我们无法许诺通过蒸汽授课，或以快车速度运送知识，但我们至少可以向农村读者提供物美价廉的图书。”[20] 有位名叫乔治·劳特利奇（George Routledge）的出版商从这一新兴市场中迅速获益。一八四八年，他开始印制定价一先令的小说，并称之为“铁路文库”（Railway Library）。之所以能如此行事，是因为他通过翻印美国图书规避了版权法，第一本就是詹姆斯·费尼莫尔·库珀（James Fenimore Cooper）的航海故事《舵手》（*The Pilot*）。[3] 等到这一系列开始获利，他便与马里亚特船长（Captain

[1] 威廉·哈里森·安斯沃思（William Harrison Ainsworth，一八〇五～一八八二），英国通俗历史小说家，作品辞藻华丽，情节曲折，史实准确。

[2] 华盛顿·欧文（一七八三～一八五九），人称“美国文坛第一人”，以短篇集《见闻札记》（*The Sketch Book of Geoffrey Crayon, Gent.*，林纾译《拊掌录》）中的两篇《睡谷传奇》（The Legend of Sleepy Hollow）和《李伯大梦》（Rip Van Winkle）最为知名，被视为美国短篇小说之滥觞。

[3] 詹姆斯·费尼莫尔·库珀（一七八九～一八五一），美国第一位主要作家，以系列边疆冒险小说“皮袜子故事”（Leatherstocking Tales）闻名，另著有始自《舵手》的一系列航海小说。

图六十五：W. H. 史密斯在布莱克浦北站（Blackpool North）经营的火车站书报摊，摄于一八九六年。

Marryat）[1] 和本杰明·迪斯累里等英国作家谈妥了条件。在他最成功的书中，有一本《战争传奇》（*The Romance of War*），此乃詹姆斯·格兰特（James Grant）的小说，述及其父在半岛战争（Peninsular War）[2] 期间的经历，到一八八八年，亦即劳特利奇去世的那一年，此书销量已经超过了十万册。但真正成功的大作当属哈里雅特·比彻·斯托（Harriet Beecher Stowe）的《汤姆叔叔的小屋》（*Uncle Tom's Cabin*），
205 在它面前，甚至沃尔特·司各特爵士和查尔斯·狄更斯的小说也要黯

[1] 弗雷德里克·马里亚特（Frederick Marryat，一七九二～一八四八），英国海军军官，一八三〇年以上校衔退伍，成为继托拜厄斯·斯摩莱特后第一个充分利用丰富的航海经历写出有趣故事的英国小说家。

[2] 詹姆斯·格兰特（一八二二～一八八七），苏格兰小说家，沃尔特·司各特爵士的远亲，《战争传奇》是他的小说处女作，出版于一八四五年，书中所涉之半岛战争又称西班牙独立战争，指一八〇八年到一八一四年，在伊比利亚半岛上进行的英国、西班牙和葡萄牙反对拿破仑的战争。

然失色。在一八五二年的《泰晤士报》上，某位观察家在一番高谈阔论之后写道：“透过书店的窗子可以看到那些亮闪闪的招贴，宣告着它的出版，形式不同，开本各异，价钱也是多种多样。此时，这一行当里不会有任何一位收藏家忘记为买书而爆发的混战。”[21] 在布赖顿铁路线上的一间火车包厢里，劳特利奇注意到有六位头等车厢的旅客在读这本书，因此决定以多种形式出版此书，标价从六先令到六便士不等，往往一天之内便可销出十万册。加起来，他总共卖掉了五十余万册。

劳特利奇印制其铁路小说时，在硬皮封面外加上了一层颜色光滑的护封，封面采用引人注目的图画，封底印广告。书脊是黄色的，所以这种类型的小说又被称作“黄皮本”（yellowbacks）。他是真心渴望在“普通读者”中间培育文学趣味的，因此百般努力，尽可能让书变得有吸引力，给它们配上沃尔特·克兰（Walter Crane）[1] 的插图，并由印刷商埃德蒙·埃文斯（Edmund Evans）运用技术，以彩色再现。在这方面，他继承了出版业的一个优良传统。七十多年前，约翰·贝尔在斯特兰德的“大英图书馆”招牌下营业，以非常低廉的定价出版了大量一流图书。他是个非凡的通才——优秀的铸字工、出版人、装订匠、报纸和期刊发行人、书商，以及国民教育家。字体中 206
长“f”形状的 s，现在似乎颇为古雅，当年便是由他首先在书中和报纸上废弃的。他办了数份报纸，包括一七二二年创刊的《早邮报》（*The Morning Post*）。他意识到报纸适于快速阅读以获取信息，因此打破了密不透风的版式，强调文章分段，设定了今天仍在使用的生产方式。

---

[1] 沃尔特·克兰（一八四五～一九一五），英国插图画家，深受日本版画影响，以想象力丰富的儿童书籍插图而闻名。

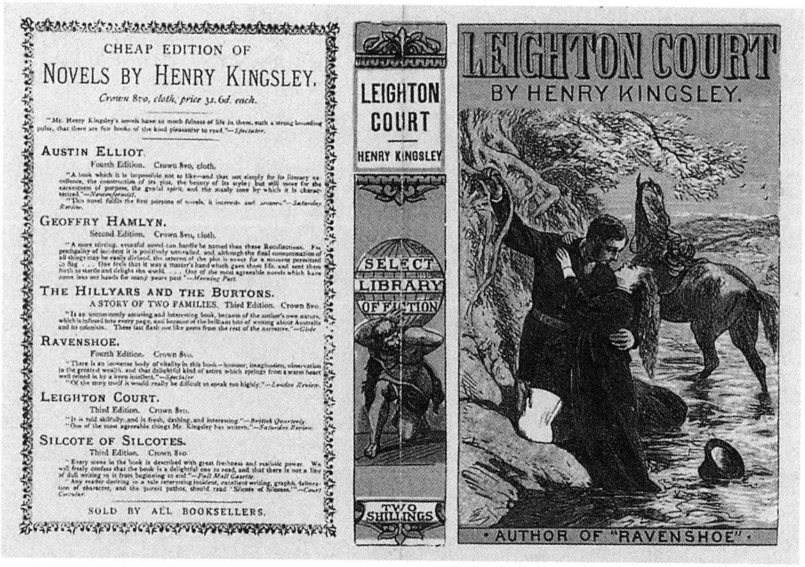

图六十六："黄皮本"的印厂校样，埃德蒙·埃文斯印制。在跟随托马斯·比伊克的一位助手做学徒期间，埃文斯习得了木刻技艺。他的标志是在光滑的黄色纸张上，让木版画与鲜艳的色彩结合。这本《雷顿府》(*Leighton Court*）的作者，借助他哥哥、写出《水孩儿》(*Water Babies*）的牧师查尔斯·金斯利（Charles Kingsley）[1] 的名气，首次出版于一八六六年。

利用上议院支持废除永久版权制的裁定，约翰·贝尔发行了许多经典作品的廉价重印本，首先在一七七四年出版莎士比亚，继而推出了二十一卷《英国戏剧全集》(*The British Theatre*)，从一七七六到一七七八年，每周发行，每册六便士，《从乔叟到丘吉尔的大不列颠诗人全集》(*Poets of Great Britain from Chaucer to Churchill*) [2] 则达到了惊人的一百零九卷，每卷定价一先令六便士，一七七七到一七八二年

[1] 查尔斯·金斯利（一八一九～一八七五），英国圣公会牧师、教师和作家，基督教社会主义运动的创始人之一，也是最早拥护达尔文学说的教会人士，一八六三的《水孩儿》便深受进化论思想的影响。弟弟亨利·金斯利（Leighton Court，一八三〇～一八七六）也是小说家，只是不如他那么有名。

[2] 指诗人查尔斯·丘吉尔（Charles Churchill，一七三一～一七六四），他以英雄双行体的讽刺诗和论辩诗闻名。

间出版。此前，他拒绝与伦敦出版商中的“大鳗”合作，后者投资了一套类似的丛书，由塞缪尔·约翰逊作序。虽然约翰逊的《英国诗人传》（*Lives of the Poets*）代表了英国文学批评的高峰，这套书却在贝尔的全胜面前遭到了商业上的失败。贝尔成功的秘密也许在于他对这一项目的价值抱有强烈的信念，而约翰逊怀疑一切廉价的图书，将廉价出版商比作劫富济贫的罗宾汉。

另一位满腔热情、支持国民教育的出版商是约翰·卡斯尔（John Cassell）。他生于一八一七年，乃曼彻斯特酒馆老板之子，在当地纺织厂做过童工，后来给索尔福德一个细木工当学徒。有好几种不同的传说，指他曾染上酒瘾，但签过戒酒保证书后，便动身前往伦敦，就酗酒之恶发表演讲。他以“曼城木匠”为人所知，有一副令人过目难忘的外表，骨瘦如柴，目光炙热，身穿小木匠的围裙，讲起话来带着浓重的兰开夏口音。靠着妻子的遗产，他在伦敦做起了生意，先卖每袋一先令的咖啡和茶，后来经营分册出版物（part-publication）。[1]他利用印茶叶和咖啡标签的小印刷机，印制《绝对戒酒时报》（*Teetotal Times*），其出版事业由此起步。身为印花税的强烈反对者，他曾于一八五一年对特别委员会作出如下说明：“我之所以进入出版业，是为了发行一系列的出版物，我相信它们的目的在于工人阶级的道德水平与社会福祉。”22 他后来又发行了一系列的出版物，包括《工人之友》（*Working Man's Friend*），《卡斯尔家庭画报》（*Cassell's Illustrated Family Paper*）、《卡斯尔杂志》（*Cassell's Magazine*）和《卡斯尔国民教育》（*Cassell's Popular Educator*），最后这一本在艺术和科学方面提供了广博的自学课程，而每期只卖一便士，发行量巨大，影响极广——例如诗人托马斯·哈代（Thomas Hardy），便在《卡斯尔国民教育》的辅导下自学了德语。

[1] 指小说以完整面貌成书前，先以连续出版物的形式发表。

约瑟夫·马拉比·登特（Joseph Malaby Dent）[1] 延续了这一传统。他一八四九年生，是达灵顿（Darlington）一个粉刷匠的儿子，先
207 做装订匠，后来成了出版商。对人们把廉价出版物与假冒伪劣画等号的观念，他感到愤愤不平。威廉·莎士比亚学会设在伦敦东区托因比大楼（Toynbee Hall）的民居内，登特担任学会的秘书，他注意到，各种缺乏良好评注的版本让会员们苦不堪言，于是在一八九四年开始推出四十卷本的《圣殿莎士比亚》（*Temple Shakespeare*），由伊斯雷尔·戈兰茨（Israel Gollancz）主编，沃尔特·克兰设计书名页，每卷标价一先令，在此后四十年里卖出五百余万册。十五岁时，登特便在他所属的循道宗教堂，对共同进步协会做过一次演讲，论及鲍斯威尔的《约翰逊传》。当他决定出版一套统一包装的世界文学名著时，便选择了此书，著名的“人人文库”（Everyman Library）就此起步。

廉价图书的来源之一是二手市场。一八五一年，亨利·梅休（Henry Mayhew）在就伦敦街头商贩所做的调查报告中，访问了专门卖
208 书的人，发现他们对自己卖哪些书，卖给哪些人，莫不了如指掌。[23] 在人来人往的主干道边，如城市路（City Road）和老肯特路（Old Kent Road），书摊摆成了集市模式。如果书很多，就书脊朝上摆放，纸上写着要价，分类也不免流于粗放，如诗歌、宗教或法语。如果书不多，便以封面示人。有时几本书捆在一起，结果往往显得怪异：“埃奇库姆山勋爵的《歌剧》和《货币是什么》，沃茨的《经史》和《税务随想》，仅售一先令三便士。”其他书则放在一便士箱或两便士箱内。花上一便士，可以买到《约翰·罗素勋爵阁下论公共教育书信集》（*Letters of the Rt. Hon. Lord John Russell on State Education*），或

---

[1] 约瑟夫·马拉比·登特（一八四九～一九二六），英国出版商，一八八八年创办 J. M. 登特公司（一九九九年更名 J. M. 登特父子公司），名下有圣殿出版社（Temple Press），出版圣殿文库和人人文库，后者品牌现属企鹅兰登书屋。

一本《致美利坚合众国新教圣公会牧师与教众的牧函》(*Pastoral Letter to the Clergy and Members of the Protestant Episcopal Church in the United States of America*)，或《奉劝保守派》(*Friendly Advice to Conservatives*)。

据梅休所述，这些书摊的顾客群颇为广泛，既有沿前往伦敦市区，途经此地的银行职员，也有寻找小说的太太小姐，她们想看费尼莫尔·库珀的《舵手》或刘易斯的《僧人》。钳工们是科学类和普及本图书的模范买主："我认识很多这样的人，他们是打着灯笼也难找的求知者，"而"男孩子极少从我这儿买书，除非书里写的是姑娘或诸如此类的事"。一位摊贩表示，英国的经典文学让他赚了不少钱，比如约翰逊的《拉塞拉斯》，再比如哥尔德斯密斯的《威克菲尔德的牧师》，但巴特勒（Butler）的《休迪布拉斯》(*Hudibras*)[1]或弥尔顿的书不行。未被发现的贵重印本，如黑体字，是不大可能出现的。任何"珍稀"之物都会马上被二手书商挑走，放进自家的古籍目录。碰到想买色情作品的人，摊贩们会指点他们下到斯特兰德，进圣井街（Holywell Street），找那一溜儿卖书的去。

梅休称，到十九世纪中期，在街头拍卖中出售新书的做法已非惯例，并且在逐渐减少。此类拍卖较为粗率和即时：从建筑物上摘下窗子和门，拍卖人支起柜台，竞拍者们则站在街上。根据他的记录，几年前在伦敦市区东北方向的斯托克纽因顿（Stoke Newington），就举办了一场这样的拍卖会。现场吆喝得很热闹，成交情况却没那么好看——印刷质量低劣，配的是从其他书里盗来的插图，它们可能出自手脚不干净的出版商托马斯·泰格之手。有位竞拍者以两先令成功拍得了扬的《夜思》，却沮丧地发现，卷首那张男人与墓石的插图，竟

[1] 塞缪尔·巴特勒（Samuel Butler，一六一二～一六八〇），英国诗人，讽刺长诗《休迪布拉斯》抨击了清教徒的狂热、自负、迂腐和伪善。

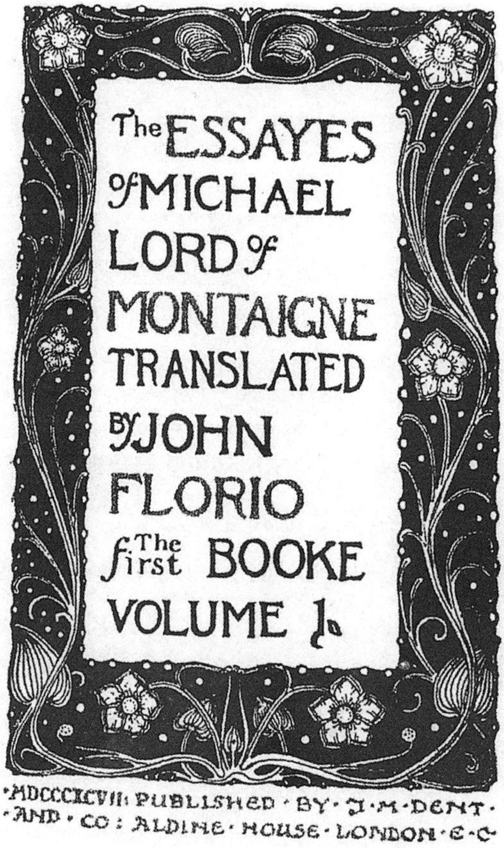

图六十七：J. M. 登特一八九七年出版的蒙田《随笔集》（*Essays*），收入其人人文库。

然和他手头哈维（Hervey）所著《墓园冥想》（*Meditations Among the Tombs*）[1] 里的一模一样，但是拍卖人想必不会买他的账。

虽然售价一个半几尼的三卷本小说远远超出了工人阶级读者的财力，但有些人毕竟买得起每周或每月的小说连刊。一八三六年，查尔斯·狄更斯给他的出版商查普曼和霍尔（Chapman & Hall）写了个“每

[1] 詹姆斯·哈维（James Hervey，一七一四～一七五八），英国牧师，作家。

月一次的东西”，后来发展成了《匹克威克外传》。它大受欢迎，及至最后一册出版，印数已由一千增至四万。狄更斯后来发表小说时，反 209
其道而行，先编排好整篇故事，再分期来写，以供连续刊行。他曾考虑放弃这种做法，担心自己变得过于廉价，也顾虑毁掉其他小说家的机会，但不久便回心转意。一期一期地写稿，好让他期期留下悬念，这实在与他的风格极为契合。

电台和电视里播放的现代肥皂剧可以抓住听众和观众的想象，让他们相信剧中人物是真实的，是他们生活的一部分，同样，狄更斯也创造出一系列人物，让千万人欲罢不能。一八四一年一月三十日和三十一日那个周末，《汉弗莱师傅的钟》(*Master Humphrey's Clock*)[1]发行了第四十四期，狄更斯在其中讲述了《老古玩店》里小耐儿的死，据信英国有五十万人在读，在听，而在纽约的码头区，也有人群聚集，前来收取各自的杂志，它们包在熟悉的浅蓝色书衣里。24

安东尼·特罗洛普将狄更斯称作“民情先生”(Mr Popular Sentiment)，有实力左右公众舆论，进而推动社会改革。狄更斯强烈支持工人阶级参与和享有文学文化的利益。一八五三年到访伯明翰时，他得知了要开办一座新的工人文学学院的计划，便提出在筹款会上朗读《圣诞欢歌》(*A Christmas Carol*)。当年十二月，他做了三次朗诵会，期间，工人们获准在会场所有区域自由活动，不在观众之间搞等级隔离。随着这些活动的成功，狄更斯的朗诵家生涯也开始起步。

几百年来，大声朗读一直是家庭文化必不可少的一部分，萨克雷（Thackeray）[2]和特罗洛普等成名作家虽然也开过公共讲座，但并

[1]《汉弗莱师傅的钟》乃周刊，一八四〇年四月至次年十二月发行，全部由狄更斯一人撰稿。汉弗莱师傅是《老古玩店》前三章未具名的叙事者，如小说开篇：“我虽然上了年纪，晚上却经常到外面去散步。”（许君远译文）

[2] 威廉·梅克皮斯·萨克雷（William Makepeace Thackeray，一八一一～一八六三），英国小说家，主要作品有《名利场》(*Vanity Fair*) 和《亨利·埃斯蒙德先生的身世》(*The History of Henry Esmond, Esq.*)，他在十九世纪与狄更斯齐名，甚至享有更高的声望。

不读自己的作品。正是狄更斯以最不同寻常的方式，将这种种不同的部分聚合到了一起。尽管他希望工人男女出席他的朗诵会，但散座的价钱是一先令，与刊载他小说的月刊售价相当，对劳工而言，这是笔大钱。一八六五年，曼彻斯特和索尔福德教育援助协会（Manchester and Salford Education Aid Society）的爱德华·布拉泽顿（Edward Brotherton）估算，最低生活费为每人每周三先令，不包括房租，而大多数音乐会只要一便士。但是对那些负担得起的人而言，听狄更斯朗诵的经历是难以忘怀的。舞台张挂栗色幕布，前面，离地三米七的地方，是一排煤气灯，配马口铁反光罩，由两根侧杆支撑，各擎一盏小煤气灯。灯光柔和，背景温暖，中间摆一张小书桌，以红色蒙覆。每场都有一段长节目，既见功力，又有戏剧性，紧跟着一个短的、喜剧
210 性的节目，狄更斯希望以此取悦听众里的下层阶级。他很有表演才能，某次朗读《尼古拉斯·尼克尔贝》（*Nicholas Nickleby*）时，观众发现他看上去和虐待狂校长斯奎尔斯一样狰狞，读到某一场景，他甚至变换表情，交替扮演了尼古拉斯和范妮·斯奎尔斯。

对表演的需求是巨大的。一八六七年冬，狄更斯出游美国，举办了一系列朗读会。售票当天的早八点，在严寒中，纽约斯坦威厅（Steinway Hall）外已经排起了长长的队列，人数超过五千。一群顶着
211 猛烈暴风雪赶来的听众宣称："哎呀，我们可不会在这种晚上从布鲁克林跑过来听使徒保罗讲什么……可我们过来听狄更斯了。"[25]

狄更斯首次在伯明翰表演三年后，便士朗诵会于一八五四年开始在斯塔福德郡的汉利（Hanley）出现，陶工塞缪尔·泰勒（Samuel Taylor）在这里朗读了《泰晤士报》上威廉·霍华德·拉塞尔（William Howard Russell）发自克里米亚的通讯。活动先在集市广场上进行，但他随后将这"人民的文学和音乐娱乐"移入市政厅，索费一便士。点子不胫而走，便士朗诵会遂风行全国，村庄和城镇的会堂、教室，以及工人学院内皆有举办。文选也出版了，外加安排和管理此类活动时

图六十八：一幅美国漫画，或可回溯到一八六八年二月，表现查尔斯·狄更斯在朗诵会上可以扮演各种各样的人物，甚至小耐儿。

的注意事项。晚间应包括歌曲演唱、器乐独奏和诗文朗诵，最受欢迎的作家有司各特、丁尼生（Tennyson）[1]、拜伦勋爵、托马斯·胡德（Thomas Hood）[2] 和狄更斯本人。弗洛拉·汤普森（Flora Thompson）

[1] 阿尔弗雷德·丁尼生（Alfred Tennyson，一八〇九～一八九二），英国诗人，维多利亚时代英国诗歌的主要代表。

[2] 托马斯·胡德（一七九九～一八四五），英国诗人，社会抗议诗人的典范。

在《雀起乡到烛镇》(*Lark Rise to Candleford*)[1] 中，描写了十九世纪九十年代烛镇绿里（Candleford Green）的一次便士朗诵会，该村位于牛津郡和北安普顿郡的交界处。教室免费出借，门票款因此用于取暖和照明。常常是全家老小一起出动，体味着天黑后出门的兴奋，走进邻人满堂的温暖房间。压轴戏是邻村来的老格林伍德先生，他曾听过狄更斯朗诵自己的作品。喜剧段落以匹克威克先生、迪克·斯威夫勒或护士甘泼太太为主[2]，不时引起哄堂大笑。奥利弗·退斯特更让人忍俊不禁，而临死前的小耐儿则让女人落泪，让男人哽咽。有趣的是，汤普森回忆，虽然村民们喜欢听狄更斯的作品朗诵，可他们未见得愿意去教区图书馆借他的小说——“他们等着无线电和电影给大家提供现成的。”26

*　　*　　*　　*

对那些买不起书，甚至连二手书也负担不了的人来说，如果他们运气好，还有“免费图书馆”可用。在特定的时间和特定的地点，借书实在是一件值得去做的事情。举个例子，一五九九年，布商、酒商和萨福克郡伊普斯威奇（Ipswich）的议员威廉·斯马特（William Smart）遗赠其藏书，供圣马利亚钟楼（St Mary-le-Tower）市民教堂的普通教士和其他教士使用。二十八卷书收在箱子里，一直放到一六一一年，某位教士才向伊普斯威奇市政当局陈情，称他和清教徒同僚们需要一间工作用的图书室。藏书遂正式移入从前天主教修士们

[1] 弗洛拉·汤普森（一八七六～一九四七），英国小说家，诗人，以描写英格兰农村的半自传性三部曲《雀起乡到烛镇》最为知名，包括一九三九年出版的《雀起》、一九四一年的《到烛镇》和一九四三年的《烛镇绿里》。

[2] 迪克·斯威夫勒出自《老古玩店》，甘泼太太出自《马丁·瞿述伟》(*Martin Chuzzlewit*)。

的宿舍，还收到了当地捐助者的赠书和赠款。十七世纪后期，图书室
迁往文法学校，校长将书的前切口朝外，画上白色、绿色或黑色的斜 212
线与符号，以此帮助不识字的助手们将书放回正确的位置。[27]

托马斯·布雷是教区图书馆的伟大奠基人，本书第四章讲述了他将书籍，特别是福音书带到北美殖民地的决心。作为基督教知识促进会的创办者，他着手在布道和对儿童进行问答式讲授方面帮助神职人员，免使其教友落入异端的谬误或罗马天主教的教义。他希望在每个乡村教区都有一座图书馆，有可以上锁的书柜，这样，比如说到了墟日，就可以让人们借书和还书了。他带着写于一六九七年的《教区图书馆》(*Bibliothecha parochialis*)，从农村来到城市，还有一份书单，所涉科目包括哲学、数学、古文物学和民法，他认为这是神职人员的必备书目，亦为教化民众所必须。莱斯特郡米舍姆（Measham）教区图书馆操办的书友会是一种更为实际的形式。它只有六本书，一六三五年由牧师约翰·杰克逊（John Jackson）创建，以增进教众对上帝著作的认识。他的计划写在其中一本书的飞页上，内容是让第一批有识字者的六个家庭各拿一本书，保存三个月，然后还给牧师和俗务委员，以便传递给下一批的六个家庭，直到覆盖整个教区。

伊普斯威奇那座图书室保存到了今天，固然非同寻常，但最令人惊叹的，也许是珀思郡克里夫（Crieff）附近因纳佩弗雷（Innerpeffray）图书馆的存留。它由第三代马德蒂勋爵（Lord Maddertie）大卫·德拉蒙德（David Drummond）创建，设在家族墓地小教堂的上室。在写于一六八〇年的忏悔或遗嘱中，他指明藏书应用于青年学子的培养，但是到了一七六二年，藏书搬进小教堂旁边一处特意建造的房子后，便对所有人开放。主持搬家的人是约克大主教罗伯特·海伊·德拉蒙德(Robert Hay Drummond)，他把自己的可观藏书也加入其中。因纳佩弗雷仍然保存着一七四七年到一九六九年的借阅簿，它们提供了一份稀有的纪录，从中得以一窥当地社区的阅读偏好。

借书者需要在借阅簿上写下自己的名字、职业和住址，然后登记他们借阅的书名。还书时，他们要在相关记录上签名，再由图书管理员勾销。在始自一七五六年十二月十一日的一页记录上，起首便是如下声明："克里夫的哲学学生托马斯·汤姆森恳请借阅本馆的斯托氏英格兰大事记。"[1] 这一条记录后面，便是来自多种行业的借阅者，不仅有金凯尔（Kinkell）的学校教员，三一加斯克（Trinity Gask）[2] 教堂的牧师，也有织工、石匠、染房的学徒、亚麻工和手套商。一些记
213 录用的是"出借"字样，表明有仆人过来取书，记录则由图书管理员填写。一七五六年七月二十四日的记录声明，借书人、来自伦黑德（Lonhead）的织工约翰·罗伯特（John Robert）不会写字。在超过半个世纪的记录中，只有十七位妇女借过书，而且又是由管理员填写了记录，称这些书为"出借"，此举表明，她们亲自前来取书的行为被认为是不合适的。[28] 给妇女们送去的书基本上都是宗教性质的，只有两人例外，一位是玛丽·德拉蒙德夫人（Mrs Mary Drummond），她打破常规，在一七六五年借了一批游记，还有一本克拉伦登的《历史》（*History*），另一位是凯瑟琳·普雷斯顿（Catherine Preston），她在一七九四年借了一部莎士比亚的戏剧集。

令人激动的是，从一七五六年十二月到次年六月有过借阅记录的所有图书，今天仍然保存在馆内。因纳佩弗雷的詹姆斯·夏普（James Sharp）借过一本海伊的詹姆斯·德拉蒙德（James Drummond）生平，以及帕特里克·阿伯克龙比（Patrick Abercromby）的《苏格兰民族的军事成就》（*Martial Achievements of the Scots Nation*），一七〇九年出

---

[1] 约翰·斯托（John Stow，一五二五～一六〇五），伊丽莎白时代最著名的古物收藏家之一，《英格兰大事记》（*The Chronicles of England*）写于一五八〇年，一五九二年修订为《英格兰编年史》（*Annales of England*），但以一五九八年出版、一六〇三年修订的《伦敦概况》（*Survey of London*）最为知名。

[2] 三一加斯克之名得自附近的加斯克山脉。加斯克（加斯格）源自苏格兰盖尔语，意为突出的尾巴或带状的土地。

版于爱丁堡；克里夫的亚麻工唐纳德·福阿泽（Donald Foaze）借了罗伯特·克利弗（Robert Cleaver）的《十戒通俗解读》（*A Plaine and Familiar Exposition of the Ten Commandments*），一六三二年版；染房学徒埃比尼泽·克莱门特（Ebenezer Clement）借了乔治·麦肯齐（George Mackenzie）的《苏格兰民族最杰出作家的生平与事迹》（*Lives and Characters of the Most Eminent Writers of the Scots Nation*），一七〇八年出版于爱丁堡。保罗·考夫曼在对图书出借数字所做的分析中发现，一七四七到一八〇〇年期间，最受欢迎的作品是《查理五世皇帝 214

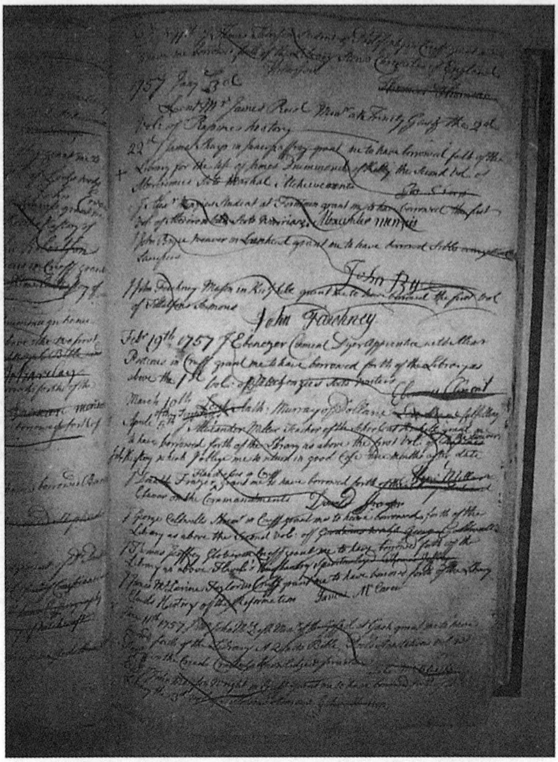

图六十九：一七五七年珀思郡因纳佩弗雷图书馆借阅登记簿的首页。希望将书借出的读者需事先申报，还书时要在同一位置加签，并由图书管理员将记录勾销。有些记录注明“出借”，则表示借阅者没有亲自光顾图书馆。

在位时期的历史》（*History of Charles V*），作者威廉·罗伯逊乃爱丁堡大学校长和苏格兰启蒙运动的领袖之一。虽然蒂洛森、舍洛克和阿特伯里（Atterbury）[1]的布道词均排在借阅榜的顶端，但布丰的《自然史》（*Natural History*）和约翰·洛克（John Locke）[2]的著作也足以与之一较高下。29 藏书中明显缺失的一类是消遣性文学，这表明克里夫及周边村落的居民将阅读视为一件严肃的事情。只是到了十九世纪，才出现了世俗类图书借阅量超过宗教类的增长，有了更多的幻想之乐。

这种严肃的阅读偏好，亦可见于兰开夏郡利德希尔斯（Leadhills）矿工图书馆（Miners' Library）的收藏。在数百年的时间里，每逢夏天的几个月，矿工们进入劳瑟山区（Lowther Hills），到铅矿场干活，然后下到谷地过冬，其生活状态正好应了托马斯·霍布斯的名言："卑污、残忍而短寿。"[3]詹姆斯·斯特林（James Stirling）[4]改变了这一切。一七一五年，詹姆斯二世党人暴动失败后，斯特林亡命意大利，不料又在威尼斯遭到人头悬赏而出逃，因为他对该城的玻璃制造技术表现出了过于强烈的兴趣。一七三四年，苏格兰矿业公司（Scots Mining Company）聘用他担任利德希尔斯的经理，年薪二百英镑，授以威廉·亚当（William Adam）设计的一幢新居，另配马车一辆，马一对。他依次将矿工们的工作时间从每天十二小时减至六小时，鼓励他们建造坚固的石头房屋，耕种园圃，并启动了健康保险计划，矿工子女的

---

[1] 弗朗西斯·阿特伯里（Francis Atterbury，一六六三～一七三二），英国圣公会主教、杰出的时事评论家和演说家。

[2] 约翰·洛克（John Locke，一六三二～一七〇四），英国哲学家和英法两国启蒙运动的先驱。

[3]"最糟糕的是人们不断处于暴力死亡的恐惧和危险中，人的生活孤独、贫困、卑污、残忍而短寿。"见《利维坦》第十三章"论人类幸福与苦难的自然状况"，黎思复、黎廷弼译，北京，商务印书馆，一九八五年，第 95 页。

[4] 詹姆斯·斯特林（一六九二～一七七〇），苏格兰数学家，在无穷级数和微积分理论方面取得重大成就。

教育状况亦得到改善。公认罗伯特·欧文（Robert Owen）[1] 以此为范本，创办了新拉纳克（New Lanark）的文明社区。斯特林还鼓励矿工们在一七四一年兴办图书馆和读书协会，这种模式在五十年后为邻近的旺洛克黑德（Wanlockhead）袭用，韦斯特科克（Westerkirk）亦在一七九二年加以仿效。

上述三座矿工图书馆乃一度普及于苏格兰的共有制或会员制机构，入会费由成员凑份子支付，会员费则用于图书。要想加入那些藏书量大的会员制图书馆，缴费往往以几尼计，而这些工人所花的几个先令，只能得到种类远为缩小的读物，不过由于矿业公司的补助和捐助人的捐赠，其种类有所增多。利德希尔斯的会员名册存留至今，从中可见，一七四三年四月十五日的首批会员由二十一位矿工，加上本地牧师和 215
校长组成。斯特林不是会员，因为矿工们一向坚决维系对本馆图书的控制权，就连当地的地主霍普顿伯爵（Earl of Hopetoun）也被坚定地排除在外，不得对读书协会的管理有任何干涉。《规章与制度》写明了入会条件：准候选会员须向主席或会长提交书面申请，并出席一次接纳或否决他的季度会议，通过在投票箱内放入白球或黑球来作出决定，该票箱在馆内保存至今。当时只有“他”有资格，在利德希尔斯，妇女直到一八八一年才获准入会，而旺洛克黑德的矿工要更为开明，从十八世纪八十年代起就有女会员了。一俟获得接纳，会员便可接到一份证书，并缴付两先令的年费。

利德希尔斯因为几场火灾损失了一些早期文件，但协议书（bargain books）得以存留。与如今在很多大街上削价处理的书不同，[2] 它们是在前工会时代就工人队伍与矿主所达成协议的记录。旺洛克黑德确实把最早的申报单保存下来了，文件声称，其目的是“购买

---

[1] 罗伯特·欧文（一七七一～一八五八），威尔士实业家和社会改革家，十九世纪初最有影响力的空想社会主义者之一。

[2]“Bargain books”更常见的意思是特价书。

一批藏书，以使我们共同进步”。许多早期藏书其实都是宗教类的，如无处不在的《人所当尽的本分》，斯考加尔（Scougal）[1] 的《神的生命在人的灵魂中》（*The Life of God in the Soul of Man*），迪潘（DuPin）[2] 的《简明教会史》（*History of the Church*）。历史乃受欢迎的门类，全套的《通史》（*The Universal History*）[3] 和大卫·休谟的著作皆有收藏。科学著作以格奥尔格·施塔尔（Georg Stahl）[4] 的《通用化学哲学原理》（*Philosophical Principles of Universal Chemistry*）为代表，不出所料，还有罗伯特·詹姆森（Robert Jameson）的《矿物学系统》（*System of Mineralogy*）。布丰的九卷本《自然史》由爱丁堡的威廉·克里奇出版，也一并购入。馆内的第一批藏书可能是詹姆斯·斯特林从伦敦买来的，但是根据爱丁堡书商查尔斯·埃利奥特的书信簿记载，十八世纪七十年代的时候，他一直通过格拉斯哥大学的詹姆斯·威廉森博士（Dr James Williamson），同时向利德希尔斯和旺洛克黑德供书。[30] 埃利奥特一七七七年九月十八日致威廉森的信中，提及休·布莱尔（Hugh Blair）的《修辞和美文讲稿》（*Lectures on Rhetoric and Belles-Lettres*），埃利奥特说，因为布莱尔博士的阻挠，他无法按需供书。今天，在利德希尔斯的书架上，仍然能够见到一册《修辞和美文讲稿》。矿工们的读物既多样又渊博。难怪一八〇三年，多萝西·华兹华斯（Dorothy

---

[1] 亨利·斯考加尔（Henry Scougal，一六五〇～一六七八），苏格兰圣公会牧师和神学家。

[2] 路易·埃利·迪潘（Louis Ellies DuPin，一六五七～一七一九），法国教会史学家，一七一二年出版四卷本的《简明教会史》（*L'Histoire de l'église en abrégé*）。

[3] 应指乔治·塞尔（George Sale）等人编纂的六十五卷通史巨著《通史》，一七四七年至一七六八年出版于伦敦。

[4] 格奥尔格·恩斯特·施塔尔（Georg Ernst Stahl，一六六〇～一七三四），德国教育家、化学家、受人尊敬的医学理论家和执业医师，其化学理论和燃素论主宰了欧洲化学界，直到十八世纪末发生“化学革命”。

Wordsworth）和哥哥威廉[1]徒步旅行时，吃惊地向一位利德希尔斯矿工发问："什么！你们有莎士比亚？"矿工答道："是的，我们有那个，我们什么书都有。"31

矿工们每月一次来到图书馆，排成整齐的队列，索取想看的书，他们此前已经研究过印刷版的藏书目录，或通过同事推荐得知了书名。每位会员可选六本书，而一俟初选完成，在剩下的书中，他们想挑多少都是可以的。委员会有六位检查员，负责查验书籍送还后有无损 216
坏，此外，他们有权在任何时间进入会员家中，进行类似的检查。规章规定，对屡教不改的会员应课以罚金，而所有不在利德希尔斯居住的会员均须携带足以挡雨的口袋。这些措施很有必要，根据一八二一年存留下来的备忘录记载，图书反复使用后加以修补和重新装订的花费是相当可观的。备忘录还记载，从拉纳克的麦考尔和史密斯商行（McCall & Smith）购入了一石四磅[2]蜡烛，以每石花费七先令八便士观之，这大概是石蜡，有助于在漫长的冬夜里读书。

二十世纪七十年代，利德希尔斯图书馆差一点关闭，但仍以读书协会的形式存留至今，目前约有五十位会员，在一个大屋子里定期聚会，藏书就放在原来的书架上。旺洛克黑德的图书馆现已并入矿业博物馆（Mining Museum），并得到重建，以显示十九世纪阅览室的样 217
貌。韦斯特科克现为教区图书馆，图书借阅只限于周边几个教区的居民。这些非凡的团体可以让人想起全不列颠的矿工社区对书籍的热爱，尤以南威尔士各地的煤矿为甚。据估算，二十世纪三十年代，山谷地区[3]的矿工图书馆在二百家以上，平均每家拥书约三千册，而最大的

[1] 多萝西·华兹华斯（一七七一～一八五五），英国散文作家，以两部日记传世；威廉·华兹华斯（一七七〇～一八五〇），英国主要的浪漫主义诗人，一八四三年至一八五〇年任桂冠诗人。多萝西和威廉终身相伴。

[2] 一英石等于十四磅，一石四磅合八点一六公斤。

[3] 山谷地区（South Wales Valleys）指南威尔士一系列自十九世纪中期开始工业化的山谷，通常称为"谷地"（The Valleys）。

一家在特里迪格（Tredegar），可供借阅的图书达到了十万册，工党政治家安奈林·比万（Aneurin Bevan）[1] 曾在此领导选书委员会。理查德·布思（Richard Booth）[2] 自封“瓦伊河畔海伊的皇帝”（Emperor of Hay-on-Wye），曾在自传中称这些图书馆乃谷地城镇的精神中心：没有阅览室是领不到酒吧执照的。七十年代初，布思得到内部消息，称这些图书馆行将关闭，所藏将予变卖，于是他买了很多书，有些是从废纸堆中挽救出来的。公共图书馆取而代之，但布思一语中的，称公共图书馆的藏书是为人民选择，而不是由人民所选，矿工图书馆的博识就此被清除殆尽。[32] 今天的威尔士只有两家矿工图书馆存留下来，一家在夸曼（Cwmaman），另一家在特雷塞农（Trecynon）。

苏格兰的矿工图书馆常被视作工人学院的先驱。后者的理念源自格拉斯哥，时为一七九九年十二月，乔治·伯克贝克（George Birkbeck）获任安德森学院（Anderson’s Institution）的自然哲学教授，在为本科生授课之余，也在课外讲授大众科学，人称“技工班”。伯克贝克于一八〇四年离开了苏格兰，但格拉斯哥机械工人学院（Glasgow Mechanics Institute）得以发展壮大，并成为数百所类似机构的范本。一八二三年十二月，伯克贝克在布鲁厄姆勋爵（Lord Brougham）的支持下，创办了伦敦机械工人学院（London Mechanics Institute）。布鲁厄姆勋爵身为律师，行事招摇，因为替乔治四世受冷遇的妻子不伦瑞克的卡罗琳（Caroline of Brunswick）打抱不平而名噪一时。[33] 他是功利主义者，相信通过课堂、讲座和图书馆传授科学知识的要义，可以成就更好的工人，而通过强化宗教信仰，也能让革命思想受到抑制。因此，他在一八二六年创办了有用知识传播会（Society for the Diffusion of

[1] 安奈林·比万（一八九七～一九六〇），矿工之子，十三岁挖煤，后成为工党左派（比万派［Bevanite］）领袖，曾出任卫生大臣和劳工大臣，缔造了国民保健署（NHS）。

[2] 理查德·布思（一九三八～），威尔士书商，成功地将瓦伊河畔海伊发展成了二手书交易中心，在此基础上诞生了海伊文学节，每年吸引五十万游客。

图七十：利德希尔斯矿工图书馆所藏图书之内封面上的藏书票。此画大约制成于一七六〇至一七九〇年间，作者是杰出的爱丁堡雕刻师安德鲁·贝尔（Andrew Bell）。立柱代表智慧，鸽子代表和平，读书协会的座右铭“成事在天”则引自高乃依作品的译文。

Useful Knowledge），并得到了查尔斯·奈特（Charles Knight）及其出版物的支持。奈特印行一系列的图书报刊，包括《工人伙伴》（*Working Man's Companion*）和《教育季刊》（*Quarterly Journal of Education*），以及名头最响的《便士杂志》（*Penny Magazine*）和胆子最大的《便士百科全书》（*Penny Cyclopaedia*）。最后这笔买卖于一八三三年启动，奈特利用最新的印刷技术，如雕刻凹版（steel engraving）和平版印刷，加进了很多插图。他的良好意愿让财务陷于困境，结果在一八四六年破产，有用知识传播会也落到了同样的下场。

218 机械工人学院引发了颇多争议。威廉·科贝特曾在《政治纪事》(*Political Register*) 上撰文，嘲笑那种“万丈宏图，一心让我们‘开化’，把从特威德河 (Tweed)[1] 北面带来的瓶装‘智识’灌输给我们”，这些话可谓绝妙的攻击，矛头不仅直指伯克贝克及其格拉斯哥的同道，还有爱丁堡出生的布鲁厄姆。苏格兰的铅矿工人一直强硬地保卫着对图书馆藏书的选择权，而在伦敦机械工人学院，由谁当家做主的问题却很快引发了分裂，工人阶级成员们拂袖而去，成立了自己的共同促进社团。利物浦机械工人和学徒图书馆创建于一八二四年，管理权握在中产阶级的董事们手中，而此前一年在谢菲尔德 (Sheffield) 创办的同类机构，则由工人阶级会员自行管理。具有讽刺意味的是，一心要查禁小说等不雅书籍的是谢菲尔德，利物浦的运营体系反倒远为开放。

讲座也遇到了不少困难。漫长的一天工作结束之后，许多工人只想休息与喝酒，因而感到讲座的主题令人厌倦，程度也太难了。查尔斯·狄更斯对事实无法改变的观念非常反感，这一点可见于其小说《艰难时世》，他借书中人物葛擂硬先生之口说：“告诉你吧，我要求的是：事实……只有事实才是生活中最需要的。”[2] 工人阶级听众渐渐地让位于心气高涨的中产阶级，而为不完备的基础教育提供补充的三 Rs[3] 课程则吸引了日益增多的听众，妇女和青年亦在其中。然而，机械工人学院堪称规模最大、持续时间也最长的工人阶级图书馆，一八五〇年时有六百一十座正在运营，拥书七十万册，流通量则达两百万册。大学院往往变成了中产阶级的机构，小院还能保持本色。例如花边匠丹尼尔·赫德森 (Daniel Hudson)，他在德比郡的伊尔克斯顿

[1] 特威德河是英格兰北方的传统边境线，河北为苏格兰。

[2] 此句从全增嘏、胡文淑译文，《艰难时世》第一卷，上海，上海译文出版社，一九八五年，第 3 页。

[3] 三 Rs 指小学教育的三个要件：读 (reading)，写 (’ riting)，算 (’ rithmetic)。

(Ilkeston）经营家庭作坊，仍可保证在当地的学院订到最好的书，并早日拿到手，这样便能靠在织机边上读书了。

在激进议员威廉·尤尔特（William Ewart）的倡导下，议会通过了一八五〇年法案[1]，许多机械工人学院此后转变为公共图书馆。这是一项具有里程碑意义的立法，却因权力受限而打了折扣。各自治市镇只要人口超过一万，便能“获准”成为图书馆的监管者，并从地方税中拨款建立公共图书馆，但前提条件是，市镇为此目的向纳税人征税时，每英镑不得超过半便士，其开支仅限于设施，而不能用于图书，并需举行一次特别投票，得到三分之二纳税人的同意后方可建馆。苏格兰则于一八五四年将此项税率提高到一便士，以支应购书花销，英格兰最终也如法炮制，将人口准入资格放宽至五千，并将法案扩展到教区。

不出所料，一八五〇年法案起步缓慢：到一八六八年，英格兰只 219
有二十七个地方当局做出建馆决定，而其中半数均为中部和北部的工业和商业中心。托马斯·卡莱尔受到触动后发问：“为什么不是每个郡府都有一座宏伟的图书馆？可所有郡府都有了宏伟的监狱和绞刑架。”[34]托马斯·格林伍德（Thomas Greenwood）也提出了这个问题，他本来是谢菲尔德一家五金行的旅行推销员，出差时便寻找公共图书馆用于个人阅读，最终做了技术类图书的出版商，并因此挣了大钱。一八八六年，他首次出版了《免费公共图书馆》（*Free Public Libraries*），以此敦促市镇议会优先考虑图书馆的建馆事宜。他是个高效的宣传员，经常引用古往今来的名人名言。如查尔斯·狄更斯所说：“免费图书馆就是免费的好学校，把最卑微的工人请进来做学生。”又如约瑟夫·张伯伦

---

[1] 即英国的《一八五〇年公共图书馆法》（*Public Libraries Act 1850*），授权地方自治市建立免费的公共图书馆。

(Joseph Chamberlain)[1] 讲过的："[学生] 理应读到书，这是绝对必要的，许多书很昂贵，许多书也很难买到，即使对那些最为富有的个人也是如此，但可以通过群体的力量，**把书平等地提供给这个群体的所有成员。**"35

慢慢地，格林伍德和其他的公共图书馆鼓吹者取得了胜利，唯有伦敦兀自不动，首要原因来自工人和中产阶级两方纳税人的抵
220 制，对图书馆税绝不会超过每英镑一便士的保证，他们表示怀疑，因为公立教育税只过八年就涨到了六便士。小康之家买得起书，讨厌为自己用不上的服务缴税，而图书馆还没像济贫院、监狱、澡堂子，甚至学校那样，归入非有不可的范畴。例如一八七一年，哈克尼(Hackney)[2] 的地方税纳税人在市政厅一场吵闹不休的会议之后，以四千三百八十九票对六百三十一票的结果，挫败了建立公共图书馆的提案，类似的提案在一八九一年和一八九三年再遭败绩。但一八九〇年二月五日，在邻近的斯托克纽因顿，《公共图书馆法》未经投票便获得了采纳，因为大多数与会者是持赞成态度的。托马斯·格林伍德在演说中，用涉及地方税的统计数据让听众为之困惑，还谈到了安德鲁·卡内基（Andrew Carnegie）和约翰·帕斯莫尔·爱德华兹（John Passmore Edwards）等慈善家的赠礼。

卡内基和帕斯莫尔·爱德华兹均白手起家。一八三五年，卡内基生于法夫（Fife）的邓弗姆林（Dunfermline），父亲是亚麻花缎织工，一八四八年拖家带口去了美国。卡内基的第一份工作是在匹兹堡一家棉纺厂里当小梭子工，周薪只有美金一块二。到六十五岁时，他已通过钢材、铁路和报纸出版积累了巨额财富，从而得以在萨瑟兰郡斯基

---

[1] 约瑟夫·张伯伦（一八三六～一九一四），英国实业家、社会改革家、激进政治家和狂热的帝国主义分子，曾任保守党政府的殖民大臣，儿子内维尔一九三七年出任首相，次年与法、德、意三国签署了肢解捷克斯洛伐克的慕尼黑协定。

[2] 哈克尼为伦敦内部的自治市，位于伦敦东区，伦敦市北部。

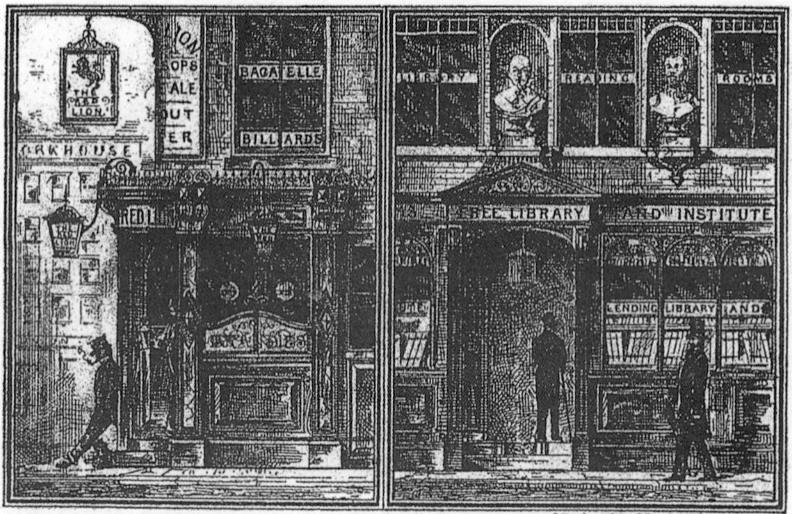

图七十一：托马斯·格林伍德著《免费公共图书馆：组织、使用与管理》（*Free Public Libraries: Their Organisation, Uses and Management*）一书的卷首插图，一八八六年出版。格林伍德认为，通过向工人提供免费的图书馆和阅览室，可以消除酒馆的诱惑，也不致沦落到进济贫院的下场。

波堡（Skibo Castle）的三万英亩土地上退休。他以“人死富有，死而蒙羞”为座右铭，设立多个基金会，最终创办了两千八百十一家免费图书馆，一千九百四十六家在美国，六百六十家在英国。约翰·帕斯莫尔·爱德华兹生于一八二三年，乃康沃尔郡木匠之子。他在自传中回忆，全家共用一根蜡烛，而他就在这点烛光下读书：“有成百上千次，我用两个拇指使劲按压双耳，按疼为止，就是不想让自己在读书时分心。”36 帕斯莫尔·爱德华兹在报纸和杂志出版领域多有尝试，最后因《回声报》（*The Echo*）而暴富。他利用出版带来的利润，拿钱给学校、医院、博物馆和图书馆，尤以康沃尔和伦敦贫民区为重。一八八四年，卡内基入股《回声报》，但两位慈善家的合伙并未结出善果。[1]

---

[1] 帕斯莫尔·爱德华兹与卡内基意见不合，很快将股份购回，又于一八九六年将报纸卖掉。《回声报》于一九〇五年七月三十一日出版最后一期后关闭。

斯托克纽因顿的图书馆于一八九二年七月开馆，馆舍全新，由帕斯莫尔·爱德华兹提供，外加一千册书，而馆藏总容量为四万册。馆内装设了一具科特格里夫目录柜，直接购自其发明人阿尔弗雷德·科特格里夫（Alfred Cotgreave），此人乃当地居民和西汉姆（West Ham）图书馆的馆长。这个大块头的奇妙装置当年曾引起了不小的争论，因为公共图书馆的读者不喜欢开放式的书架。对现代读者而言，翻阅是非常重要的体验，但在当时，不管是进图书馆，还是去卖书的商店，这种观念都被认为有失体统。读者或顾客应该提出明确的要求，然后由图书馆员或商店伙计代为取书。绅士可以在自己的藏书室内翻阅图书，如果商业汇票上的图案得到证实，那么某些特殊顾客也可获准在书店
221 或租借式图书馆的书架之间走上几个来回，可这是犒劳，而不是普遍待遇。标有书架号或序列号的印刷书目是必须要参考的。目录柜有很多种，但科特格里夫这一种最为流行。它由许多小抽屉构成，每个抽屉负责一种书，放在柜台上面或旁边。抽屉一端涂成蓝色，另一端为红色。读者先把书架号或序列号查清楚，再过来看抽屉，如果是蓝色，表明书在，那就向图书管理员提出申请，如果是红色，则表明书已经借出去了。管理员从封闭的架上取出书，填好借阅者的信息和出借日期，然后把记录放入抽屉。

在苏格兰东海岸安格斯（Angus）的埃兹尔图书馆（Edzell Library），如今仍然装有一具科特格里夫目录柜，只是并未使用。埃兹尔图书馆落成于一八九八年，意在庆祝维多利亚女王登基六十周年，而这一切要仰赖罗伯特·威廉·英格利斯（Robert William Inglis）的慷慨，他是牧师之子，在伦敦证券交易所赚得了家财。图书馆位于一座苏格兰角塔式的纪念厅内，内藏五千册图书，并附伦敦书商亨利·索瑟兰书店（Henry Sotheran & Co）印刷的目录册。编目第一号是安斯沃思情节跌宕的小说《伦敦塔》（*The Tower of London*），第五〇〇一号是L. 麦克马纳斯（L. McManus）的《锦缎母牛》（*Silk of the Kine*）。科特

格里夫目录柜与此相配，其抽屉数足以容纳六千种书。

埃兹尔图书馆落成四年前，在伦敦的克拉肯韦尔，詹姆斯·达夫·布朗（James Duff Brown）已经在自己的图书馆内，将开架阅览的理念付诸实施。他之所以能这样做，端赖一种新的图书科目分类系统的发明，利用字母来为非虚构图书分门别类。在杜威十进制分类法或通用十进制分类法入替之前，英国的许多图书馆采用了这一系统，并激起了一场要开架还是闭架的热烈讨论。[37]一点也不奇怪，科特格里夫坚称其书目柜实现了混乱变高效的目标，但人们批评说，这东西既笨重又难看，只是给图书管理员提供了一个方便的掩体，让他们躲在后面。其系统也令人生畏，穿平头钉靴或围着破烂披巾的乡下人尤其感到不便。大众根深蒂固的不信任再次抬头。一九四九年版托马斯·格林伍德传记的作者写道："今天'敬爱的读者'徜徉于书架之间，想必会觉得当时描绘的图景非常有趣：几百个流氓冲进来，要么把书扔得到处都是，要么将它们窃为己有。"[38]

一八九七年九月九日，《太阳报》一篇题为《书的战斗：图书馆内的苦战》的文章加入了争论。该文称："图书馆世界正在进行一场战争，有些读者简直无法相信其激烈程度，然而的确炮火连天，也许还将持续多日。"还有真的战争让公众担心，这场争论便偃旗息鼓，但在此后的几十年里，公共图书馆逐渐移除了目录柜。与达夫·布朗 223
在克拉肯韦尔开风气之先的馆址相距不远，同一条街上的哈格斯顿（Haggerston）图书馆也终于在一九三六年实行了开架制。坚持到最后的一批人中，有主教门学院（Bishopsgate Institute）的图书馆长查尔斯·戈斯（Charles Goss），该院为伦敦市东部边缘地区的特困群体提供教育。戈斯本人年少时也曾被剥夺了教育机会，因此坚信公共图书馆所藏图书提供的知识应面向所有人开放，于是开发出了一种描述性的编目方法，通过带有注释的条目呈现所藏图书的内容。他之所以反对开架取阅，是因为他相信，没有哪种系统在有效性上抵得过一位了解馆藏，又乐于助人的图书管理员。这种理论如果成立，无疑要完全仰赖管理员的能力，故而到了最后，还是开架浏览全面获胜，如列位所知，文明并未因此终结。

如果把开不开架比作一次战斗，那么围绕着图书馆藏书质量的争论便是一场漫长的战争。斯托克纽因顿图书馆一八九二年开馆时，只有约翰·帕斯莫尔·爱德华兹捐赠的一千册书，到一九〇〇年，馆藏已有九千册，在册会员三千八百人，每年借阅量达九万笔。有趣的是，当地图书馆委员会将如此巨大的周转率归因于青年人热衷自行车运动。但是，不管你骑不骑自行车，斯托克纽因顿图书馆提供的绝大部分书都是非虚构类的：一九〇八年的全部藏书中，只有百分之十六点三为虚构类作品。同年七月八日的《笨拙》（*Punch*）曾对如此之低的比例加以讥讽，以一篇异想天开的故事，称小说家们在海德公园（Hyde Park）聚会，抗议斯托克纽因顿图书馆不愿买入更多的小说。抗议者以《红花侠》（*The Scarlet Pimpernel*）的作者奥切女男爵（Baroness Orczy）[1]为首，在圣马力诺军队的支援下，挥舞着鹅毛笔占领了教区。其实，这种不平衡的原因在于非虚构图书的高捐赠比例，也是由于斯托克纽因顿图书馆委员会表现出了一种要提供“有价值”文学的决心。

“无价值的文学”可以由迎合普通读者的租借式图书馆提供。一八九八年，在弗洛伦斯·布特（Florence Boot）[2]力促之下，布特家族的制药公司决定利用自己位于商业街上的各间药店，开办布特爱书人图书馆（Boot's Book-lover's Library）。店内主要提供小说，很大一部分藏书系以极为低廉的价格，购自其他机构的剩余书目。到一九〇七年，其分馆已达二百五十六家，每年购书一百万册。有天壤之别的是

[1] 埃穆什考·奥切女男爵（Baroness Emmuska Orczy，一八六五～一九四七），匈牙利出生的英国小说家，一九〇五年出版以法国大革命为背景的小说《红花侠》。

[2] 弗洛伦斯·布特（一八六三～一九五二），娘家姓罗（Rowe），连锁药房布特公司创始人、第一代特伦特男爵杰西·布特（Jesse Boot，一八五〇～一九三一）的夫人。

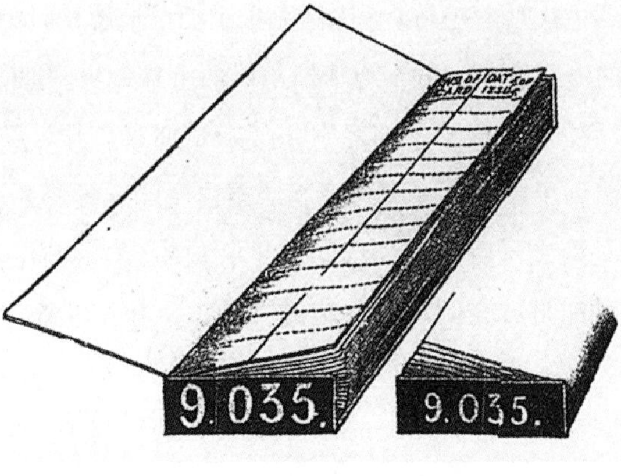

图七十二和七十三：格林伍德《免费公共图书馆》内的科特格里夫目录柜示意图。图中的目录柜可管理四千种书。每个抽屉对应一本书或登记册，一英寸高，三英寸宽，置于滑槽之上，一端涂红，另一端涂蓝，用以表明是否可供借阅。曾有各种各样的目录柜得以生产，但阿尔弗雷德·科特格里夫的这一种应用最为广泛。

那些乡村小店，能买、能借的书屈指可数。画家爱德华·伯恩–琼斯
（Edward Burne-Jones）生动地描绘了这样一座小店，时为十九世纪的最
后几年，地点是萨塞克斯海岸上的村庄罗廷迪恩（Rottingdean）：“店
里没有一件东西值半个法寻[1]——它卖线团，土豆，沙地靴，胶套鞋，
224 盆栽的天竺葵，偶尔有根黄瓜，卡斯尔的普及读物，以及报纸，这里
还设了个租借式图书馆，藏书多达十八册，放在架子上，年复一年，
从没有人租过，也从没有人借过。”[39]

* * * *

“无人租借的租借式图书馆”已经从英国社会中消失了，只留下爱德华·伯恩–琼斯那样令人遐想的描述，同样，我们也只能通过想象，去见识一下十八或十九世纪一个普通读者的图书室。但确有两份收藏提供了若干线索，不过，托马斯·比伊克和詹姆斯·拉姆齐·麦克唐纳（James Ramsay MacDonald）均功成名就，已远非普通读者可以形容，故而本节将专注于他们穷困潦倒的时期。

一七五三年八月，托马斯·比伊克生于切里伯恩（Cherryburn），这是泰恩河畔的一座农庄，位于纽卡斯尔以西十八公里。他是约翰·比伊克与妻子简所生八个孩子中的老大，父亲是佃农，开过煤窑。他们住的小农舍保留到了今天，厨房和主起居室由全国托管协会进行了翻建，依据的是托马斯之子罗伯特一八四四年所画的一幅素描。画中看不到书，但它们可能是放在厨房炉灶边的架子上，除圣经外，多半还会有从小贩手上买来的廉本书，如《巨人杀手杰克》（*Jack the Giant Killer*）和笛福《鲁滨孙漂流记》（*Robinson Crusoe*）的缩写本。尤其受到喜爱的是《伊索寓言》（*Aesop's Fables*），由塞缪尔·克罗克萨尔（Samuel

---

[1] 法寻为英国旧币，合四分之一便士。

Croxall）出版于一七二二年，配有伊莱沙·科卡尔（Elisha Kirkall）所绘的插画：终其一生，托马斯·比伊克都把这本皱巴巴的书留在身边。

一八〇〇年，威廉·华兹华斯（William Wordsworth）在其诗作《两个贼人》（*The Two Thieves*）的附记中，表达了对比伊克的敬意："噢！我的黄杨木和雕刻刀 / 本属泰恩河畔的诗人，/ 他用起这些粗糙的工具来 / 比雷诺兹用画布和油彩更能生巧。"华兹华斯固然是浪漫派，可如果他相信比伊克的才华不经教育而浑然天成，那可就错了。托马斯本人后来澄清道："我不像许多人想象的那样缺乏教育；我早先进过一所好学校，而且是经常待在那里的。"[40] 他是个有主见的孩子，常常逃学，拉丁语识字课本上画满了切里伯恩一带的农民，但是在奥文厄姆（Ovingham）附近堆满书的教室里，克里斯托弗·格雷格森牧师（Revd Christopher Gregson）给了他很好的教育。而且，切里伯恩一带的农村亦非知识闭塞之地。一条收税道路连通着纽卡斯尔与赫克瑟姆（Hexham），当地的旅店因此必有报纸可读，一大部分佃农也是识字的。比伊克在自传中提到了一位童年时代的邻居，名叫安东尼·利德尔（Anthony Liddell），乃"村里的汉普登（Hampden）"，他
读圣经用心之专，"整个人的性格竟也因此成型。""圣经之后，约瑟夫 225
斯（Josephus）[1] 成了他最喜爱的作家；接着是《圣战记》（*The Holy Wars*），这些书和泰勒主教的布道词一起，构成了他全部的藏书，他还有一副好记性，几乎过目不忘。"[41]

十四岁那年，托马斯·比伊克离开了切里伯恩，给纽卡斯尔的雕刻匠拉尔夫·比尔比（Ralph Beilby）当学徒，其作坊位于阿门角（Amen Corner）。他在此发现，自己就置身于纽卡斯尔出版业的心脏地带，这

---

[1] 约瑟夫斯（Flavius Josephus，公元三七 / 三八～一〇〇），犹太教士、学者、历史学家，以降将和假先知身份受到韦斯巴芗皇帝的庇护，写成七卷《犹太战争史》（*Bellum Judaicum*）和二十卷《上古犹太史》（*Antiquitates Judaicae*）。

里是当时的出版重镇，仅居伦敦、牛津和剑桥之后。一八〇〇年时，城中有二十家印刷商，三个雕版师傅，十三个装订匠，以及十二家书商，其中就包括在比尔比隔壁开书店和租借式图书馆的约瑟夫·巴伯。比伊克对书的渴求完全超出了做雕工学徒挣到的微薄薪水，但他能利用图书馆，还有装订匠吉尔伯特·格雷（Gilbert Gray）对他的指导。格雷曾与爱丁堡诗人和书商阿兰·拉姆齐一同工作，满脑子苏格兰启蒙运动的观念。比伊克还央告比尔比家的小女仆，允准他接触主人的藏书，从而得以一睹斯摩莱特的《英格兰全史》(*A Complete History of England*)。这份职业让他获得了一个难得的机遇，造访吉尔伯特之子威廉·格雷的装订所，“他的铺子常常堆满了最优秀作家们的作品，拿来给绅士们装订——这些书还在装订的时候，我就已经准备下手了——为了这个目的，我一大早就起床……和他一直待到我的上班时间。”[42]

在比尔比作坊的这段时间里，尽管大部分工作都是金属雕刻，但托马斯·比伊克开始练就一手木版雕刻的技艺。从少年时代的廉本书上，他认识到了木版画的粗陋，于是买了一批插画书，其中有杰勒德的《草药志》，配有植物的版画，还有一本书，里面印着耶稣受难的木刻，作者是伟大的德国版画家阿尔布雷希特·丢勒（Albrecht Dürer）。虽然他已经拥有了克罗克萨尔出版的《伊索寓言》，可还是买了一本拉丁文的寓言书：一六六〇年出版于法兰克福的《伊索寓言集》(*Fabulae Variorum Auctorum, Aesopi, etc*)，以及爱德华·托普塞尔的（Edward Topsell）的《四足兽史》(*Foure-footed Beastes*)[1]，此乃伟大的瑞士博物学家康拉德·格斯纳所著开创性之作的英译本，一六〇七年出版，配有所述动物的木刻插图。

比伊克使用纹理细密的黄杨木，着手为儿童书雕制标志性的木版

[1] 爱德华·托普塞尔（约一五七二～一六二五），英国教士和动物寓言作家，《四足兽史》(*The History of Four-footed Beasts*）出版于一六〇七年。

画。以儿童为受众出版趣味读物，实乃相对晚近的新式观念，而在英国开风气之先者，大概是一七一二年出版的《小小童书》（*A Little Book for Children*），利用图画来教授字母和单词。伦敦书商约翰·纽伯里（John Newbery）靠特许贩卖詹姆斯药粉（James's Powders）[1]起家后，出版五花八门的儿童书，标价六便士或一先令，其中一些遭到了纽卡斯尔书商托马斯·塞因特（Thomas Saint）的盗印。塞因特通过比尔比聘请比伊克，为自己出版的童话书和托马斯·盖伊（Thomas Gay）寓言 226
集的修订版雕制插图。比伊克想起伊莱沙·科卡尔为克罗克萨尔版《伊索寓言》所绘制的那些椭圆形花饰，便在每一则寓言的起首处加上了漂亮的小版画。其中有一个超现实的场景，一头精通古希腊语的大象邂逅了一位书商，后者希望大象为他写一本关于人类蠢行的书。

比伊克结束学徒期后，到伦敦待了一段时间，短暂而不得志，遂与从前的师傅拉尔夫·比尔比合伙。两人生意兴隆，比伊克的木版雕刻技术也日益精进，但他不想只为别人的作品提供插图。他童年时代有过一本托马斯·博尔曼（Thomas Boreman）的《三百种动物谱》（*Description of Three Hundred Animals*），书中粗陋的铜版画尤其让他耿耿于怀。他慢慢生出了绘制四足动物图谱的想法，插图由他来制作，文字则与比尔比合作。其《四足动物通史》（*A General History of Quadrupeds*）于一七八五年开工，五年后完成，共录得一百九十九种动物的插图与说明。该书首印的一千六百册在几个月内便销售一空，在他有生之年一共印行 227
了八版。比伊克在一八一九年的一封信中写道："当年的《四足动物通史》可以视作本人木版画引起重视之发端。"43

比伊克此时成了有钱人，在纽卡斯尔的知识圈内举足轻重。他参加了一个读书社团，定期到萨姆·阿尔科克（Sam Alcock）开的大

[1] 詹姆斯药粉系英国医生罗伯特·詹姆斯（Robert James，一七〇三～一七七六）发明的"发烧粉"，号称包治百病，风行一时。

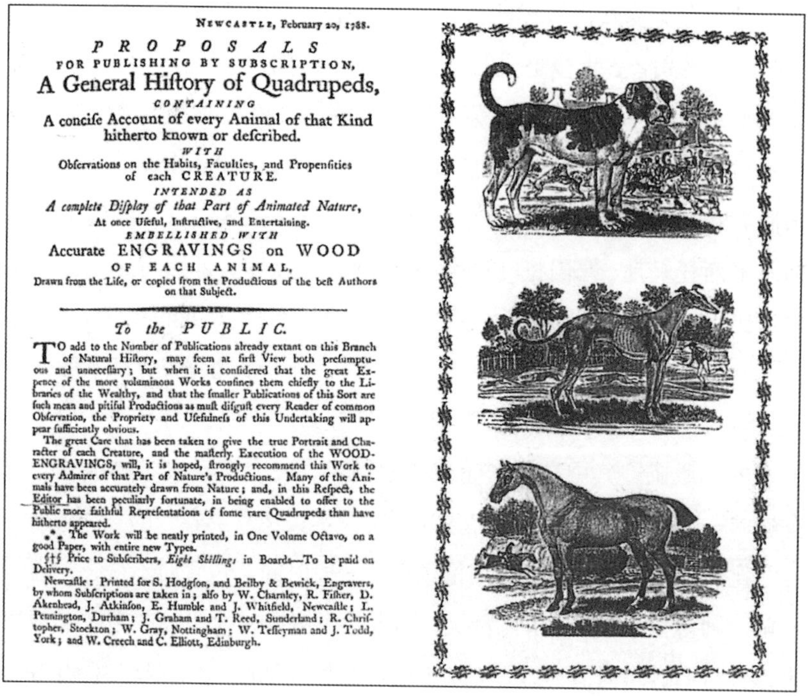

NEWCASTLE, February 20, 1788.

PROPOSALS

FOR PUBLISHING BY SUBSCRIPTION,

A General Hiſtory of Quadrupeds,

CONTAINING

A conciſe Account of every Animal of that Kind hitherto known or deſcribed.

WITH

Obſervations on the Habits, Faculties, and Propenſities of each CREATURE.

INTENDED AS

A complete Diſplay of that Part of Animated Nature,

At once Uſeful, Inſtructive, and Entertaining.

EMBELLISHED WITH

Accurate ENGRAVINGS on WOOD

OF EACH ANIMAL,

Drawn from the Life, or copied from the Productions of the beſt Authors on that Subject.

To the PUBLIC.

TO add to the Number of Publications already extant on this Branch of Natural Hiſtory, may ſeem at firſt View both preſumptuous and unneceſſary; but when it is conſidered that the great Expence of the more voluminous Works confines them chiefly to the Libraries of the Wealthy, and that the ſmaller Publications of this Sort are ſuch mean and pitiful Productions as muſt diſguſt every Reader of common Obſervation, the Propriety and Uſefulneſs of this Undertaking will appear ſufficiently obvious.

The great Care that has been taken to give the true Portrait and Character of each Creature, and the maſterly Execution of the WOOD-ENGRAVINGS, will, it is hoped, ſtrongly recommend this Work to every Admirer of that Part of Nature's Productions. Many of the Animals have been accurately drawn from Nature; and, in this Reſpect, the Editor has been peculiarly fortunate, in being enabled to offer to the Public more faithful Repreſentations of ſome rare Quadrupeds than have hitherto appeared.

*** The Work will be neatly printed, in One Volume Octavo, on a good Paper, with entire new Types.

§†§ Price to Subſcribers, *Eight Shillings* in Boards—To be paid on Delivery.

Newcaſtle: Printed for S. Hodgſon, and Beilby & Bewick, Engravers, by whom Subſcriptions are taken in; alſo by W. Charnley, R. Fiſher, D. Akenhead, J. Atkinſon, E. Humble and J. Whitfield, Newcaſtle; L. Pennington, Durham; J. Graham and T. Reed, Sunderland; R. Chriſtopher, Stockton; W. Gray, Nottingham; W. Teſſeyman and J. Todd, York; and W. Creech and C. Elliott, Edinburgh.

图七十四：托马斯·比伊克为出版其杰作《四足动物通史》所做的征订广告，一七八八年。

炮（Cannon）酒馆聚会，与这一行的商人们并坐言欢，喝麦芽酒，吃蛋糕，谈书论道。他也是一家哲学学会的创始成员，该学会讨论文学、哲学和政治，一七九九年，他又参加了纽卡斯尔文学和哲学学会，因此能够使用学会的图书馆。他开始收集个人藏书：到他一八二八年去世时，其藏书量几达七百册，对那个时期的一个手艺人而言，必属不同寻常的巨量。经由一系列的拍卖，这些藏书流散掉了，但根据他的自传、拍卖会的目录册，以及子女的描述，今天仍可勾画出他所购图书的面貌。他利用当地的书商购买新书和二手书。他还买了自己画过插图的作品；而今天的图书插画家们，尽可以等着出版商送来免费的样书。和许多热心的藏书家一样，他会对目录册作出响应，有封信写给一个未提及名字的书商："昨晚收到您的一份拍卖目录……谢谢……

今天早晨才看到——故未及时函告。若三九〇号布丰尚未售出——我很希望将其买下。”44 他所购买的书中，有很多是为了工作上的需要，故而对布丰的《鸟类自然史》（*Natural History of Birds*）产生了兴趣，但他也喜欢诗和歌曲，以及历史和传记，这些书在他的收藏中占有重要位置。比伊克的藏书虽已流散，但其崇拜者搜罗到了其中的一部分，现藏诺森伯里亚自然历史学会（Natural History Society of Northumbria）图书馆，以及纽卡斯尔城市图书馆（Newcastle City Library）内的皮斯藏书（Pease Collection）。一小部分归流切里伯恩，比伊克生平与作品展设在一座十九世纪的农舍内，隔壁便是他出生的房子，相形之下要小得多。

比伊克出生一百年后，一八六六年十月，詹姆斯·拉姆齐·麦克唐纳生于苏格兰马里郡海岸上的洛西茅斯（Lossiemouth），母亲安妮·拉姆齐（Annie Ramsay）乃农庄的女管家，他父亲约翰·麦克唐纳（John MacDonald）则是来自黑岛（Black Isle）的高地人，在同一个农庄做领班农夫。他俩没有结婚，拉姆齐·麦克唐纳是由母亲和外婆贝拉·拉姆齐（Bella Ramsay）养大的。洛西茅斯是个以捕鱼和农耕为生的村庄，自然条件恶劣，贝拉住一座低矮的两室平房，当地人称“里外屋”(but and ben)，茅草屋顶，破败的地板，酒瓶玻璃塞着小小的窗户。人生之始实在不易，可透过阴云，也能看见几片蓝蓝的天。两个性格刚强，又聪慧过人的女人把麦克唐纳当成了掌上明珠。一八七〇年通过 228
的《教育法》固然可以保证他得到足够的基础教育，但作为苏格兰人，他还能受益于一个传统上优于英格兰南邻的体系。他以每月十八便士的花销，到附近的德赖尼（Drainie）上了一所教区学校，“体系像诺克斯（Knox）[1] 一样古老；堪称天下子女所能得到的最佳教育。”45

---

[1] 大概指十六世纪的苏格兰宗教改革家约翰·诺克斯（John Knox，约一五一四～一五七二）。

德赖尼教师詹姆斯·麦克唐纳（James MacDonald）对这个少年产生了深远的影响。就正规教学而言，他使用贝恩（Bain）[1]的《十六便士文法》(*Sixteenpenny Grammar*)，然后讲授拉丁语和希腊语。然而，詹姆斯·麦克唐纳的文学偶像却是沃尔特·司各特爵士和乔治·麦克唐纳（George MacDonald）[2]。当拉姆齐·麦克唐纳向他求借司各特的《祖父的故事》(*Tales of a Grandfather*)[3]时，老师问他，他外婆都有哪些藏书，他的回答是："好大一套三卷本的布朗氏圣经，羊皮纸的；一部巨大的《基督传》，我都抱不起来，可书脊是抛光的绿皮子做的，我总觉得它特别吸引我；一些结集的布道词，几本黑色封皮的神学书和教会史，一两本原文版的古典作品，加上一些破破烂烂、零零碎碎的书。"46 从他提及的原版古典作品可以看出，培养拉姆齐·麦克唐纳的地方颇不寻常。

麦克唐纳去过埃尔金（Elgin），步行往返要三十六公里，站在书店窗外，"从那些暴露在外的书中偷上几页，能给我带来莫大的快乐……当我骄傲地成了一便士的主人时，我去的书店却不以为然。哪怕最低的价钱对我都是不可企及的。城里有家当铺的老板把他的'垃圾'卖给我，几乎等于白送。"在学校，《钱伯斯读本》(*Chambers' Readers*)中的一部名家文选，让他见识了"音乐、色彩，以及高贵的文字"，他遇到一个捡破烂的在读书，书放在装陶器的手推车上，结果他得到了一本英文版的修昔底德（Thucydides）[4]。有个得了肺结核的钟表匠回到洛西茅斯等死时，向拉姆齐·麦克唐纳推荐了狄更斯，把书借给他，

---

[1] 指苏格兰哲学家亚历山大·贝恩（Alexander Bain，一八一八～一九〇三），出版过几本极有影响的英语文法课本，亦曾倡议在苏格兰进行教学法的改革。

[2] 乔治·麦克唐纳（一八二四～一九〇五），苏格兰小说家、诗人、传教士和基督教寓言作家。

[3]《祖父的故事》是司各特所写的系列小说，一八二七年开始出版。

[4] 修昔底德（公元前四六〇或更早～前四〇四后？），最伟大的古希腊历史学家，著有《伯罗奔尼撒战争史》。

而书还回来的时候，是裹在一条干净的白毛巾里的。[47]

很明显，在老师眼中，他不是个普通的后生，于是在农庄短暂务农之后，麦克唐纳成了小先生，年薪七英镑，可以进入老师的图书室，在此阅读哈兹利特、卡莱尔和罗斯金（Ruskin）[1]的著作。在很多年以后的一次晚餐会上，有人问他读的哪所大学，他回答说是《卡斯尔国民教育》。这套三卷本的作品副题为“一部完整的百科全书，亦可作为基础教育、高等教育，以至技术培训”，今天仍然可在他的藏书中寻见，题记曰：“詹姆斯·麦克唐纳，洛西茅斯阿伦巷，一八八四年三月二十六日。”此时，他开始阅读乔因斯（Joynes）每月一期的《基督教社会主义者》(*Christian Socialist*)，并购买了一八八三年出版的亨利·乔治（Henry George）所著《进步与贫穷》(*Progress and Poverty*)。[2]后者亦可见于其藏书，日期标明为一八八三年七月二十 229
日，因此他显然是买的新书。亨利·乔治将此书题献给“那些目睹了因为财富与权利分配不公而酿成罪恶与痛苦的人，那些感到有可能实现更高级的社会状况，并且会为达成这一目标而奋斗的人”。很多人因为这本重要的著作而转变为社会主义者，麦克唐纳便是其中之一。

在布里斯托尔短暂生活之后，麦克唐纳迁居伦敦，找了一份写信封的工作，周薪十先令，转任开票员后涨到了十五先令。他过去一向对科学感兴趣，乃洛西茅斯田野俱乐部的创始人，因而渐渐有了到南肯辛顿进修学业的想法，把大量时间花在了市政厅图书馆（Guildhall Library）、伯克贝克学院（Birkbeck Institute）和大英博物馆的阅览室。由于过度劳累，他的身体几近垮掉，便另觅工作，当上了激进政治家

---

[1] 约翰·罗斯金（John Ruskin，一八一九～一九〇〇），英国作家、评论家和艺术家，以一八四三年至一八六〇年出版的五卷本《现代画家》(*Modern Painters*) 最为知名。

[2] 亨利·乔治（一八三九～一八九七），美国土地改革论者和经济学家，一八七九年出版《进步与贫穷》，主张土地公有，呼吁国家将地主不劳而获的经济地租尽数征收，赢得慈善界和宗教界的好感，孙中山亦受其影响，但经济学界不为所动。

托马斯·洛（Thomas Lough）的秘书，洛当时作为自由党候选人，正在西伊斯灵顿（West Islington）竞选。洛不仅付给他七十五英镑的年薪，还为他提供了人脉，让他结识了不少社会党政治家和新闻记者。新生活联谊会（Fellowship of New Life）由移民美国的苏格兰人托马斯·戴维森（Thomas Davidson）的弟子们创办于一八八三年，麦克唐纳加入了该会，并寄宿在英勇街（Doughty Street）的会员之家，舍友中包括费边社（Fabian Society）的秘书西德尼·奥利弗（Sydney Olivier）。一八九二年，他离开洛，做了报刊自由撰稿人，并从事演讲，乔治·吉辛（George Gissing）在其小说《新格拉布街》（*New Grub Street*）中描写了类似的生活。实际上，麦克唐纳自己也开始写小说了，故事高度模仿吉辛的早期作品《黎明的工人》（*Workers in the Dawn*）。[1] 麦克唐纳的主人公乃笃信社会主义的记者，出于用错地方的社会良知，娶了一位不识字的女仆，后来与一个摆脱束缚的老师相爱，才终于找到了真正的伴侣。女仆在马里湾的海岸上自杀身亡。这部小说的题目已无从查考，不过有份草稿就保存在麦克唐纳的档案里。

虽有吉辛式的忧郁，麦克唐纳的人生却一片锦绣。一八九六年，他加入了独立工党，第二年娶了玛格丽特·格莱斯顿。玛格丽特与麦克唐纳相识于大英博物馆的阅览室，乃伦敦东区一位心志高洁的慈善工作者，也是威廉·尤尔特·格莱斯顿的远亲。靠着她的私人收入，小两口得以在林肯律师学院广场买下一套公寓，此地遂成工党活动的一处办公室兼沙龙。这是拉姆齐·麦克唐纳政治生涯的第一个台阶，日后他将登临英国第一位工党首相的宝座，亦将遭受叛党指控而抱憾余生。诚然，他不再是普通读者了。一九三七年去世之后，子女将其藏书赠
230 给了苏格兰国立图书馆。尽管这些书反映出他的多种兴趣，如政治、

[1] 乔治·吉辛（一八五七～一九〇三），英国小说家，以坚定地描写中下阶层的现实主义小说而闻名。他立意像巴尔扎克那样，写出一套系列小说，一八八〇年的《黎明的工人》为第一部，此后连续出版了二十一部。

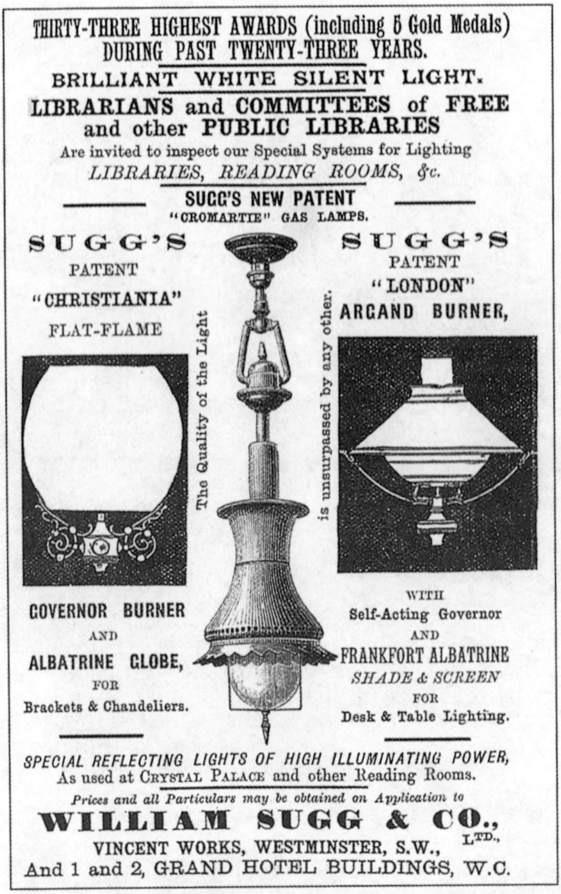

图七十五：格林伍德《免费公共图书馆》内威廉·萨格公司（William Sugg & Co.）的广告插页。一八七四年，萨格生产了“克里斯蒂娜”（Christiana）牌煤气灯，获誉为瓦斯照明品质上的一大飞跃，配装白色的“阿尔巴特丽娜”（Albatrine）灯罩后，效果尤佳。与蜡烛甚或油灯相比，瓦斯灯为读者提供了稳定而没有阴影的通透照明。

科学、诗歌和歌曲，尤其是苏格兰民谣，青年时代的收藏却寥寥无几，毫无疑问，那些书已经随着家财的增长而被丢弃了，或者是由于家属认为它们不值得保存。

将托马斯·比伊克和詹姆斯·拉姆齐·麦克唐纳的经历做一番比较，会得出怎样的结论呢？英格东北部与苏格兰皆以优质的基础教育闻名。

EDUCATION'S FRANKENSTEIN—A DREAM OF THE FUTURE.

(Dedicated to the School-Board.)

图七十六：一八八四年《笨拙》所刊漫画，哀叹一八七〇年通过的《福斯特教育法》，画中的弗兰肯斯坦支撑着教育，工人阶级子弟的职业蒸蒸日上，上流社会却在遭受没有工作、缺少收入的痛苦。

麦克唐纳的外婆和母亲决定送他去读收费学校，即使费用不高，但随着一八七〇年《福斯特教育法》的通过，她们毕竟也有其他选择。在孩提时代，麦克唐纳所接触的图书品类远远多过比伊克，后者的课外读物几 232
乎完全依赖廉本书。实际上，正是托马斯和弟弟约翰·比伊克借助自己的插图，让儿童读物有了生气。一系列技术上的进步，如蒸汽印刷机的发明，造纸和装订工艺的改进，加上卡斯尔和约瑟夫·马拉比·登特等出版商的果敢，确保了麦克唐纳和同代人能够以付得起的价格得到经典作品和人文知识。比伊克在纽卡斯尔享受库克书友会（Cooke's Book Club）和哲学学会的社交之乐，而麦克唐纳使用的却是免费的市立图书馆、前身为伦敦机械工人学院的伯克贝克学院，以及大英博物馆的阅览室，十九世纪中期，大英博物馆图书馆在其印本馆长（Keeper of Printed Books）安东尼奥·帕尼泽（Antonio Panizzi）[1] 主政期间，已发展成了全国性的研究型图书馆。由于长时间在烛光下绘制图书插图，比伊克患上了眼疲劳，不得不依赖助手完成制图工作。一百年后的麦克唐纳则可以点亮油灯，或前往安装了萨格公司新式煤气灯的图书馆内工作。

然而，哪怕普通读者推翻了前进道路上的所有障碍，仍有偏见留存，不管是社会偏见，还是知识偏见。《笨拙》在其一八八四年的年鉴中刊印了一幅漫画，题为“教育的弗兰肯斯坦——未来一梦”。画中是个丑陋而畸形的巨人，手抓钱包，头顶着学位帽，上面是一群受益于《福斯特教育法》的无忧无虑的青年学生，而在他脚下的那些人物已走投无路，有律师，有诗人，有画家，还有一位家庭女教师，全都丢掉了工作。从属的铁律仍然有效。

---

[1] 安东尼奥·帕尼泽（一七九七～一八七九），意大利爱国主义者和文学家，早年参加革命，一八二二年出逃英国，一八三一年任大英博物馆图书馆副馆长（first Assistant Librarian），一八三七年至一八五六年任馆长（Principal Librarian），将该馆建成世界上首屈一指的文化中心，并设计和督造了馆内著名的大阅览室。

第九章　革命的儿女：丹尼斯·希利和埃德娜·希利的藏书

233 本书已经论及多种形式的革命：技术的，政治的，知识的，但这一章的题目要说的是一场社会革命。三部十九世纪的法律对一代代英国人的生活，以至他们与图书的关系产生了深远的影响。前两部乃一八五〇年和一八五五年的《公共图书馆法》(*Public Libraries Acts*)，见效却极为缓慢。这种慢热的效果缘于两部法案允许而非强制市政当局为图书馆提供资助，以至于到了一九一八年，仅有五百六十六个地方政府付诸行动。而另一方面，一八七〇年的《福斯特教育法》却产生了立竿见影的效果，到十九世纪九十年代，入学儿童已达九成。

丹尼斯·希利和埃德娜·希利（Denis and Edna Healey）生于二十世纪的第二个十年，家境清贫，因此，这三部法案提供了巨大的机遇。丹尼斯现已身为里德尔斯登的希利勋爵（Lord Healey of Riddlesden），有过卓越的政治生涯，被称作英国无福享有的最佳首相，曾于六十和七十年代，在工党政府内担任国防大臣和财政大臣等要职。他写过几本书，其中的一本《我的秘密星球》(*My Secret Planet*）历数了对其人生有过影响的文学作品。[1] 他与埃德娜的婚姻持续了六十余年，两人共同的藏书已逾一万七千本，如今存放在他们位于萨塞克斯的家中。埃德娜做过教师，政治家的妻子，母亲，讲师，又在花甲之年开始了非常成功的作家事业。[2]

丹尼斯·希利生于一九一七年八月三十日，出生地邻近伦敦东南部的伍利奇兵工厂，战争的不确定性让这里成了一处要地，不过，全家

很快便返回了约克郡的西赖丁（West Riding），他在此度过了童年。他
父亲威尔曾经赢取了一笔工程学奖学金，入读利兹大学，后来便教授
工程学，一九二二年做了基斯利工程学院（Keighley Technical College） 234
的院长。丹尼斯的母亲名叫温妮，祖父是铁路信号员，在格洛斯特郡
塞文河畔纽纳姆（Newnham-on-Severn）一座乡村车站做站长。在切
尔滕纳姆的师范学校学习期间，温妮交友数人，皆为妇女参政权论
者。她对儿子影响甚大，丹尼斯从她那里继承了对阅读的喜好。哈罗
德·尼科尔森（Harold Nicolson）的广播节目对她的启发尤为显著。该
节目于一九二九年开播，有一系列每期十分钟的清谈，名叫《现代文
学新风》（*The New Spirit in Modern Literature*），却终结于同英国广播
公司（BBC）总裁约翰·里思爵士（Sir John Reith）的争执。里思信奉
长老宗，尼科尔森对 D. H. 劳伦斯小说的推介让他大为惊愕，亦不许
他提及詹姆斯·乔伊斯（James Joyce）的禁书《尤利西斯》（*Ulysses*）。
尼科尔森宣称里斯是个"木头脑袋，无法像面对有智慧的人类那样同
他交谈……想让我劝诱那些不识字的国民去读弥尔顿，而不是骑车出
游"。[3] 虽有这种精英论调，尼科尔森实为合格而且人气颇旺的广播员，
继续主持了《人与事》（*People and Things*）系列，从"气味"到"广
播员真诚吗"，主题无所不包，最后一期节目于一九三一年四月播出，
尼科尔森宣称有一千五百万人收听，温妮·希利便是其中一位忠实的 235
听众。[4]

希利家在基斯利住的是连排屋，此前半个多世纪，伊丽莎白·盖斯凯尔（Elizabeth Gaskell）[1] 曾这样描述此类民居："灰石头很多；用它建起成排的房子，加上统一的外观和顽强的轮廓，有一种坚实、宏伟的感觉。"[5] 丹尼斯的教育始于基斯利的德雷克和汤森幼儿园（Drake and

---

[1] 伊丽莎白·盖斯凯尔（一八一〇～一八六五），英国小说家和第一部夏洛蒂·勃朗特传记的作者，以首部长篇《玛丽·巴顿》（*Mary Barton*）成名，最后一部长篇《妻子们和女儿们》（*Wives and Daughters*）未及完成。

图七十七：丹尼斯·希利和埃德娜·希利在萨塞克斯家中的书房。

Tonson's kindergarten)，但他赢得布拉福德文法学校的奖学金后，全家便搬到了里德尔斯登。从这里直到霍沃思（Haworth），是一片连绵的荒野。丹尼斯对勃朗特一家产生了一种特殊的认同，因为他祖父是个裁缝，来自爱尔兰的基尔特克洛格（Kiltyclogher），落脚于托德莫登（Todmorden），与勃朗特姐妹和布兰韦尔（Bramwell）之父帕特里克的旅程颇为相近。[1]

布拉福德文法学校乃北方翘楚，丹尼斯在这里接受了第一流的教

[1] 帕特里克·勃朗特为爱尔兰出生的英国国教牧师，一八二〇年携妻玛丽亚及六子女前往约克郡荒野任职，妻子和两个孩子相继死去，仅余三个女儿夏洛蒂、埃米莉和安妮，以及儿子布兰韦尔。

育，并由此激发了对古典文学的热爱。利维斯（Leavis）[1]的一位弟子教他英文，《细读》（*Scrutiny*）杂志成了他的圣经。他尤其欣赏利维斯对乔治时代诗人的梳理，以及对叶芝富有启发性的晚期诗歌的推崇。私人阅读方面，丹尼斯喜欢G. K. 切斯特顿的（G.K. Chesterton）以布朗神父为主人公的系列小说[2]，其人物原型乃基斯利的牧师奥康纳神父（Father O'Connor）。他后来又喜欢上了弗吉尼亚·伍尔夫，先读她的小说，继而是她的随笔。他还醉心于梅列日科夫斯基（Merejkowski）[3]的历史小说和陀思妥耶夫斯基、托尔斯泰和屠格涅夫的作品。发现《莫菲》（*Murphy*）之后，他便养成了对塞缪尔·贝克特（Samuel Beckett）[4]作品的终生喜好。

丹尼斯的大部分读物得自基斯利极为出色的公共图书馆。该馆落成于一九〇四年，很大程度上受益于慈善家安德鲁·卡内基一笔一万英镑的赠款。要卡内基施以援手的请求是斯威沃·史密斯爵士（Sir Swiro Smith）在斯基波堡的一次晚餐上提出的。后者听上去仿佛出自乔吉特·海尔（Georgette Heyer）[5]小说中摄政时期的恶棍，但事实上，斯威沃爵士当时意在促进成人教育和机械工人学院的建设。他指出，基斯利的学子不断赢得全国性的奖项，在自己的镇上却无书可读。卡内基提供了帮助，他在英国建立的众多图书馆中，也便有了基斯利这一家。

一九三六年，丹尼斯赢得了牛津大学贝利奥尔学院（Balliol

---

[1] F. R·利维斯（一八九五～一九七八），英国文学评论家，一九二五年起在剑桥大学以马内利学院任教，一九三二年与妻多萝西创办文学季刊《细读》，出版至一九五三年，许多人认为这是他对英国文学的最大贡献。

[2] G. K. 切斯特顿（一八七四～一九三六），英国评论家、诗人、散文家和小说家，布朗神父探案系列是他最成功的作品。

[3] 德米特里·梅列日科夫斯基（Dmitry Merezhkovsky，一八六六～一九四一），俄国小说家和哲学家，以历史宗教小说闻名，一九二〇年与妻季娜依达·吉皮乌斯流亡巴黎。

[4] 塞缪尔·贝克特（一九〇六～一九八九），爱尔兰小说家和剧作家，一九六九年诺贝尔文学奖得主。一九三八年出版的长篇小说《莫菲》描写伦敦的一个爱尔兰人逃避本来会娶的女人，到精神病院做男护士，过静思生活。

[5] 乔吉特·海尔（一九〇二～一九七四），英国历史言情和侦探小说家。

College）的奖学金，研读 Mods & Greats，即“人文精进”（Litterae Humaniores），集成了古典文学、古代历史，以及尤为强调的古典哲学。许多北方文法学校的学生拿到了王后学院（Queen's College）的奖学金，但丹尼斯选择了贝利奥尔，实因他对该校十九世纪的杰出导师本杰明·周伊特（Benjamin Jowett）[1] 极为景仰。埃德娜实现梦想的道路上，或许有更多的坎坷。一九一八年六月十四日，她生于格洛斯特郡迪恩森林（Forest of Dean）地区的科尔福德（Coleford）。“森林”一
236 词的本意乃“外面”，而非“有很多树的地方”。到十一世纪，皇家森林的理念才随着诺曼人国王的到来而进入了英格兰，国王们辟出一大片山野，养鹿于其中，专供自己或其爱将猎杀。这些地区外在于普通法，而以森林法为上。直至今日，在迪恩森林地区仍可感受到“外面”的观念，而在埃德娜成长期间，这种感觉甚至更为明显。她父亲爱德华·埃德蒙兹（Edward Edmunds）在采石场里做吊车司机，有五个孩子要养，钱总是紧巴巴的，特别是一战后经济衰退让他失业期间。最终，他成了泵站的主管工程师，在科尔福德三公里外的一个村子里上班。

家里住的是连排屋，煤气灯在厨房里才有，写家庭作业要靠油灯。书只能摆两格，而相较阅读，特德·埃德蒙兹[2] 和妻子罗丝更喜欢音乐，他们的社交生活以浸信会教堂为中心。架上所有的书都是奖品，大部分来自主日学校，有吉卜林（Kipling）[3] 的《丛林故事》（*The Jungle Book*），乔治·麦克唐纳的《在北风的背面》（*At the Back of the North Wind*），以及大卫·利文斯通（David Livingstone）和玛丽·斯莱

[1] 本杰明·周伊特（一八一七～一八九三），英国古典学者，十九世纪最优秀的教师之一，以翻译柏拉图著作闻名。

[2] 特德是爱德华的昵称。

[3] 罗德亚德·吉卜林（Rudyard Kiplin，一八六五～一九三六），英国小说家和诗人，一九〇七年诺贝尔文学奖得主，以颂扬英帝国主义的儿童故事闻名。

瑟（Mary Slessor）[1] 等传教士的生平，斯莱瑟的传记《奥卡宗的白女王》（*The White Queen of the Okajong*）日后促使埃德娜写出了一部电视纪录片。它们不仅是奖品，也是珍品：典雅之作，软皮精装，有的甚至配以流苏。它们总是包裹在牛皮纸里，用以保护。与外界相连的唯一物事乃收音机，埃德娜回忆曾与兄弟姐妹坐在一起，收听“麦克叔叔”（Uncle Mac），人人戴着耳机，“活像梗上的一对樱桃”。

《图书馆法》颁行半个世纪后，公共图书馆也已出现在了基斯利，但科尔福德还没有此类机构，在埃德娜的幼儿和小学时期，更连专门的书架也没有。书装在木板箱里，从格洛斯特运来，狄更斯的小说有股子霉味，在埃德娜的记忆中经久不去。十一岁那年，她得到了科尔福德贝尔文法学校的入学机会，这要有赖罗伯特·格林杜尔和简·格林杜尔（Robert and Jane Greyndour）早年留下的善款，以使本教区的贫穷儿童在一位“深谙文法艺术”的牧师指导下接受教育。这些儿童理所当然都是男孩子，女孩只有到了二十世纪初才开始入学。同样，学校没有图书馆，老师们便开上车，从格洛斯特和切尔滕纳姆的公共图书馆往回运书。

有两位老师对埃德娜影响巨大，一位是历史教师罗伯特·诺布尔（Robert Noble），他从格洛斯特带来了自己的藏书，包括《印度母亲》（*Mother India*）[2]，他曾认为，书中对分娩的描写或会引致困窘。另一位是英文女教师琼·戴维斯（Joan Davis），她说服了埃德娜的母亲罗丝，让孩子参加牛津大学的入学考试。人们认为她出身卑微，她自己也可 237
能无法摆脱这种成见，却还是申请了圣休学院（St Hugh's College），并

[1] 大卫·利文斯通（一八一三～一八七三），在非洲工作的苏格兰传教士和探险家，维多利亚瀑布和马拉维湖的发现者；玛丽·斯莱瑟（一八四八～一九一五），苏格兰女传教士，利文斯通死后，她决心追随其事业，遂前往尼日利亚。

[2]《印度母亲》出版于一九二七年，系美国作家凯瑟琳·梅奥（Katherine Mayo）的作品，因书中对印度社会、宗教和文化的强烈抨击而引发了巨大争议，不仅受到圣雄甘地的批评，还在印度遭到了当众焚烧。

于一九三六年获准入学。

埃德娜形容，牛津的图书馆、书店和博物馆就像一扇扇打开的大门，通往一个未被发现的国度。她有每年十二英镑的购书补助，但更依赖图书馆，对上博德利（Upper Bodleian）[1]格外钟情，这里古书飘香，让她第一次真切地感到置身于“书的世界”，同时还能见到大学里的男青年。她的导师埃德蒙·布伦登（Edmund Blunden）给她示范了一种对书籍的新态度。看着他从架上取下让她借走的书，看着他阅读，她感到如痴如醉，仿佛听到塞缪尔·约翰逊的声音在轰鸣。丹尼斯同样受到导师、本杰明·周伊特之后的院长“桑迪”·林赛（“Sandy” Lindsay）[2]的很大影响。林赛不拘泥于以康德和黑格尔为中心的哲学课程，向学生们介绍了乔治·古尔捷耶夫（Georges Gurdjieff）、赖因霍尔德·尼布尔（Reinhold Niebuhr）和列夫·舍斯托夫（Lev Shestov）的思想。[3]

对埃德娜和丹尼斯而言，这是政治意识持续增强的阶段：西班牙爆发了内战，意大利的法西斯主义和德国的纳粹主义双双崛起。他们都加入了共产党，并且作为人民阵线的候选人，参与了一九三八年轰动一时的牛津补选，丹尼斯的导师桑迪·林赛获得推举，与政府方面的候选人昆廷·霍格（Quintin Hogg）展开竞争，以抗议《慕尼黑协定》。支持林赛的大学生们跨越了党派界限，丹尼斯和埃德娜遂与罗伊·詹金斯（Roy Jenkins）、爱德华·希思（Edward Heath），以及温妮的偶像哈罗德·尼科尔森的儿子奈杰尔·尼科尔森（Nigel Nicolson）并肩投入选战。最终，霍格虽然勉强获胜，但内维尔·张伯伦（Neville

---

[1] 上博德利在下博德利（Lower Bodleian）的楼上。

[2] 亚历山大·林赛（Alexander Lindsay，一八七九～一九五二），即第一代伯克尔的林赛男爵，以桑迪（Sandie，或拼 Sandy）为人所知，苏格兰出生的英国哲学家。

[3] 乔治·古尔捷耶夫（一八七二？～一九四九），亚美尼亚哲学家和神秘主义者；赖因霍尔德·尼布尔（一八九二～一九七一），德裔美国基督教神学家；列夫·舍斯托夫（一八六六～一九三八），乌克兰出生的俄国存在主义哲学家。

Chamberlain）的政府已经清楚地看到了民意所向。[1] 丹尼斯和埃德娜也都是左翼书友会（Left Book Club）的成员—— 埃德娜后来曾带着眷恋，回忆起那些橙色封皮的书，如书友会印行的第一部作品——乔治·奥威尔（George Orwell）的《通向威根码头之路》（*The Road to Wigan Pier*）[2]，又如克莱门特·艾德礼（Clement Attlee）[3] 的《工党展望》（*Labour Party in Perspective*），至今还放在丹尼斯的书房内。

左翼书友会脱胎于维克多·戈兰茨的构想。戈兰茨人称维戈（VG），生性热情洋溢，早在一九二八年，他便在科文特加登的亨利埃塔街（Henrietta Street）十四号创办了自己的出版社。在印制新奇夺目的书封，进行广告宣传方面，他很有一手。直到十九世纪晚期，书籍仍然只有一层防尘护封的保护，但后来引进了凸版印刷的文字护封，用于图书营销。约瑟夫·马拉比·登特出版的两套丛书当为较早的范例，其《圣殿经典》（*Temple Classics*）和《圣殿莎士比亚》上，便裹有这样的护封。值得注意的是，这两套书都由维戈的莎学家叔叔伊斯雷尔·戈兰茨主编。不久，"图画"护封也开始出现，但戈兰茨对此颇为不屑；他后来把这些新生事物出现的时间归入了英国出版业最糟糕的日子。他利用下午的时间，遍访伦敦的车站，打量铁路书摊，从中寻找最醒 238
目的背景颜色，最后定为黄色。当时极为优秀的印刷专家斯坦利·莫

---

[1] 一九三八年八月七日，保守党国会议员罗伯特·克罗夫特·伯恩（Robert Croft Bourne）去世，引发牛津选区预定十月二十七日的补选。但九月二十九日，张伯伦首相签署《慕尼黑协定》，左翼党派，甚至部分保守党人对此强烈不满。桑迪·林赛的竞选口号中，有一句便是："投票给霍格就是投票给希特勒。"

[2] 乔治·奥威尔（一九〇三～一九五〇），英国左翼作家，以反乌托邦小说《一九八四》和《动物庄园》闻名，一九三七年由左翼书友会出版的《通向威根码头之路》是他的第一部社会主义著作。

[3] 克莱门特·艾德礼（一八八三～一九六七），英国工党领袖，一九四五年至一九五一年任首相。

里森（Stanley Morison）[1] 为他设计了一套朴素的封面，用黑色和鲜红（后来改为品红）印上书名、目录和主题，其意图是让读者眼前一亮，心头一惊，因而有人指责这些封面粗鲁，但雷蒙德·莫蒂默（Raymond Mortimer）谈到其价值时，可谓一语中的，他指出，身为文学评论家，每半个月他都要经手五十本甚至更多数量的小说，但总不至于"选书时对那些穿着动人衣衫的视而不见"。[6]

直到二十世纪二十年代，出版商在报纸上做的广告都很不起眼，依照旧例与成药广告和新款女内衣的图样放在一起。但维戈一出手，便用巨大的整版广告突入《观察家报》（*Observer*）和《星期日泰晤士报》（*Sunday Times*）的文学版块，高声叫卖自己的货品。今天我们会把这种方式称作"广告轰炸"。他垄断了《观察家报》春季和圣诞增刊的全部头版，宣传本社即将推出的大作。当时的书评动辄长达数版，而他在重头版面的两侧买下贯通到底的双栏位置，并运用各种印刷装饰来突出广告效果，包括食指伸出的大手。希拉·霍奇斯（Sheila Hodges）在关于该社的专著中指出，戈兰茨大大提高了公众对图书的注意。

虽然维克多·戈兰茨持有强烈的政治观点，但他认识到，必须让自己的出版社有一个强大的经济基础，因此在介入政治图书之前，便建设起了一支出色的作者队伍。传统上而言，政治类图书很难出版，出版社和书店都不愿接手，公众对此类图书也普遍漠不关心。但时代不同了：失业率高涨，贫困成为普遍现象，极端主义正在欧洲崛起。一九三二年，戈兰茨出版约翰·斯特雷奇（John Strachey）的《即将到来的争夺权力的斗争》（*The Coming Struggle for Power*）时，在其书目中宣称这是"一本危险至极的书……那些一心紧闭双眼，特别是那些以恐惧看待俄国的人，

[1] 斯坦利·莫里森（一八八九～一九六七），英国活版印刷家、学者和印刷术史学家，所设计的泰晤士新罗马体（Times New Roman）被视为二十世纪前半期最成功的新型活字，今天仍在广泛使用。

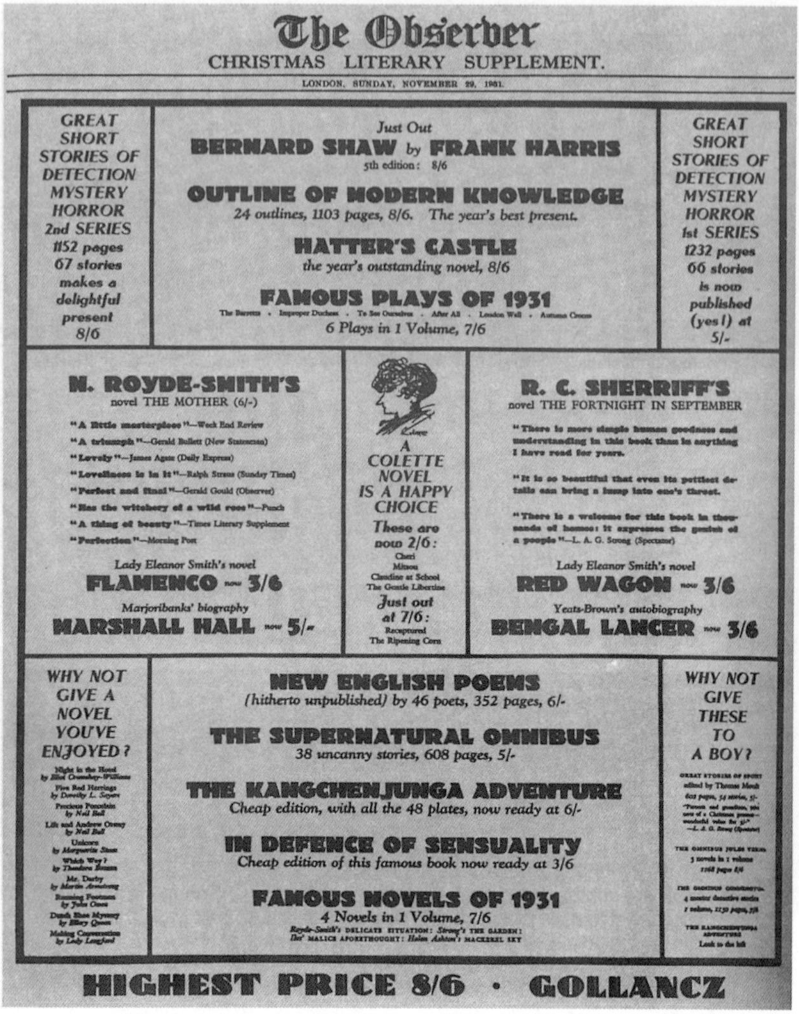

The Observer
CHRISTMAS LITERARY SUPPLEMENT.
LONDON, SUNDAY, NOVEMBER 29, 1931.

GREAT SHORT STORIES OF DETECTION MYSTERY HORROR 2nd SERIES
1152 pages
67 stories
makes a delightful present
8/6

Just Out
BERNARD SHAW by FRANK HARRIS
5th edition: 8/6

OUTLINE OF MODERN KNOWLEDGE
24 outlines, 1103 pages, 8/6. The year's best present.

HATTER'S CASTLE
the year's outstanding novel, 8/6

FAMOUS PLAYS OF 1931
The Barretts · Improper Duchess · To See Ourselves · After All · London Wall · Autumn Crocus
6 Plays in 1 Volume, 7/6

GREAT SHORT STORIES OF DETECTION MYSTERY HORROR 1st SERIES
1232 pages
66 stories
is now published (yes!) at 5/-

N. ROYDE-SMITH'S
novel THE MOTHER (6/-)

"A little masterpiece"—Week End Review
"A triumph"—Gerald Bullett (New Statesman)
"Lovely"—James Agate (Daily Express)
"Loveliness is in it"—Ralph Straus (Sunday Times)
"Perfect and final"—Gerald Gould (Observer)
"Has the witchery of a wild rose"—Punch
"A thing of beauty"—Times Literary Supplement
"Perfection"—Morning Post

Lady Eleanor Smith's novel
FLAMENCO — now 3/6

Marjoribanks' biography
MARSHALL HALL — now 5/-

A COLETTE NOVEL IS A HAPPY CHOICE
These are now 2/6:
Cheri
Mitsou
Claudine at School
The Gentle Libertine
Just out at 7/6:
Recaptured
The Ripening Corn

R. C. SHERRIFF'S
novel THE FORTNIGHT IN SEPTEMBER

"There is more simple human goodness and understanding in this book than in anything I have read for years.

"It is so beautiful that even its pettiest details can bring a lump into one's throat.

"There is a welcome for this book in thousands of homes: it expresses the genius of a people"—L. A. G. Strong (Spectator)

Lady Eleanor Smith's novel
RED WAGON — now 3/6

Yeats-Brown's autobiography
BENGAL LANCER — now 3/6

WHY NOT GIVE A NOVEL YOU'VE ENJOYED?
Night in the Hotel by Eliot Crawshay-Williams
Five Red Herrings by Dorothy L. Sayers
Precious Porcelain by Neil Bell
Life and Andrew Otway by Neil Bell
Unicorn by Marguerite Steen
Which Way? by Theodora Benson
Mr. Darby by Martin Armstrong
Running Footman by John Owen
Dutch Shoe Mystery by Ellery Queen
Making Conversation by Lady Longford

NEW ENGLISH POEMS
(hitherto unpublished) by 46 poets, 352 pages, 6/-

THE SUPERNATURAL OMNIBUS
38 uncanny stories, 608 pages, 5/-

THE KANGCHENJUNGA ADVENTURE
Cheap edition, with all the 48 plates, now ready at 6/-

IN DEFENCE OF SENSUALITY
Cheap edition of this famous book now ready at 3/6

FAMOUS NOVELS OF 1931
4 Novels in 1 Volume, 7/6
Royde-Smith's DELICATE SITUATION: Strong's THE GARDEN: Iles' MALICE AFORETHOUGHT: Helen Ashton's MACKEREL SKY

WHY NOT GIVE THESE TO A BOY?
GREAT STORIES OF SPORT
edited by Thomas Moult
THE OMNIBUS JULES VERNE
THE KANGCHENJUNGA ADVENTURE
Look to the left

HIGHEST PRICE 8/6 · GOLLANCZ

图七十八：一九三一年十一月二十九日《观察家报·圣诞文学增刊》的头版，印满了维克多·戈兰茨所出图书的广告。

都绝对不应该读它”。它成了畅销书，在英国中产阶级成员转向社会主义的过程中，它被认为是最有效的催化剂之一。一九三五年，伦敦著名的共产主义者书店——工人书店（Worker’s Bookshop）邀请斯特雷奇加入一个书友会的委员会，负责从各出版社的目录中挑选左翼图书。戈兰茨是唯一一个对该委员会的提议做出回应的出版商，并在第二年一月与斯特雷奇及律师斯塔福德·克里普斯（Stafford Cripps）共进午餐，他提出，应该由他本人发起书友会。一个月后，第一份左翼书友会的广告便以跨页形式出现在《新政治家》（*New Statesman*）杂志上，广告宣称，要“对为了世界和平，为了更好的社会与经济秩序，反对法西斯主义而进行的斗争提供帮助”，《新闻纪事报》（*News Chronicle*）很快也
240 刊登了相似的广告。

反响出奇地好。一个月之内便有六千余人报名，到这一年年底，会员已达四万之众。书友会只向在册的会员供书；正式会员须承诺购买每月特选，至少买齐六个月，不久之后，还有额外的图书加入，会员有意，也可购买。书不论薄厚，价格统一定为两先令六便士，会员还可每月收到免费的会刊，起初叫《左翼图书新闻》（*Left Book News*），后来改为《左翼新闻》（*Left News*）。经过反复试验，书封采用了橙色软皮，斯坦利·莫里森设计了封面图案，左翼书友会的大写字头 LBC 置于画面中央，但稍微偏左，代表该会的政治取向。图书通过书店向会员发行，书商们起初态度冷淡，因为过程烦琐，收入不多，但他们很快就认识到，此举正在为书店带来新的顾客。非会员也可以购买书友会的书，但须支付七先令六便士，三倍于会员价。

书友会的书由一个三人委员会负责挑选：维克多·戈兰茨和约翰·斯特雷奇，以及伦敦政经学院（London School of Economics）的政治科学教授哈罗德·拉斯基（Harold Laski）。第一批获选书目包括斯特雷奇本人所写的《社会主义的理论与实践》（*The Theory and Practice of Socialism*），它成了书友会的圣经。奥威尔的《通向威根码头之路》是

一九三七年三月的特选，后来成了最受欢迎的作品之一。受到这一时期共产党内主流意见的影响，戈兰茨回绝了奥威尔的下一本书《向加泰罗尼亚致敬》（*Homage to Catalonia*），它随后转由塞克（Secker）出版社付梓。《向加泰罗尼亚致敬》的印数为一千五百册，而《通向威根码头之路》高达四万二千册，左翼书友会的实力可见一斑。[7]

在十八世纪的英国文坛，书友会无疑司空见惯，但它们属于非正式团体，而不是遍布全英的大型机构。维克多·戈兰茨的书友会看准了艾伦·博特（Alan Bott）发起的图书协会（Book Society），后者的选书委员会由小说家休·沃波尔（Hugh Walpole）主持，出版商受邀为委员会荐书，如果图书获选，便能以无折扣的价格提供给书友会的会员，因为他们信赖沃波尔及其同僚们的合理判断。戈兰茨不断成功入选，以至于有人怀疑他和图书协会串通一气。很快出现了好几家左翼书友会的模仿者，其中有个右翼书友会（Right Book Club），由福伊尔书店（Foyles Bookshop）经营。漫画家大卫·洛（David Low）是左翼书友会的支持者，画过一幅题为《书友会大战》（*Book Club War*）的漫画，其说明文字如下："读书前线正在发生一场激战，顽固派书友会向左翼书友会发起猛攻。据报有重大伤亡，二十九人失去知觉，戈兰茨将军的眼镜也毁于炮火。"

左翼书友会成了许多人的生活方式，西班牙内战爆发后尤其如此。 241
许多地方组织了小组，讨论每月的特选图书。到一九三九年，此类小组的数量已逾一千二百个。丹尼斯·希利和埃德娜·埃德蒙兹属于牛津小组，开会地点设在火车站旁边的左翼书店（Left Bookshop）。在这儿，从前线归来的男青年们唱着西班牙的战歌，同样在这儿，丹尼斯发表了自己最早的一些政治演说。书友会小组可按特定身份组建，如文书，公共汽车司机，六年级中学生，伦敦的印度居民，还有某些可以自成一体的人士。在伦敦，卡姆登市（Camden Town）分会配备了"两张桌子、一台打字机、一台留声机和几把班卓琴"，而伍尔弗汉普顿（Wolverhampton）小组只能弄到牲口棚里一间黑乎乎的阁楼，组员们可以爬梯子上去，打乒乓球，或是争抢“颜色鲜艳的苏联宣传画”。[8]

这一非凡的现象随着一九三八年政治形势的变化而走向末路。维克多·戈兰茨认识到战争迫在眉睫，因此宣称，即使一个非社会主义的英国，也能代表正义与德国交战。他还认识到，在书友会的许多分会内，共产党正在取得决定性的影响力。一九三九年八月二十三日《苏德互不侵犯条约》的签订，把一个重大的道德和思想难题摆到了全体共产党员面前，未几，战争爆发，左翼书友会的黄金岁月亦宣告结束。然而，左翼书友会发行的图书达数百万册之巨，在成千上万的会员中间口耳相传，不论在第二次世界大战期间，还是一九四五年的大选之时，对民意的影响都极为巨大。

如果说维克多·戈兰茨通过出版，引发了三十年代的一场社会革命，那他也不是孤军奋战，推出企鹅版纸皮平装本的艾伦·莱恩（Allen Lane）同样可被视作旧秩序的颠覆者。在某些方面，两人很相像，如创造力和给予员工的待遇——低工资，伴以阵发性的慷慨解囊。在其他方面，他们又非常不同。戈兰茨性格张扬，爱嚷嚷，而那些在六十年代认识莱恩的人仍然记得，他是个整洁的人，衣冠楚楚，在派对上总是安静地站在角落。

艾伦·莱恩其实本名艾伦·威廉斯（Allen Williams）：为了让他进入舅舅约翰·莱恩（John Lane）的公司，全家人都尽职尽责地改了姓。约翰·莱恩的出版公司位于皮卡迪利一侧维戈街（Vigo Street）的博德利头标志处，这种方式让人想到过去街道没有门牌号码时的商店招牌，莱恩之所以选择博德利的头，盖因托马斯·博德利爵士像他一样，是个爱书的德文郡人。一九二五年，约翰·莱恩去世后，艾伦成了总经理。围绕企鹅出版社诞生的传奇故事，众说纷纭，但有一种说法得到了普遍认可，即某个周末，莱恩前去拜访推理小说家阿加莎·克
242 里斯蒂（Agatha Christie）和她的考古学家丈夫马克斯·马洛温（Max

Mallowan)，回程途中，在埃克塞特火车站发现书摊上缺少便宜的读物，遂起意行动。于是他向博德利头的其他董事们提议，出版一系列外观夺目的纸皮平装本图书，以此鼓励店面展示，同时拓宽传统的销售渠道，加大印数，以拉低书价。关于最后一点，他建议定在六便士，也就是一包香烟的价钱。

出版纸皮平装本的想法由来已久，可以追溯到十六世纪早期威尼斯印刷商阿尔杜斯·马努蒂乌斯（Aldus Manutius）所出版的图书。推出低价纸皮本的动力绵延不绝，但物美与价廉总是难以得兼，乔治·哈钦森（George Hutchinson）[1]曾推出“六便士黑皮书”（Sixpenny Blacks），其子沃尔特却代之以封面花哨，或推理，或言情的垃圾小说。至二十世纪初，硬皮本通常标价七先令六便士，旅游或传记等流行的非小说图书则为十二先令六便士。大多数出版商会以更便宜的硬皮本重新发行这些书，有时只卖三先令六便士，有时更低，视版权状态而定。一九三〇年，维克多·戈兰茨决定创办一家名叫蒙达努斯（Mundanus Ltd）的子公司，以纸皮本的形式出版原创小说，旨在大批量发行，标价三先令。斯坦利·莫里森受托，采用法国和德国图书的风格，设计统一的封面，并选用更薄的纸张，以使这些书能“舒舒服服地揣进衣袋”。小说家和《旗帜晚报》（*Evening Standard*）极有影响的书评家阿诺德·本涅特（Arnold Bennett）[2]曾对蒙达努斯公司大力声援，但尽管如此，其事业终究还是昙花一现，仅有九本书得以出版，而大部分时间无所作为。

在谋篇布局时，艾伦·莱恩记取了蒙达努斯公司和其他出版商的教训。也许一个重要的前车之鉴，便是要找到一个好听好记的名字。

---

[1] 一八八七年，乔治·哈钦森以三千英镑在吾等天父道二十五号地下室创业。一九八九年，哈钦森出版社并入英国兰登书屋集团。

[2] 阿诺德·本涅特（一八六七～一九三一），英国小说家、剧作家、批评家和随笔作者，以细致入微的“五镇”（Five Towns）小说闻名。

“蒙达努斯”是无法抓住人们的想象的。莱恩的秘书琼·科尔斯（Joan Coles）想出了“企鹅”，公司当时的新人爱德华·扬（Edward Young）于是受命前往伦敦动物园的企鹅馆写生，回来后不停地抱怨馆中臭气熏天。他进一步调整了封面设计，采用三横条，上下着色，根据图书类别的不同而使用不同的色标：橙色代表小说，绿色代表罪案，蓝色代表传记。中间留白，以吉尔无衬线体印上黑色的作者和书名。第一批企鹅版图书仍然像通行的硬皮本一样印刷了护封。

对艾伦·莱恩的计划，董事们最初的反应非常消极，于是他和两个兄弟理查德与约翰一起决定，以博德利头之名，但使用家族资金，来推出这批图书。莱恩面临着许多困难，头一个必须要克服的，便是说服其他出版商，拿到他心仪作品的纸皮本版权。戈兰茨回以愠怒，事
243 实上，直到二十世纪五十年代，他都拒绝与莱恩做生意。莱恩从贝恩（Benn）手里买下了多萝西·塞耶斯（Dorothy Sayers）的《柏洛娜俱乐部的不快》（*The Unpleasantness at the Bellona Club*），[1] 而戈兰茨将塞耶斯视作禁脔，这等于往他的伤口上又撒了一把盐。另一位拒绝出售版权的出版商是查托社（Chatto）的哈里·雷蒙德（Harry Raymond），他担心企鹅的版本伤及自己的廉价图书，然而，一俟他看到企鹅的书有多好，其看法也就随之改变。莱恩的首批书目有十本，其中六本来自乔纳森·凯普（Jonathan Cape），公认此君拥有伦敦最好的在版书目。莱恩不断造访凯普位于贝德福德广场（Bedford Square）的办公室，一些艰苦的交易因此得以达成。

第二个困难是说服书商，此事显然非常棘手。旧秩序正在迅速改变，但并非人人愿意接受新的规则。例如，W. H. 史密斯书店在十九世纪是举足轻重的革新力量，此时却成了创新的抵抗者。哈里·雷蒙德

[1] 多萝西·塞耶斯（一八九三～一九五七），英国学者和推理小说家，以侦探彼得·温西勋爵（Lord Peter Wimsey）为主人公的作品最受欢迎，《柏洛娜俱乐部的不快》是这一系列的第四部，一九二八年由欧内斯特·贝恩（Ernest Benn）首次出版。

一九二八年推行购书代价券伊始，便遭到史密斯的反对，因为他和其他书店担心，家长拿走购书券，却用于为子女购买教材。一九二九年，史密斯书店广告部的P. R. 查普尔（P. R. Chapell）就廉价书店销售廉价图书的原则，提出了如下激进的建议："这是个廉价的时代，所有阶级——甚至王后本人——都在光顾伍尔沃思公司（Woolworths）。[1] 我们那些气派书店的顾客主要是文化阶层，他们带来的营业额有限，而我们想让更多的人在书摊上买更多的书——除圣诞季之外，他们购书的数量是不足的。"9 这份建议很快就被上司驳回了。

报纸的发行量在快速增长，并且使用优惠券的方式提供减价图书，以期赢得新的读者。例如，《每日邮报》（*Daily Mail*）提供全套的莎士比亚作品，只需五先令九便士，外加从报上剪下的六张优惠券。萧伯纳（Bernard Shaw）[2] 与其出版商订有保留全部版权的特别协议，因而得以同《每日先驱报》（*Daily Herald*）谈判，以三先令九便士外加优惠券，销售其戏剧全集，而同一套书的康斯特布尔（Constable）版标价为十二先令六便士。让出版业怒火中烧的是，这套特别版额外收入了三部剧作。萧伯纳对这场冲突不无得意，在致信牛津书商和出版商巴兹尔·布莱克韦尔（Basil Blackwell）时，他写道："我对书商们无计可施，只能告诉他们别孩子气……几百万同胞买不起十二先令六便士一套的书，就像没钱进行环球旅行一样，对这些人你们就没有怜悯之心吗？我实在对您感到惊讶。我们在邦珀斯（Bumpus's）[3] 见面时，您似乎是个非常聪明的年轻人。"10

正是在这样的气氛下，艾伦·莱恩开始为新生的企鹅寻找第一批

---

[1] 弗·温·伍尔沃思公司（F.W. Woolworth Co）一八七九年创办于美国，在售价低廉的"五分一角"（five-and-ten）理念基础上发展为大型跨国连锁零售企业。

[2] 萧伯纳（George Bernard Shaw，一八五六～一九五〇），爱尔兰喜剧作家、文学评论家和社会主义宣传家，一九二五年诺贝尔文学奖得主。

[3] 伦敦书店。

店家。塞尔弗里奇公司（Selfridges）给他提供了一个窗口，邦珀斯的约翰·G. 威尔逊（John G.Wilson）也点了头，但大部分书商拒绝进货，244 不是说毛利太少，便是声称这些书会被弄脏，撕破，甚至威胁把它们放进店门外的箱子。W. H. 史密斯书店和大批发商辛普金·马歇尔公司（Simpkin Marshall）则全无兴趣。万念俱灰之时，莱恩在某个星期六拜访了伍尔沃思的总部，该公司当时以“六便士巴扎”（Sixpenny Bazaar）闻名，店内任何东西的最高价格也不过如此。日杂部采购员克利福德·普雷斯科特（Clifford Prescott）负责图书进货，他对企鹅的书满腹狐疑，指出护封上没有画，而伍尔沃思自己的“读者文库”（Readers' Library）似乎更值得买。不过，他的看法很快改变了，因为他妻子结束上午的购物，过来吃午餐的时候，受惑于莱恩的美貌，劝说普雷斯科特接受了这批书。六万三千五百册的订单及时到达，企鹅图书的未来有了保证。有人说莱恩给这个故事添油加醋，可它也表明了成功与失败之间的距离何其微小。

一九三五年八月银行假（August Bank Holiday）[1] 之前的那个星期二，首批十本企鹅版图书出版了。星期五那天，莱恩上班途中，在塞尔弗里奇公司门前下了公共汽车，图书采购员告诉他，最初的每种一百本书几乎已经卖光，还需要一千本。他到办公室的时候，书店要货的电话已经响个不停了。新闻界喜欢这批新书。J. B. 普里斯特利（J. B. Priestley）[2] 致信莱恩：“这些企鹅版图书令人惊讶地物有所值。如果您能让这套书不赔钱——这种书卖这种价——您必能达成出版伟业。”[11]《观察家报》把它们称作“六便士一本的绝佳读物，用颜色欢快的纸皮装订，特别适合海滨、树林、旷野，乃至火车或飞机。”[12] 据《旗帜晚报》所称，头四个月便卖出了一百万册。

---

[1] 英国的公共假日，现为八月份的最后一个星期一。

[2] J. B. 普里斯特利（一八九四～一九八四），深受公众欢迎的英国小说家、剧作家和散文家。

对购书者而言，这种影响是巨大的。例如，丹尼斯·希利便被它们弄得神魂颠倒，这也是埃德娜除课本之外所买的第一批书。值得注意的是，丹尼斯以前还买过别的纸皮书——据他回忆，是在伍尔沃思公司买的栗皮本——但记不起是哪一家出版商了。艾伦·莱恩的一大成就，同时也是他的一大烦恼，便是创造出某种人们耳熟能详的商品，比如一说到比罗就想到圆珠笔（Biros），一说到胡佛就想到吸尘器。[1] 模仿者很快就出现了，其中有哈钦森出版的六便士巨嘴鸟系列，

图七十九：艾伦·莱恩和他的企鹅孵蛋机，这是一种投币式自动售书机，每次以六便士的价格提供企鹅的纸皮本图书。图书业内的保守人士被这样一种新发明弄得目瞪口呆，所以他干脆在查令十字路六十六号的炸弹商店（Bomb Shop）外安装了这种机器。该店店名代表了社会主义无政府主义者的观点，后于一九三四年更名为科莱特（Collet's）。

[1] 匈牙利人拉斯洛·比罗（László Bíró，一八九九～一九八五）发明了圆珠笔，美国胡佛公司（The Hoover Company）曾是电动吸尘器最主要的生产商。比罗和胡佛因此成了这两种产品的代名词。

图八十：山重水复疑无路，柳暗花明又一村。在第二次世界大战造成的困顿局面下，布特爱书人图书馆（Boots Booklovers Library）抓住机会招募会员。
图中文字："灯火管制有好处！更多时间来读书！在漫长的冬夜待在家里，意味着有了用于读书的大量余暇。快来加入布特爱书人图书馆"。

也有柯林斯（Collins）出版的"推理俱乐部六便士丛书"（Crime Club Sixpennies）。

艾伦·莱恩如同炮仗，开始搞得遍地开花。火车站又一次充当了指明市场航向的灯塔。莱恩此番站在国王十字站的书摊前，听到有位女士打问“那种鹈鹕书”。一想到咄咄逼人的巨嘴鸟系列，他便决定立刻上马鹈鹕丛书，推出一套新的非小说书目，采用淡蓝色的封面，出版的第一本书，乃萧伯纳《智慧妇女的社会主义、资本主义、苏维埃主义和法西斯主义指南》（*The Intelligent Woman's Guide to Socialism, Capitalism, Sovietism and Fascism*）最新的增订版。其他丛书也相继推出，如“企鹅特选”，专注于当时日益凸现的政治问题，以一九三七年十一月出版埃德加·莫勒（Edgar Mowrer）的《德国开历史倒车》 245
（*Germany Puts the Clock Back*）为始，又如莎士比亚戏剧集，各郡导览，以及插图版的帝企鹅（King Penguin）硬皮本系列。莱恩决心与读者直接沟通，通过其杂志《企鹅在前进》（*Penguins Progress*）让他们及时获知新书资讯。他推出了企鹅孵蛋机（Penguincubator），令保守的图书业为之瞠目，这是一种投币式自动售书机，安装于查令十字路。他还在一部分书里夹入回复卡片，提供直邮服务。图书从马里波恩（Marylebone）圣三一教堂的地窖内发运，而该教堂系约翰·索恩于一八二八年设计。空置的墓穴配有金属门，用于存放小额现金和发票簿。图书从教堂庭院沿着溜槽滑下，打成牛皮纸包，再放进古代用来搬运尸体的升降机内，运往地面。

莱恩的活动没有因为第二次世界大战的爆发而停止，实际上，他这一时期的点子层出不穷，因此相较于那些按部就班的出版商，他取得了明显的优势。战争对英国的阅读习惯造成了令人吃惊的影响。温妮·希利一听到宣战的消息，就奔向儿子，喊叫道：“把书收起来！”但这并非大多数国民的反应。第一次世界大战期间，W. H. 史密斯书 246
店曾报告说，该店位于多塞特郡斯沃尼奇（Swanage）的员工为了活命，不得不把自己反锁在车站内的一节空车皮内，通过车窗来卖报纸，足见民众当时求读若渴。[14] 及至第二次世界大战，由于一九四〇年三月实施的配给制，纸张供应不足成了大问题。配额多少，视乎出版社从一九三八年八月到一九三九年八月间的用纸比例来决定。对许多

图八十一：第二次世界大战的爆发给艾伦·莱恩始自“企鹅特选”的出版项目提供了助力。

图中文字：“企鹅特选。战时首批五部大作：《莫斯科之光》（*Light on Moscow*），D. N. 普里特（D. N. Pritt, KC, MP）著；《论欧洲联邦》（*The Case for Federal Union*），W. B. 柯里（W. B. Curry）著；《不列颠因何而战》（*Why Britain Is at War*），哈罗德·尼科尔森著；《企鹅政治词典》（*The Penguin Political Dictionary*），沃尔特·泰默（Walter Tymer）著；《一个共和派激进分子自寻困境的旅行》（*Travels of A Republican Radical in Search of Hot Water*），H. G. 威尔斯著。这批特选图书，除威尔斯的作品外，均为战争爆发后特地写成。”

247 出版社而言，这都是个严重的问题，但莱恩在那一时期出书极多，因此可以拿到一个很大的额度，维克多·戈兰茨所得同样不少。不仅如此，莱恩还能调集各种额外的资源。他在战争期间出版的畅销书中，有一本是 G. H. 古德柴尔德（G. H. Goodchild）的《剩菜剩饭养鸡养兔》（*Keeping Poultry and Rabbits on Scraps*），而古德柴尔德还别有妙用：他能弄来额外的纸张，因为“政府高度重视兔子养殖”。[14] 更重要的是，企鹅的主力编辑 W. E. 威廉斯（W. E. Williams）也是陆军新闻局（Army Bureau of Current Affairs）的要角，莱恩的书因此得以在世界各地的盟军部队中大批量地发行。从一九四〇年开始，在通过军队中心书友会（Services Central Book Club）寄出的图书中，企鹅的出版物占据了相当大的比例，而两年后建立的部队书友会（Forces Book Club）则致力于印刷通过军队自有渠道发行的书籍。企鹅的书就连开本都被证明是最理想的：黄金比例的长方形，7⅛ × 4⅜ 英寸，非常适合军装口袋。丹尼斯·希利和同辈青年就这样用企鹅的书武装起来，上了战场。

一九四〇年十二月二十九日，对图书的巨大需求遭到了沉重打击。
是夜月朗星稀，德国空军突袭伦敦市，炸毁圣保罗大教堂周边地区。248
教堂奇迹般地得以幸存，但几百年来作为出版业中心的周围街巷未能免遭劫难。市内书商休伯特·威尔逊（Hubert Wilson）以笔名“海燕”为《书商》杂志撰文，生动地描述了当时的场面：

> 大年三十——英国书业的中心已是一片冒烟的废墟。这样一幅毁灭的景象，我是从来不曾见过，也从来不曾想象过的……许多别家的店，辛普金，惠特克（Whitaker's），朗文，纳尔逊（Nelson's），哈钦森，还有远处的柯林斯，埃尔和斯波蒂斯伍德（Eyre & Spottiswoode），都烧成了空壳……我小心翼翼地在砖瓦间择路前行，被埋葬的火渗出地狱般的烟气，从我脚下升腾而起：火苗三三两两，在这根椽子、那条板梁的尸骸上起落游走，冒烟的堤道两侧已猛然沉落，形成两个灼热的大洞，曾经装满存货的地窖，现在成了本城图书世界的火葬场。[15]

这些文字让人想起日记家约翰·伊夫林和塞缪尔·皮普斯对一六六六年伦敦大火的记录。在十七世纪，图书贸易还能重返新建的大教堂脚下，到二十世纪却再也不会这样了。一个五彩缤纷的图书新世界正在全伦敦、全英国萌芽。萧伯纳此时不无酸涩地评论道：“德国人做了康斯特布尔从未做成的事。他们只用了不到二十四个小时，就毁掉了八万六千七百零一本我的作品。”[16]

*　　　*　　　*　　　*

对丹尼斯·希利和埃德娜·埃德蒙兹来说，战争的结束标志着一个新的开始。他们在一九四五年十二月二十日结了婚，新郎穿的是自己的少校制服。埃德娜在布罗姆利（Bromley）谋得了教职，而在约克郡，丹尼斯未能赢下保守党人稳操胜券的帕德西和奥特利（Pudsey and Otley）选区，随即获任工党总部的外事秘书（他于一九五二年在利兹东南区当选下院议员）。既然两口子以伦敦为家，丹尼斯便可放纵自己对二手书的强烈爱好。埃德娜很快就认识到，爱丹尼斯也就意味着要爱旧书店。他买书时曾经光顾皮卡迪利那些老字号的古旧书肆，如亨利·索瑟兰书店和伯纳德·夸里奇书店，但更为实在的二手书交易中心位于查令十字路。

一九〇二年，有位地方议员曾将这条路形容为伦敦最丑的街道之一，但在圣井街的“老书店路”于十九世纪末拆迁，以便为奥尔德维
249 奇街（Aldwych）让道之后，查令十字路就变成了书店的圣地。丹尼斯常去查令十字路八十四号的马克斯书店（Marks & Co），此地因海伦·汉芙（Helene Hanff）的小说而出了名，故事描写一位莽撞的纽约客赢得了一家古板的伦敦老店的芳心，一九七〇年在美国出版。很多人感觉这不是马克斯书店的真实形象，它并不古板，而是个性鲜明。一只身形硕大的虎斑猫是经年累月的橱窗展示，底层为浏览者提供布面精装书，本·马克斯（Ben Marks）一边读着《泰晤士报》，一边打理生意，地下室用来收纳图书馆装订本，二楼摆放着首版书和套装书，三楼是私藏和珍本，四楼是地志和没有标价的书。马克斯的合伙人马克·科恩（Mark Cohen）会与四十八号甲的书商杰克·约瑟夫（Jack Joseph）结伴，参加伦敦重要的拍卖会，他们专注于成套的《不列颠百

图八十二：查令十字路八十四号的马克斯书店，因海伦·汉芙一九七〇年在美国出版的书而获得了不朽的声名。

科全书》，约瑟夫寻觅十成品相的书，科恩则物色略有瑕疵之作。[17]

查令十字路的二手书店今天几已荡然无存，让位给了卖新书和削价书的店铺，以及快餐咖啡馆和铁皮盘子胡同（Tin Pan Alley）周边的几家唱片店。福伊尔书店是幸存者之一，继续在一一九号至一二五号营业。一九〇四年，威廉和吉尔伯特·福伊尔（William and Gilbert 250
Foyle）兄弟在公务员考试中落第，却发现二手教材市场有利可图，便在霍克斯顿（Hoxton）父母家的厨房里做起了买卖。几次搬迁之后，一九〇六年，他们在查令十字路开了第一家店，早先卖二手书和古董书，但一九一二年也卖起了新书。生意扩张迅速，十七年后店面拓宽重张时，威廉令人敬畏的女儿克里斯蒂娜也入伙了。兄弟俩使用的广告手法令人咋舌，其中一个诡计是拍电报给芝加哥的反英市长“大比尔”·汤普森（“Big Bill” Thompson），说要“高价求购芝加哥公共图书馆的所有英国书”。十年后，克里斯蒂娜故伎重施，致电阿道夫·希特勒，要买下那些注定焚毁的犹太人著作。她之所以名噪一时，还因为创造出了一种足以和东欧共产主义国家媲美的销售体系，并以超低薪雇佣外籍店员，只要这些人认识罗马数字，就有资格去打理古董部门。不过，她还创办了著名的福伊尔文学午餐会，此事缘起于她向某位顾客推荐《福尔赛世家》（*The Forsyte Saga*），不承想此公正是作者本人约翰·高尔斯华绥（John Galsworthy）[1]。克里斯蒂娜认识到，让读者有机会在一个不像报告厅那么正式的环境里，与他们喜爱的作家见面，这样的活动是有市场的，于是在一九三〇年十月，她开始在霍尔本餐馆（Holborn Restaurant）举办午餐会，设二百五十席，每位用餐者需付四先令六便士。后来她又创办了福伊尔书友会，开办了一家画廊和一家演说经纪行。埃德娜·希利不甘心只做“议员太太”，遂于五十年代签约，成了福伊尔旗下的演说人，向扶轮社和圆桌俱乐部（Round Table）的会员们发表关于妇女地位变化的见解。

乔治·奥威尔在一九三六年的随笔《书店忆旧》（*Bookshop Memories*）中，描述了他在爱书角书店（Booklover's Corner）工作时的情形，该店位于汉普斯特德（Hampstead）南绿街（South End Green）的拐角，在卖二手书的同时，还兼营出借式图书馆，存书五百本，全部是小说，可以花“两便士，不收押金”便借走。他对顾客群体作了一番生动的描述，其中有位“潦倒者，散发着旧面包皮的味道，每天都来，有时一天来好几次，一心想把不值钱的书卖给我们”。很快他就失去了对书的热爱：“如今我偶尔也买一本，但只是我想读而又借不到

[1] 克里斯蒂娜·福伊尔成功地让老先生买下了《福尔赛世家》，但他很快折返，把题了字的书还给她：“为喜欢我的书的这位年轻的女士——约翰·高尔斯华绥。”约翰·高尔斯华绥（一八六七～一九三三），英国小说家、剧作家，一九三二年诺贝尔文学得主。其连续长篇小说《福尔赛世家》始自一九〇六年出版的第一部《有产业的人》。

的书……书里那种香甜的霉味儿已经不再吸引我了。这种味道在我脑中与偏执的顾客和死掉的绿蝇紧紧连在了一起。”[18]

有三家更时髦的商铺，即迎合所谓马车阶层的书店，不曾苦于这些气味问题。皮卡迪利的哈查德（Hatchards）书店和牛津街的邦珀斯书店均创业于十八世纪，而在梅费尔，柯曾街（Curzon Street）的海伍德·希尔书店（Heywood Hill Bookshop）到一九三六年才开业。十八
世纪最著名的书商，如托马斯·朗曼和约翰·穆雷，均放弃了零售业 251
务，转行出版，哈查德却反其道而行。埃德娜特别喜爱皮卡迪利的这家书店，喜上加喜的是，她发现该店早期的合伙人当中有一位约翰·韦奇伍德（John Wedgwood），正是陶瓷大师乔赛亚·韦奇伍德之子，而皇家园艺学会（Royal Horticultural Society）的起家之地竟然就在书店的后屋。柯曾街十号书店的历史已有完善的记录，这要归功于海伍德·希尔的妻子安妮，以及战争期间在该店工作的南希·米特福德（Nancy Mitford），晚近者当属目前的业主约翰·索马里兹·史密斯（John Saumarez Smith）。[19] 希尔兼营新旧图书，不相信柜台销售，而是把书随意摆到桌面上，一如私家客厅。有趣的是，沃特斯通（Waterstones）[1] 等连锁书店最近也采用了这种风格。希尔寻求与顾客建立长期关系，有时导致店员为各种差事忙前忙后。据安妮·希尔所述，有位名叫哈里·克利夫顿（Harry Clifton）的顾客，不断要求书店代行与书无关的任务，例如去索斯比拍卖行竞拍，与十七世纪晚期威廉·布思比爵士对其书商的要求如出一辙。说到邦珀斯书店的约翰·G. 威尔逊（John G. Wilson），这种个人联系甚至更为深入。有位见习店员后来回忆，威尔逊站在书店门口，一边分发哈罗德·尼科尔森刚刚出版的《有些人》（*Some People*），一边告诉摸不着头脑的顾客：“我给您记到账上。”[20]

海伍德·希尔派发新书推荐目录，每季度一期，题材尽量投顾客之

[1] 创立于一九八二年的英资连锁书店。

所好，也有二手书目录，这一传统亦为索马里兹·史密斯所承袭。古董书的来源不只私人藏书拍卖会，还有“二道贩子”，这些人的谋生之道便是在外郡书店购书，再倒卖到伦敦。海伍德·希尔用过一个名叫 A. W. 豪利特（A. W. Howlett）的贩子，露面时，他的书装在“两个纸箱里，而且不管有多重，他都用老式的绳子提着它们”。豪利特的行程如下：从肯特郡的坦布里奇韦尔斯（Tunbridge Wells）搭早班火车到伦敦，挑个要去的地方，比如萨塞克斯的布赖顿，或萨里的吉尔福德，然后到二手书店里淘书，装满纸箱，把它们带回伦敦。他知道海伍德·希尔书店员工和顾客的品味，因而有本事给店里上货，借此讨一份微薄的生活。[21]

弗兰克·沃德（Frank Ward）声称，他开了伦敦的第一家“现代书店”，时为一九三一年，店址在贝克街（Baker Street）三号。这对用橱窗展示遮蔽了内部的传统书店形象构成了挑战。他转而采用浅色橡木书架，订制的地毯，以及更靠近地面的、敞开的窗子。然而，从一开始就按照书店来设计的，实系一九一二年马里波恩大街的弗朗西斯·爱
252 德华兹（Francis Edwards）书店。如果说海伍德·希尔的店像一间客厅，那么爱德华兹的书店就好比乡村住宅的图书室，环绕着主室，还有一圈长廊，以备将来加装书架。弗朗西斯·爱德华兹乃古董书商，因此逐渐用陈列柜填满了书架前面的空间，但在一九八九年当特书局（Daunt Books）接手该店后，那份优雅又得以恢复。

全国性连锁书店的理念始自 W. H. 史密斯。一九〇五年，由于铁路书摊的合同成批作废，该公司面临着一场危机，于是在十个星期之内，在尽可能靠近火车站和伦敦地铁站的地方，便有二百家书店开张。一九三三年，W. H. 史密斯接手了特拉斯洛夫和汉森（Truslove & Hanson）连锁书店，从而在首都繁华的西区得到了三家店铺。到一九四九年，W. H. 史密斯已拥有五百余个书摊和书店，不仅卖书，还发挥着租借式图书馆门市部的功用。就租借式图书馆而言，它在繁华

地段的主要竞争对手是布特公司的药店。一八九八年，弗洛伦斯·布特竭力促成图书馆时，意在招徕那些没有受过良好教育、选书时需要指点的读者，因而很大一部分藏书是小说。布特所藏，基于欧内斯特·贝克（Ernest Baker）的《英美小说佳作指要》(*Descriptive Guide to the Best Fiction: British and American*)。贝克乃图书馆长，奉行如下标准："本书旨在提供一份相对完整的英文小说佳作目录，一部分可以，但未必全部能引起学生的兴趣，然而普通读者很可能大为关心，为指导阅读，对每本书内容和风格的介绍已尽可能压缩到寥寥数行。"22 这不可避免地让图书馆卷入"伟大小说的论争"，并招惹得奎妮·利维斯(Queenie Leavis) [1] 动怒。她驻留于布特一家分店的图书馆部门，观察读者选书，进行调研，并写出《小说与公共阅读》(*Fiction and the Reading Public*）一书，于一九三二年付梓。她在书中缅怀十六世纪的英格兰，那时的"普通读者"莫不乐于阅读威廉·莎士比亚和克里斯托弗·马洛的作品。维多利亚时代便堕落了，品味呈现两极分化，及至二十世纪，大众已奉推理和言情小说为阅读之所好，而将 D. H. 劳伦斯和弗吉尼亚·伍尔夫等作家的"真正的文学"丢给了一小撮自诩高雅的读者。然而，大部分英国民众对这些批评依旧无动于衷，他们成了布特爱书人图书馆的热心用户，高高兴兴地为其颇具竞争性的条款买单，缴付年费十先令六便士，或单本书一两个便士，外加一笔可以退还的押金。这些图书馆要么位于药店的后堂，要么开在楼上，形同吐血甩卖的商品，用以招引顾客从成排的卫浴用品前穿行而过。

二十世纪早期，三分之一的租借式图书馆由《泰晤士报》运营。该报曾因在借阅目录册上推出低于净价销售的图书而吃了官司，约
翰·穆雷于一九〇七年赢得了讼案。该报已经身处财务困境，此时便成 253

[1] 奎妮·多萝西·利维斯（Queenie Dorothy Leavis，一九〇六～一九八一），英国文学评论家和随笔作家。

了哈姆斯沃思（Harmsworth）[1]的囊中之物，他于次年签署了《净价图书协议》（*Net Book Agreement*）。[23]从一九一四年开始，泰晤士报书友会对公众提供开架浏览，其品种超过大部分市立图书馆的开架书目。但租借式图书馆已经到了迟暮之年。作为维多利亚时代的一大盛景，米迪图书馆在昔日自我的巨影下苟活到了一九三七年。经历持续亏损的W. H. 史密斯于一九六一年关闭了旗下的图书馆，布特则在一九六六年关张，并将其库存巨大的藏书一售而空，到头来，许多人家的藏书还贴着那熟悉的绿色标签。这一连串闭馆事件的余响连绵不绝，就在布特关门的同年，巴思的最后一家私营租借式图书馆也结束了营业。

促成这一变化的原因有三种：书店里的廉价纸皮书，电视的冲击，以及市立公共图书馆内范围广阔的小说和非小说图书。一九二四年，全英国公共图书馆的藏书估计为一千五百万本；到一九四九年，这一数字已升至四千二百万本，每年有一亿二千三百万读者借走三亿本书。一些以前与图书馆无缘的社区也可以借书了。说起流动图书馆系统的根源，或许可以追溯到塞缪尔·布朗（Samuel Brown）的“巡回图书馆”。布朗乃东洛西恩（East Lothian）的牧师，曾将藏书装在箱子里，到农村地区分发传阅，其中大部分是宗教图书，到一八三〇年，他已运营此类藏书五十批。有记录可考的第一次用车辆递送图书，发生在一八五九年的沃林顿，当时机械工人学院购入了一辆运货马车、一匹马和一批书，价值二百七十五英镑，可谓一笔相当可观的支出。他们的投资是值得的，第一年的借阅量就达到了一万二千人次。一九一九年的《郡立图书馆法》（*County Libraries Act*）授权郡议会开办图书馆服务，而很多郡采用了书箱方案。格洛斯特郡通过大西部铁路（Great Western Railway）运书，埃德娜·希利对此有过历历在目的回忆。第二

---

[1] 圣彼得的诺思克利夫子爵阿尔弗雷德·哈姆斯沃思（Alfred Harmsworth，一八六五～一九二二），英国新闻史上最成功的报纸发行人，大众化现代新闻业的奠基人，一九〇六年成功控制了《泰晤士报》，并将该报从十九世纪的遗风中改造成一份现代报纸。

次世界大战结束后，不仅边远的农村地区有流动货车的光顾，那些巨大的公屋群也得到了服务。鉴于很多城市的中心地带遭到毁坏，这些公屋群才得以兴建，但常常没有商店或其他设施，因此对那些远离都市生活便利的母亲们来说，流动图书馆实乃天赐之物。

像租借式图书馆一样，商业书友会也在经历艰难的岁月。因应戈兰茨的左翼书友会而生的大部分类似团体均已停业，但约翰·贝克（John Baker）一九三七年创办的读者联盟（Reader's Union）还在继续走强。贝克削价供应图书，例如在书店标价十三先令六便士的书，其书友会特价仅售两先令六便士，但会员必须等书上市后过一段时间才能买到。不过，美国的书友会更富于进攻性，书刚一出版，他们就能供货。每月一书书友会（The Book of the Month Club, BOMC）由亨利·舍曼（Henry Scherman）创办于一九二六年，效仿第一次世界大战结束时在德国涌现的图书公会。每月一书诞生仅仅数月，维京出版社（Viking Press）的两位创始人塞缪尔·克雷格（Samuel Craig）和 254
哈罗德·金兹伯格（Harold Guinzburg）[1] 便成立了文学公会（Literary Guild）。据估计，当时美国的购书市场仅有二十万册，但舍曼确信，如果采用邮购，就会有更大的潜在市场。他早年有一句口号："邮差登门，新书到手。"他看对了，市场果然巨大。对每月一书和文学公会而言，另一个关键因素是由文学专家和知名人士组成的编委会，在缺少书商或图书馆员推荐的情况下，他们可以提供读者所需的保证。一九六六年，W. H. 史密斯书店与纽约出版社道布尔戴书局（Doubleday）合作，师法美国，在英国成立了联合书友会（Book Club Associates）。

基于邮购的书友会的出现在画册发展史上起到了重要作用。第二次世界大战之前，安东·兹韦默（Anton Zwemmer）坐镇查令十字路，

---

[1] 维京出版社一九二五由哈罗德·金兹伯格与乔治·奥本海默（George Oppenheim）创办于纽约，一九七五年并入企鹅集团。

开始出版美术图书，版权经由日内瓦的阿尔贝·斯基拉（Albert Skira）购得。但是，他发现英国公众对这些书还没做好准备：他印过一本关于亨利·摩尔（Henry Moore）[1] 的专著，国内订数总计只有三十六本，而大部分书销到了日本。到五十年代初，总算世易时移。经历了战后初年的萧瑟，伊丽莎白二世的加冕激发了对英国历史的兴趣。虽然国民通过小小的黑白电视观看了典礼，但如果可以挥霍，他们还会上电影院，再看一遍灿烂辉煌的彩色大典，并且开始盼望书中也有同样的视觉盛宴。而一开始，出版商们发现，很难保证得到画册所需的美术用纸，来迎合这种需求。

一六八五年，路易十四撤销《南特敕令》，为英国送来了熟练的胡格诺派画家和工匠，图书出版因此而受益。战后的出版业同样从那些逃离纳粹欧洲的难民身上获得了技术工艺和文化知识。一九二三年，贝拉·霍罗维茨（Bela Horovitz）和路德维希·戈德施奈德（Ludwig Goldscheider）在维也纳创办了费顿出版社（Phaidon Press）。希特勒一九三八年吞并奥地利时，两人以象征性的价格将其存书和资产卖给了英国出版社艾伦和昂温（Allen & Unwin），然后逃往伦敦，因此在纳粹到达时，费顿出版社在法律上已经和犹太人脱开了干系。瓦尔特·诺伊拉特（Walter Neurath）也是从维也纳逃出来的，他对《画说不列颠》（*Britain in Pictures*）丛书的构想为威廉·柯林斯（William Collins）所采纳。他后来自立门户，创办泰晤士和哈德孙出版社（Thames & Hudson），专事画册出版，而另一位维也纳难民乔治·魏登费尔德（George Weidenfeld）战争期间在伦敦为英国广播公司工作，与丹尼斯·希利的牛津校友奈杰尔·尼科尔森合伙，创办了魏登费尔德和尼科尔森公司。保罗·哈姆林（Paul Hamlyn）生于柏林，但其犹太父母受到纳粹威胁，遂于一九三三年携他前往英国。他常常将父母称作“忧

---

[1] 亨利·摩尔（一八九八～一九八六），英国雕塑家，以一系列抽象的大型铜雕而闻名。

郁的中欧人”。[24]哈姆林先为兹韦默工作，后于一九四九年开办了自己 255
的出版社，并将捷克斯洛伐克选作印刷地点。由于印刷质量和纸张问题，他在画册上的初步尝试算不上非常漂亮，但书很便宜，让他有能力证明英国人会以合理的价格购买画册。

为了使画册质量得到大幅提高，出版商必须找到其他国家的合作伙伴，法兰克福再一次成了重要的贸易中心。这一中世纪的展会曾经统治了欧洲的出版业，又因奥匈帝国日益强化的宗教不宽容而衰落下去，于是莱比锡接过了权杖。第二次世界大战之后，铁幕遮蔽了莱比锡，法兰克福虽然全城几近毁灭，却抓住机会，让国际书展得以重生。一九四八年的首届书展只有为数不多的英国出版商到会，当时不过一个展厅，摆了些桌子而已，但每年十月，书展的规模都在扩大，今天已是一门庞大的产业，占据数座展厅，世界各国的出版商都来赴会，以图达成重要的版权交易。从五十年代开始，法兰克福书展便为画册出版商们提供着理想的机会，把合作出版权卖给美国和澳大拉西亚（Australasia）的出版社，而且有可能的话，还可以同欧洲和远东的出版社做成外销版权的生意。由于多林金德斯利出版公司（Dorling Kindersley）的发展，这种经营方式如今达到了一个从前无法想象的高度。一九七四年，克里斯托弗·多林（Christopher Dorling）和彼得·金德斯利（Peter Kindersley）创业之初，尚为图书装帧公司（负责制作书中的文字和图片，之后卖给出版商），十二年后，他们自己也成了出版商，所出参考书风格独特，采用白色封面和丰富的图片，成功将版权销往所有已知的国际市场。像艾伦·莱恩一样，他们打造出了一个自成品牌的出版机构。

在一本书的主题有强烈的地域色彩，并且无法吸引海外合作出版的情况下，书友会是可以发挥关键作用的。七十年代初魏登费尔德和尼科尔森公司首次出版的一套丛书可资一例。尽管市场上关于英格兰和不列颠君主的传记已有很多，但负责画册的编辑部主任克里斯托弗·福克斯（Christopher Falkus）还是想做一套文字简短的丛书，请德高望重的学者撰写国王与女王们的生平与时代。福克斯做过大为成功的分册套书，如《英语民族史》（*History of the English-Speaking Peoples*），[1] 由珀内尔公司（Purnell）担纲印制，他深知图片的力量，因此这些书的配图非常精到。安东尼娅·弗雷泽夫人（Lady Antonia Fraser）[2] 所著苏格兰女王玛丽的传记刚刚出版，备受好评，遂获聘主编，这样可以让那些并非专业历史学家的读者放心，这套书兼具权
256 威性与可读性。联合书友会成了魏登费尔德和尼科尔森公司的主要合作伙伴，前两卷于一九七二年付梓，一为《爱德华七世》（*Edward VII*），由时任萨塞克斯大学现代历史学讲师的基思·米德尔马斯（Keith Middlemas）撰写，一为《查理二世》（*Charles II*），作者是福克斯本人。此后仅仅数年，便有几百万本书卖给了书友会的会员，而直到现在，供书店销售的版本一直保持着稳定的销量。

电视对图书出版、销售和购买市场的影响是巨大的。约翰·高尔斯华绥描写伦敦一户中产阶级家庭三代人的小说《福尔赛世家》出版于一九二二年，此后每年销量在两千到三千册之间，但自从一九六七年一月，由于被改编成了二十六集的黑白版电视剧，这九部小说开始卖出巨量，到一九七〇年末，销量已达一百九十万册。随着彩色电视的出现，将屏幕所见转换成所谓“咖啡桌图书”的机会就变得无穷无尽了。艺术类有克拉克勋爵（Lord Clark）的《文明》（*Civilisation*）[3]，

---

[1] 温斯顿·丘吉尔的四卷本巨著《英语民族史》于一九五六年至一九五八年出版。

[2] 安东尼娅·弗雷泽（一九三二～），英国历史作家、传记家和小说家，第七代朗福德伯爵弗兰克·帕克南之女，剧作家和二〇〇五年诺贝尔文学家得主哈罗德·品特（一九三〇～二〇〇八）的遗孀，二〇一一年晋封女爵士（Dame）。《苏格兰女王玛丽》（*Mary, Queen of Scots*）由魏登费尔德和尼科尔森出版于一九六九年。

[3] 十三集电视纪录片《文明》由艺术史学者肯尼思·克拉克（Kenneth Clark，一九〇三～一九八三）撰稿并出镜主持，一九六九年在英国广播公司二台播出，成为英国电视史上里程碑式的作品。

图八十三：虽然十七世纪以来，出版商一直在制作分册发行的图书，但它们到了二十世纪才大为流行。《英属诸国列传》(*The Story of the British Nation*) 由狂热的分册图书出版商沃尔特·哈钦森 (Walter Hutchinson) 印行于二十年代后期。借助强大的编委会来突出文本的权威性，对此类图书的成功至关重要。

自然史方面则有大卫·阿滕伯勒 (David Attenborough) [1] 的节目和书，总是令人赞叹不已。

电视播出的烹饪节目及其搭售图书的历史颇为有趣。第一位电视 257
厨师乃莫伊拉·米恩 (Moira Meighn)，在写出《穷人与馋鬼的魔戒》(*The Magic Ring for the Needy and Greedy*) 后，她于一九三六年亮相

[1] 大卫·阿滕伯勒（一九二六～），英国著名的电视节目主持人和博物学家。一九八五年冠爵士衔。

荧屏。所谓“魔戒”，普里马斯便携式汽化煤油炉是也。菲利普·哈宾（Philip Harbin）的节目体现出了战后的清苦生活，他不得不使用自己的食物配给，刚离开英国食品部的玛格丽特·帕滕（Marguerite Patten）[1]与他一道工作。她的烹饪书销量巨大，许多图书由保罗·哈姆林以彩色印行，但与她的电视节目没有直接关系。随后在一九五五年，范妮·克拉多克（Fanny Cradock）来了，犹如为黑白电视屏幕涂上一抹亮丽的色彩，饱受折磨的约翰尼做她的搭档，而两人的婚姻其实是不存在的。[2]范妮的每一季节目都有小册子发行，提供演示食谱的详细介绍。不过，只有在迪莉娅·史密斯（Delia Smith）[3]登场之后，电视节目与伴生图书才迎来了最美满的姻缘。约翰逊博士曾宣称，女流之辈擅纺，就写不来做饭的书，这一评论并未经过实证。一八三五年，伊莱扎·阿克顿（Eliza Acton）持所著诗集接洽出版商托马斯·朗曼，后者却说烹饪书正当其时，于是她转身离去，十年后复返，交出一部《现代家庭厨艺》（*Modern Cookery for Private Families*），结果成了维多利亚时代的畅销书。迪莉娅堪称二十世纪的伊莱扎·阿克顿，而如今的畅销书榜上，遍布着电视名厨们的大作。

随着出版商之间竞争的加剧，市场营销变得极其重要。一九六七年五月，艾伦·莱恩与其总编辑托尼·戈德温（Tony Godwin）之间爆发了一场意义重大而且非常公开的争论。企鹅正在迎击其他纸皮本出

[1] 玛格丽特·帕滕（一九一五～），英国家政学家、食物作家和电视节目主持人，一九四七年首次在英国广播公司出镜，成为最早的电视名厨之一。

[2] 玛格丽特·帕滕说过，范妮·克拉多克（一九〇九～一九九四）是英国厨艺的“救世主”。范妮和约翰尼·克拉多克（一九〇四～一九八七）先在英国广播公司主持《厨房魔法》（*Kitchen Magic*），不久跳槽至独立电视台（ITV），新开一档厨艺节目《范妮和约翰尼》（*Fanny & Johnnie*）。约翰尼总是扮演被捉弄和训斥的丑角。范妮虽然长期冠着克拉多克的姓，但他们并未结婚。两人在一九七七年终于成为正式夫妻时，范妮还没有解除与第二任丈夫的婚姻关系。《苏格兰人报》二〇〇六年的一篇人物特写说，她在结婚证书上谎报了年龄。

[3] 迪莉娅·史密斯（一九四一～），英国电视名厨，所出烹饪书极为畅销。

版商的不断进逼，潘书局（Pan Books）尤其来势汹汹，它们已经拿下了詹姆斯·邦德系列小说的纸皮本版权。戈德温感到，企鹅系列的老式条装设计现在看上去已经陈旧过时，于是推行以图画为主的纸皮本封面。《每日快报》（*Daily Express*）的安妮·巴特（Anne Batt）采访了莱恩，以《书不是豆罐头》为题刊出，莱恩在采访中声称，伟大的文学需要呵护，而不应裹上最商业化的外衣，像超市和加油站的牙膏一样兜售。他已经随手就把自己年轻时做过的那些营销方案丢到了脑后。

全国图书联盟（National Book League）成立于一九二四年，旨在帮助出版商推广所出图书，总部位于阿尔伯马尔街，那儿有一家咖啡馆，并为公众设立了信息台。一九七〇年，随着前书商马丁·戈夫（Martyn Goff）获任主席，该组织焕发了新生。第二年五月成立了一个出版商委员会，成员包括安德烈·多伊奇（André Deutsch）以及乔纳森·凯普出版社的编辑主任汤姆·马什勒（Tom Maschler），他在数家伦敦出版社落户的贝德福德广场举办了一次“图书大爆炸”（Book Bang）。预算极少，宣传单寄往各校，一系列令人印象深刻的作家轮番登场与读者见面。活动持续了两周，刚开始几天还春光明媚，可直到 258
今日，人人都对第二个星期的瓢泼大雨记忆犹新，这使得图书大爆炸成了堪比格拉斯顿伯里（Glastonbury）音乐节的文学盛事。芭芭拉·卡特兰（Barbara Cartland）[1] 的桃粉色细高跟卡进了潮湿的砾石路面，希腊王后弗雷德里卡（Queen Frederica）的鞋子也深陷于泥浆，不过她要马丁·戈夫放心，她还有三十六双鞋放在酒店里。作家和读者的碰面有时会擦出意想不到的火花：传记名家迈克尔·霍尔罗伊德（Michael Holroyd）接待的头一个读者问他，是否可以退回自己那本残损的奥古斯塔斯·约翰（Augustus John）[2] 传记。尽管天气恶劣，此次活动仍然

---

[1] 芭芭拉·卡特兰（一九〇一～二〇〇〇），二十世纪最多产的英国言情小说家，生前出版小说七百二十三部。

[2] 奥古斯塔斯·约翰（一八七八～一九六一），威尔士画家、壁画家和肖像画家。

大获成功，读者蜂拥而至，聆听喜爱的作家谈论自己的作品。这是日后众多文学节的前驱，证明了图书营销也能办得既有效，又有趣。[25]

西奇威克和杰克逊（Sidgwick & Jackson）出版社由朗福德伯爵(Earl of Longford)[1]担任董事长，规模虽小，却以罗致一众高调作家并发起各类宣传活动而闻名一时。保守党首相爱德华·希思在一九七四年大选失利后辞职，身处政治生涯的消沉阶段，西奇威克和杰克逊遂劝他写写自己的航海爱好，此书让他获得了市场和民心的双重成功，并欣欣然发现了埃德娜·希利所言政治家的一方“处女地”。他继续写了自己在音乐和旅行方面的兴趣，西奇威克和杰克逊的销售总监斯蒂芬·杜索托（Stephen du Sautoy）包了火车，拉上他周游全国，签名售书。据说希思没签过名的那些书才值钱呢。

当埃德娜·希利决定动笔写书时，正是西奇威克和杰克逊委托她撰写安杰拉·伯德特－库茨（Angela Burdett-Coutts）的传记。她住在安杰拉从前位于海格特（Highgate）冬青屋（Holly Lodge）的住宅期间，便为她深深吸引。一八三七年，安杰拉年仅二十三岁，便继承了银行家外公托马斯·库茨（Thomas Coutts）的大笔财产，成了维多利亚时代英格兰最富有，因而也是潜在的最有权的女人之一。她进入了最高层的社交圈，与威灵顿公爵（Duke of Wellington）相爱，款待冉冉升起的政坛新星迪斯累里和格莱斯顿，并与查尔斯·狄更斯一起投身慈善事业。可她终其一生都是一个羞涩和极度注重隐私的人，这也正是此书取名《未知夫人》（*Lady Unknown*）的原因所在——缺乏特色的书名总是要冒没有销路的风险。尽管这样，此书却在一九七八年上市后大获成功，埃德娜的作家事业也因此得以延续。在爱丁堡参加完此书的促销活动后，她搭乘英国铁路公司的列车返回伦敦，而没有乘坐希思式的专列。

[1] 即第七代朗福德伯爵弗兰克·帕克南（Frank Pakenham，一九〇五～二〇〇一），工党政治家和社会改革家。

作为补偿，酒店老板派了一位苏格兰高地的风笛手，陪她走到威弗莱车站（Waverley Station），等她坐进车厢，便吹了一曲《你再不回来吗？》。

一九八六年，西奇威克和杰克逊出版了埃德娜的第二本书《名妻》 259
（*Wives of Fame*），记述维多利亚时代三位名流的夫人：玛丽·利文斯通（Mary Livingstone）[1]、燕妮·马克思（Jenny Marx）和埃玛·达尔文（Emma Darwin），亦取得意料之中的成功，以至于她随即受邀担任了布克奖的评委。布克奖本由赞助企业冠名为布克–麦康奈尔奖（Booker-McConnell），一九六八年应汤姆·马什勒的建议而创设，并由全国图书联盟主办。该奖旨在表彰“由英联邦或爱尔兰共和国公民以英语写成的最佳足本长篇小说”[2]。这种奖励方式可回溯至一九〇三年，龚古尔学院（Académie Goncourt）首次奖励了写出“当年最佳和最具想象力之散文化作品”的法语作家。龚古尔奖不仅仅给获奖者带来文学声望，还能对其作品销量产生显著的推动作用，布克奖得主亦有同样的体会。因此在一九八四年，阿妮塔·布鲁克纳（Anita Brookner）以《杜兰葛山庄》（*Hotel du Lac*）赢得该奖后，其出版商乔纳森·凯普发现，她以往每本两三千册的销售记录突然上蹿至畅销书的水平。布克奖带来了免费宣传的机会，出版社甚至发现，获得该奖提名后，就算只把“进入复评名单”的字样加印到作品封面上，也对得起他们付出的时间，虽然这样的赞扬有点自贬身价的味道。如今的奖项已经全面覆盖了各种各样的图书门类，但曼氏布克奖仍然高高在上。某位书商曾经大胆预测，二〇〇七年的复评名单已经“囊括了未来的文坛巨匠”，不过，人们可别忘了龟兔赛跑的伊索寓言。[26]

---

[1] 玛丽·利文斯通（一八二一～一八六二），娘家姓莫法特，一八四五年嫁前述苏格兰传教士和探险家大卫·利文斯通。

[2] 自二〇一四年起，布克奖的评奖规程作出重大调整，取消了对作者国籍的限制，在英国出版的任何一本英文长篇小说均可参与评奖。

埃德娜发现，身为布克奖评委实乃艰苦卓绝的工作，因为这意味着要读大约一百三十本书，然后多次开会，逐渐去芜存菁，以备一决雌雄，到那时人人盛装，出席正式晚宴，从六部决选作品中择定最后的赢家。她注意到，许多书进行三分之二便横生异象，情节在此急转直下，一如全国赛马会上扣人心弦的障碍跳，说到由此而生的下注啊，激动啊，布克奖确实常常被人拿来和赛马相提并论的。一九八六年，埃德娜本人心仪的作品，乃加拿大作家罗伯森·戴维斯（Robertson Davies）的《骨中生根》（*What's Bred in the Bone*），大奖得主却是金斯利·埃米斯（Kingsley Amis）的《老家伙们》（*Old Devils*）。据丹尼斯说，埃德娜在阅读现代小说那几个星期里了解到的性知识，甚至要多过她四十多年的婚姻所得。

埃德娜于二〇〇六年出版了自传《吉光片羽》（*Part of the Pattern*），这一次的出版商是霍德头条集团。她发现，和七十年代《未知夫人》上市时相比，现在的营销方式已经大大地改变了。今天的出版商鼓励甚至需要，其作者即使不当媒体明星的话，也要成为好的沟通者。书一旦出版，繁重的工作也便随之展开：促销旅行，书店里的讲座和签售会，接受地方电台的采访，如果走运的话，再上一上全国性的电台
260 或电视台。一九七八年的时候，只有一个年度性的文学节可以参加，时间是十月上旬，在格洛斯特郡的切尔滕纳姆举办，这一传统可以上溯到一九四九年。现在则有几十个文学艺术节，遍及英国各地，与爱丁堡艺术节联袂举办的国际性读书活动即其中之一，瓦伊河畔海伊还有另一个文学节，此地乃英格兰与威尔士边境地带的集市小镇，一九七七年由二手书商理查德·布思宣布为独立王国，现已成为藏书家的圣地。埃德娜感到，这些文学节让人印象深刻的地方不仅在于其大众性，也在于作者亲身赴会，与读者见面所带来的愉悦，无论他们是不是声名赫赫。

二〇〇六年，诺森伯兰的赫克瑟姆举办了首届图书节，其中一项

活动是读书会的论坛。过去几年间，读书会大为流行，已经成了又一种现象。论坛上什么样的团体都有，比如母亲们，她们因为小孩在同一所学校上学而结识，又比如热情的厨师，他们选好书，然后将讨论会和美味大餐合二为一，还有些读者是由图书馆和书店组织起来的。这些团体组成的方式五花八门，兴趣各异，让论坛的与会者们啧啧称奇。他们之所以团结在一起，是因为拓宽了阅读视野，从书中发现了快乐，而如果没有这样一种动力，他们恐怕永远不会考虑阅读。此类团体有良好的文学传统，早在十八世纪，读书社团就在全国城乡遍地开花，因而托马斯·比伊克会与朋友们在纽卡斯尔的大炮酒馆聚首，简·奥斯汀和姐姐则是汉普郡乔顿村读书协会的会员。

对比伊克、奥斯汀及其同代人来说，读书会直接与作者对话的机会似乎绝无可能，其机率堪比月球漫步。现代科技让它成为可能，通过广播节目《书友会》(*Book Club*)，读者可以向作家提问，与他或她讨论特定图书的细节。最新的技术已经能让加拿大小说家玛格丽特·阿特伍德（Margaret Atwood）用上“长笔”（Longpen），这种设备允许作家与读者进行直接的、一对一的交流，通过屏幕、麦克风和耳机，加上一块写字板，她可以使用电子臂和钢笔来写字。有人赞扬阿特伍德开创了一种“低碳”式的巡回签售，比那些飞遍世界的作家更为环保，但她也受到了某些人的批评，他们感到，虽然有时要花几个钟头来排队，但那种弥足珍贵的与作家面对面的体验就这样消逝了。

电视建立起了一种新型的书友会。在美国，欧普拉·温弗里（Oprah Winfrey）主持着电视史上收视率最高的脱口秀节目，并经营着一家极
受欢迎的书友会。该会创办于一九九六年，每月挑选一本新书，正是 261
借助这样一种“欧普拉效应”，许多此前默默无闻的作品成了畅销书，销量之增长，往往可达一百万册之巨。在英国，权力掌控者是理查德和朱迪（Richard and Judy）。阿曼达·罗斯（Amanda Ross）在《理查德和朱迪秀》的制作公司担任制片人和总经理，决定推出一档为期十

周的书友会节目，以一本近期出版的、能带来“铿锵阅读”的新书为重。约瑟夫·奥康纳（Joseph O'Connor）的小说《海之星》（*Star of the Sea*）描写了一八四七年的爱尔兰难民，二〇〇四年以纸皮本发行时，其出版商并未抱太大的希望。然而，在理查德和朱迪书友会将它选作第二本推荐书之后，它便在一夜之间改变了命运，从全英畅销榜的第三百三十七位一路攀升到最高点，一个月内的销量便超过二十五万册。据《卫报》报道，“读书界仿佛看到一大批新人口突然从天而降——个个都被电视上这对饱受嘲笑的夫妇通上了电，开始读书了。”[27]

偏见这个老问题再一次抬头了。《纠正》（*The Corrections*）的作者乔纳森·弗兰岑（Jonathan Franzen）要求把他的书从欧普拉的推荐书目中移除，事出有因，据说他感到自己的小说属于高雅的文学传统，而欧普拉此前选中的某些书却无法归入同一范畴。理查德和朱迪也面对着同样的反应，有些人宣称该节目推荐的任何东西都不读，奎妮·利维斯的阴影可谓挥之不去。然而理查德和朱迪选中的许多作品，如美食评论家奈杰尔·斯莱特（Nigel Slater）的烹饪回忆录《吐司》（*Toast*），维多利亚·希斯洛普（Victoria Hislop）以希腊麻风病隔离区斯皮纳隆加（Spinalonga）为背景的小说《岛》（*The Island*），又如威廉·达尔林普尔（William Dalrymple）描写英国人在印度生活的《白色的莫卧儿人》（*White Mughals*），都表明了这份书单的深度与广度。一档傍晚时段的电视节目所推荐的书，对观众的影响竟然如此之大，有时真让人惊奇。可是从很多方面来看，这些人的前辈也曾感觉书店和图书馆的繁文缛节令人生畏，而如今他们只是需要某个有亲和力的人给些指点罢了。

*　　*　　*　　*

对二十一世纪初的英国图书业，人们有一个强烈的印象，也就是在售品种的巨大数量。据估计，现在每年出版的新书约为十万种。出版商竞相推销，以至于潜在的顾客不断遭受信息轰炸，它们有的来自书评和广告，也有的来自作者为其作品举办的座谈会，在电视、电台、报纸和杂志上发表的谈话。读者要想购买新书，可以去某家大型的连锁书店，也可以去独立书店、超级市场，或通过园艺中心和地方博物馆等机构附设的专业门店。如果不能或不愿离开家，他们也可以 262
上网购买，以任何一种语言写成的，来自世界任何一个地方的书都能买到。对二手书而言，则不仅有实体书店和虚拟书店，还有慈善商店，而在集市上、各郡的农业展览会和义卖会上，成箱的书也随处可见。二十世纪三十年代的时候，福伊尔可以自奉为世界上最大的书店，现在亚马逊也可以如此放言。纽约斯特兰德书店（Strand Bookstore）在售的二手书能摆好几英里，而 AbeBooks[1] 现在却能联通几十英里的书。

在本书中登场的男男女女经常遭遇图书的匮乏、购书途径的稀少，以及图书发现渠道的缺失。如今读者面对的问题却是选择过多。这带来了一种有趣的两难，在这个竞争激烈的市场上，缺乏经济实力的企业似乎要受苦受难，比如小型的独立出版商，独立书店，市立图书馆，可是，大型出版社不得不维持机器的运转，而在很多情况下，最安全的方法是多做尝试。近期有报告指出，通过推出令人兴奋和具有创新性的新书与新点子，小出版社是能够生存下去的，有些作家也更愿意继续支持此类出版社，而不是成为大机器里一颗小小的螺丝钉。[29] 面对眼花缭乱的读者，独立书店和公共图书馆的员工能够给出个人建议，为他们提供帮助，在如今这个时代，这样的建议和帮助堪称无私，因为大书店员工提供的所谓“个人推荐”，已经被证明是出版商花了大价钱购买的，他们的书目也是如此。受到威胁最大的也许是市立图书馆，

---

[1] AbeBooks.com 乃一九九六年成立的网上二手书店，总部位于加拿大不列颠哥伦比亚的维多利亚。

藏书现在成了负担，诱惑是把书甩出去，集中精力提供CD、DVD和咖啡。

有人说过，图书业面对每一种新发明时都表现出了求死冲动。[30]就书籍而言，唯一可以确定的预言就是未来的不确定。生在印刷时代也长在印刷时代的两大才子，均曾冒险展望未来，结果双双落败。约翰逊博士在一七五九年断言："广告业现在已趋完美，很难再有任何改进了。"[30]如果看到J. K. 罗琳（J. K. Rowling）的出版商怎样让她成了一个富可敌国的女人，让其《哈利·波特》系列世界扬名，他想必要为之大惊。二十世纪九十年代初，面对CD-Rom的发展，彼得·金德斯利也曾宣布图书业的死亡。事实上，陷入危险的是他对多林·金德斯利的所有权。公司负债严重，部分原因是在新技术领域过度热情的投资。一九九九年，他被迫将公司卖给了培生集团（Pearson Group）。聪明人本该缄口不语，静观图书世界再次改变。

附录　英镑等值换算表

以下统计数列显示出十五世纪以来的币值变化，对应表中年份所 263
示一英镑的可购商品，分别列出了二〇〇七年十一月购买同一商品时所需的款额。

数据由英格兰银行提供，所据零售价格指数以一九八七年一月＝100为基准。一九一四年以前的数据出自E. H. 菲尔普斯·布朗（E. H. Phelps Brown）和S. V. 霍普金斯（S. V. Hopkins）所著《消费品价格七百年：与建筑工人的工资水平相比较》（Seven Centuries of the Prices of Consumables, compared with Builders' Wage-rates），见《工薪与价格透视》（*A Perspective of Wages and Prices*），伦敦，一九八一年。

零售价格指数基于若干特定商品的合并开支，而未将不动产成本或工资水平等因素考虑在内。

单位	年份	2007年等值
£1	1450	£551.03
£1	1500	£535.09
£1	1550	£220.72
£1	1600	£110.78
£1	1650	£83.18

单位	年份	2007 年等值
£1	1700	£85.96
£1	1750	£93.75
£1	1800	£35.41
£1	1850	£64.43
£1	1900	£62.81
£1	1930	£36.79
£1	1950	£25.08
£1	1980	£3.14
£1	2000	£1.23

（£代表英镑）

注释 *

前言

264

1 “Nam et ipsa scientia potestas est”，弗朗西斯·培根爵士，《宗教沉思录：论异端》（*Religious Meditations: Of Heresies*），伦敦，一五九七年。

2 乔纳森·罗斯，《英国工人阶级的知识生活》，纽黑文和伦敦，二〇〇一年，第 393 页以降。

3 罗伯特·达恩顿，《拉穆雷特之吻：文化史沉思录》（*The Kiss of Lamourette: Reflections in Cultural Hrstory*），伦敦，一九九〇年，第 110 页。

4

第一章　有书自有黄金屋

1 以我的理解，此话为贝文（Ernest Bevin）所说，但由于我的引述出自其同代人之口，故不能确认。

2 一英镑等值于今日四百四十英镑，故女儿们所得遗产每份约合三千八百八十英镑。[译者附注：以二〇一四年四月一英镑约等于十元四角人民币计，则哈德威克四千斤每人可得人民币四万三千二百十九元。]

3 Calendar of State Papers: Letters & Papers 24 Henry VIII, pp. 621—2.

4 Devonshire Mss, CHA, Hardwick Mss, Bess and Earls Misc. Box 2, Sir William St Low's accounts, 1560, fol. 21.

5 大英图书馆，C.132.i.26 ——另有一本为一五八四年版，仍在查茨沃思，但这一本上有剑桥或牛津大学彭布罗克学院非奖学金学生克里斯托弗·艾布迪（Christopher Abdy）的题字。[译者附注：剑桥和牛津皆曾有彭布罗克学院。]

6 《玛格丽特·霍比夫人日记》（*Diary of Lady Margaret Hoby*），D. M.·米兹（D. M. Meads）编，伦敦，一九三〇年，第 95 页。

7 对贝丝及其工匠所用素材的详细分析，可参见安东尼·威尔斯–科尔《伊丽莎白一世和詹姆士一世时代英格兰的艺术与装饰》（*Art and Decoration in Elizabethan and Jacobean England*），纽黑文与伦敦，一九九七年。桑蒂娜·利维亦在其篇幅宏大的绣品与织物目录《哈德威克府绣谱》（*The Embrorderres at Hardwick Hall*）中对此加以补充，全国托管协会，二〇〇七年。

---

* 书眉页码为本书正文页码

8 Devonshire Mss, CHA, Hardwick Mss, Bess and Earls Misc. Box 2。此份清单由贝丝亲自签核，或因诺骚——赫特福德郡靠近圣奥尔本斯一处被抄没的修道院房产——于一五五〇年售出，以便卡文迪什夫妇可专注于德比郡的家产。根据记录，“新会客室”有三本英文书：“即乔叟，傅华萨闻见录，还有一本法文和英文书（大概是一本字典或文法）”。利维考证该乔叟为托马斯·戈弗雷版，见《哈德威克府绣谱》，第 16 页。[译者附注：“傅华萨闻见录”（Froissart cronicles），应为欧洲中世纪诗人和宫廷史官让·傅华萨（Jean Froissart，一三三三？～一四〇〇 / 〇一）描写百年战争“光荣业绩与武功”的《闻见录》（*Chronicles*，法语：*Chroniques*）。]

265 9 十七世纪之前伦敦的出版物价格没有文献记载。普兰丁版画的售价出自扬·范德斯多克（Jan van der Stock）所著《安特卫普印画：城市版画印制初考，十五世纪至一五八五年》（*Printing Images in Antwerp: The Introduction of Printmaking in a City, Fifteenth Century to 1585*），鹿特丹，一九九八年，第 207 页，注 12。据《牛津英语字典》，一个斯泰佛等价于一个英国便士。

10 “高坛东端有个公厕也被夺占，此乃保罗学校的学者和当地所有居民常往之处，而由于大量人员进占，大十字架所在的教堂园区已经更像垃圾场而非教堂园区了。”市政厅图书馆 , Ms. 9,537/9, fol. 55r.。

11 十六世纪六十年代一英镑约等值于今日的一百九十六英镑；自十六世纪初起，由于通货膨胀，英镑的购买力出现了戏剧性的下跌。参见第 1 页作者注。

12 约翰·奥布里（John Aubrey）一六九三年致信安东尼·伍德（Anthony Wood），谈到不久前出版的《牛津学苑》（*Athenae Oxoniensis*）时，曾提及这一风俗。牛津大学博德利图书馆，Ms. Wood 51, fol. 6。

13 转引自大卫·霍尔（David D. Hall）为《美国图书史，第一卷：大西洋时代的殖民地图书》（*A History of the Book in America, Vol. 1: The Colonial Book in the Atlantic World*）所作前言，休·阿默里（Hugh Amory）和大卫·霍尔编，剑桥，二〇〇〇年，第 3 页。

14 格雷厄姆·波拉德（Graham Pollard）由拉丁文译出，见《目录式图书发行：从印刷术发明到一八〇〇年》（*The Distribution of Books by Catalogue: From the Invention of Printing to AD 1800*），格雷厄姆·波拉德与阿尔伯特·厄尔曼（Albert Ehrman）编，剑桥，一九六五年，第 47 页。

15 格雷厄姆·波拉德由拉丁文译出，见《目录式图书发行》，波拉德与厄尔曼编，第 75 页。

16 格雷格（W.W. Greg）《阿尔伯指南》（*A Companion to Arber*）所列 Calendar 148, Doc.16，牛津，一九六七年。

17 尼古拉斯·英格兰的订单录自普朗坦 – 莫雷图斯档案馆，安特卫普，44 fol. 44v.。书名如下：25 Plautus 16°; 12 flores Terentij triglingues; 50 Virgilius 8°; 50 Apophthegmata Erasmi 8°; 25 Epistole famil.Cicer; 50 Epistole selecte Ciceroni 8°; 12 Sententie Ciceronis 16°; 25 Terentius sine annotat.; 5 Annotationes in eundem; 25 Grammatica greca Clenardi; 12 Hesiodi opera et dies。

18 其藏书现存于剑桥大学图书馆。

19 诺福克档案馆，KNY 678, 372X5。

20 伊拉斯谟，《论儿童教育》（*De Pueris Instituendis*），巴塞尔，一五二九年。英文版出自《伊拉斯谟作品集》（*Collected Works of Erasmus*），多伦多，一九八五年，第二十六卷，第 305—306 页。

21 理查德·马尔卡斯特，《位置》（*Positions*），伦敦，一五八一年，第 177 页。

22 玛格丽特·卡文迪什，《哲学和物理学论集》（*Philosophical and Physical Opinions*），一六五五年，fol. B2v。转引自伊莱恩·霍比（Elaine Hobby），《不可或缺的美德：英国女性写作，一六四九～一六八八》（*Virtue of Necessity: English Women's Writing, 1649—88*），伦敦，一九八八年，第 190 页。

23 萨拉·格里斯特伍德（Sarah Gristwood）在所著传记《阿拉贝拉：失落的英格兰女王》（*Arbella: England's Lost Queen*，伦敦，二〇〇三年）中对这一理论进行了考证，发现马洛在时间上契合，但并无确切证据。

24 转引自格里斯特伍德，《阿拉贝拉》，第 76 页。

25 尼古拉斯·巴克（Nicolas Barker）考证，见《德文希尔遗产：查茨沃思五个世纪的收藏》（*The Devonshire Inheritance: Five Centuries of Collecting at Chatsworth*），弗吉尼亚，二〇〇三年。

26 福克斯的记录以手稿形式保存在查茨沃思图书馆，Hardwick Mss 45A，曾以《家仆福克斯笔录之哈里·卡文迪什先生君士坦丁堡旅行记》（*Mr Harrie Cavendish his Journey to and from Constantinople by Fox, his Servant*）之名出版，A. C. 伍德（A. C. Wood）编，Camden Miscellany 17，伦敦，一九四〇年。

27 Devonshire Mss, CHA, Hardwick Mss, 10A, Book of Accounts for 1597—1601.

28 一六一七年一月二十八日日记，见《安妮·克利福德夫人日记》（*Diary of Lady Anne Clifford*），维塔·萨克维尔－威斯特（Vita Sackville-West）编，伦敦，一九二三年，第 52 页。

29 就我目前考证所得，此乃卡文迪什家族首次以书商身份提及约翰·诺顿。而购买法兰克福的图书目录，在第 13 页提及的迪博士之外，卡氏当为英格兰极早的一例。

30 Devonshire Mss, CHA, Chatsworth Hobbes Mss, E1A。所录贝丝的书为《加尔文论约伯》（*Calvin upon Job*），英文对开本；《巴尼的决心》（*Bunnie's Resolution*），八开本；以及《所罗门的慰藉》（*Saloman's Solaces*），四开本。

第二章　搜奇索隐，怡然自乐 266

1 《塞缪尔·皮普斯日记》（*The Diary of Samuel Pepys*），莱瑟姆（RC Latham）和马修斯（W. Matthews）编，伦敦，一九八三年，第九卷，第 160—161 页。这则日记的粗略潦草颇为反常。

2 约翰·伊夫林《英格兰风貌：致一个法国君子的信》（*A Character of England. As it was lately presented in a letter, to a Noble Man of France*），伦敦，一六五九年，第 28 页。

3 《皮普斯日记》，第四卷，一六六四年十二月十四日，第 344 页。

4 《皮普斯日记》，第八卷，一六六七年十一月十一日，第 526 页。

5 《皮普斯日记》，第八卷，一六六七年四月八日，第 156 页。

6 《皮普斯日记》，第九卷，一六六八年四月二十四日，第 173 页。

7 《皮普斯日记》，第九卷，一六六八年十月二十三日，第 335 页。

8 见马克·珀塞尔（Mark Purcell）文《合理防卫的有力武器：理查德·阿莱斯特里、约翰·费尔与阿莱斯特里图书馆的创办》（*Useful Weapons for the Defence of That Cause: Richard Allestree, John Fell and the Foundation of the Allestree Library*），载于《图书馆史》（*Library History*）第六辑，21：2，一九九九年。

9 《皮普斯日记》，第九卷，一六六九年五月三十一日，第 365 页。

10 《通过目录册开展的图书发行：从印刷术发明到公元一八〇〇年》（*The Distribution of Books by Catalogue: From the lnvention of Printing to AD 1800*），格雷厄姆·波拉德（Graham Pollard）与艾伯特·埃尔曼（Albert Ehrman）编，剑桥，一九六五年，第 164 页。

11 《皮普斯丹吉尔档案》（*The Tangier Papers of Samuel Pepys*），查普尔（E. Chappell）编，伦敦，Naval Records Society 73，一九三五年，第 108 页。

12 《皮普斯图书馆目录》（*Pepys Library Catalogue*），第四卷，剑桥，一九八九年，地图集序，第 83 页。

13 加布里埃尔·诺代（Gabriel Naudé），约翰·伊夫林译《图书馆建馆指南》（*Instructions concerning erecting of a library*），伦敦，一六六一年，sig. A4u。

14 阿德里安·琼斯（Adrian Johns），《剑桥英国图书史》（*The Cambridge History of the Book in Britain*）第四卷，一五五七～一六九五，见“科学与图书”部分，约翰·巴纳德（John Barnard）和 D. F. 麦肯齐（D.F. McKenzie）编，剑桥，二〇〇二年，第 302 页。

15 《皮普斯日记》，第八卷，一六六七年十二月十一日，第 575 页。

16 《皮普斯日记》，第三卷，一六六二年十二月二日，第 273 页。

17 《皮普斯日记》，第五卷，一六六四年二月三日，第 37 页。

18 《皮普斯日记》，第九卷，一六六八年二月八日，第 58 页。

19 《威廉·康华里爵士随笔集》（*Essayes by Sir William Cornwallis*），D. C. 艾伦（D. C. Allen）编，巴尔的摩，一九四六年，第 50 页。

20 转引自玛格丽特·斯普福（Margaret Spufford），《小小图书与读史之乐：十七世纪英格兰的流行小说及其读者》（*Small Books and Pleasant Histories: Popular Fiction and its Readership in Seventeenth-Century England*），伦敦，一九八一年，第 73 页。

21 《皮普斯日记》，第四卷，一六六三年九月四日，第 297 页。

22 《皮普斯日记》，第六卷，一六六五年十一月二十二日，第 305 页。

23 《皮普斯图书馆目录》，第四卷，书法集，第 1 页。

24 《皮普斯日记》，第一卷，一六六〇年九月二十五日，第 253 页。

25 致夏勒特博士的信，一七〇〇年十一月五日，《皮普斯私人信札及其他文档集，一六七九～一七〇三》（*Private Correspondence and Miscellaneous Papers of Samuel Pepys, 1679—1703*），塔纳（J.R. Tanner）编，伦敦，一九二六年，第二卷，第 105 页。

26 《皮普斯日记》，第四卷，一六六三年五月十五日，第 140 页。

27 皮普斯图书馆 520。感谢理查德·拉克特（Richard Luckett）博士的指引。

28 《皮普斯日记》，第八卷，一六六六年七月二十三日，第 214 页。

29 文档现存牛津大学博德利图书馆。

30 《私人信札》，第二卷，第 247—248 页。

31 转引自安东尼·霍布森，《伟大的图书馆》，伦敦，一九七〇年，第 220 页。

32 一六九二年三月二十八日信，《塞缪尔·皮普斯书信及第二日记》（*Letters and the Second Diary of Samuel Pepys*），R. G. 豪沃斯（R.G. Howarth）编，伦敦，一九三二年，第 228 页。

33 转引自克莱尔·托马林《塞缪尔·皮普斯：无与伦比的自我》（*Samuel Pepys: The Unequalled Self*），伦敦，二〇〇二年，第 373 页。

34 纳塔内尔·雅各布·格拉赫（Nathanael Jacob Gerlach）语，转引自霍布森《伟大的图书馆》，第 220 页。

35 一六九二年八月二十九日信，《塞缪尔·皮普斯书信及第二日记》，第 230 页。

第三章 无远弗届

1 约翰逊一七七七年九月二十日游历德比郡期间，作出了上述评论。

2 威廉爵士的最后一本书信抄件存档簿（另见下注）以一纸活页收尾，上面有他儿子布鲁克（Brooke）所做的笔记，录有他最初两度前往伦敦的花销，时间分别为一七〇二年十月和十一月。据其记载，他星期五从阿什伯恩出发，经停科尔希尔（Coleshill）、科罗珀戴（Croperdy）、温都华（Windover）和阿克斯布里奇（Uxbridge），于下星期二抵达伦敦。 267

3 布思比的个人日记起自一六七六年九月二十九日，迄于一六七七年三月二十三日，另有书信抄件存档簿，一册起自一六八三年三月二十九日，迄于一六八六年九月十七日，另一册起自一六八八年三月二十六日，迄于一六八九年九月二十八日，现存大英图书馆，Add Mss 71689—71692。

4 克拉维尔与斯塔基的不睦，以及其他书商的干预，由格雷厄姆·波拉德详细记载于《通过目录册开展的图书发行：从印刷术发明到公元一八〇〇年》，格雷厄姆·波拉德与艾伯特·埃尔曼编，剑桥，一九六五年，第 129—31 页。

5 马克曼·埃利斯（Markman Ellis），《咖啡馆文化史》（*The Coffee House: A Cultural History*），伦敦，二〇〇四年，第 158 页。

6 理查德·斯蒂尔，《发刊词》，《闲谈者》第一卷，第一～五十号（伦敦，一七一〇年），唐纳德·邦德（Donald Bond）编，I，第 8 页。

7 《旁观者》第十号。

8 转引自 J. E. 霍奇森（J. E. Hodgson），《拍卖厅的传奇与幽默》（Romance and Humour of the Auction Room），载《鉴赏家》（*Connoisseur*），一九三九年六月。

9 关于版权保护之曲折变迁的分析，请参见约翰·布鲁尔（John Brewer）所著《想象之乐：十八世纪的英国文化》（*The Pleasures of the Imagination: English Culture in the Eighteenth Century*），伦敦，一九九七年，第 132 页以降，以及詹姆斯·雷文（James Raven）所著《书的生意：一四五〇年至一八五〇年的书商与英国图书业》（*The Business of Books: Booksellers and the English Book Trade, 1450—1850*），纽黑文与伦敦，二〇〇七年，第 128—129 页，以及第 230—232 页。

10 《塞缪尔·约翰逊书信集》（*The Letters of Samuel Johnson*），R. W. 查普曼（R.W. Chapman）编，牛津，一九八四年，第二卷，第 608 页，一七七九年四月十三日。

11 爱德华·波滕，《第一代沃林顿伯爵亨利·布思的书》（*The Books of Henry Booth, 1st Earl of Warrington*），未发表的论文。

12 《已故德拉莫勋爵与沃林顿伯爵亨利阁下集》（*The Works of the Rt. Hon. Henry, late L. Delamer and Earl of Warrington*），伦敦，一六九四年，第 1、17—18、10、19 页。

13 《约翰·邓顿的生平与过错》，首版于伦敦，一七〇五年；加兰德出版社（Garland Publishing）再版于伦敦和纽约，一九七四年，第 115、299、289、287、237 页。

14 《亨利阁下集》献辞。

15 约翰·穆雷致约翰·哈斯林顿，一七七九年九月二十九日，约翰·穆雷档案，苏格兰国立图书馆，Ms. 41903。

16 约翰 · 穆雷致威廉 · 克里奇，一七八二年十一月四日，约翰 · 穆雷档案，Ms. 41904。

17 约翰 · 穆雷致威廉 · 斯梅利，一七七九年八月十日，约翰 · 穆雷档案，Ms. 41903。

18 奈德 · 沃德，《斯特布里奇市集导览：兼议剑桥大学》（*A Fair Step to Stir-Bitch-Fair: with Remarks upon the University of Cambridge*），伦敦，一七〇〇年。

19《约翰 · 邓顿的生平与过错》，第 299 页。

20《邮人报》，一七〇四年。

21 马克 · 珀塞尔，《十八世纪威斯特摩兰的图书与读者：汤恩的布朗家族》（Books and Readers in Eighteenth-century Westmorland: The Brownes of Townend），载《图书馆史》（*Library History*），二〇〇一年第十七期。

22 肯德尔档案馆，WD/TE/Box 2/V/104。所述托马斯 · 伍德（Thomas Wood）的《英格兰法律惯例》（*An Institute of the Lawes of England*，一七二四年萨沃伊版）仍藏于汤恩。

23 肯德尔档案馆，WD/TE/Box 2/V/108。

24 肯德尔档案馆，WD/TE/Box 2/V/86。

25 肯德尔档案馆，WD/TE/Box 8/3/34。

26 邓纳姆梅西档案，曼彻斯特大学约翰 · 赖兰兹图书馆，EGR 7/15。

27 邓纳姆梅西档案，曼彻斯特大学约翰 · 赖兰兹图书馆，EGR 3/7。

第四章　国父与馆父

1 一八一五年六月十日信，见《亚当斯－杰斐逊通信集》（*The Adams-Jefferson Letters*），莱斯特 · J. 卡彭（Lester J. Cappon）编，国会山，一九五九年，[2] 2：441—443。

2 详情可见大卫 · 霍尔（David D. Hall）之《十七世纪的切萨皮克》（The Chesapeake in the Seventeenth Century），收入《美国图书史，第一卷：大西洋世界中的殖民地图书》（*A HIStory of the Book in America, vol. 1: The Colonial Book in the Atlantic World*），休 · 艾默里（Hugh Amory）与大卫 · 霍尔编，剑桥，二〇〇〇年，第 539 页，注释 49。

268 3《威廉和玛丽学院院长与导师会议议事录》（Journal of the Meetings of the President and Masters of William and Mary College），载《威廉和玛丽季刊》（*William and Mary Quarterly*），第一辑，第二卷（一八九三年），51。卡尔霍恩 · 温顿（Calhoun Winton）引注，见艾默里和霍尔编《美国图书史》中《十八世纪的南方图书贸易》（Eighteenth-Century Southern Book Trade），第 229 页。

4 一七四八年十月十九日信，载《本杰明 · 富兰克林文存》（*Papers of Benjamin Franklin*），伦纳德 · 拉巴里（Leonard W. Labaree）编，纽黑文，一九六一年，第三卷，第 322 页。

5《杰斐逊文存》（*Jefferson Papers*），朱利安 · P. 博伊德（Julian P. Boyd）编，新泽西普林斯顿，一九五〇年，1：33。

6 约翰 · 梅尔（John Mair），《簿记术》（*Book-keeping Methodiz'd*），爱丁堡，一七六〇年，第 332 页。

7 约翰 · 穆雷档案，苏格兰国立图书馆，一七七二至一七七四年书信簿，Mss 41898 和 41899。

8 约翰 · 穆雷致罗伯特 · 米勒，一七七三年三月二十六日，约翰 · 穆雷档案，Ms. 41898。

9《杰斐逊文存》，1：34。

10《杰斐逊文存》，1：76—81。

11 E. 米特森特·索尔比（E. Millicent Sowerby）《托马斯·杰斐逊藏书目录》（*Catalogue of the Library of Thomas Jefferson*），国会图书馆，华盛顿，一九五三年，第八卷，第254—255 页。

12 转引自亚瑟·赫尔曼（Arthur Herman），《苏格兰启蒙运动：苏格兰人对现代世界的发明》（*The Scottish Enlightenment: The Scots' Invention of the Modern World*），伦敦，二〇〇二年，第 222 页。[译者附注：引文为："Few ideas are correct ones, and which they are none can tell, but with words we govern men." 更直接的可见于迪斯累里一八三二年的小说《康泰利尼·弗莱明》（*Contarini Fleming*），略有不同："Few ideas are correct ones, and what are correct no one can ascertain; but with words we govern men. "]

13 杰斐逊在巴黎见过布丰，后来经常通信。

14《弗吉尼亚纪事》，巴尔的摩，一八〇〇年，第 69 页。[译者附注：译文从《杰斐逊集》，第 203 页。]

15 转引自亨利·斯蒂尔（Henry Steele）文章《托马斯·杰斐逊和美国特质》（Thomas Jefferson and the Character of America），收入《托马斯·杰斐逊的园艺簿》（*Thomas Jefferson's Garden Book*），罗伯特·巴伦（Robert Baron）编，科罗拉多，一九八七年，第 30 页。[译者附注：译文从《杰斐逊集》，第 955 页。]

16 查尔斯·埃利奥特致科尔本·巴雷尔的信，约翰·穆雷档案，Ms 43092，信 1118。

17 约翰·麦考尔（John McCall）致迪利，一七八六年一月十四日，信·三十八，查尔斯顿图书馆协会书信簿。

18 信·五十三，一七九二年九月十四日，查尔斯顿图书馆协会书信簿。

19 致塞缪尔·哈里森·史密斯（Samuel Harrison Smith）的信，向国会提供藏书，一八一四年九月二十日，《杰斐逊文存》，18：35n。[译者附注：译文从《杰斐逊集》，第 1585—1586 页。]

20 致詹姆斯·门罗的信，一七九五年五月二十六日，引索尔比《托马斯·杰斐逊藏书目录》，第五卷，第 189 页。

21 转引自 F. A. 芒比（F.A. Mumby）和伊恩·诺里（Ian Norrie），《图书出版与销售》（*Publishing and Bookselling*），伦敦，一九七四年，第 208 页。

22《杰斐逊文存》，8：301。

23 致威廉·斯蒂芬斯·史密斯（William Stephens Smith），一七八七年九月二十八日，《杰斐逊文存》，12：193。

24《约翰·亚当斯日记》（*Diary of John Adams*），L. H. 巴特菲尔德（L. H. Butterfield）编，哈佛，一九六一年，3：189。

25 《杰斐逊文存》，11：183。

26 本杰明·富兰克林来信，一七八八年十月二十四日，《杰斐逊文存》，14：36。

27 转引自福恩·布罗迪（Fawn M. Brodie），《托马斯·杰斐逊秘史》（*Thomas Jefferson: An Intimate History*），伦敦，一九七四年，第 336 页。

28 致约翰·兰登（John Langdon），一八〇八年八月二日，《托马斯·杰斐逊文集》（*Writings of Thomas Jefferson*），安德鲁·利普斯科姆（Andrew Lipscomb）、阿尔伯特·伯格（Albert Bergh）编，华盛顿，一九〇三年，XV1：310。

29 致亚伯拉罕·鲍德温（Abraham Baldwin）的信，一八〇二年四月十四日，《杰斐逊文存》，19：128。

30 感谢安东尼·霍布森就此所作的分析。

31 原文出自 Hearne's *Johannis Glastionensis Chronica II*, 490—5: Calendar of Treasury Papers 1556/7—1696。

32 一七五九年八月八日致詹姆斯·布朗（James Brown）的信，《托马斯·格雷通信集》（*Correspondence of Thomas Gray*），佩吉特·托因比（Paget Toynbee）和伦纳德·惠布利（Leonard Whibley）编，第二卷，牛津，一九三五年，第 632—633 页。

33 转引自《美利坚图书馆：国会图书馆的故事，一八〇〇年至二〇〇〇年》（*America's Library: The Story of the Library of Congress, 1800—2000*），詹姆斯·科纳韦（James Conaway）著，纽黑文，二〇〇〇年，第 30 页。

34 一八一五年六月十日信，《亚当斯杰斐逊通信集》，[2] 2：441—43。

35 致威廉·罗斯科（William Roscoe）的信，一八二〇年十二月二十七日，《托马斯·杰斐逊文集》，XV：303。

36 转引自道格拉斯·威尔逊（Douglas L. Wilson），《杰斐逊的书》（*Jefferson's Books*），托马斯·杰斐逊基金会，蒙蒂塞洛，一九九五年，第 46 页。

269 第五章　建造一座图书馆

1 《大英百科全书》由科林·麦克法夸尔（Colin Macfarquhar）和安德鲁·贝尔（Andrew Bell）编撰，先于一七六八年至一七七一年以分期连载的形式出版，后结集为一套四开三卷本，约翰·索恩便拥有一套。

2 威廉·科贝特，《威廉·科贝特自传：一个农家子弟在议会获得一席之地的历程》（*The Autobiography of William Cobbett: The Progress of a Plough-boy to a Seat in Parliament*），威廉·赖策尔（William Reitzel）编，伦敦，一九四七年，第 18 页。

3 理查德·奥尔蒂克，《英国普通读者：一八〇〇年至一九〇〇年大众阅读社会史》，芝加哥和伦敦，一九五七年，第 31 页。

4 《书商詹姆斯·拉金顿的生平，一七四六～一八一五》（*The Life of James Lackington, Bookseller, 1746—1815*），彼得·霍普金斯（Peter Hopkins）为默顿历史学会编辑的节略本，莫登，二〇〇四年。

5 拉金顿，信·三。

6 约翰·布里顿，《自传》（*Autobiography*），伦敦，一八五〇年，第 35n 页。

7 E. W. 布雷利，《萨里郡志》，第二卷，伦敦，一八四一年。巧合的是，这一卷的编纂得到了索恩挚友约翰·布里顿的帮助，布里顿也出身寒微。

8 出自前述匿名文章，第 14—15 页，转引自皮埃尔·德拉吕芬尼埃·迪普雷（Pierre de Ia Ruffinière du Prey）之《约翰·索恩的建筑学教育，一七五三年至一七八〇年》（*John Soane's Architectural Education 1753—80*），纽约和伦敦，一九七七年，第 29 页。

9 迪普雷，《约翰·索恩的建筑学教育》，第 30 页。

10 法林顿日记打印本，大英博物馆，《版画与素描》（*Prints & Drawings*），第一卷，第 235 页，3n5u4y，一七九四年十月十日。

11 索恩经常引用这一句，或许出自他朋友巴巴拉·霍夫兰（Barbara Hofland）的一首诗。

12 劳伦斯·斯特恩，《在法国和意大利的感伤旅行》，伦敦，一七七五年，第二卷，第 12—13 页。[译者附注：译文从石永礼译《多情客游记》（即《感伤旅行》），人民文学出版社，北京，一九九〇年，第 91 页。]

13 迪普雷，《约翰·索恩的建筑学教育》，第 140 页。

14 约翰·索恩，《一位建筑师的职业生涯回忆录》（*Memoirs of the Professional Life of an Architect*），私印本，一八三五年，第 16 页。

15《威廉·布莱克文集》（*William Blake's Writings*），G. E. 本特利（G.E. Bentley）编，牛津，一九七八年，第二卷，第 582 页。

16 布里顿，《自传》，第 200 页。

17 布里顿，《自传》，第 229 页。

18 拉金顿，信·二十一。

19 拉金顿，信·三十三。

20 拉金顿，信·三十五。

21 拉金顿，信·三十九。

22 索恩档案，Spiers Box。

23 索恩档案，Spiers Box。

24 大卫·沃特金，《约翰·索恩爵士：启蒙思想与皇家艺术学院讲座》（*Sir John Soane: Enlightenment Thought and the R. A. Lectures*），剑桥，一九九六年，第 12—13 页。

25 布里顿致索恩的信，一八二五年六月四日，索恩档案。

26 皮尚杰现名皮赞杰（Pitzhanger），由伊灵伦敦自治市（The London Borough of Ealing）管理，该市正在计划让索恩的藏书室恢复昔日的荣光。

27 转引自吉利安·达利（Gillian Darley），《约翰·索恩：一个意外而生的浪漫主义者》（*John Soane: An Accidental Romantic*），纽黑文和伦敦，一九九九年，第 207 页。

28 亚瑟·博尔顿（Arthur Bolton），《记皇家院士约翰·索恩爵士》（*The Portrait of Sir John Soane, R.A.*），伦敦，一九二七年，第 205—206 页，索恩笔记抄件。

29 沃特金，《约翰·索恩爵士》，第 3 页。

30 彼得·考克斯，《致皇家院士约翰·索恩爵士》（To Sir John Soane, Royal Academician），一八三七年私印本。

第六章　小闲书？

1 塞缪尔·克拉克（Samuel Clark），《名人传》（*The Lives of Sundry Eminent Persons*），一六八三年，第 202 页。

2 《塞缪尔·皮普斯日记》（*The Diary of Samuel Pepys*），莱瑟姆和马修斯编，伦敦，一九七〇年，第一卷，第 35 页。

3 《安东尼·伍德的生平和时代，一六三二～一六九五》（*Life and Times of Anthony Wood, 1632—1695*），安德鲁·克拉克（Andrew Clark）编，牛津，一八九一年至一九〇〇年，第二卷，第 147 页。 270

4 《访英日记》（*Diary of a Visit to England*），J. L. 克利福德（J.L. Clifford）编，纽约，一九四七年，第 58 页。

5 据伯明翰书友会会长 E·沃恩·托默（E. Vaughan Tomer）一九二六年所述，转引自保罗·考夫曼，《图书馆及其读者：图书馆史论集》（*Libraries and their Users: Colleded Papers in Library History*），伦敦，一九六九年，第 52 页。

6 休伯特·科勒（Hubert Collar），《一家十八世纪的读书会》（An Eighteenth-Century Book Society），《埃塞克斯评论》（*Essex Review*），卷四十四，一九三五年，第 109—112 页，转引自考夫曼《图书馆及其读者》，第 53 页。
7 考夫曼，《图书馆及其读者》，第 36 页。
8 罗伯特·伍德罗，《文选，又题显著神意史资料集，多与苏格兰牧师和基督徒相关》（*Analecta, or Materials for a History of Remarkable Providences mostly relating to Scotch Ministers and Christians*），一七二八年首版，梅特兰俱乐部（Maitland Club）重印，爱丁堡，一八四三年，第三卷，第 515 页。
9 考夫曼，《图书馆及其读者》，第 192 页。
10 詹姆斯·雷文，《小说成熟期》（The Novel comes of Age），载《英国小说，一七七〇～一八二九：对不列颠诸岛出版之小说的书志学考察》（*The English Novel, 1770—1829: A Bibliographical Survey of Prose Fiction Published in the British Isles*），第 75 页，彼得·加赛德（Peter Garside）、詹姆斯·雷文和赖纳·施勒莱林（Rainer Schrölering）编，第一卷，牛津，二〇〇〇年。
11《塞缪尔·罗杰斯忆旧与漫谈》（*Reminiscences and Table Talk of Samuel Rogers*），G. H . 鲍威尔（G.H. Powell）编，伦敦，一九〇三年，第 108 页。
12 牛津大学博德利图书馆之约翰·约翰逊藏书（John Johnson Collection）内，收有此目录一册。
13 托拜厄斯·斯摩莱特，《汉弗莱·克林克尔历险记》，沃兹沃思经典版，赫特福德郡韦尔，一九九五年，第 35 页。
14 克拉拉·里夫，《传奇文学的进程》，科尔切斯特，一七八五年，第二卷，第 7 页。
15《鲍氏约翰逊传》（*Boswell's Life of Johnson*），爱德华·弗莱彻（Edward Fletcher）编，伦敦，一九三八年，第一卷，第 48 页。
16 约翰·穆雷致威廉·戈登（William Gordon），一七六七年五月十九日，约翰·穆雷档案，苏格兰国立图书馆，Ms. 41896。
17《范妮·伯尼早期日记与书信集，一七六八～九一》（*The Early Journals and Letters of Fanny Burney, 1768—91*），拉斯·特罗伊德（Lars E. Troide）等编，牛津，一九八八年，第二卷，第 215 页和第 291 页。
18 《埃维莉娜》，A. 布卢姆（A. Bloom）编，牛津大学出版社版，牛津，一九九〇年，第一卷，第 xv 页。
19《范妮·伯尼早期日记与书信集》，第三卷，第 28—29 页。
20 思雷尔夫人致查尔斯·伯尼的信函原件在一部插图版的《达尔布莱夫人日记与书信集，一七七八～一八四〇》（*Diary and Letters of Mme d'Arblay, 1778—1840*）中发现，转引自凯特·克里泽姆（Kate Chisholm），《范妮·伯尼传》（*Fanny Bunrey: Her Life*），伦敦，一九九八年，第 58 页。
21 托马斯·吉斯伯恩，《探询女性之义务》，第四版，一七九七年，第 217 页。
22 简·弗格斯，《十八世纪英格兰的外郡读者》（*Provincial Readers in Eighteenth-Century England*），牛津，二〇〇六年，第 15 页。
23 其日记现藏加利福尼亚圣马里诺（San Marino）的亨廷顿图书馆（Huntington Library），Mss 31201。可通过缩微胶片阅读，《一个女人的戏剧观：一七九〇～一八三〇》（*A Woman's View of Drama, 1790—1830*）由亚当·马修出版社（Adam Matthew

Publications）出版，威尔特郡莫尔伯勒，一九九五年。

24 约翰·布鲁尔，《想象之乐：十八世纪的英国文化》，伦敦，一九九七年，第 196 页。

25 转引自吉利安·达利，《约翰·索恩：一个意外而生的浪漫主义者》，纽黑文和伦敦，一九九九年，第 207 页。

26 其笔记本现存于索恩档案，MrsSNB, 1, 3, 4, 6。

27 在全国托管协会关于卡尔克修道院藏书室的报告中，彼得·霍尔（Peter Hoare）指出，此乃现在仅存的一册肯布尔《农庄之家》。这表明这一时期的剧本像小说一样印数很小，其重印要靠剧作的重新上演。

28《闲荡者》，第九期，一七八九年三月二十八日。奥斯汀使用了笔名“索菲亚·伤涕茫”（Sophia Sentiment）。

29《诺桑觉寺》，小说馆版，哈米什·汉密尔顿（Hamish Hamilton）出版，一九四八年，第 25 页。

30 转引自《沃尔特·司各特爵士日志》（*The Journal of Sir Walter Scott*），W. E. 安德森（W.E. Anderson）编，牛津，一九七二年，第 319 页。

31 转引自克莱尔·拉蒙特（Claire Lamont）为《威弗莱》所写的导言，牛津世界经典版，一九九八年，第 ix 页。 271

32 威廉·圣克莱尔，《浪漫主义时期的国民阅读》，第 222 页，表 12.4，剑桥，二〇〇四年。但正如简·弗格斯后来在《十八世纪英格兰的外郡读者》第 4 页上所指出的那样，玛丽亚·埃奇沃思的《庇护》仅在出版当日的销量便达到了八千册。

33 伊恩·戈登·布朗（Iain Gordon Brown），《一部名叫〈威弗莱〉的苏格兰小说新作：来自马德拉斯的激赏》（A new Scotch novel called *Waverley*: an appreciation from Madras）对司各特在印度的市场有过描述，载《书志》（*The Bibliotheck*），一九九八年，第二十三期。

34 转引自捷尔吉·卢卡奇（Georg Lukács），《历史小说》（*The Historical Novel*），伦敦，一九六二年，第 66 页。

35 托马斯·卡莱尔评司各特回忆录，初刊于《伦敦与威斯敏斯特评论》（*London and Westminster Review*），一八三七年，第十二号，转引自唐纳德·沙逊（Donald Sassoon），《欧洲人的文化》（*The Culture of the Europeans*），伦敦，二〇〇六年，第 149 页。

36 约翰·穆雷致约翰·坎宁安（John Cunningham），一七七〇年二月十三日，约翰·穆雷档案，Ms. 41897。

37 简·奥斯汀，《诺桑觉寺》，小说馆版，一九四八年，第 95 页。

第七章　稀与奇

1 见一八一九年一月二十九日凯瑟琳·卡普（Catherine Cappe）致斯特里克兰夫人（Lady Strickland）的信：“那品德的阴云不祥而又如此之久地遮蔽着一个家庭的兴旺与幸福……这家庭的卓尔不凡又是如此恰当与相称，”西约克郡档案馆，利兹，A1/8/12。

2 T. G. 赖特（T.G. Wright），《诺斯特尔忆旧》（*Reminiscences of Nostell*），一八八七年，Ms 803，约克郡考古学会，利兹。

3《爱书癖，又题书疯症，内含关于这种致命疾病的历史、症状和治疗过程的记录，写于致理查德·希伯的信中》（*The Bibliomania; or, Book-madness; containing some account of the history, symptoms and cure of this fatal disease. In an epistle addressed to Richard Heber*)。伦敦，一八〇九年。

4 T. 赫恩，《评论与收藏》（*Remarks and Collections*），H. E. 索尔特（H. E. Salter）编，牛津历史学会，七十二，牛津，一九二一年，第二卷，第 389 页。

5 致露西·勒德韦尔·帕拉迪斯（Lucy Ludwell Paradise）的信，一七八九年六月一日，《杰斐逊文存》，朱利安·博伊德编，新泽西普林斯顿，一九五〇年，第十五卷，第 162—163 页。

6 艾萨克·迪斯累里，《文学搜奇》（*Curiosities of Literature*），伦敦，一八〇七年，第五版，第一卷，第 I0—11 页。

7 见于安东尼·霍布森所著《伟大的图书馆》中关于约翰·赖兰兹（John Rylands）藏书的一章，伦敦，一九七〇年，第 268 页。

8 《利·亨特自传》（*The Autobiography of Leigh Hunt*），伦敦，一八五九年，第六章。

9 颇具讽刺意味的是，布兰福德一八一九年卖掉了自己的藏书，斯宾塞得以借机购入这部《十日谈》，价格为九百一十八英镑。

10 曼彻斯特大学约翰·赖兰兹图书馆，Rylands Eng. Ms. 71, fol.125。

11 转引自霍布森，《伟大的图书馆》，第 273 页。

12 贾尔斯·曼德尔布罗特和伊冯娜·刘易斯（Yvonne Lewis），《学收藏：理查德·埃利斯爵士（一六八二～一七二四）的布利克林府藏书》（*Learning to Collect: The Library of Sir Richard Ellys [1682—1742] at Blickling Hall*），伦敦，二〇〇四年，第 17 页。

13 一八一八年四月三十日，转引自克里斯蒂拍卖目录，一九七五年。

14 致乔治·尼科尔（George Nicol）的信，一七九〇年七月六日，《霍勒斯·沃波尔书信集》（*Correspondence of Horace Walpole*），W. S. 刘易斯（W.S. Lewis）编，纽黑文，一九八〇年，第四十二卷，第 285 页。

15 霍勒斯·沃波尔，《奥福德伯爵罗伯特·沃波尔爵士的小儿子霍勒斯·沃波尔先生在特威克纳姆附近之草莓山对别墅所作的说明，附家具、画作和古玩等物品清单》（*A description of the villa of Horace Walpole, youngest son of Sir Robert Walpole earl of Orford, at Strawberry-hill, near Twickenham. With an inventory of the furniture, pictures, curiosities, &c*），草莓山，一七八四年。文中所指，乃威廉·达格代尔爵士一六五八年出版的《圣保罗大教堂史》（*History of St Paul's*），以及味委会委员、韦恩府的约翰·丘特（John Chute of The Vyne）。

16 阿诺德·亨特（Arnold Hunt），《爱书癖时代的私人藏书》（Private Libraries in the Age of Bibliomania），见于《剑桥英国和爱尔兰图书馆史，第二卷，一六四〇年至一八五〇年》（*Cambridge History of Libraries in Britain and Ireland, Vol II, 1640—1850*），贾尔斯·曼德尔布罗特和 K. A. 曼利（K.A. Manley）编，剑桥，二〇〇六年，第 445 页。

17 致威廉·梅森（William Mason）的信，一七八一年十一月十三日，《霍勒斯·沃波尔书信集》，W. S. 刘易斯编，纽黑文，一九五五年，第二十九卷，第 165 页。

18 西约克郡档案馆，利兹 1352/A1/8/19。

19 WYAS1352/A1/8/16/1。这些书有可能是是五卷《达勒姆史》（*Histories of Durham*），瑟
272 蒂斯和雷恩（Surtees and Raine）著，标价三十六英镑，经铁路送达温家。

20 WYAS1352/A1/8/26/9。

21 《约克印刷商托马斯·根特先生生平，本人亲笔》（*The Life of Mr Thomas Gent, Printer of*

York, written by himself)，托马斯·索普（Thomas Thorpe）印刷，伦敦，一八三二年。

22《约克印刷商托马斯·根特先生生平》，第 176、178、189 页。

23 理查德·高夫，《不列颠地志学轶事》(*Anecdotes of British Topography*)，伦敦，一七六八年，第 550 页。

24 WYAS/A1/8/16/2：一八六二年三月十日和十四日信。

25 WYAS/A1/8/16/2：一八六三年七月二十二日信。

26 WYAS/A1/8/16/2：一八六三年九月二十三日信。

27 WYAS/A1/8/16/1：一八四三年七月十八日菲利普斯致朗兹夫人（Mrs Lowndes）的信。

28 WYAS/A1/8/16/1：朗兹夫人给查尔斯·温的便条。

29 WYAS/A1/8/16/1：未注明日期的信。

30 WYAS NP/A1/10 (1808)，一八七一年十二月十八日。

第八章　普通读物

1 “就其《挽歌》的特色而言，我乐于同意普通读者之见；因为抛开一切精细的文雅和学识上的武断，一切诗歌的荣耀，最终必将取决于未因文学偏见而腐化的读者常识。《墓园》里充满意像，映射于每个人的头脑，而感情在每颗心中发出回响。”塞缪尔·约翰逊，《英国诗人传》(*Lives of the Most Eminent English Poets*)，伦敦，一七八一年，第四卷，第 485 页。

2 理查德·奥尔蒂克，《英国普通读者：一八〇〇年至一九〇〇年大众阅读社会史》，芝加哥和伦敦，一九五七年，第 15 页以降。

3 埃德加·约翰逊，《查尔斯·狄更斯：悲剧与欢欣》(*Charles Dickens: His Tragedy and his Triumph*)，伦敦，一九五三年，第二卷，第 613 页。[译者附注：狄更斯的《董贝父子》以月刊方式出版于一八四六年十月至一八四八年四月，每月一册，共十九册，每册三十二页文字，另附插图两面，售价一先令，唯最后一册两期合刊，卖价亦翻番。]

4 奥尔蒂克，《英国普通读者》，第 22、51—2 页。

5 感谢伦敦博物馆黑兹尔·福赛思（Hazel Forsyth）提供这一信息。

6《庸众》(Middlebrow)，收入弗吉尼亚·伍尔夫的《随笔集》(*Collected Essays*)，伦敦，一九六六年，第二卷，第 196 页以降。虽然在一九二五年和一九三二年，伍尔夫出版过两部以《普通读者》(*The Common Reader*) 为名的随笔集，但这篇文章作为写给《新政治家》(*New Statesman*) 杂志的信，却从未寄出。

7《牧师约翰·特拉斯勒博士生平回忆录》(*Memoirs of the life of Revd Dr John Trusler*)，未刊手稿之第二卷第三十四章，第 337 页，康涅狄格法明顿之刘易斯·沃波尔图书馆。

8《书商詹姆斯·拉金顿的生平，一七四六～一八一五》，默顿历史学会，二〇〇四年，信十三。

9 艾莉森·厄特利，《小山上的农庄》(*The Farm on the Hill*)，伦敦，一九四一年，第 180 页。

10 拉金顿，信六。

11 简·弗格斯，《英格兰读书实例》(*The Practice and Representation of Reading in England*) 之第十一章“十八世纪晚期外郡仆人的阅读”，詹姆斯·雷文、海伦·斯莫尔（Helen Small）和内奥米·塔德莫尔（Naomi Tadmor）编，剑桥，一九九六年。

12 拉金顿，信三十九。

13《十八世纪女诗人》(*Eighteenth-Century Women Poets*)，罗杰·朗斯代尔（Roger Lonsdale）编，牛津，一九八九年，《诗一首：早报刊登女仆诗集出版广告后的看法》(A poem, on the supposition of an advertisement appearing in a morning paper, of the publication of a volume of poems, by a Servant-Maid)，第 425 页；《诗一首：该书出版和阅读之后的看法》(A poem, on the supposition of the book having been published and read)，第 427 页。

14 H. G. 威尔斯，《托诺－邦盖》，伦敦，一九四六年，第 24 页。

15 他未署名的稿件发表于威廉·霍恩（William Hone）的《每日书》(*Every-Day Book*)，转引自 E. S. 特纳（E. S. Turner)，《管家所见》(*What the Butler Saw*)，伦敦，一九六二年，第 101 页。

16 费利西蒂·斯廷普森（Felicity Stimpson)，《仆人的阅读：克拉赛德仆佣图书室考察》(Servants' Reading: An Examination of the Servants' Library at Cragside)，载《图书馆史》，二〇〇三年三月，第十九期。

17 P. R. 卡奇赛德（P. R. Catcheside)，《洛夫克劳印染厂图书室》(Loveclough Printworks Library)，载《图书馆史》，一九七〇年，第二期。这些书在一九六九年入藏劳滕斯塔尔
273 公共图书馆（Rawtenstall Public Library)。

18 安东尼·特罗洛普，一八七〇年一月二十八日在爱丁堡发表的演讲，整理为《论作为一种合理娱乐的英国散文化小说》(On English Prose Fiction as a Rational Amusement)，收入《四讲稿》(*Four Lectures*）一书，莫里斯·帕里什（Morris L. Parrish）编，伦敦，一九三八年。

19 赫伯特·马克斯韦尔爵士（Sir Herbert Maxwell)，《W. H. 史密斯传》(*Life of W.H. Smith*)，伦敦，一八九四年，第 29 页。

20 塞缪尔·菲利普斯，《文学铁道》(*Literature of the Railway*)，《泰晤士报》，一八五一年八月九日。

21 转引自 F. A. 芒比，《劳特利奇出版社：一八三四～一九三四》(*The House of Routledge: 1834—1934*)，伦敦，一九三四年，第 53 页。

22 S·诺埃尔－史密斯（S. Nowell-Smith)，《卡斯尔出版社，一八四八～一九五八》(*The House of Cassell, 1848—1958*)，伦敦，一九五八年，第 22 页。

23 亨利·梅休，《伦敦劳工和伦敦贫民》(*London Labour and the London Poor*)，伦敦，一八六一～一八六二年，第一卷，第 289 页以降。

24 也曾有读者在狄更斯友人威尔基·柯林斯（Wilkie Collins）的出版社外喧哗，要求出版更多的《白衣女人》(*The Woman in White*)。其连载杂志以黄色书衣包覆。

25 马尔科姆·安德鲁斯（Malcolm Andrews)，《查尔斯·狄更斯及其表演性的多重自我》(*Charles Dickens and his Performing Selves*)，牛津，二〇〇六年，第 5 页。

26 弗洛拉·汤普森，《雀起乡到烛镇》三部曲，第三部《烛镇绿里》中的“便士朗诵会”，伦敦，一九七三年，第 433—447 页。

27 这些书至今仍以此种方式存放于伊普斯威奇学校（Ipswich School)。

28《对本图书馆现存记录的考察，用以证明十八世纪下半叶启蒙思想的传播》(An Investigation of Records Available at the Library for the Evidence of the Spread of Enlightenment in the Second Half of the Eighteenth Century)，因纳佩弗雷图书馆凯恩斯·梅森（Cairns Mason）所著论文，二〇〇七年。

29 保罗·考夫曼，《图书馆及其读者》，伦敦，一九六九年，第 155—156 页。

30 查尔斯·埃利奥特的书信簿，Mss. 43090 和 43091，约翰·穆雷档案，苏格兰国立图书馆。

31《多萝西·华兹华斯日记》(*Journals of Dorothy Wordsworth*)，E. 德塞兰古尔（E. de Selincourt）编，伦敦，一九四一年，第一卷，第 209 页。

32《理查德·布思对谈露西亚·斯图尔特》(Richard Booth with Lucia Stuart)，《我的图书王国》(*My Kingdom af Books*)，塔勒邦特（Talybont），一九九九年，第 82 页。

33 伦敦机械工人学院后更名为伯克贝克文学和科学学院（Birkbeck Literary and Scientific Institution），一九〇七年再改称伯克贝克学院。

34 转引自托马斯·格林伍德，《公共图书馆》(*Public Libraries*)，第四版，伦敦，一八九一年，第 9 页。

35《免费公共图书馆》的宣传册现存博德利图书馆之约翰·约翰逊藏书（John Johnson Collection）。

36 约翰·帕斯莫尔·爱德华兹，《几个脚印》(*A Few Footprints*)，伦敦，一九〇六年，第 6 页。

37 达夫·布朗的系统仍为马恩岛上的马恩博物馆图书馆（Manx Museum Library）所用。

38 格蕾斯·卡尔顿（Grace Carlton），《打基础：托马斯·格林伍德的故事》(*Spade-work: The Story of Thomas Greenwood*)，伦敦，一九四九年，第 125 页。

39 致梅·盖斯凯尔（May Gaskell）的信，转引自乔斯林·丁布尔比（Josceline Dimbieby），《奥秘》(*A Profound Secret*)，伦敦，二〇〇四年，第 145 页。

40 见其《英国鸟类史》(*A History of British Birds*) 前言，一八二六年六月出版。

41 托马斯·比伊克，《我的人生》(*My Life*)，伊恩·贝恩（Iain Bain）编，对开学会版，伦敦，一九八一年，第 47 页。

42 比伊克，《我的人生》(*My Life*)，第 69 页。

43 转引自约翰·布鲁尔（John Brewer)，《想象之乐：十八世纪的英国文化》，伦敦，一九九七年，第 500 页。

44 此信夹在威廉·斯梅利所译布丰的《鸟类自然史》内，大卫·加德纳－梅德温（David Gardner-Medwin）在其论文《托马斯·比伊克的藏书》(The Library of Thomas Bewick) 中述及此信，文章收入《比伊克研究：托马斯·比伊克（一七五三～一八二八）诞生二百五十周年纪念论文集》(*Bewick Studies, Essays in Celebration af the 250th anniversmy af the Birth of Thomas Bewick, 1753—1828*)，大卫·加德纳－梅德温编，泰恩河畔纽卡斯尔，二〇〇三年，第 59 页。

45 詹姆斯·拉姆齐·麦克唐纳，《漫游与远足》(*Wanderings and Excursions*)，伦敦，一九三二年，第 24 页。

46 转引自戈弗雷·R. 埃尔顿（Godfrey R. Elton)，《詹姆斯·拉姆齐·麦克唐纳传，一八六六～一九一九》(*The Life of James Ramsay MacDonald, 1866—1919*)，伦敦，一九三九，第 24 页。

47 埃尔顿，《詹姆斯·拉姆齐·麦克唐纳传》，第 25—26、28 页。

274

第九章　革命的儿女

1 《希利的眼光：影像回忆录》(*Healey's Eye: A Photographic Memoir*)，伦敦，一九八〇

年；《我的人生时代》(*The Time of My Life*)，伦敦，一九八九年；《当虾学会吹哨》(*When Shrimps Learn to Whistle*)，伦敦，一九九〇年；《我的秘密星球》，伦敦，一九九二年。《当虾学会吹哨》的书名出自赫鲁晓夫的自负之词，他说要想让苏联放弃共产主义原则，除非"虾学会吹哨"。

2 她的作品如下：《未知夫人》(*Lady Unknown*)，伦敦，一九七八年；《名妻》(*Wives of Fame*)，伦敦，一九八六年；《库茨公司：一家私人银行的写照》(*Coutts & Co: The Portrait of a Private Bank*)，伦敦，一九九二年；《女王的家宅：白金汉宫社会史》(*The Queen's House: A Social History of Buckingham Palace*)，伦敦，一九九七年；《埃玛·达尔文：天才的贤内助》(*Emma Darwin, The Inspirational Wife of a Genius*)，伦敦，二〇〇一年；《吉光片羽》(*Part of the Pattern*)，伦敦，二〇〇六年。

3 哈罗德·尼科尔森一九三一年六月二十九日的日记，转引自诺曼·罗斯（Norman Rose），《哈罗德·尼科尔森》(*Harold Nicolson*)，伦敦，二〇〇五年，第166—167页。

4 《人与事：电台清谈》(*People and Things: Wireless Talks*)，哈罗德·尼科尔森，伦敦，一九三一年。

5 伊丽莎白·盖斯凯尔，《夏洛蒂·勃朗特传》(*The Life of Charlotte Brontë*)，第一卷，第2页，第二版，伦敦，一八五七年。

6 《国民与雅典娜神殿》(*Nation and Athenaeum*）所刊文章。转引自希拉·霍奇斯，《维克多·戈兰茨：一家出版社的故事，一九二八～一九七八》(*Victor Gollancz: The Story of a Publishing House, 1928—78*)，伦敦，一九七八年，第32页。

7 奥威尔学者伊恩·安格斯（Ian Angus）收集的左翼书友会所出图书，可见于伦敦大学学院（University College, London）图书馆内的橙粉色特藏。

8 《左翼书友会文选》(*Left Book Club Anthology*)，保罗·莱蒂（Paul Laity）编，伦敦，二〇〇一年，第xxii页及以降。此乃在VG出版社名下出版的最后一本非小说图书，VG现已归属俄里翁集团（Orion Group）。

9 W. H. 史密斯书店档案156/1，一九二九年六月二十八日。

10 转引自杰里米·刘易斯（Jeremy Lewis），《企鹅特惠：艾伦·莱恩的生活与时代》(*Penguin Special: The Life and Times of Allen Lane*)，伦敦，二〇〇五年，第80页。

11 致艾伦·莱恩的信，一九三五年七月二十二日，布里斯托尔大学图书馆之企鹅档案。

12 《观察家报》，一九三五年三月十八日。

13 查尔斯·威尔逊（Charles Wilson），《新闻起家：W. H. 史密斯店史，一七九二～一九七二》(*First with the News: The History of W.H. Smith, 1792—1972*)，伦敦，一九八五年，第274页。

14 致艾伦·莱恩的信，一九四二年十一月二十四日，布里斯托尔大学图书馆之企鹅档案。

15 转引自伊恩·诺里（Ian Norrie)，《芒比氏二十世纪出版和图书销售史》(*Mumby's Publishing and Bookselling in the Twentieth Century*)，第六版，伦敦，一九八二年，第87—88页。

16 诺里，《芒比氏二十世纪出版和图书销售史》，第87页。

17 据塞西尔巷书商诺曼·斯托里（Norman Storey）的回忆，见于希拉·马卡姆（Sheila Markham)，《书商之书》(*A Book of Booksellers*)，伦敦，二〇〇四年，第263页。

18 《书店忆旧》，见于乔治·奥威尔《新闻与文学随笔集》(*The Collected Essays, Journalism and Letters* [Copyright George Orwell, 1936])，已故索妮娅·布劳内尔·奥威尔（Sonia

Brownell Orwell）及塞克与沃伯格有限公司资产之文学执行人比尔·汉密尔顿（Bill Hamilton）许可使用。一九三六年十一月首次出版于《双周刊》（*Fortnightly*）。重刊于《乔治·奥威尔随笔集》（*George Orwell Essays*），企鹅版，伦敦，一九八四年，第 25—29 页。]

19 参见《一个书商的战争：海伍德和安妮·希尔》（*A Bookseller's War: Heywood and Anne Hill*），乔纳森·盖索恩－哈代（Jonathan Gathorne-Hardy）编，诺里奇，一九九七年；《柯曾街十号书店：南希·米特福德与海伍德·希尔通信集，一九五二～一九七三》，（*A Bookshop at 10 Curzon Street: Letters between Nancy Mitford and Heywood Hill, 1952—73*），约翰·索马里兹·史密斯编，伦敦，二〇〇四年；《书店谍影：海伍德·希尔与约翰·索马里兹·史密斯通信集，一九六六～一九七四》（*A Spy in the Bookshop: Letters between Heywood Hill and John Saumarez Smith, 1966—74*），约翰·索马里兹·史密斯编，伦敦，二〇〇六年。

20 伊恩·帕森斯（Ian Parsons）的回忆，他后来成了查托和温达斯出版社（Chatto and Windus）的董事长，见诺里《芒比氏二十世纪出版和图书销售史》，第 73 页。

21 约翰·索马里兹·史密斯，《干二道贩子》（Doing a Runner），载《小狐微醺》（*Slightly Foxed*），二〇〇四年第二期。

22 欧内斯特·贝克，《英美小说佳作指要》，伦敦，一九〇三年，前言第五页。

23 旨在维系统一零售价格的《净价图书协议》达成于一九〇〇年，二十世纪九十年代废止。

24 转引自《牛津英国传记词典》（*Oxford Dictionary of National Biography*）中蒂姆·里克斯（Tim Rix）为保罗·哈姆林撰写的词条。 275

25 感谢马丁·戈夫和吉尔·科尔里奇（Gill Coleridge）的回忆，后者时任图书大爆炸的公关经理。

26 语出福伊尔书店的乔纳森·鲁平（Jonathan Ruppin）。据《泰晤士报》二〇〇七年九月七日报道。

27《卫报》，二〇〇四年二月二十六日。

28 书店与市场占有率的相关数据可参见二〇〇七年四月十四日《卫报》财经版。

29 诺里，《芒比氏二十世纪出版和图书销售史》，第 94 页。本书写作期间，亚马逊推出了电子书设备 Kindle，在没有电脑的情况下也能独立运行，因此它声称克服了机器阅读的缺陷，可以前往海滩，或是躺到床上读书了。

30 转引自尼尔·麦肯德里克（Neil McKendrick）、约翰·布鲁尔和 J. H. 普拉姆（J. H. Plumb），《一个消费社会的诞生：十八世纪英格兰的商业化》（*The Birth of a Consumer Society: Commercialization of Eighteenth Century England*），伦敦，一九八二年，第 151 页。

延展阅读

由于每章范围各不相同，所以我也将自己的背景读物分别列出，而不是只拉一张大单子。我希望这样做能带来最大的帮助。

一“有书自有黄金屋”

一手素材

Devonshire Mss CHA: Sir William St Loe's accounts, 1560, Hardwick Mss, Bess and Earls Misc. Box 2; William Cavendish's Book of Accounts, 1597—1601, 10A; Fox's account of visit to Constantinople, 45A; and Chatsworth Hobbes Mss, ElA.

印刷出版物

Barnard, John and D. F. McKenzie, eds, *The Cambridge History of the Book in Britain, Vol. IV, 1557—1695*, Cambridge, 2002.

Blayney, Peter, *The Bookshops in Paul's Cross Churchyard*, London, 1990.

Charlton, Kenneth, *Women, Religion and Education in Early Modern England*, London, 1999.

Durant, David, *Bess of Hardwick: Portrait of an Elizabethan Dynast*, Newark, Notts., 1988.

Girouard, Mark, *Robert Smythson and the Architecture of the Elizabethan Era*, London, 1966.

Gristwood, Sarah, *Arbella: England's Lost Queen*, London, 2003.

Hull, Suzanne W., Chaste, *Silent and Obedient, 1475—1640*, San Marino, CA, 1982.

Levey, Santina M., *An Elizabethan Inheritance: The Hardwick Hall Textiles*, London, 1998.

Levey, Santina M., *The Embroideries at Hardwick Hall*, National Trust, 2007.

Lovell, Mary, *Bess of Hardwick: First Lady of Chatsworth*, London, 2005.

McKerrow, Ronald B., et al, *A Dictionary of Printers and Booksellers in England, Scotland and Ireland, and of Foreign Printers of English Books, 1557—1640*, London, 1968.

McKitterick, David, *The Library of Sir Thomas Knyvett of Ashwellthorpe, c. 1539—1618*, Cambridge, 1978.

McKitterick, David, "Women and their Books in seventeenth-century England: The case of Elizabeth Puckering", *The Library*, 7th series, 2000.

Meads, D.M., ed., *Diary of Lady Margaret Hoby*, London, 1930.

National Trust (guidebook), *Hardwick Hall*, 1989 edition.

Nevinson, John, "An Elizabethan Herbarium" in *National Trust Yearbook: Studies in Art History and Nature Conservation, 1975—6*, ed. Gervase Jackson-Stops, London, 1975.

Pollard, Graham and Albert,Ehrman eds, *The Distribution of Books by Catalogue: From the Invention of Printing to AD 1800*, Cambridge 1965.

Pollard, Graham and Albert Ehrman, eds, *The Distribution of Books by Catalogue: From the Invention of Printing to AD 1800*, Cambridge, 1965.

Sackville-West, Vita, ed., *Diary of Lady Anne Clifford,* London, 1923.

Sherman, William H., *John Dee: The Politics of Reading and Writing in the English Renaissance*, Amherst, 1995.

Voet, Léon, *The Golden Compasses: A History and Evaluation of the Printing and Publishing Activities of the Officina Plantinana at Antwerp*, Amsterdam, 1969.

Wells-Cole, Anthony, *Art and Decoration in Elizabethan and Jacobean England*, New Haven and London, 1997.

White, Gillian, "'that whyche ys nedefoulle and necessary': the Nature and Purpose of the Original Furnishings and Decoration of Hardwick Hall", thesis for the Centre for the Study of the Renaissance, University of Warwick, 2005.

Wilson, C. Anne, *Banquetting Stuffe*, Edinburgh, 1989.

二 "搜奇索隐，怡然自乐"

印刷出版物

Barnard, John and D.F. McKenzie, eds, *The Cambridge History of the Book in Britain, Vol. IV, 1557—1695*, Cambridge, 2002.

Ellis, Markman, *The Coffee House: A Cultural History*, London, 2004.

Heal, Sir Ambrose, "Samuel Pepys, His Trade Cards", *Connoisseur* XCII, December 1933.

Heal, Sir Ambrose, "Seventeenth-century Booksellers' & Stationers' Trade Cards", *Alphabet & Image* 8, December 1948.

Hobson, Anthony, *Great Libraries*, London, 1970.

Howarth, R.G., ed., *Letters and Second Diary of Samuel Pepys*, London, 1932.

Latham, R.C. and W. Matthews, eds, *The Diary of Samuel Pepys*, 11 vols, London, 1983.

Myers, Robin, Michael Harris and Giles Mandelbrote, eds, *The London Book Trade: Topographies of Print*, London, 2004.

Pepys Library Catalogue: II Ballads, 1994; III *Prints and Drawings*, 1980; IV *Music, Maps, Calligraphy*, 1989; VI *Bindings*, 1984; Cambridge.

Plomer, Henry R., *A Dictionary of the Printers and Booksellers who were at work in England, Scotland and Ireland from 1668 to 1725*, Oxford, 1922.

Pollard, Graham and Albert Ehrman, eds, *The Distribution of Books by Catalogue:*

From the Invention of Printing to AD 1800, Cambridge, 1965.

Purcell, Mark, "Useful Weapons for the Defence of that cause: Richard Allestree, John Fell and the foundation of the Allestree Library", *Library History*, 6th series, xxi, 2, 1999.

Smith, Margaret, *The Title Page*, London, 2000.

Spufford, Margaret, *Small Books and Pleasant Histories*, London, 1985.

Tanner, J.R., ed., *Private Correspondence and Miscellaneous Papers of Samuel Pepys, 1679—1703*, 2 vols, London, 1926.

Tomalin, Claire, *Samuel Pepys: The Unequalled Self*, London, 2002.

三 "无远弗届"

一手素材

Dunham Massey papers, EGR, in the John Rylands University Library, Manchester.

The diary and letter-books of Sir William Boothby, British Library, Add Mss 71689—71692.

The letter-books of John Murray, Mss 41903—4, John Murray Archives, National Library of Scotland.

印刷出版物

Barker, Nicholas, ed., *Treasures from the Libraries of National Trust Country Houses*, New York, 1999.

Barnard, John and D.F. McKenzie, eds, *The Cambridge History of the Book in Britain, Vol. IV, 1557—1695*, Cambridge, 2002.

Beal, Peter, "Books are the Great Joy of My Life: Sir William Boothby, 17th-century Bibliophile", *Book Collector* 46, 1997.

Beckett, J.V. and Clyve Jones, "Financial Improvidence and Political Independence in the early eighteenth century: George Booth, 2nd Earl of Warrington, 1675—1758", *Bulletin of the John Rylands University Library*, vol. 65, no. 1, 1982.

Booth, Henry, *The Works of the Rt. Hon. Henry, Late L. Delamer and Earl of Warrington*, London, 1694.

Cliffe, J. T., *The World of the Country House in Seventeenth-century England*, New Haven and London, 1999.

Dunton, John, *The Life and Errors of John Dunton, first published 1705*, republished by Garland Publishing, London and New York, 1974.

Ellis, Aytoun, *The Penny Universities: A History of Coffee-Houses*, London, 1956.

Fleeman, J.D., "Michael Johnson, the 'Lichfield Librarian'", *Publishing History*, 39, 1996.

Hodgson, J. E., "Romance and Humour of the Auction Room", *Connoisseur*, June 1939.

Isaac, Peter, "The English Provincial Book Trade to 1800", *Transactions of the Lancashire and Cheshire Antiquarian Society*, vol. 97, 2001.

Lillywhite, Bryant, *London Coffee Houses*, London, 1963.

National Trust (library report), Dunham Massey, 2003.

National Trust (library report), Townend, 2000.

Plomer, Henry R., *A Dictionary of the Printers and Booksellers who were at work in England, Scotland and Ireland from 1726 to 1775*, Oxford, 1932.

Pollard, Graham and Albert Ehrman, eds, *The Distribution of Books by Catalogue: From the Invention of Printing to 1800*, Cambridge, 1965.

Potten, Edward, "The Books of Henry Booth, 1st Lord Warrington", unpublished paper.

Purcell, Mark, "Books and Readers in Eighteenth-century Westmorland: The Brownes of Townend", *Library History* 17, 2001.

Raven, James, *The Business of Books: Booksellers and the English Book Trade, 1450—1850*, New Haven and London, 2007.

Uglow, Jenny, *William Hogarth: A Life and a World*, London, 1997.

Zachs, William, *The First John Murray and the Late Eighteenth-Century Book Trade*, Oxford, 1998.

四 “国父与馆父”

一手素材

The letter-books of John Murray, Mss 41898—9, and of Charles Elliot, Ms 43092, John Murray Archives, National Library of Soctland.

印刷出版物

Amory, Hugh and David D. Hall, eds, *A History of the Book in America, Vol.I: The Colonial Book in the Atlantic World*, Cambridge, 2000.

Boyd, Julian P., *Jefferson Papers*, 33 vols, Princeton, N.J., 1950—.

Brodie, Fawn M., *Thomas Jefferson: An Intimate History*, London, 1974.

Conaway, James, *America's Library: The Story of the Library of Congress, 1800—2000*, New Haven, 2000.

Goodrum, Charles A. and Helen W. Dalrymple, *Library of Congress*, Colorado, 1982.

Herman, Arthur, *The Scottish Enlightenment: The Scots' Invention of the Modern World*, London, 2002.

Hobson, Anthony, *Great Libraries*, London, 1970.

Jackson, D., *Thomas Jefferson and the Stony Mountains: Exploring the West from Monticello*, Urbana, IL, 1981.

Mandelbrote, Giles and K.A. Manley, eds, *Cambridge History of Libraries in Britain and Ireland, Vol II, 1640—1850*, Cambridge, 2006.

Raven, James, *London Booksellers and American Customers: Transatlantic Literary Community and the Charleston Library Society, 1748—1811*, Columbia, 2001.

Rice, Howard C., *Thomas Jefferson's Paris*, Princeton, N.J., 1976.

Sowerby, E. Millicent, *The Catalogue of the Library of Thomas Jefferson*, 5 vols, Washington, 1952—.

Stockdale, Eric, '*Tis Treason my Good Man!*, London, 2005.

Wilson, Douglas L., *Jefferson's Books*, the Thomas Jefferson Foundation, Monticello, 1996.

五 “建造一座图书馆”

一手素材

Soane's office account books, journals, notebooks, correspondence and book trade ephemera, Soane Archives, Sir John Soane's Museum.

印刷出版物

Altick, Richard, *The English Common Reader: A Social History of the Mass Reading Public 1800—1900*, Chicago and London, 1957.

Britton, John, *Autobiography*, London, 1850.

Brown, Philip A., *London Publishers and Printers, c. 1800—1870*, London, 1982.

Darley, Gillian, *John Soane: An Accidental Romantic*, New Haven and London, 1999.

Du Prey, Pierre de la Ruffinière, *John Soane's Architectural Education, 1753—80*, New York and London, 1977.

Harris, Eileen, "O, Books! Ye Monuments of Mind", *Apollo*, April 1990, vol. 131.

Harris, Eileen and Nicholas Savage, *Hooked on Books: The Library of Sir John Soane Architect, 1753—1837*, Sir John Soane's Museum, 2004.

Ingrams, Richard, *The Life and Adventures of William Cobbett*, London, 2005.

Lackington, James, *The Life of James Lackington, Bookseller 1746—1815*, abridged by Peter Hopkins for Merton Historical Society, Morden, 2004.

Maxted, Ian, *The London Book Trades, 1775—1800,* London, 1977.

Mordaunt Crook, Jo, "John Britton and the Gothic Revival", in John Surrvuerson, ed., *Essays concerning Architecture*, London, 1968.

Soane, John, *Memoir of the Professional Life of an Architect*, printed privately in 1835.

Watkin, David, *Sir John Soane: Enlightenment Thought and the RA Lectures*, Cambridge, 1996.

六 “小闲书？”

一手素材

Anna Larpent's diary, Mss 31201, Huntington Library, San Marino, California; microfilm “A Woman's View of Drama, 1790—1830”, published by Adam Matthew, Marlborough, Wiltshire, 1995.

Eliza Soane's notebooks, 1804—13, MrsSNB, Soane Archives, Sir John Soane's Museum.

Letter-book of John Murray, Ms. 41897, John Murray Archives, National Library of Scotland.

印刷出版物

Adburgham, Alison, *Silver Fork Society: Fashionable Life and Literature 1814—1840*, London, 1983.

Brewer, John, *The Pleasures of the Imagination: English Culture in the Eighteenth Century*, London, 1997.

Chisholm, Kate, *Fanny Burney: Her Life*, London, 1998.

D'Oench, Ellen G., *Copper into Gold: Prints by John Raphael Smith*, New Haven and London, 1999.

Fergus, Jan, *Provincial Readers in Eighteenth-century England*, Oxford, 2006.

Garside, Peter, James Raven and Rainer Schwölering, eds, *The English Novel: A Bibliographical Survey of Prose Fiction Published in the British Isles, Vol. 1: 1770—99, Vol. 2: 1800—29*, Oxford, 2000.

Kaufman, Paul, *Libraries and their Users*, London, 1969.

Mandelbrote, Giles and K.A. Manley, eds, *Cambridge History of Libraries in Britain and Ireland, Vol. II, 1640—1850*, Cambridge, 2006.

National Trust (library report), Calke Abbey, 2000.

National Trust (library report), Springhill, 2000.

Nokes, David, *Jane Austen: A Life*, London, 1997.

Palmer, Susan, *The Soanes at Home*, Sir John Soane's Museum, London, 1997.

Raven, James, "From Promotion to Proscription: Arrangements for Reading and Eighteenth-Century Libraries", in *The Practice and Representation of Reading in England*, eds James Raven, Helen Small and Naomi Tabor, Cambridge, 1996.

Rosa, Matthew Whiting, *The Silver-Fork Novels of Fashion Preceding Vanity Fair*, New York, 1936.

Sassoon, Douglas, *Culture of the Europeans*, London, 2006.

St Clair, William, *The Reading Nation in the Romantic Period*, Cambridge, 2004.

Steinberg, S.H., *Five Hundred Years of Printing*, (revised edition by John Trevitt), London, 1996.

Vickery, Amanda, *The Gentleman's Daughter: Women's Lives in Georgian England*, New Haven and London, 2003.

七 "稀与奇"

一手素材

Charles Winn's diary, account books, correspondence and notebooks, West Yorkshire Archives Service, Leeds.

印刷出版物

Danckwerts, Peter, ed., *Bibliomania: Thomas Frognall Dibdin*, Richmond, 2004.

D'Israeli, Isaac, *Curiosities of Literature*, 5th edition, 3 vols, London, 1807.

Gent, Thomas, *The Life of Mr Thomas Gent, Printer of York written by himself,* London, 1832.

Gough, Richard, *Anecdotes of British Topography*, London, 1768.

Hobson, Anthony, *Great Libraries*, London, 1970.

Lister, Anthony, "The Althorp Library of Second Earl Spencer, now in the John Rylands Library of Manchester: Its Formation and Growth", *Bulletin of the John Rylands University Library*, vol. 71, no. 2, 1989.

Mandelbrote, Giles and Yvonne Lewis, *Learning to Collect: The library of Sir Richard Ellys at Blickling Hall*, National Trust, 2004.

Mandelbrote, Giles and K.A. Manley, eds, *Cambridge History of Libraries in Britain and Ireland, Vo.l II, 1640—1820*, Cambridge, 2006.

Myers, Robin, Michael Harris and Giles Mandelbrote, eds, *Under the Hammer: Book Auctions since the Seventeenth Century*, London, 2001.

National Trust (library report), Nostell Priory, 2002.

Potten, Edward, "Charles Winn and his Library", unpublished paper.

Raikes, Sophie, "A Cultivated Eye for the Antique: Charles Winn and the enrichment of Nostell Priory in the Nineteenth Century", *Apollo*, April 2003.

Wainwright, Clive, *The Romantic Interior*, New Haven and London, 1989.

八 "普通读者"

一手素材

The letter-books of Charles Elliot, Mss 43090 and 43091, John Murray Archives, National Library of Scotland.

Pamphlets and book trade ephemera in the John Johnson Collection, Bodleian Library.

印刷出版物

Altick, Richard, *The English Common Reader: A Social History of the Mass Reading Public 1800—1900*, Chicago and London, 1957.

Andrews, Malcolm, *Charles Dickens and his Performing Selves*, Oxford, 2006.

Bewick, Thomas, *My Life,* ed. Iain Bain, London, 1981.

Brewer, John, *Pleasures of the Imagination: English Culture in the Eighteenth Century*, London, 1997.

Catcheside, P.R., "Loveclough Printworks Library", *Library History*, vol. 2, 1970.

Elton, Godfrey. R., *The Life of James Ramsay MacDonald, 1866—1919*, London, 1939.

Fergus, Jan, "Provincial Servants' Reading in the late Eighteenth Century" in *The Practice and Representation of Reading in England*, eds James Raven, Helen Small and Naomi Tadmor, Cambridge, 1996.

Flanders, Judith, *Consuming Passions: Leisure and Pleasure in Victorian Britain*, London, 2006.

Gardner-Medwin, David, "The Library of Thomas Bewick" in *Bewick Studies, Essays in Celebration of the 250th Anniversary of the Birth of Thomas Bewick, 1753—1828*, ed. Gardner-Medwin, Newcastle-upon-Tyne, 2003.

Griest, Guinevere L., *Mudie's Circulating Library and the Victorian Novel*, Newton Abbot, 1971.

Hoare, Peter and Alastair Black, eds, *Cambridge History of Libraries in Britain and Ireland, Vol. III, 1850—2000*, Cambridge, 2006.

Johansen, Michael, "A Fault-line in Library History: Charles Goss, the Society of Public Librarians, and the 'Battle of the Books' in the late 19th century", *Library History*, 19, July 2003.

Kaufman, Paul, *Libraries and their Users*, London, 1969.

Ker, N., *The Parochial Libraries of the Church of England*, London, 1959.

Lackington, James, *The Life of James Lackington, Bookseller 1746—1815*, abridged by Peter Hopkins for Merton Historical Society, Morden, 2004.

Mandelbrote, Giles and K.A. Manley, eds, *Cambridge History of Libraries in Britain and Ireland, Vol II, 1640—1850*, Cambridge, 2006.

Manley, K.A., "Libraries of Stoke Newington", *Journal of Librarianship*, 6, April 1974.

Marquand, David, *Ramsay MacDonald*, London, 1977.

Mayhew, Henry, *London Labour and the London Poor*, 4 vols, London, 1861—2.

Morgan, Kevin, *James Ramsay MacDonald*, London, 2006.

Mumby, F.A., *The House of Routledge: 1834—1934*, London, 1934.

Rose, Jonathan, *The Intellectual Life of the British Working Class*, New Haven and London, 2001.

Sassoon, Donald, *The Culture of the Europeans*, London, 2006.

Small, Helen, "A Pulse of 124: Charles Dickens and a Pathology of the Mid-Victorian Reading Public", in *The Practice and Representation of Reading in England*, eds James Raven, Helen Small and Naomi Tadmor, Cambridge, 1996.

Steinberg, S.H., *Five Hundred Years of Printing* (revised edition by John Trevitt), London, 1996.

Stimpson, Felicity, "Servants' Reading: An Examination of the Servants' Library at Cragside", *Library History*, vol. 19, March 2003.

Turner, E.S., *What the Butler Saw*, London, 1962.

Uglow, Jenny, *Nature's Engraver: A Life of Thomas Bewick*, London, 2006.

Wilson, Charles, *First with the News: the history of W.H. Smith, 1792—1972*, London, 1985.

九 "革命的儿女"

一手素材

Book trade ephemera in the John Johnson Collection, Bodleian Library.

Penguin archives, University of Bristol Library.

印刷出版物

Baines, Phil, Penguin by Design: *A Cover Story, 1935—2005*, Harmondsworth, 2005.

Brown, Richard and Stanley Brett, *The London Bookshop*, London, 1977.

Crick, Bernard, *George Orwell*, London, 1980.

Healey, Denis, *The Time of My Life*, London, 1989.

Healey, Edna, *Part of the Pattern*, London, 2006.

Hoare, Peter and Alastair Black, eds, *Cambridge History* of *Libraries in Britain and Ireland, Vol. III*, Cambridge, 2006.

Hodges, Sheila, *Victor Gollancz: The Story of a Publishing House, 1928—78*, London, 1978.

Laity, Paul, ed., *Left Book Club Anthology*, London, 2001.

Lewis, Jeremy, *Penguin Special: The Life and Times of Allen Lane*, London, 2005.

Mandelbrote, Giles, ed., *Out of Print and into Profit: A History of the Rare and Secondhand Book Trade in Britain in the Twentieth Century*, London, 2007.

Norrie, Ian, ed., *Mumby's Publishing and Bookselling in the Twentieth Century*, 6th edition, London, 1982.

Rose, Norman, *Harold Nicolson*, London, 2005.

Stringer, Ian, *Mobile Libraries*, Appleby-in-Westmorland, 2001.

Tebbel, John, *A History of Book Publishing in the United States, Vol. III: The Golden Age between Two Wars, 1920—40*, New York and London, 1971.

Wilson, Charles, *First with the News: The history of W.H. Smith, 1792—1972*, London, 1985.

索引

（索引页码为原书页码，即本书边码，斜体或楷体页码表示图片）

A

B

C

[1]“中国”一条是译者加入的。

D

E

F

G

H

I

J

K

L

M

O

P

R

S

T

U

Y

Z

图书在版编目（CIP）数据

读书为上：五百年图书发现史 /（英）威尔斯著；康慨译．—杭州：浙江大学出版社，2015.12
（书之爱）
书名原文：Reading Matters：Five Centuries of Discovering Books
ISBN 978-7-308-15041-5

Ⅰ.①读… Ⅱ.①威… ②康… Ⅲ.①图书史—世界
Ⅳ.①G256.1

中国版本图书馆CIP数据核字（2015）第200945号

读书为上：五百年图书发现史
[英] 玛格丽特·威尔斯　著　康慨 译

策划编辑　周　运
责任编辑　王志毅
装帧设计　罗　洪
出版发行　浙江大学出版社
（杭州天目山路148号　邮政编码310007）
（网址：http:// www.zjupress.com）
制　　作　北京大观世纪文化传媒有限公司
印　　刷　北京天宇万达印刷有限公司
开　　本　635mm × 965mm　1/16
印　　张　29
字　　数　402千
版 印 次　2016年1月第1版　2016年1月第1次印刷
书　　号　ISBN 978-7-308-15041-5
定　　价　59.00元

浙江大学出版社发行中心联系方式：（0571）88925591；http://zjdxcbs.tmall.com

浙江省版权局著作权合同登记图字：11-2014-341号